U1003556

全注全解

道德经

中国传统文化优秀读本

（春秋）老子◎著

逸新◎编

中國華僑出版社

北京

图书在版编目（CIP）数据

全注全解道德经 /（春秋）老子著；逸新编. —北京：中国华侨出版社，2017.12（2020.10重印）

ISBN 978-7-5113-7143-0

Ⅰ. ①全… Ⅱ. ①逸… Ⅲ. ①道家②《道德经》—注释③《道德经》—译文 Ⅳ. ①B223.1

中国版本图书馆CIP数据核字（2017）第270843号

全注全解道德经

著　　者：（春秋）老　子
编　　者：逸　新
责任编辑：墨　林
封面设计：阳春白雪
文字编辑：单团结
美术编辑：宇　枫
经　　销：新华书店
开　　本：720毫米×1020毫米　1/16　印张：24　字数：378千字
印　　刷：北京德富泰印务有限公司
版　　次：2018年6月第1版　2020年10月第2次印刷
书　　号：ISBN 978-7-5113-7143-0
定　　价：45.00 元

中国华侨出版社　北京市朝阳区西坝河东里77号楼底商5号　邮编：100028
发 行 部：（010）88866779　传　　真：（010）88877396

前 言

作为道家文化重要的代表人物，老子的思想在哲学、道德、政治、人生观、美学、宗教等方面影响了中国文化两千多年。无论对中华民族性格的铸成，还是对政治的统一与稳定，都起着不可估量的作用。

老子，史籍记载很少，据司马迁《史记》介绍，老子姓李名耳，字伯阳，春秋时期著名的思想家，致力于“柔弱”“无为”的道德修养，参悟了回归自然、天人合一的大道，是中国乃至世界的文化巨人，著有五千字的《道德经》。

《道德经》，亦称《老子》，是道家学派最具权威的经典著作，被誉为“万经之王”的神奇宝典。它文约意丰，涵盖哲学、伦理学、政治学、军事学等诸多学科，其内容博大精深、玄奥无极、涵括百家、包容万物，被后人尊奉为治国、齐家、修身、为学的宝典。

随着中西方文化交流的日益深入，《道德经》的世界意义也日渐显著，越来越多的西方学者不遗余力地探求其中的科学奥秘，寻求人类文明的源头，深究古代智慧的底蕴。到目前为止，可查到的各种外文版的《道德经》典籍已有1000多种，几乎每年都有一到两种新的译本问世。据联合国教科文组织统计，《道德经》是世界上被译成外国文字发行量最多的文化名著之一。一代文豪托尔斯泰对老子也十分推崇，他对老子的《道德经》很有研究，曾帮助翻译出版《道德经》，还亲自编选出版了《中国贤人老子语录》，并在书中发表了他的《论老子学说的真髓》一文。著名的摇滚乐队披头士甚至将《道德经》四十七章改编成歌曲《The Inner Light》。

两千多年来，人们一直在通过两条途径来研究、探索《道德经》。一条是修道。修行之人用自己的身体乃至整个生命，在实践《道德经》的理论，在探索《道德经》的奥秘。但是，终因本性的差异和体验的不同，仁者见仁，智者见智。另一条是治学。研究者用全部的聪明才智，仰天掘地，苦思冥想，虽然穷经皓首，注解汗牛充栋。但是终因种种局限，文者说文，字者道字，对于《道德经》的真谛，仍是隔雾看花，未得其真。有的甚至南辕北辙，相去甚远。

为了更好地学习和参悟《道德经》的真谛，参透为人处世的最高智慧，追寻生命的终极意义，我们参考了众多版本的精华，结合现代读者阅读的要求，全新设计，编撰出版了这本《全注全解道德经》。书中所阐述的智慧，源于老子对世态人情的深彻洞察和深刻思索。社会动荡、人事纠纷、生命无常、点点滴滴积淀成老子关于人性修养、处世哲学、治国之道、军事哲学、养生之道等的智慧之学。

本书共八十一章，分上、下两篇：上篇《道经》，下篇《德经》。《道经》讲述的是宇宙根本，道出了天地万物变化的玄机，揭示了阴阳变幻的微妙。《德经》讲述的是处世方略，道出了处世的进退之术，包含了长生久世之道。

本书在忠于原著的基础上，精编精校，详细注解，并以更加细腻、更加精练、更加通俗的现代语言翻译原文，同时针对每章内容分别从为人之道、从政之道、经商之道三大方向列举了大量妙趣横生的古今中外案例，无论从内容上还是在版式上都力求呈现出立体化效果，向读者展现了中华文明的优秀著作，带领读者领略老子的文字之美、思想之精。

本书集阅读价值、研究价值和收藏价值于一体，是了解道家文化必读之书，非常适合广大读者珍藏。

顺“道”处世，做人自然圆融通达；依“道”经商，商战自然无往不胜，一本万利；循“道”从政，仕途自然事事亨通，平步青云。无论是治学修身、处世待人，还是经商置业、从政为民；无论是富商大贾，还是平民百姓，总能在《道德经》中，找到自己所需要的智慧。

目录

道经

第一章　众妙之门 …………… 2

◇从政之道◇

诸葛亮抱道而行 ………… 5

第二章　功成弗居 ………… 7

◇为人之道◇

管仲的为人 ……………… 9

第三章　圣人之治 ……… 12

◇为人之道◇

崇尚节俭的汉文帝 ……… 13

第四章　和光同尘 ……… 15

◇从政之道◇

曾国藩藏锋保身 ……… 17

第五章　多言数穷 ……… 19

◇从政之道◇

“强项令”董宣 ………… 21

第六章　谷神不死 ………… 24

◇为人之道◇

庖丁解牛 ……………… 25

第七章　天长地久 ……… 27

◇从政之道◇

孙叔敖廉洁爱民 ……… 29

第八章　不争无尤 ……… 31

◇为人之道◇

杨修之死 ……………… 33

第九章　持而盈之 ……… 36

◇为人之道◇

深知进退的范蠡 ……… 38

第十章　明白四达 ……… 40

◇为人之道◇

每日三省其身的曾参 …… 43

第十一章　无之为用 ……… 44

◇为人之道◇

态度谦卑的刘邦 ……… 46

第十二章　去彼取此 ……… 48

◇为人之道◇

齐庄公因贪色而被杀 …… 51

第十三章　宠辱不惊 ……… 52

◇从政之道◇

林则徐进抚衙 ……… 55

第十四章　执古之道 ……… 56

◇为人之道◇

司马迁发愤著书 ……… 59

第十五章　微妙玄通 ……… 62

◇从政之道◇

“一鸣惊人”的齐威王 … 65

第十六章　致虚守静 ……… 67

◇为人之道◇

吕布之死 ……… 69

第十七章　功成事遂 ……… 71

◇从政之道◇

烽火戏诸侯 ……… 74

第十八章　大仁大义 ……… 76

◇为人之道◇

岳飞一生坚持抗金 ……… 79

第十九章　少私寡欲 ……… 82

◇从政之道◇

汉文帝行宽厚之政 ……… 84

第二十章　独异于人 ……… 86

◇为人之道◇

不贪慕富贵的庄子 ……… 89

第二十一章　孔德之容 …… 91

◇为人之道◇

鲁仲连义不帝秦 ……… 93

第二十二章　圣人抱一 …… 94

◇为人之道◇

谦卑处下的大将曹彬 …… 97

第二十三章　希言自然 … 101

◇为人之道◇

华罗庚的成长经历 ……… 104

第二十四章　物或恶之 … 107

◇为人之道◇

祢衡炫耀自己终被杀 …… 110

第二十五章　道法自然 … 113

◇从政之道◇

“内圣外王”的周文王 … 117

第二十六章　宜戒轻躁 … 118

◇为人之道◇
刘备续佳偶 …………………… 121
第二十七章　常善救人 … 123
◇为人之道◇
扁鹊论医 ……………………… 125
第二十八章　常德乃足 … 128
◇为人之道◇
贾诩的明哲保身之道 …… 130
第二十九章　去奢去泰 … 131
◇从政之道◇
不得善终的暴君侯景 …… 134
第三十章　不以兵强 …… 136
◇从政之道◇
马陵之战伏庞涓 ………… 139
第三十一章　恬淡为上 … 141
◇为人之道◇
墨子劝楚王停止伐宋 …… 143
第三十二章　知止不殆 … 145
◇从政之道◇
晋文公称霸 ………………… 148
第三十三章　自知者明 … 152
◇为人之道◇
留取丹心照汗青 ………… 154
第三十四章　不自为大 … 158
◇为人之道◇
曾国藩不邀功 …………… 160
第三十五章　往而不害 … 163
◇从政之道◇
贞观之治 ………………… 165
第三十六章　柔弱刚强 … 167
◇为人之道◇
康熙收服王辅臣 ………… 168
第三十七章　道常无为 … 171
◇为人之道◇
宋真宗与“咸平之治” … 173

德经

第三十八章　处实去华 … 176
◇为人之道◇
郦食其为争功名而被杀 … 178
第三十九章　贱为贵本 … 181
◇从政之道◇
朱元璋隐忍为“石”，终成

大事 …………………… 184
第四十章　有生于无 …… 186
◇为人之道◇
郭德成保全性命 ………… 188
第四十一章　大器晚成 … 190
◇为人之道◇
王翦装贪赢得秦王的信任　192
第四十二章　或损或益 … 195
◇为人之道◇
商纣王纵欲而亡国 ……… 197
第四十三章　无为之益 … 199
◇为人之道◇
羊祜的怀柔之道 ………… 201
第四十四章　知足不辱 … 203
◇从政之道◇
萧何处卑以自保 ………… 205
第四十五章　大成若缺 … 208
◇从政之道◇
宋襄公愚不可及成笑柄 … 210
第四十六章　知足常足 … 212
◇为人之道◇
贪得无厌的吕不韦 ……… 214
第四十七章　不为而成 … 217
◇为人之道◇
邹忌讽齐王纳谏 ………… 219
第四十八章　为学日益 220
◇为人之道◇
六祖慧能的故事 ………… 222
第四十九章　圣无常心 … 224
◇从政之道◇
隋文帝开创“开皇之治”　226
第五十章　出生入死 …… 228
◇为人之道◇
孙叔敖“不入死地” …… 231
第五十一章　尊道贵德 … 233
◇为人之道◇
恣意妄为的年羹尧 ……… 235
第五十二章　天下有始 … 237
◇为人之道◇
顺乎自然的刘秉忠 ……… 239
第五十三章　行于大道 … 241
◇为人之道◇
残酷不仁的暴君石虎 …… 243
第五十四章　善抱大道 … 245
◇为人之道◇
厚德载物的邓攸 ………… 247

第五十五章 物壮则老 … 250
◇为人之道◇
“将相和”的故事 ……… 253
第五十六章 知者不言 … 255
◇为人之道◇
苏东坡学佛知其过 ……… 257
第五十七章 以正治国 … 260
◇从政之道◇
刘邦的“奇”“正”结合之道 262
第五十八章 福祸相倚 … 265
◇为人之道◇
蓝玉骄纵而惹祸上身 …… 267
第五十九章 长生久视 … 270
◇从政之道◇
厉行节俭的朱元璋 ……… 272
第六十章 治国烹鲜 …… 274
◇为人之道◇
子产振兴邦国 …………… 276
第六十一章 各得其所 … 279
◇为人之道◇
“尊王攘夷”的晋文公 … 281
第六十二章 万物之奥 … 284
◇为人之道◇
周处留名青史 …………… 286
第六十三章 为大于细 … 289
◇从政之道◇
晋惠公轻诺寡信 ………… 291
第六十四章 慎终如始 … 294
◇为人之道◇
诸葛亮与“隆中对” …… 296
第六十五章 善为道者 … 298
◇从政之道◇
苏轼整治密州 …………… 300
第六十六章 不争之争 … 303
◇从政之道◇
爱民如子的唐太宗 ……… 305
第六十七章 持保三宝 … 307
◇从政之道◇
唐敬宗引火自焚 ………… 310
第六十八章 不争之德 … 312
◇为人之道◇
田单大破燕军 …………… 314
第六十九章 哀者胜矣 … 317
◇从政之道◇
孙膑大破魏国 …………… 319

第七十章　被褐怀玉　…… 322

◇为人之道◇

世人皆醉我独醒　………… 324

第七十一章　知不知矣　… 327

◇从政之道◇

知错能改的唐太宗　……… 330

第七十二章　自知自爱　… 332

◇从政之道◇

仁、宣二帝的太平治世　… 334

第七十三章　天网恢恢　… 337

◇为人之道◇

大行无道的董卓　………… 339

第七十四章　民不畏死　… 342

◇为人之道◇

红巾军推翻元朝　………… 344

第七十五章　民之轻死　… 347

◇为人之道◇

李自成推翻明朝　………… 349

第七十六章　柔弱处上　… 351

◇为人之道◇

佯狂避世的阮籍　………… 352

第七十七章　功成不处　… 355

◇从政之道◇

周公辅政不贪功　………… 357

第七十八章　柔之胜刚　… 360

◇从政之道◇

刘秀以柔道得天下　……… 361

第七十九章　报怨以德　… 364

◇从政之道◇

宋就以德报怨　…………… 366

第八十章　小国寡民　…… 367

◇从政之道◇

陶渊明笔下的“桃花源”　369

第八十一章　为而不争　… 371

◇为人之道◇

介之推功成却不慕荣华　… 373

道经

◎第一章◎

众妙之门

【原文】

道可道①，非常道②；名可名，非常名③。无，名天地之始④；有，名万物之母⑤。故常无，欲以观其妙；常有，欲以观其徼⑥。此两者，同出而异名，同谓之玄⑦。玄之又玄，众妙之门。

【注释】

①道：构成宇宙的实体与动力。②道：用语言表达出来。③常：恒久不变。④名：这里指道的名称，文化思想。⑤名：用语言表达出来。⑥徼（jiào）：通“窍”，踪迹的意思。⑦玄：幽昧深远。

【译文】

可以用语言表达出来的道，就不是永恒不变的“道”；可以用语言表达出来的名，就不是永恒不变的“名”。无，是天地的开端；有，是万物的根源。所以，常从“无”中观察天地的奥妙；常从“有”中寻找万物的踪迹。有和无，只不过是同一来源的不同名称罢了。有和无都是幽昧深远的，它们是一切变化的总门。

【解析】

这是《道德经》的第一章。本章开篇名义：“道可道，非常道。”初步揭示了“道”的真正内涵。

道是中国古代哲学的重要范畴。老子是第一个把道作为一种哲学范畴提出和加以阐释、论证的思想家。道作为老子哲学的核心，贯穿其思想体系始终。关于对老子道的认识和诠释，历来众说纷纭。有的认为，道是精神性的本体，是脱离物质实体而独自存在的最高原理，主张老子的道论是客观唯心主义。有的则认为，道是宇宙处在原始状态中的混沌未分的统一体，主张老子的道论是唯物主义。一般认为道是宇宙的本原及万物运行的规律。陈鼓应在其《老子注译及评介》一书中引用杨兴顺的观点，将道的基本特点归结为：一、道是物的自然法则，它排斥一切神和"天志"；二、道永远存在，它是永存的物质世界的自然性。道在时间与空间上都是无限的。三、道是万物的本质，它通过自己的属性（德）而显现。没有万物，道就不存在。四、作为本质来说，道是世界的物质基础"气"及其变化的自然法则的统一。五、道是物质世界中不可破灭的必然性，万物都从属于道的法则。道摧毁一切妨害自己的事物。六、道的基本法则是：万物与一切现象，处于经常的运动与变化中，在变化的过程中，万物与一切现象都转化为自身的对立物。七、万物与一切现象，都处于相互联系的状态中，这种联系通过统一的道而完成。八、道是我们的感官所不能感知的，但在逻辑思维中，它是可以认识的。由是观之，道在天地未生成以前就存在于浩瀚的宇宙中，当天地生成以后，道就在万事万物中发挥着自身的作用，贯穿万物生成、生长、发展、消亡的始终，作为一种自然规律客观地存在着。

一提起道，我们不免会在头脑中想象它的模样，然而我们的想象往往带有很大的局限性和主观性，真正的道是不以人的主观意志为转移的，它是客观存在，但又是看不见、摸不着的，正所谓"大道无形"。我们凭主观想象臆造出的道的样子，不是真正的道，只能称得上名。"名"这个概念也是不能用语言和文字来描述形容的，语言文字的局限性比想象的局限性更大。如果用语言文字来描述道，只能与道背道而驰。既不能用语言又不能用文字来描述道，那如何才能认识道呢？鉴于语言文字的局限性及道的只可意会、不可言传，只有通过抽象的概念，即"无"和"有"这两个名来一窥道的真正面目。所谓"无"，是指天地还没有生成以前的混沌状态，说明天地是从无中生出来的。所谓"有"，就是存在的意思，它代表一种正在孕育万物的状态，是万物的生母，即万物是从“有”中孕育生产出来的。

所以我们可以将道理解为一种无的状态，一种有的能力，它的本原是无，却可以生出天地万物。正因如此，我们可以采取无的态度去体认道的玄妙。道的原始是空无，我们要想体认大道，就必须抛却所有的杂念，将自己回复到毫无思想意识的婴儿时期，达到一种完全虚无的境界，只有这样，我们才能真正体悟到道的奥妙和玄机。“无”和“有”是我们必须把握的两个概念，它们是打开“众妙之门”的钥匙，只有通过它们，我们才能领悟道的实质。

所谓“常无”，就是一种永恒的无，或叫“大无”；与此相对应，“常有”就是一种永恒的有，也叫“大有”。我们可以通过这种忘却自我一切的常无，体悟到天地初生时的“妙”；通过这种包容万物的常有，观察到万物未生前的“徼”。妙，按汉字的组字法，可以拆分为“少”和“女”，少女不但处于妙龄，而且是纯真、纯洁的象征，这里用在道中，可以理解为天地的本始。徼的本义为边界，这里引申为开端、端倪的意思。在这里，不论是常无还是常有，都只是对宇宙大道中的某一状态的描述，还停留在概念这一层面上，都是名。常无在前而常有在后，所以概念的“相名”也就不同了，但它们都是由大道生出来的，都是对大道的发展和变化，统称为“玄”。玄意为深奥而不可理解、不可测知。“大道无形”，变化多端，变化来变化去，就构成了天地万物的“众妙”，即老子所谓“玄之又玄，众妙之门”。

回过头来看原文，我们不难发现，文中着重讲了这样几个概念：道的概念、名的概念、无和有的概念、妙和徼的概念、玄的概念。这些概念统称为“名”，借用老子的一句话“名可名，非常名”来说，这些概念并没有真正地揭示出道的真正内涵，这是因为“道可道，非常道”，任何言语和文字都无法揭示出道的真义。我们学习和研究这些概念就是为了更好地理解道，它们可以作为理解道的桥梁。

◇ 从政之道 ◇

诸葛亮抱道而行

东汉末年，满怀雄心的刘备在动荡的局势中一直寻找发展壮大的机会。但是，在他年届五十之际，还屈居于新野小城，托身于刘表门下。当他得知诸葛亮是不可多得的王佐之才后，便不辞辛苦，三顾茅庐。

见到诸葛亮后，刘备坦率地跟他说："汉王朝已经衰败了，大权落在奸臣的手里。我自不量力，一心想挽救日益衰落的汉朝，可是我的能力有限，以至于屡次遭受挫折，落到今天这个地步。但我仍然还有光复汉室的雄心，你认为我应当怎么做？"

诸葛亮见刘备这么谦虚有诚意，就推心置腹地把自己的想法都说了出来，即历史上有名的"隆中对"。他首先分析曹操和孙权集团，说："如今，曹操在北方，已经拥有了百万大军，挟持天子来号令天下，这个人您不能跟他对抗。孙权占据了江东，已经有三代，而且江东地区紧靠长江，地势险要，民心归附，这个人，您可以与他结成联盟，作为外援，也不可以算计他。"

接着，诸葛亮又分析了荆州的形势，以及盘踞在这个地方的刘表集团的情况，说："荆州地区，北方有汉水和沔水可以作为屏障，西边连接着巴郡、蜀郡，地势相当重要，是重要的军事基地。可是占据荆州的刘表懦弱无能，您可以夺取荆州作为自己起家的地盘。"

接着他又分析了益州，说："益州边界地势险峻，中心地带土地肥沃，素来有'天府之国'的美称，但是占据他的刘璋昏庸懦弱。益州北边还有张鲁相邻，虽然土地肥沃，百姓富庶，财力充足，但他不知道珍惜，志士贤才都盼望着有一个圣明的君主来治理。"

分析完天下的形势，诸葛亮水到渠成地指出了夺取天下的最佳策略："您是汉朝王室的后裔，很有威信。您可以先夺取荆州，再占据益州；之后，与西南少数民族搞好关系，再和孙权结成联盟，对内修明政治，对外观察时局变化，等待时机北伐。这样，您就能够建立霸业，复兴汉朝王室了。”

刘备听了这番精辟深刻的分析，不禁茅塞顿开，不得不佩服眼前这个年轻人，连连赞叹：“好！真是好！”刘备极力邀请诸葛亮帮助自己完成兴复汉室的大业。诸葛亮也觉得刘备礼贤下士，谦虚谨慎，志向远大，正是自己心目中理想的君王。于是欣然答应了刘备的请求。

诸葛亮不仅有宏大的战略视野，更有高超的军事、外交和政治才能。诸葛亮出山不久，曹操大军南下，击溃刘备的军队，并且以优势兵力大举南下，已经威胁到孙权。刘备走投无路，急需和孙权达成同盟；而孙权一方内部主降、主战两派各抒己见，孙权举棋不定。在这种情况下，诸葛亮奉命出使东吴，进行游说。这次游说的政治目的十分明确，那就是要坚定孙权抗击曹操的决心，促成孙权和刘备两方的政治军事结盟。

针对孙权的心理状态，诸葛亮首先分析了孙权一方在当时形势下所能做出的选择，及其各自的利害关系，指出了犹豫不决的危险后果。接着，诸葛亮又使出激将法，一面表明新近战败的刘备是汉室之胄，盖世英才，绝不可能投降曹操；一面又故意劝说“全吴之地，十万之众”的孙权投降曹操。当孙权决意联蜀抗曹后，诸葛亮进一步指出：曹军虽然表面上强大，但是却存在孤军深入、远来疲敝、不习水战、军心不稳等方面的致命弱点，从而坚定了孙权必胜的信心。最后，诸葛亮还分析了抗曹胜利后必将出现的三足鼎立的政治局势，为孙权展开了光辉的前景。经过这一系列成功的游说，诸葛亮达成了自己预期的目的。孙权态度坚决地和刘备联合起来，并在赤壁之战中打败曹操，奠定了以后三足鼎立的局面。

因此可以说，三足鼎立局面的形成，是诸葛亮对大道的把握和运用的结果。“常无，欲以观其妙”，诸葛亮预见天下三分；“常有，欲以观其徼”，诸葛亮指挥得宜，成功实施战略构想。大智慧的人，抱道而行，无往而不利。

◎第二章◎

功成弗居

【原文】

天下皆知美之为美，斯恶已[①]；皆知善之为善，斯不善已。有无相生，难易相成，长短相形，高下相盈，音声相和[②]，前后相随，恒也。是以圣人处无为之事[③]，行不言之教；万物作而弗始[④]，生而弗有，为而弗恃[⑤]，功成而弗居。夫唯弗居，是以不去。

【注释】

①已：语气词，可译为“了”。②音声：古代音和声是有区别的。单调的、无节奏的叫“声”，复杂的、有节奏的叫“音”。③是以：疑为后人所加。本章的前八句是老子的相对论，后八句是老子的政治论，文意不相连。圣人：老子理想中的“与道同体”的人物，他与儒家圣人有很大不同，是“有道的人”。④始：管理、干涉的意思。⑤恃（shì）：依赖，依靠。

【译文】

天下的人都知道美之所以为美，丑的观念也就出来了；都知道善之所以为善，恶的观念也就产生了。“有”和“无”互相对立而产生，困难和容易互相矛盾而促成，长和短互相比较才形成，高和下互相对照才有分别，音和声由于对立才显得和谐动听，前和后彼此排列才有顺序，这是永远如此的。因此，有道的人用“无为”的法则来对待世事，用“不言”的方式施行教化；让万物兴起而不加倡导，生养万物而不据为己有；抚育万物但不自恃己能，立下了功勋而不自我夸耀。正因为他不居功，所以，他的功绩就不会失去。

【解析】

本章主旨讲的是“道”的内涵。天下万物，在表象上都可以分为真善美和假恶丑两个对立的方面。美的可以造成恶的结果，善的可以造成不善的影响，任何美善的事物，本身都包含着不美不善的一面。一切事物也都处于运动变化之中，美转化为不美，善转化为不善，乃是大道运行之必然，亦是事物发展之规律。若把美的事物当成永恒的美，把善的事物视为绝对的善，那必然会事与愿违，终究会导致不善的结果的出现。

老子说明事物相互依存及变化发展的规律，并提出了一些基本的行为准则，即“无为”“不言”“弗始”“弗有”“弗恃”“弗居”等。这些准则在老子道论中是深得于“玄德”的体现，也是老子道论的基本行为主张。

当然，人类作为宇宙中的一个小分子，和宇宙中的其他事物一样，都是由肉眼看不到的分子、原子、中子、中微子等基本元素转化或组合而来的，所以人和其他事物是同源的，没有本质上的不同，都是由大道衍生出来的，也都处于永不停息的运动和变化之中，而且和其他物体同样可以相互依赖，互相转化。

人类从生命一开始，到最终走向坟墓，从来没有终止过变化。在此过程中生过病，犯过错，当然也享受过成功的乐趣，体验过失败的沮丧，也因而知道了什么叫对错，什么叫荣辱。可在这布满荆棘和矛盾的人生道路上，无论是享受幸福和喜悦，还是体验迷惘和无奈，最终的结局都是一样的，既然这样，那又何必给自己制造那么多的苦恼？所以，面对荣辱、得失、成败、哀乐、爱怨，为何不能泰然处之？其实，矛盾的产生是因为人们的头脑中有了知识的概念。矛盾导致两个方面的结果，一是好的结果，一是坏的结果，可人们总是喜欢接受好的结果而难以接受坏的结果，缺少应有的从容和淡定，因而滋生痛苦迷惘，或是悲痛欲绝。

大道无言，大道无际，它孕育了天地万物，并使天地万物感受到了它的存在和巨大威力，但人们始终无法对其进行准确的描述，任何概念和范畴都是牵强的，都没有恰当地概括出大道的真义，正是因为这种不准确、不完全、不真实的概念直接影响了人们对大道的领悟，所以也就无法真正融入大道无忧无虑、自由自在的境界中去。而圣人明白大道的绝对性和它的真实内涵，他们能抛弃和超越人类的自私和贪婪，采取顺其自然的态度来对待人和事，这种无所作为的处世哲学看似消极，其实是一种真正的、积极的人生态度，是对人类自身精神境界的提升。他们能真正理解大道并和大道融为一体，顺应自然和各种变化，也就无所谓“得到”和“失去”，因而也就没有忧愁和烦恼了，这也是智者和凡人的区别。

◇ 为人之道 ◇

管仲的为人

春秋时期，齐国的管仲和鲍叔牙是知交的典范，以至后来世人赞美朋友之间所具有的深情厚谊时都会以“管鲍之交”来称誉。管鲍之交之所以被人们看得如此之高，除了他们二人交情莫逆，还有着另外一份重要的因素，那就是这两人之间的相知相得。

管仲年轻的时候家里很贫穷，而鲍叔牙的家境比较好。他们合伙做生意，其实管仲根本没有钱用来做本钱，本钱都是鲍叔牙拿出来的，可是在获利之后，两人在分配收益的时候，管仲却很不客气地一点儿也不少拿，甚至拿回去的钱比鲍叔牙还多呢。这样，鲍叔牙手下的伙计看不过去了，就对自己的主人讲：“你这个朋友管仲也太不像话了，本钱一分都不拿，分利的时候却比谁都拿得都多，这么贪婪的人，你怎么还这么看重他呢？”鲍叔牙很平和地对伙计解释说：“这不能怪他贪心啊，管仲家里穷，比我们都更需要用钱，我们应该理解他。”

后来，鲍叔牙和管仲都参加了军队，在作战的时候，管仲总是躲在后面，因此，讥讽的话就传到了鲍叔牙的耳朵里，人们都说管仲贪生怕死。鲍叔牙就又耐心地向人们解释：“管仲并不像你们所想的那样坏，他家里有年迈的老母亲，如果他死了，他的母亲谁来供养呢？他这是心存孝念，才会如此的啊。”

由于管仲和鲍叔牙两人的才华都很出众，不久之后，他们都得到了重用，但是两人所侍奉的主人却不是一个，鲍叔牙在公子小白的手下任职，而管仲则在公子纠的堂下谋事。当时统治齐国的襄公，是一个昏愦又残暴的君主，这使得齐国的政治局面异常黑暗和混乱，为了躲避祸害，公子纠和公子小白分别出奔到鲁国和莒国。后来，齐襄公被杀，公子纠和公子小白为了争夺君位，纷纷赶回。管仲派兵截住了莒国通往齐国的道路，待公子小白的队伍赶过来的时候，他拈弓搭箭向小白射去，只听得公子小白大叫一声，仰面栽倒。公子纠以为小白已死，自己没有了竞争对手，也就放慢了行进的速度。然而，他没有料想到的是，管仲所射中的只是公子小白的带钩，小白使计骗过了管仲，假装被射杀，以起到迷惑和麻痹对方的作用，自己则日夜兼程，以最快的速度奔回齐国。结果，管仲和公子纠都中了计，待他们慢悠悠地赶回齐国的时候，公子小白已经登上君位，迎接他的不是国君的宝座，而是齐国军队冷森森的兵器。无奈之下，公子纠只得带队返回鲁国。但是鲁国因为惧怕齐国发兵征讨，所以也不便再继续收留他。鲍叔牙在写给鲁国国君的信中说："公子纠是齐君的兄弟，齐君不忍杀之，请鲁国自行处理，至于公子纠的两位老师——召忽和管仲，则请交回齐国。"于是，鲁国杀掉了公子纠，而召忽自杀，管仲则被押送回齐国。

公子小白心怀一箭之仇，恨不得立即将管仲碎尸万段，但是鲍叔牙阻止了他。鲍叔牙对公子小白说："臣跟随了君上，这是令臣深感幸运的事情。现在君上成为了一国之君，更是可喜可贺。在臣看来，您是一位具有高谋远略的有为之君，如果您只想治理好齐国，有我鲍叔牙等人就足够了；可如若您想称霸天下，则非借管仲之力不可。管仲在哪个国家，哪个国家就能强盛，您切不可失去他。请您务必三思。"小白依从了鲍叔牙的请求，接见了管仲，在对谈之中，他发现鲍叔牙所言不虚，管仲实乃不世之才，于是，国之大政，一任管仲。管仲亦不负所望，在他的精心治理下，齐国政治修明、经济繁荣、军备强大，国威远扬，而公子小白也因此得以九合诸侯，一匡天下，成为春秋时期的第一个霸主，史上称之为齐桓公。

对于管仲的为人，人们向来是颇有微词的，这在前面已经提到过，管仲为人贪婪，又有临阵退缩的话柄，而鲍叔牙对此都向人们做了诚恳的解释。管仲贪婪，这是缺点，但是因为自己家里穷，因而和朋友一起做生意的时候多拿一些利润似乎也无可厚非，反而显得自己为人率直，这又成了优点了。而管仲在战场上不勇猛杀敌，反倒躲躲藏藏的，唯恐伤了自己，这是怯懦的表现，可在鲍叔牙看来，管仲这样做却是因为他心中还惦念着奉养自己的老母亲，这就又成了孝义的体现了。所以说，人身上的优点和缺点都是有着相对性的，从不同的角度来看待，优点和缺点之间是可以相互转化的。

其实，管仲还有一点极为人诟病。中国古代有着忠臣不事二主的传统观念，你既然侍奉了一个主人，就应当死心塌地地追随他，决不可怀有二心，哪怕遭遇了不测，主人败亡，自己也不能改事新的主人，而应当以死殉之。管仲本来并不是齐桓公手下的人，他的主人是公子纠。公子纠被杀后，与管仲同事公子纠的召忽舍命殉主，可管仲是怎么做的呢？他非但没有以死相殉，其后还侍奉了旧主的仇人。人们据此来评论管仲，说他不忠不仁，孔子的学生子路、子贡等人也持有这种疑问。然而孔子是怎样回答他的学生的呢？孔子说："齐桓公九合诸侯，依靠的并不是兵车之力，他依靠的是管仲的力量啊。在这样诸侯混战、兵戈四起的局势下，能够令各个诸侯和平地集会，并且相谈以欢，这其中难道没有体现出管仲的仁德吗？"孔子又说："管仲辅佐齐桓公，称霸诸侯，使得天下大治，人民至今仍承受着他的恩惠啊。如果没有管仲，恐怕我们今天还都处于一副未开化的野蛮状态呢。管仲哪像召忽之类的人，持鄙陋的匹夫之见，为了一个忠义的虚名就随随便便地去自杀，使得自己的绝世才华因此而埋没无闻呢？"这表明，在孔子看来，管仲所谓的不忠行为，恰恰体现出他睿敏过人的优长之处，管仲是一个不拘小德而彰扬大义的人。

◎第三章◎

圣人之治

【原文】

不尚贤[①]，使民不争。不贵难得之货，使民不为盗；不见可欲，使民心不乱。是以圣人之治，虚其心，实其腹，弱其志，强其骨。常使民无知无欲，使夫智者不敢为也。为无为，则无不治。

【注释】

①尚：推崇。

【译文】

不推崇贤能之才，使人民不争名夺位；不以奇珍异宝为贵重之物，使人民不做偷盗的坏事；不炫耀可贪的事物，使人民不产生邪恶、动乱的念头。因此，有道的人治理天下，是要净化人民的心灵，满足人民的温饱，减损人民争名夺利的心志，强健人民的体魄。要常使人民没有伪诈的心志，没有争名夺利的欲念，使那些智巧之人也不敢肆意妄为。以无为的态度去处理政事，就没有治理不好的。

【解析】

本章是老子对无为之治的具体论述与见解。

圣人之治在于无为。只要心里没有贪念，就不会有不满及争夺之心，从而使自己达到一种纯朴自然的状态。要使社会物质条件丰富，民众就不会为温饱而起纷争，生活安逸自在，达到一种最理想的境界。民众为了能使这种美好生活永远延续，就会自觉地维护这种和谐共处的状态。即便有一些自以为是的人想改变这种生活，民众也不会同意，从而使有智的人也不敢有所作为。

老子还说，不要使民众产生志向，但是要使民众的体格强健起来，有了强健的身体，就不会有痛苦产生；不崇尚贤者，就不会产生志向，志向是人心滋生贪欲的前因，如果内心存有志向，人们就会为了实现自己的志向而不择手段，这是恶行发生的一个前提。不以难得的货物为尊贵，那么民众就不会为了得到这些难以得到的东西而产生偷盗之心。老子还特别提到，作为最高统治者，首先不要存有欲望，而应与民众一样达到无知无欲的境界，因为民众是以圣人为榜样的，圣人如果有欲望表现出来，民众就会觉得不知所措而出现混乱。最后老子说，能做到这些，就是无为之治，就没有不能治理好的地方了。

◇ 为人之道 ◇

崇尚节俭的汉文帝

老子说："不贵难得之货，使民心不为盗；不见可欲，使民心不乱。"统治者只有勤俭节约，与民休息，才能赢得民心，治理好天下。汉文帝清心寡欲，厉行节约，后继者汉景帝效法他的政策，终于开创了"文景之治"的盛世局面。

汉高祖时期，天下刚刚经历战乱，到处都是一片衰败残破的景象。据《史记·平准书》记载："天下既定，民亡盖藏，自天子不能具钧驷，而将相或乘牛车。"说的是高祖统一天下建立汉王朝以后，民穷财尽，毫无积蓄。当时天子竟不能用同一种毛色的驷马（马车），而将相有的只能乘牛车。

汉文帝即位后，实行无为之治，以"慈""俭"为治政原则。首先确立宽厚的法治精神，废除"连坐"等严刑；其次"诏定振穷、养老之令"，保障百姓生活无忧。当然最重要的是多次下诏减轻赋税，轻徭薄役，施行节俭治国的政策。

汉文帝的节俭是出了名的。他继承帝位的第二年，有人献上一匹千里马。他下诏连同送马的路费一并退还，同时又下了一道诏书宣布说：朕不接受任何名贵稀奇的奉献，要地方官员们通知四方，以后不要打主意奉献什么东西上来。

古代皇帝住的宫殿，大都要修建又大又漂亮的露台，以供欣赏山水风光。汉文帝本来也想造一个露台，他找到了工匠，让他们算算该花多少钱。工匠们说："不算多，一百斤金子就够了。"汉文帝听了，吃了一惊，忙问："这一百斤金子合多少户中等人家的财产？"工匠们粗粗地算了一下，说："十户。"汉文帝听了，说道："不要造露台了，现在朝廷的钱很少，还是把这些钱省下吧。"

司马迁在《史记》中记载，文帝"即位二十三年，宫室苑囿狗马服御无所增益"。"宫室"就是宫殿建筑，"苑囿"就是皇家园林以及供皇室打猎游玩的场所，"狗马"即供皇帝娱乐使用的动物、设施等，"服御"即为皇帝服务的服饰车辆仪仗等。这些都是讲排场、显威严、享乐游玩必不可少的，皇帝们大都十分重视。然而文帝当皇帝二十三年，居然没有盖宫殿，没有修园林，甚至连车辆仪仗也没有增添。

此外，汉文帝还能关心百姓的疾苦，刚当皇帝不久，就下令：由国家供养八十岁以上的老人，每月都要发给他们米、肉和酒；对九十岁以上的老人，还要再发一些麻布、绸缎和丝棉，给他们做衣服。

春耕时，汉文帝亲自带着大臣们下地耕种，皇后也率宫女采桑、养蚕。汉文帝去世前，曾颁下遗诏，痛斥了厚葬的陋俗，要求自己的丧事要一切从简。对待自己的归宿"霸陵"，他明确要求："皆以瓦器，不得以金银铜锡为饰，不治坟，欲为省，毋烦民。霸陵山川因其故，勿有所改。"即按照山川原来的样子因地制宜，建一座简陋的坟地，不要因为给自己建墓而大兴土木，改变了山川原来的模样。据说后来赤眉军攻进长安，所有皇帝的陵墓都被挖了，唯独没动汉文帝的陵墓，因为他们知道，汉文帝的陵墓里面没什么贵重的东西。

正是由于汉文帝勤俭节约和爱民如子，他才与其后继者景帝共同创造出了"文景之治"的盛世。史家评论汉文帝时说"世功莫大于高皇帝，德莫盛于孝文皇帝"，这是丝毫不过分的。

◎第四章◎

和光同尘

【原文】

道冲，而用之或不盈[①]。渊兮，似万物之宗[②]；挫其锐，解其纷，和其光，同其尘，湛兮似或存[③]。吾不知谁之子，象帝之先[④]。

【注释】

①冲：虚而不满的意思。盈：满的意思，引申为尽。②兮：语气词，可译为“啊”。③湛（zhàn）：没有、虚无的意思。④帝之先：天帝的祖先，形容其出现之早。

【译文】

大道是空虚无形的，但它发生作用时却永无止境。它如深渊一样广大，像是世间万物的宗主。它不显露锋芒，解除世间的纷乱，收敛它的光耀，混同它于尘世。它看起来幽隐虚无却又实际存在。我不知道它是从哪里产生出来的，好像在天帝之前就已经有了。

【解析】

在本章里，老子仍然在论述“道”的内涵。他认为，道是抽象的，无形无象，人们视而不见，触而不着，只能依赖于意识去感知它。虽然道是抽象的，但它并非一无所有，而是蕴含着物质世界的创造性因素。这种因素极为丰富，存在于天帝产生之先。因此，创造宇宙、天地、万物及自然界的是道，而不是天帝。这样，老子从物质方面再次解释了道的属性。

“道冲，而用之或不盈。渊兮，似万物之宗。”冲，通“盅”，虚的意思。把道喻为一只肚内空虚的容器，是对其神秘性、不可触摸性和无限作用的最直观和最形象的比喻。道的境界是心灵的世界，它的空虚，是相对于自我世界而言，是不为人的外观所感觉到的。渊，形容道境深远，找不到边际。道的境界是虚幻的，但它虚而有物，它的无穷妙用对于得道之士来说，是永远不会感到满足的。因为心灵在道的世界里自由翱翔是最快乐的，也最能满足人的天性。在浩瀚无际的道境之中，蕴藏着天地万物的本源。

“挫其锐，解其纷，和其光，同其尘。”锐，锐气、锋芒，指各种自以为是的行为和轻薄浮躁的情绪。纷，纷繁杂乱、支离破碎的事物及意识。尘，指现象世界，相对于本质世界而言。畅游于道的美妙境界里，彻悟了人生真谛，获取了大智大慧，原先那种不可一世的锐气及浮躁情绪被挫销了，一切与我无益的纷乱都得以解除；摒弃那种张扬外显、积极进取的心态，代之以不露锋芒、与世无争的人生态度。以合乎道的观点来看待世间的美丑、善恶、荣辱、贵贱，这时的人才是清醒的、有觉悟的。“不言之教”的功用即体现于此。

“湛兮似或存。吾不知谁之子，象帝之先。”湛，深沉、幽隐，指道隐而不显。“似或存”指似幻而实真，似无而实存。老子认为，道幽隐深沉，不可捉摸，看上去虚无却又是真实存在的。在这里，老子自问：道是从哪里产生出来的呢？他没有从正面做出回答，而是说它存在于天帝现相之前。既然在天帝产生以前，那么天帝也就无疑是由道产生出来的。

本章旨在说明不言之教的巨大功用。只有亲历道境，不为现象世界所羁绊，才能获得正确的世界观和人生观。道是虚幻的，又是客观存在的；正是它的虚幻，才可充实人们的内心。有了充实的内心，就可以挫锐解纷，和光同尘。把握了世界的本质规律，就能把握自己的命运。

在前四章里，老子集中提出了以下观点：道是宇宙的本原，而且先于天帝而存在；事物都是互相矛盾而存在的，并且处于变化发展之中，等等。此外，老子还提出了自己对社会政治和人生处世的某些基本观点，这些学说无不充满智慧。

◇ 从政之道 ◇

曾国藩藏锋保身

曾国藩，生于嘉庆十六年（1811年），湖南长沙人，是家中的长子长孙，自幼受到良好的正统教育。二十八岁时，曾国藩考中同进士（即进士中的第三个等级），此后，十年之中升迁七次，连跃十级，三十七岁时即已官至二品，有清一代，殊为罕见，真可谓平步青云。然而，曾国藩官场得意的盛年之时，却正是大清王朝的衰微之际。咸丰元年（1851年），洪秀全发起了太平天国起义，起义军以摧枯拉朽之势席卷了大清国的东南半壁江山，立国二百多年的清政府一时之间大有风雨飘摇之势。

俗话说，乱世出英雄，危难的国运给曾国藩带来了大展身手的机会。当时，清政府用来迎击太平军的八旗军和绿营军不堪一击。因此，清政府企图借助地方组织起来的武装力量来抗衡太平军。当此之时，曾国藩在家乡湖南一带组织了一支地方团练，称为湘军。

湘军的成立为曾国藩日后的崛起奠定了基础，然而，在湘军踏上中国历史舞台的初期，却没有一登场就扮演一个出彩的角色，而是屡屡败绩，惹得曾国藩几欲自杀。但是，曾国藩终究没有气馁，本着"屡战屡败，屡败屡战"的执着精神，他从多次失败的经验中不断探索，形成了一套行之有效的治军之策和作战之法，使湘军逐渐成长为一支纪律严明、战斗力旺盛的劲旅。后来，在围剿太平天国和攻陷天京的作战中，湘军承担了主要的角色，曾国藩更是统领江苏、安徽、江西、浙江四省军务。当时，长江下游三千里的水面上，几乎所有的军船上都飘扬着湘军的旗帜，曾国藩的气焰如日中天，天京陷落之后，他的威望更是达到了无与伦比的巅峰。

然而，树大招风，在曾国藩的权势与日俱增的同时，来自朝廷和地方上上下下的各种非议和猜忌也从四面八方向他袭来。咸丰皇帝虽然对他委以重用，但也并非没有疑忌，这一点，曾国藩可谓心知肚明，如何解决这一问题，他心中自有盘算。

曾国藩接受的是正统的儒家教育，但是道家思想在他的身上也产生了重要的影响。他本人酷爱《老子》一书，对老子哲学深为通晓。曾国藩此时虽然手握重兵，但亦不过是一个地方大员，力量实不足以与整个清政府相抗衡，明哲保身之道，只有谦退，如此才可以避免因功高震主而遭遇不测。他在给自己的弟弟曾国荃的一封信中说：“余家目下鼎盛之际，沅（指曾国荃，字沅浦）所统近二万人，季（指曾贞干，原名曾国葆，为曾国藩幼弟）所统四五千人，近世似弟者，曾有几家？日中则昃，月盈则亏。吾家盈时矣。管子云，斗斛满则人概之，人满则天概之。余谓天之概无形，仍假人手以概之。待他人之来概，而后悔之，则已晚矣。”这段话的大意就是说，我们曾家兄弟几人现在都手握重兵，处于鼎盛之际，但是，太阳升到了中天就会下落，月亮圆满了之后就会开始亏缺，斗斛满了人就会去把它刮平，而人的气势过盛了，上天就会将他削弱，上天是无形的，但是他会假借他人之手来削弱过于强盛的人。如果等别人来削弱自己，那时后悔也就太晚了。

基于这种认识，曾国藩在平灭太平天国之后，还未等朝廷开口，就主动提出裁军。但是对于裁军这件事，曾国藩又做得恰到好处，他执行的策略是裁湘留淮，湘指湘军，淮指淮军，淮军的首领是李鸿章，但同样是曾国藩所辅助培养起来的，湘军与淮军相为羽翼。曾国藩的考虑是，如果不进行裁军，朝廷会对自己产生疑忌，这是很不稳妥的；可是如果过度裁军，使得自己的实力荡然无存，那么朝野上下的那些反对自己的力量乘机反扑起来，自己就断无还手之力了，过大的兵权会给自己招来祸害，而适当的兵权则是自己的护身符。在实力最为强盛的时候，曾国藩选择韬光养晦，最终远离凶险，稳居高位，全身而终，深为同僚和后人所钦佩和叹羡。

◎第五章◎

多言数穷

【原文】

天地不仁[①]，以万物为刍狗[②]。圣人不仁，以百姓为刍狗。天地之间，其犹橐籥乎[③]？虚而不屈，动而愈出。多言数穷[④]，不如守中[⑤]。

【注解】

①仁：仁爱、仁慈。②刍（chú）狗：用野草扎成的狗，古人祭祀时用，用后即扔。刍，野草。③橐（tuó）籥（yuè）：古代的风箱。④数：通“速”。⑤中：适中的意思。

【译文】

天地无所谓仁爱，对待万物像对待祭祀时草扎的小狗一样，任凭万物自然生长；有道的人无所谓仁爱，对待百姓也如同对待刍狗一样，任凭百姓自己发展。天和地之间，不就像一个风箱吗？虽然中空但永无穷尽，越鼓动风量便越多，生生不息。政令名目繁多反而会加速国家的败亡，不如保持虚静。

【解析】

这一章里，老子由天地的“不仁”，讲到圣人的“不仁”，进而提出了“守中”的思想。和前文不执于一端、“不尚贤”“无为而治”的思想是一贯的。其内容主要包括两方面：一是老子再次表述了自己无神论的思想倾向，否定当时思想界存在的把天地人格化的观点。他认为天地是自然的存在，没有理性和感情，它的存在对自然界万事万物不会产生任何作用，因为万物在天地之间依照自身的自然规律变化发展，不受天、神、人的左右。二是老子又谈到“无为”的社会政治思想，是对前四章内容的进一步发挥。他认为，作为圣人——理想的统治者，应当是遵循自然规律，采取无为之治，任凭老百姓自作自息、繁衍生存，而不会采取干预的态度和措施。

“天地不仁，以万物为刍狗。”王弼说：“天地任自然，无为无造，万物自相治理，故不仁也。”天地无所偏爱，表明天地是一个物理的、自然的存在，并不具有人类的理性和感情；万物在天地之间依照自然法则运行，并不像有神论者所想象的那样，以为天地自然法则对某物有所偏爱，或对某物有所嫌弃，其实这只是人类感情的投射作用。这一见解，表现了老子反对鬼神术数的无神论思想。从无为推论下去，无神论是符合逻辑的必然结果。他认为天地是无为的，自然界的一切事物，只需依照自然界的发展规律生长变化，不需任何主宰者驾临于自然之上来加以命令和安排。

“圣人不仁，以百姓为刍狗。”同样，圣人无所偏爱，取法于天地的纯任自然。即圣明的统治者对百姓也不应有厚有薄，而要平等相待，让他们根据自己的需要安排作息。对此，老子做了个形象的比喻：圣人无所谓仁，对待老百姓也要像对待刍狗一样。

“天地之间，其犹橐籥乎？虚而不屈，动而愈出。”橐籥，是指用手操作的鼓风工具，即风箱。老子将天地比作一个可以来回鼓动的风箱，只要拉动就可以鼓出风来，而且生生不息，不会竭尽。天地之间，风霜雨雪，电闪雷鸣，皆为天地二气激发涤荡所致，万物生生不息，无不依赖此气。天地之间好像一个风箱，空虚而不会枯竭，越鼓动风越多。而人体就像一个小风箱，风箱的作用在于使炉火更旺。如果用风箱的原理来修身，则生命会更富有激情，生命力会更强。

“多言数穷，不如守中。”老子通过上述比喻想要说明的问题是：“政令繁苛，只会加速其败亡，不如保持虚静状态。”即用很多言辞法令来强制人民执行，很快就会遭到失败，不如按照自然规律办事，虚静无为，这样万物反而能生生不息，永不枯竭。这里所说的“中”，不是“中正”之道，而是虚静。

本章用具体比喻说明如何认识自然和对待自然，论述天地本属自然，社会要顺乎自然，保持虚静，比喻鲜明生动。本章也是承上章对“道冲”作进一步论述。此处由“天道”推论“人道”，由“自然”推论“社会”，核心思想是阐述清静无为的好处。

◇ 从政之道 ◇

“强项令”董宣

董宣，字少平，东汉初年陈留圉（今河南杞县南）人，曾担任北海相、江夏太守等职，以执法严明、不畏强暴而著称。当时正值东汉初兴之际，汉光武帝刘秀统治期间，进行了一系列的改革，在政治和经济方面取得了可观的成效，而在众多的改革措施中，非常重要的一项就是严明法令。然而，颁行的各种法令在京城洛阳地区却很难得到有效的执行，原因何在呢？古代有“刑不上大夫”的说法，也就是说刑法是不适用于大夫以上的权贵阶层的，尽管也有“天子犯法与庶民同罪”的提法，但那只不过是个别改革者的一种理想的口号罢了，在实际的执法过程中，不用说天子，就是那些王公显贵们，往往也都是犯了王法而依然逍遥法外。东汉时的洛阳，正是皇亲国戚、权臣显要们集聚的地方，相形之下，执行法规的洛阳令只不过是一个芝麻大点儿的官，那些身份高贵的人士犯了法，一个小小的洛阳令如何敢管？并且，违法作乱的假如只是那些王公贵族们本身也许还好说，严重的是，他们手下的那些奴仆们也都仗仰着主人的势力而胡作非为，惹得百姓们怨声载道。在这样的背景下，洛阳令接连换了好几任，局面都无法改观。为官的人都很害怕被委任这个职位，因为一旦到了这个位置上，对于那些触犯了法律却又很有背景的人，如果依法惩治，那些人物自己得罪不起，轻则官位不保，重则性命堪忧；可如果不管呢，又是自己失职，对老百姓无法交代，自己也良心不安，真是左右为难，进退皆非。

光武帝对这种情况也并非不了解，但是他也没有办法，对于自己的那些亲戚和重臣，既不能纵容他们做坏事，可也不能过分约束，因为自己得来的天下全是靠着他们的辅佐。无奈之下，光武帝决定起用已经年迈的董宣出任洛阳令，以期使这种状况有所改观。

董宣刚一上任，就碰到了一件棘手的案子，这犯案者的主人不是别人，正是湖阳公主——光武帝刘秀的亲姐姐。湖阳公主凭恃自己高贵的身份，向来不把别人放在眼里，她手下的奴仆也都自视高人一等，仗着无人敢管，遂横行霸道，不仅作威作福，杀人越货也只看作平常之事，真是穷凶极恶。这一次，就是湖阳公主的一个家奴在街市上为非作歹，与人发生争执，而肆意杀人。

面对此案，董宣毫不含糊，立即下令将犯人捉捕归案。可是这个家奴杀完了人就回到湖阳公主的府中不肯出来，而按照当时的法律，皇家府第，地方官员不经允许是无权强行进入搜寻的。这样，只有与湖阳公主交涉才行。但是，这个湖阳公主是个蛮不讲理的人，袒护家奴，拒不放人。董宣为此感到非常焦急，他只得命令衙役严加监视，一旦发现湖阳公主有出行的动向立即报告。

再说，湖阳公主根本就没把董宣放在眼里。她告诉那个家奴不必担忧，那董宣再凶，也不过是虚张声势罢了。这个家奴本来坏事也就没少做，违法作乱只当家常便饭，听公主这么一说，也就更加得意忘形，无可忧惧了。这天，湖阳公主外出游访，那个家奴也一同随行。衙役见此情景，立即报告给董宣。董宣随即带领人马赶来，迎面将湖阳公主的队伍拦住。董宣不与蛮横的湖阳公主进行纠缠，而只求速将犯人正法。湖阳公主万万没有想到董宣竟然动了真，一时被他的气势所震慑而不知所措。那个家奴一见主人发愣，心中顿时就没了底，恐惧之下，身子哆嗦个不停，站都站不稳了，只是一味地向公主求救。还没有等公主反应过来，董宣一声令下，办事的衙役们就蜂拥而上，将这个凶犯擒拿过来，就地斩首了。

见到这种情景，湖阳公主气得脸色发紫，浑身打战，差点儿晕了过去。她知道，在这里是奈何不得董宣的，于是立即命令队伍赶往皇宫，求皇上为自己做主。湖阳公主何曾受过这种委屈，见到光武帝刘秀，又是哭，又是闹，寻死觅活的，一定要皇上为她做主。光武帝是一个明理的人，并不打算责罚董宣，不过，他也感觉到董宣做得有些过了，并且不好驳姐姐的面子，于是，诏令董宣进见。

光武帝一见到董宣就责问他，斩杀公主的仆人居然也不事先禀告。为了给姐姐一个面子，光武帝命令内侍用棍棒打杀董宣。董宣正色说道："陛下圣德中兴，可谓一代明主，然而却纵容家奴枉杀良民，如此一来，又将据何治理天下呢？"说完就要撞殿柱自杀。光武帝急忙命人阻拦，但是董宣已经撞得头破血流了。光武帝见此情景，不禁为刚才的鲁莽而后悔，但是为了照顾姐姐的感受，还是让内侍搀扶着董宣，令他给湖阳公主道歉。哪知，董宣拒令不从。光武帝没办法，就命令内侍强按着董宣的脖子让他给公主谢罪。然而，董宣两手据地，脖子就如同钢铸的一般，坚决不肯俯下一点儿。光武帝见此，只得罢手，便转而向湖阳公主为董宣说情。湖阳公主见皇上都容让了，自己也就不便再说什么了。

光武帝转而对董宣说道："你这个'强项令'，快退下去吧。"何谓"强项"呢？"强项"也就是脖子硬、不肯低头的意思。经光武帝这么一说，以后"强项令"这个名号也就传开了，大家都以此来称誉董宣耿直不屈的性情。

此事过后，洛阳城内的皇族、官宦，不论身份高低、官职大小，对董宣无不敬畏有加，再不敢乱来了，对自己手下人也严明约束，而那些奴仆本身也无一不慑服于董宣的威势，外出办事的时候都会规规矩矩。一时之间，洛阳城内的秩序变得十分清明。这都是董宣的威严所带来的成效，人们又称赞他是"卧虎"。

◎第六章◎

谷神不死

【原文】

谷神不死①，是谓玄牝②。玄牝之门，是谓天地根③。绵绵若存④，用之不勤⑤。

【注释】

①谷：形容虚空。神：形容不测的变化。②玄牝（pìn）：象征深远而看不见的生育万物的总根源，这里用以形容“道”的不可思议的生殖力。牝，生殖。③是谓：这叫作。④绵绵：冥冥无形象，连续不断的样子。⑤不勤：不劳倦，不穷竭。勤，尽。

【译文】

虚空不定的变化是永不停歇的，这就是生育万物的神秘莫测的总根源。微妙的生母之门，就是天地生成的根源。它绵绵不绝地存在着，作用无穷无尽。

【解析】

老子在这一章里继续阐明“道”的特征。他所运用的方法仍是比喻、借代：用“谷”象征道，说明道既是空虚的又是实在的；用“神”比喻道，说明道变幻莫测；用“玄牝之门”比喻道，说明道是产生万事万物的根源，等等。老子想说明道的作用是无穷无尽的，从时间上而言，道历久不衰，天长地久；从空间上而言，道无处不在，无穷无尽。道孕育着宇宙万物，生生不息。

“谷神不死，是谓玄牝。”这里的“谷神不死”是就道而言的，说明道是博大无边、变幻莫测、永恒不灭的。“玄”作为一个概念，在《道德经》中经常出现。它原义是深黑色，有深远、神秘、微妙难测的意思。牝，本义是雌性的兽类动物，这里借喻具有无限造物能力的道。“玄牝”指玄妙的母性，这里指孕育和生养出天地万物的母体。把神秘莫名的“道”喻为雌性动物的生殖器官，形象地表现了无所不能、孕育着万物的道的特性。这种粗拙而简明的表述方法，在《道德经》中多次出现。

“玄牝之门，是谓天地根。”玄牝的门户，是孕育天地、化生万物的根源。它的作用非常大。“玄牝之门”“天地根”，都用来说明道为产生天地万物的始源。古代也有人把本章的要旨解释为胎息养生之术，认为“天地之门，以吐纳阴阳生死之所气。每至旦，面向午，展两手于膝之上，徐徐按捺百节，口吐浊气，鼻引清气，所以吐故纳新。是蹙气良久，徐徐吐之，仍以左右手上下前后拓。承气之时，意想太平元气，下入毛际，流于五脏，四肢绵受其润，如山纳云，如地受泽，面色光焕，耳目聪明，饮食有味，气力倍加，诸疾去矣。”（《御览方术部》引《修养杂诀》）这是把老子的思想与传统养生术联系起来的解释。这种思考的角度，也不失为对老子学说的一种发挥。

“绵绵若存，用之不勤。”它（指道）好像绵绵不绝地存在着，它的功能也永远使用不尽。道无迹可寻，可又无所不在地发挥作用。它先天地而生，亘古长存，像一只看不见的手，化育着自然万物；又像是天地万物的仲裁者，决定着物事、人世的沉浮兴衰。

道博大无边、无所不能，又永恒不灭、无迹可寻。它是万物之母、一切之源，取之不尽、用之不竭；万物皆循道而自为自作，生生不息。

◇ 为人之道 ◇

庖丁解牛

庖丁，也就是一个名叫丁的厨师，因为他的技术十分精湛，所以被请到了魏国的宫廷里去做事。魏惠王听说了庖丁的手艺非同凡响，就打算亲自过去看一看。魏惠王过来的时候，庖丁正在解一头牛，只听得他的手所接触的地方、肩所靠着的地方、脚所踩着的地方和膝所顶着的地方，都发出皮骨相离的声音，而后进刀的时候又发出砉然的响声，整个过程进行得十分谐洽。

尤为奇妙的是，庖丁解牛的声音竟然都符合非常典雅的乐律的节拍。

魏惠王见此情形，不禁赞叹道："嘀，真是神奇啊！你的技术竟然达到了这样高超的地步啊！"

庖丁将刀放下之后回答道："臣所喜好的是其中的道，而这已经超越了臣对解牛技术的追求了。"

魏惠王对此表示不解，问庖丁说："哦，难道说这解牛的过程中还蕴藏着什么道吗？"

庖丁解释说："当然，这其中的确是有道存在的。"

魏惠王感到好奇，就对庖丁说："那么，你且说说看。"

于是庖丁慢慢地讲道："大王您看啊，臣刚开始解牛的时候，眼里看到的只不过是一头牛，因为臣在那个时候对牛的身体结构还一点儿都不了解；可是三年之后，就不是这样了，臣的眼中所见到的就不再是一头牛了，因为臣对牛的身体构造已经很熟悉了；到了现在呢，臣在解牛的时候，凭借自己的意念去做就可以了，而不再需要用眼睛去看了，就好像所有的感觉器官全都停息了一样，而只有意念的驰骋就可以将牛很好地解完了。这是为什么呢？是因为臣对牛的身体组织已经了然于胸、再没有一点儿不通晓的地方了。刀顺着牛的身体的肌理结构，劈开筋骨之间大的空隙，沿着骨节间的空穴进入，这些都是符合牛的身体本来的构造的。这样下来，解牛的刀决不会碰到经络相连的地方、紧附在骨头上的肌肉和肌肉聚结的地方，更不用说碰到牛臀股部的大骨头了。技术高明的厨工一年需要换一把刀，因为他们是用刀子去割肉；技术一般的厨工一个月就需要换一把刀，因为他们是用刀子去砍骨头；而现在臣下的这把刀已经用了十九年，解过的牛有好几千头，但是刀口还像刚从磨刀石上磨出来的一样。牛身上的骨节是有空隙的，但是刀刃却并不厚，用这样薄的刀刃刺入有空隙的骨节，那么在运转刀刃的时候就一定是宽绰而有余地的，因此，刀并不会受到损伤，虽说用了十九年，可刀刃也还如同新磨出来的一般。但即便是这样，臣每当碰上筋骨交错、难以下刀的地方，还是会十分警觉而小心翼翼地，把目光集中，将动作放慢，刀子轻轻地动一下，然后哗啦一声，骨和肉就都分开了，也就像一堆泥土散落在地上一样。这个时候，臣才会放松一下，站起身向四周看看，在悠然自得中感到一种很大的满足，然后，把刀擦好，再收藏起来。”

魏惠王听到这里，击掌赞叹道：“说得好，听了庖丁的话，我学会了养生之道啊！”

魏惠王的这句话也许会令人感到很不解，庖丁分明讲的是解牛的事情，魏惠王怎么就从中学会了养生之道呢？其实，这并不奇怪，庖丁一开始就已经说了，他现在所喜好的是解牛的过程中所蕴含的道，而这已经超越了具体的解牛技术了。这也就意味着，从表面上看，庖丁讲的是解牛，可实际上，其中却蕴含着一种超出了这种具体的技术范畴的道，这种道不仅在解牛中存在，而在其他的事情中、在万事万物中也是都存在着的。庖丁为什么会有如此神奇的解牛技术呢？因为他在解牛时的所作所为，全都符合牛的身体的自然规律，而按照规律来做事，又岂止解牛是这样呢？对于养生来说，难道不同样如此吗？所以，魏惠王从庖丁对解牛的讲述中悟出了养生之道。

◎第七章◎

天长地久

【原文】

天长地久。天地所以能长且久者，以其不自生①，故能长生。是以圣人后其身而身先，外其身而身存。以其无私，故能成其私②。

【注释】

①以：因为。②私：在这里指个人利益。

【译文】

天地永远都存在。天地之所以能长久，是因为它不是为了自己而生存，所以才永远都存在。因此，有道的人凡事都让别人占先，反而能赢得爱戴；凡事把自身的安危置之度外，生命反而能得以保全。这不正是因为他不自私，反而能够成就自身吗？

【解析】

在本章里，老子认为，天地是永恒存在的。而天地之所以能永恒存在，是因为它们的一切运作、变化都不是为了自己的生存而作为，正因为“不自生”，“故能长生”。天地生养万物而独不生自己，反而得到了长生。因此，老子希望圣人能从中悟出这个道理。如果圣人也效法天地的这种德行，不计个人得失，一心为公，也会像天地一样“长生”。

所谓“圣人后其身而身先，外其身而身存”，意即有道之人凡事都让别人占先，反而能赢得爱戴；凡事都把自身置之度外，生命反而能得以保全。结合老子其他章节来看，老子对人之生命的见解是很透彻的，并不仅限于肉体的生命，而是把生命推广到灵魂的范畴。如果一个圣人，能谦居人后，以天下为先，那么他就会得到百姓的爱戴，也会永远留在百姓心中，从而得到与道一样不灭的长生。

“以其无私，故能成其私。”老子认为，圣人这样做，并不是因为没有私心，而是为了成就他最大的私心，那就是得以长生。故此，老子说“以其无私，故能成其私”。人最大的私心莫过于实现长生，所谓长生，就是能让自己的灵魂永远活在百姓的心中，百姓感觉到圣人的好，就希望他能够永远存在，他的生命与灵魂在百姓心中就永远都不会消失。

老子根据宇宙法则揭示了人生法则，而人生法则里又贯穿着社会法则。他的“后其身而身先”“外其身而身存”的思想，正是“先天下之忧而忧，后天下之乐而乐”的原形。治理国家，只要时时把人民的利益放在前面，自然能够得到人民的拥护和爱戴，从而体现人生价值，获得人生幸福；为了肉体而活着的人，生命不会长久；为了人民的利益而活着的人，只要社会存在，他的英灵就会存在，因为他永远活在人民心中。

这一章里老子以天人合一的境界，把宇宙、人生和社会看成是一个统一的整体，从而要求人与人之间爱而忘私，和谐相处。无私是合乎道的美德，只有坚持这一美德，人类才能实现“长生”。

◇ 从政之道 ◇

孙叔敖廉洁爱民

孙叔敖（约公元前630—公元前593年），蔿氏，名敖，字孙叔，春秋时期楚国名臣。孙叔敖少年时因义杀两头蛇为民除害而享誉乡里。楚国令尹（楚相）虞丘喜欢有才能的贤士，他年老的时候，看到孙叔敖品德高尚、学问渊博，因此请求楚王让孙叔敖替代自己的令尹之职。楚庄王采纳了虞丘的建议，并用国王乘坐的专车去迎接孙叔敖。后来，孙叔敖出任楚国令尹，他辅佐楚庄王施教导民，宽刑缓政，发展经济，做出了很大的政绩。另外，孙叔敖还主持兴修了芍陂（今安丰塘），不但改善了农业生产条件，也增强了楚国的国力。

据史书记载，孙叔敖刚当上令尹的时候，许多人都来向他道贺。这时，来了一位名叫狐丘丈人的老者，他不但不向孙叔敖祝贺，还做出慰问的样子。孙叔敖觉得很奇怪，便把他引入内屋，并向他询问为什么这么做，狐丘丈人说道：“身处尊贵而对人骄傲，百姓就不再与你亲近；位高权重而滥用职权，君主就会讨厌你；俸禄优厚而不知足，祸患就会降临到你的头上了。”临别时，狐丘丈人反复告诫，孙叔敖连连称是。

孙叔敖出身贫苦，对民众的疾苦和愿望有着切身体会。他依照狐丘丈人的叮嘱，制定了“施教导民”的治国策略，即不依靠政令强行施政，而是根据农时，顺应民意，由官府带头倡导，让百姓仿效。

孙叔敖在任令尹期间，曾做过很多“施教导民”的好事，并传为佳话。孙叔敖根据秋冬农闲的规律，积极引导百姓进山砍伐竹木，猎取禽兽；根据春夏河水上涨的规律，引导百姓用河水运出山里的竹木和捕捞鱼虾。还有一次，楚庄王曾下诏将钱币造大，楚国的百姓感到携带大的钱币行走不便，而铸造钱币的手工业者也嫌成本高而纷纷转行，这就导致市场秩序的混乱。孙叔敖了解到这一情况后，便建议楚庄王恢复原有的币制，以顺应民意。楚国当时有一个习俗，那就是喜欢坐矮车，这种矮车马高车矮，车子行驶的时候速度很慢，楚庄王想下诏改造这种车子。孙叔敖表示赞同，但是他不赞成以政令的形式通告全国，而建议将乡间的门槛提高，让矮车不能通行，并将官府的车辆变成高大的车子，自由通行。不到半年，楚国原先的矮小的马车不见了，都变成了高大的车子。通过实施这些措施，楚国的经济获得了迅猛发展，百姓安居乐业。孙叔敖的"施教导民"的策略，是富国强邦之举，被司马迁赞为"不教而民从其化"。后来，孙叔敖的这个方略也在其他六国推广开来。

孙叔敖在楚国任令尹的时候，还在淮河流域修建了一个著名的水利工程——芍陂。芍陂又称安丰塘，实际是一座大型水库。楚国处在江淮流域，常年多水患。孙叔敖修建这座水库之后，不但有效地治理了淮河水患，而且灌溉了大片良田，促进了楚国经济的发展，也为楚国后来称霸奠定了经济基础。

孙叔敖辅佐楚庄王治国安邦，做出了很大的政绩，楚庄王几次要赐其封地。但是孙叔敖时时记着"俸优禄厚而不知足，祸患就会降临"这句话，因此坚持不受。孙叔敖临死的时候，告诫儿子说："我活着时，没有接受楚王的封地，死后楚王必定封你城邑，到时，你一定不要接受别人都争着要的城邑，在楚越边界有个叫寝丘的地方，那里低洼脊薄，城名也不吉利，历来没有人争夺，你可以请求楚王把那个地方赏赐给你，这样，你的衣食饱暖就无忧了。"

孙叔敖为相清正廉洁，没有留下一点积蓄。死后几年，孙叔敖的儿子穷困潦倒，只好跑到山里，以砍柴为生。孙叔敖的好友优孟听说后，上朝时打扮成孙叔敖的模样，以便引起楚王的注意。楚王一看，吃了一惊，还以为是孙叔敖显灵了，细看之下，才知道是优孟，便想任命优孟担任令尹。优孟说:

“孙叔敖为楚国立下了很大功劳，死后儿子以砍柴为生，我的才能远远比不上孙叔敖。要我去当令尹，将来儿子恐怕连衣食都不能保障了。”优孟的一席话点醒了楚王，楚王立即下令给孙叔敖儿子重赏和封地。孙叔敖的儿子根据父亲的遗嘱，没有申请大的城邑，只向楚王要了寝丘。庄王没有强求，于是封寝丘四百户给孙叔敖之子，还夸奖贤者之后有贤风。依照楚国法令规定，功臣的封地经过两代之后，要封别人的时候就得收回。由于寝丘是个人人嫌弃的地方，所以孙叔敖的封地一直传了十几代。孙叔敖不争肥缺而得长利，后人称之为“短智佐君王，长智利子孙”。

◎第八章◎

不争无尤

【原文】

上善若水①。水善利万物而不争，处众人之所恶②，故几于道③。居善地④，心善渊⑤，与善仁，言善信，政善治⑥，事善能，动善时。夫唯不争，故无尤⑦。

【注释】

①上善：最高等的善。若：像。②处：停留、居住之意。③几（jī）：作“接近”解。④地：低下、卑下的意思。⑤渊：深的意思。⑥政：行政的意思。⑦尤：怨咎。

【译文】

最高的善就像水一样，水善于滋润万物却不与其争短长。它总是停留在众人不愿去的低洼之地，这种品德，最接近于“道”。上善的人总是甘居卑下的环境，心胸善于保持沉静而深远博大，待人善于相助、真诚可亲，说话善于信守诺言，为政善于治理，办事善于发挥所长，行动善于把握时机。正因为有不争的美德，所以才不会出现过失，招来怨咎。

【解析】

在上一章里，老子以天地之道推及人道之后，这一章又以自然界的水来喻人、教人。

老子首先用水性来比喻有德之人的人格，认为他们的品格像水一样：一是柔，二是居于卑下的地方，三是滋润万物而不与之争。具备理想人格的人也应该具有这种心态，不但做有利于众人的事情而不与之争，而且还愿意去众人不愿去的地方，愿意做别人不愿做的事情。他可以忍辱负重，任劳任怨，能尽其所能贡献自己的力量去帮助他人，而不会与他人争功、争名、争利，这就是老子“善利万物而不争”的著名思想。

“上善若水”，上为至高，只有至高的东西才叫上；水的德行最高，虽然它的构成简单，但它是自然界里的生命之源。上善若水，从字面上解释就是：具有善性的人就像水一样，老子这是要人们学习水“柔弱处下”的德行。

那么，水的德行究竟是什么呢？它是最柔弱最具善性的东西，它具有宽广包容的胸怀和毫无所求、甘居人下的德操，无论到什么地方都是无声无息的。

众所周知，水有形却无状，谁也不能说清水的形状，把它放在什么样的容器里，它就呈现什么样的形状。它生性温柔，就像一个柔弱的少女，羞涩柔韧而又随遇而安。用坝拦它，它就静止不动；抽刀断水，于水毫发无损。在天则为雨雪云雾，在地则成江河湖海。遇热成汽，逢冷结冰，见风起浪，居高成湍，千变万化。最重要的是，无论它身处多么显贵的高位，都会谦卑地向下流淌。这一点，和人类恰恰相反，人是钟情于高处的，仿佛只有不停地高攀才能实现自身的价值，人人都往高处走，所以难免会有竞争，有竞争就有博弈，有博弈就会有得失、成败。水比人明智，它甘居下位，滋润万物而不居功自傲，清静无为而又无所不为。

水和“大道”十分相像。水性善柔，大道无形；水善利万物而不争，大道化育一切而不言功劳。而这正应该是圣人必备的德行。老子认为，拥有最高德行的人就如水一样，具有宽广的胸怀、谦逊的品格、与世无争的情操、宽厚诚实的作风，这些最接近于大道的本质，是人类最应效仿的德行。因此，人的心胸就应该像水一样宽广无边、清湛悠然；像水的流势一样，谦虚卑下。不可处处与人争高低，要择地而居。对人要亲切自然，以诚相待，老实厚道，宁愿居下位也决不欺他人。为人处世重诺守信，就如同潮汐一般，起落守时。

在自然界万事万物中，老子最钟爱的是水，认为水德是近于道的。而理想中的“圣人”是道的体现者，因为他的言行与水的德行相似。为什么说水德近于道呢？王夫之解释说：“五行之体，水为最微。善居道者，为其微，不为其著；处众之后，而常德众之先。”以不争为争，以无私为私，这就是水的最显著特性。水滋润万物而无取于万物，而且甘心停留在最低洼、最潮湿的地方。老子并列举出七个“善”字，都是受到水的启发。最后的结论是：为人处世的要旨，即“不争”。也就是说，宁处别人之所恶也不去与人争利，所以，别人也没有什么怨尤。人类一旦拥有了像水一样的品格，就能助人而自乐，与世无争，日子过得恬淡自然，就能避免与他人发生矛盾和冲突，就能免去患得患失的精神折磨。如果能够使自己的品格如水一般，就能与大道协调，就会免去纷争、痛苦和烦恼，就能过得逍遥自在、轻松愉悦。

◇ 为人之道 ◇

杨修之死

杨修（175~219 年），字德祖，弘农华阴（今陕西华阴东）人，汉献帝建安年间被举为孝廉，后来在曹操的手下担任丞相主簿。主簿是掌管文书的官员，类似于现在的秘书，但杨修所做的这个秘书是直接隶属于丞相的，所以职位是很重要的。曹操也正因为很看重杨修的才华，对他也很信任，才将这个重要的任务委派给了杨修。

杨修本身颇富才学，又出身显贵，并且还受到当时把控朝政的丞相曹操的宠信，因此很多人都争相攀附他，这其中也包括曹操的儿子们。在曹操的儿子当中，最为重要的两个就是曹丕和曹植。他们二人都想与杨修结交，而文采出众的曹植更为杨修所欣赏，于是，杨修就与曹植走到了一起，两人往来密切，不曾料想的是，与曹植的交往在日后给杨修带来了深重的灾祸。

杨修虽然才智不凡，但是也因此而恃才放旷，对自己的言行不加约束，尤其喜欢在他人面前耍弄小聪明。一次，曹操要建造一座花园，工匠们在设计好了方案之后将图纸呈给曹操看。曹操看了之后，没有说什么，只是用笔在园门上写了一个“活”字。工匠们不解其意，而人们都知道杨修很聪慧，于是就去请教他。杨修看过图纸之后，微微一笑，说道：“丞相是嫌门设计得太大了。”工匠们惊奇地问：“您是怎么看出来的呢？”杨修答道：“这不很显然嘛，‘门’中加个‘活’字，就是‘阔’，丞相说，这个门太开阔了。”工匠们听了不禁大喜，遂按照杨修所说的，将花园的门改小了一些。花园建成之后，曹操过来视察，对园门的修改感到很满意，问工匠们是如何猜到他的心意的。工匠们回答说：“我们这些笨头笨脑的人哪里猜得出丞相的意思啊，这全赖杨主簿的赐教啊。”曹操听了，虽然口中夸赞杨修，心中却不免对杨修的聪明有些妒意。

其实，杨修在曹操面前卖弄小聪明的做法绝非一次两次的，下面又是一个例子。有人送给了曹操一盒酥，曹操吃了少许之后，在盒盖上写了“一合酥”三字，然后传给大家，自己则走开了。大家拿着这盒酥，看着盖子上面的字，谁也不知道曹操想要表达的是什么意思。传到杨修那里时，杨修毫不客气地将酥取出来吃了一口，别人看了，都表示惊疑。杨修不慌不忙地答道：“丞相让我们每人吃一口，还有什么犹豫的呢？”大家这才明白，那个“合”字，不正是“（一）人一口”吗？

若仅仅是这些文字上的小游戏，或许也就罢了，曹操至多不过对杨修有些小小的嫉妒就是了，但有一件事情却让曹操对杨修产生了极深的反感。曹操是一个非常多疑的人，为了防范有人趁他入睡的时候去行刺，他导演了一出梦中杀人的好戏。曹操经常对自己身边的侍卫说，自己有梦中杀人的习惯，所以告诫侍卫们在他睡觉的时候一定不要靠近他。曹操有一次白天休息的时候，假装睡得正酣而在翻身的时候将被子弄到了地上，他身旁的侍卫因为担心他受寒，就过去将被子拾起来，欲给曹操盖上。哪知，刚一到曹操近前，只见曹操腾身跃起，抽出身边的宝剑一下子就把这个毫无防备的侍卫给杀掉了。然后，曹操若无其事地又睡去了。待醒来时，曹操见到自己卧榻之旁倒在血泊之中的侍卫，大声惊问道："是谁在我床边杀了人？"其他的侍卫小心翼翼地讲述了刚才发生的事情，曹操听了，失声痛哭，众人百般劝慰，方才止住，随即命令，对这个牺牲的侍卫进行厚葬。大家知道了这件事，都认为曹操果然有梦中杀人的习惯，而主簿杨修却一语道破："丞相非在梦中，而是汝等在梦中也。"这话被曹操知道了，不仅对杨修愤恨异常，甚至起了杀心。

汉献帝建安二十四年（219 年），曹操征讨汉中，与刘备军对峙，长久相持不下，陷入进退两难之中，因为若进攻，蜀军戒备森严，无利可图；若撤退，则兴师动众而来，又一无所得、空手而归，必为蜀军所耻笑。但是一直这样下去也不是个办法，因此曹操心中颇为踌躇。一天晚上，厨师进献了一碗鸡汤，汤中有鸡肋，曹操于是有感而发，对进入帐中讨求命令的军官说道："鸡肋。"于是，"鸡肋"的命令就传了开去，这又是曹操给大家出的一个字谜。杨修听到这个命令，立即吩咐身边的人收拾行装。将士们见了感到很不解，问之何故。杨修说："魏王传令'鸡肋'，所谓'鸡肋'者，食之无味，弃之可惜，而当前的形势，进不能胜，退恐人笑，在此无益，不如早归，来日魏王必班师，所以先打点行装，免得急时慌乱。"将士们听了，觉得果然有道理，于是也都纷纷去收拾自己的东西，准备撤退了。曹操因心中烦闷，就走出大帐，到外面巡视，却见大家都在整理行装，感到很吃惊，一经询问，原来又是杨修所为。曹操不禁大怒，以惑乱军心为名，立即将杨修给杀了。

杨修之死与他的自恃有才、口无遮拦有着直接的关系。可以说，正是杨修的浮浅，导致了他的被杀。老子在描述"上善若水"的时候曾提到一点，叫作"心善渊"，即心思要善于渊沉，断不可以将自己心中所想暴露无遗，尤其是一些敏感性的话语，而杨修正是犯了此忌，才招致了杀身之祸。

◎第九章◎

持而盈之

【原文】

持而盈之①，不如其已②；揣而锐之③，不可长保。金玉满堂，莫之能守④；富贵而骄⑤，自遗其咎⑥。功遂身退，天之道也。

【注释】

①盈：满的意思。②已：动词，停止的意思。③揣：捶打，敲打的意思。④莫：代词，“没有谁”的意思。⑤而：这一章三个“而”，均为连词“而且”“并且”的意思。⑥咎（jiù）：灾祸的意思。

【译文】

保持着盈满的状态，不如适可而止。捶打得既尖又利的铁器，就不能长久保持锋利。纵然金玉堆满房屋，谁也不能长久守住。富贵而又骄纵，定会给自己带来祸害。功成名就之时，要含藏收敛，急流勇退，这才符合自然运行的规律。

【解析】

本章主要是讲功成身退之道。

大千世界，芸芸众生，谁不追逐名利、倾慕荣华？而能做到心如止水、超然物外者恐怕是寥若晨星。既然我们都无一例外地生活在现实的世界里，就不可能不食人间烟火，因为吃、穿、住、用、行是人类最基本的生存需求。可是，当这些需求在得到满足之后，人们还会积极地思考如何实现自身的价值，去幻想更多不同层次的需求，当低级的需求得到满足之后，就会更加迫切追求那些更高层级的事物，这是个既简单又复杂的道理：说它简单是因为提到需求，每个人都深有体会，不难理解；说它复杂是因为每个人的需求是千差万别的，这是针对个体而言的。但从整体上来说，人类的贪欲永远都无法得到满足。人类的这一弱点就决定了其会一直追名逐利。

可一旦名利双收，又该如何留住它们，而不致使它们如云烟一般随风飘零？其实，老子在本章中就给出了答案：手持杯子，往里加水，当水满的时候还不停地往里加，当然会溢出来。换一个说法：当弓被拉满后仍继续用力猛拉，结果毫无疑问，弦最终会被拉断。这两个小问题系出同源，都是“满招损”的个案。虽个中道理妇孺皆知，但真要我们与现实生活的欲望挂起钩来，恐怕就很少有人能够真正明白了，因为“人心不足蛇吞象”最直接的后果就是“当局者迷，旁观者清”。所以说，人的欲望是无止境的，这是人的本性使然。因此，人类如何克服自身的弱点，是个非常重要而又相当棘手的问题。

还是让我们来看一看锋利的剑吧，它又尖又锐，锋芒毕露，然而锋刃易卷，再磨再损，不久就会被人放弃，因而老子说，越尖锐的东西，越不会长久保存。

“人生一世，草木一秋。”若用此来比喻人生，乍听起来不免有些消极，却不违背常理。其实，人生的短暂和草木的转眼枯亡没有本质上的区别，所以人们在提到年龄时心里往往就会发怵，不禁哀怨日子过得太匆忙。因此，有人在短暂的一生里拼命地捞取金钱，其目的就是试图通过对财富的占有来证明自身存在的价值；而有的人则一心想出名，想通过名声来证明自己没有虚度光阴。于是，人们开始争名夺利，为了实现自己的愿望，有的人不择手段，不惜出卖灵魂，结果事与愿违，得到的却没有付出的代价昂贵，这又何苦呢？当然，我们并不反对采用正当的手段和途径来获取金钱和名利，但必须明白一个很简单的道理：人是赤条条地来，又必将赤条条地去，富贵和名利都是过眼云烟，是一丝一毫也无法带走的。

因此，老子认为“持而盈之”“揣而锐之”“富贵而骄”是“生而不有，为而不恃，长而不宰”的“玄德”的反例。在老子看来，一切具体的存在都是“刍狗”，这也就意味着，把拥有一定名位、名职的自身也要看成是刍狗。

刍狗的结局就是在祭祀过后很自然地变成了杂草，这是刍狗之命运使然。如果一朝为“狗”就自认为永远是狗而跳梁跋扈，那绝对是不知天高地厚的狂妄之举。所以，老子认为“功成身退”是无为的最高境界，是应当奉行的基本行为准则。

事实上，古往今来，没有人能永久地保持自己的名位或财富，不要说富可敌国、权倾朝野的王公贵族，就是一手遮天的帝王也无法长久地保留自己的地位和财富，尽管他们让后人将珠宝和自己的尸体葬在一起，并安装上各种防盗机关，以求保全自己生前拥有的财富。可在事实上，自从安葬之时起，危险就已悄悄逼近，盗贼不但会潜入他们的坟墓，将陪葬的金银财宝洗劫一空，甚至还会把他们的尸首抛弃到荒野，这是多么悲惨的结局！当然，更有甚者，有的帝王连自己的尸体也被偷走，因为他们身上穿的是金缕玉衣，他们不但失去了珠宝，也失去了尸身，其结果惨不忍睹。

因此，老子在本章郑重告诉人们：物极必反。太满会溢，太尖利会断，这就启发人们不管办什么事，都要适可而止，进退有度。太露锋芒就会遭人嫉妒和陷害，不如到一定的时候退而隐之，即“功遂身退”，不可最大限度地满足自己的欲望。退而隐之不是形式上的退居深山，而是要有功不倨傲，有名不恃名，有财不扬财。这就是老子倡导的“大道”理念。

大道就是如此，它滋养万物而不居功，没有恩义，也就无所谓报答；万物接受大道的恩典，不去报答，大道和万物仿佛毫无关联，所以也就没有怨恨和嫉妒，一切都是自然而然的。人类只有和大道同步，才能达到收放自如、进退有度的美妙境界。

◇ 为人之道 ◇

深知进退的范蠡

功成之后，要懂得谦退，不可锋芒太露，这样才能保全自己。

范蠡，字少伯，楚国宛人。他出身贫寒，但是勤奋好学，又富有文韬武略，是个很有抱负的人。由于他在楚国不得志，所以转而投奔了越国。范蠡在辅佐越王勾践期间，身经劳苦，勤奋努力，帮助勾践治理越国二十二年，终于灭掉了吴国，雪洗了勾践当年在会稽所受的耻辱。以后，范蠡又向北进兵，渡过淮河，紧逼齐国和晋国，进而向中原各国发号施令，尊奉周王室。勾践实现霸业以后，范蠡号称上将军。由此可知，范蠡在辅佐勾践灭吴，进而称霸的漫长过程中立下了汗马功劳。不过，正是由于他与勾践相处的时间很长，所以才十分了解勾践的为人，知道其可以共患难，但难以共处安乐。而范蠡知道自己名气大了，难以久留，如果不急流勇退，后果不堪设想。所以，在越国处于最强盛的时候，范蠡向勾践递交了一份辞职信，信上说："我听说主上心忧，臣子就该劳累分忧；主上受侮辱，臣子就该死难。从前君王在会稽受侮辱，我所以没有死，是为了报仇雪耻。现在已经报仇雪耻，我请求追究使君王受会稽之辱的罪过。"勾践看到范蠡的信，非常生气，立即把他找来，沉着脸说道："我要把越国的江山分给你一半，让我们共同享有。不然的话，就要惩罚你。"范蠡知道，勾践所说的话前一句并非真心，但后一句倒是实意，对此他早有准备，便从容地向勾践说道："君主执行自己的命令，臣子实践自己的意愿。"回到家后，范蠡就打点包装了细软，与私属随从乘船从海道走了，以后再也没有回来。范蠡走后，勾践让工匠铸了一尊铜像，放在自己的座位旁边；另外，他还把会稽山作为范蠡的奉邑，以表示对他的怀念之情。两百多年后，司马迁在谈到有些人"知进而不知退，久乘富贵，祸积为祟"时，还以范蠡的事迹与之作比较，认为范蠡功成身退，名传后世，这是很难达到的境界。

离开越国之后，范蠡浮海来到齐国，改名换姓，自称"鸱夷子皮"。后来范蠡一家在齐国的海滨定居下来，他们吃苦耐劳，勤奋努力，治理的产业颇为丰厚。住了没多久，范蠡就累计了数十万的财产。齐国人听说他有才能，就让他做了相国。范蠡叹息说："住在家里能弄到千金财产，做官做到卿相，一个普通人能这样，也就达到极致了。长期享受尊贵的名号，是不吉利的。"于是归还了相国的印信，全部发散他的家财，分给相知的好友和乡亲们，带着贵重的财宝，悄悄地离开，到陶地住了下来，他认为这里是天下的中心，交易买卖，和各地相通，做生意可以致富。于是他自称为“陶朱公”，又规定父子耕田畜牧，囤积储存，等候时机，转卖货物，追求十分之一的利润。待了不久，范蠡就积累了万万的家产。

由上可知，范蠡是一个真正有智慧的人，他不仅有政治才能，而且在经商方面也有独到见解，更难能可贵的，是他懂得如何保护自己。

◎第十章◎

明白四达

【原文】

载营魄抱一①，能无离乎？专气致柔②，能如婴儿乎？涤除玄览③，能无疵乎？爱民治国，能无为乎？天门开阖④，能为雌乎？明白四达，能无知乎⑤？生之畜之⑥。生而不有，为而不恃，长而不宰，是谓“玄德”⑦。

【注释】

①营魄：即魂魄。魂属灵，魄属血，在此连用，指灵肉相连。抱一：合抱为一。②专气：志气专一。致柔：调和到柔和的境地。③涤除：洗净，排除。玄：微妙之义。览：又作“鉴”，就是镜子，这里含有观照之义。④天门：这里指耳目口鼻等感官。阖（hé）：关闭。⑤无知：即不用智谋。知，作“智”讲。⑥生之畜之：使它生，使它繁殖。⑦玄德：极大极深远的“德”。

【译文】

灵魂与肉体融为一体，能永不分离吗？聚集精气达到柔和，能像初生的婴儿一样吗？洗尽思想上的尘垢，能让心地宽广得如一尘不染的明镜吗？热爱百姓，按照道的法则来治国，能保持“无为”的境地吗？口鼻自然地开闭，呼吸吐纳，能绵绵细静地雌守吗？通达四方，能不玩弄权术和心智吗？生养抚育了万物却并不据为己有，为世间立下了卓越功勋但并不自恃有功，滋养了万物但并不居于主宰地位，这就是最高深的“德”。

【解析】

本章是讲修道育朴的方法和过程，从“载营魄抱一”到“明白四达”，境界是逐步提高的。“道”的境界和自我之德是同步的，“玄德”表明自我之德与道合一，是德的最高境界，并透过六个问句，把道在修身治国方面的作用作了几条总结，对一般人和统治者提出了要求。从字面上看，每句的后半句，似乎都是疑问，其实疑问本身就是最好的答案。老子认为，人们无论是形体还是精神，无论是主观努力还是客观实际，都不可能是完全一致的。但是人们在现实生活中，应该将精神和形体合一而不偏离，即使肉体生活与精神生活保持和谐，这样就必须做到心境淡定，洗清杂念，摒除妄见，懂得自然规律，提高自身修养，也只有这样，才能够真正做到“爱民治国”。

人类之所以被称为“大自然的精品”“造物主的杰作”“万物之灵长”，主要就是因为人类拥有精神和意志，能够进行独立思考和判断。这样一来，人类对周围的事物便有了自己的评判标准，人的主观意识便会在潜移默化中发挥能动作用，并通过这种主观对客观的思索，以自己的喜好标注，来改造周围的世界。然而，人的灵魂和意识所能发挥的作用，毕竟有很大的局限性，所以难免会犯错，甚至会造成无法挽回的损失，人们也常常因此而懊悔和痛苦。

应当说，拥有情感体验是人类区别于其他生物的最显著标志之一。人和其他生物为什么会有这种区别呢？原因在哪里？其他生物为什么没有痛苦和烦恼呢？这主要是因为我们人类的灵魂和肉体经常处于分离的状态，无法从根本上达到合二为一的境界。灵魂是长翅膀的，它总能飞跃到梦想中的高度，与之相比，人们的肉体则显得比较笨重，它无法和灵魂一起飞翔，于是出现了灵魂在一处、肉体在一处的情况；人们也可以把灵魂比喻成理想，将肉体比喻成现实，事实上，理想和现实之间总是有很远的距离，而且美丽的理想在残酷的现实面前往往会变得不堪一击。理想和现实常常处于相互分离的状态，因而会令人们痛苦、无奈和彷徨。

其实，人之所以有痛苦、懊悔的情感体验，是因为人类有七情六欲，当我们的情感需求和自身欲望得不到满足时，就会感到迷茫和失落，困惑和伤怀，这种情感获得的根源还在于人的肉体和灵魂的不统一。而其他生物则不同，它们的身体和心理是合一的，它们不具备完整的心理精神体系，也不会独立思考，也无法进行意识判断，它们对任何事物都不会敏感，因而也不会感到失落或痛苦。

可我们人类，经常用“庸人自扰”来形容无端的痛苦和烦恼。因为平庸，所以会无端地感到痛苦，无端其实是有端，只是这个端微乎其微、不值得去计较罢了。在现实生活中，又有多少人能不被琐事所困扰呢？说白了，能不被平凡琐事所困扰者，世上只有两种人，一是圣人，一是婴孩。婴孩不谙世事，万事皆清，头脑混沌，不知何物为何物，也不知何事为何事，只知饿了吃，困就睡，不去思考，一切顺应人的自然本性，当然不会有烦恼和痛苦，因为他的灵魂和肉体是合二为一的。而圣人也不是天生的，他也必然经过了庸人的阶段，也感受过痛苦和烦恼的滋味，但他不想让自己再受煎熬，就明智地选择了和“大道”同步：做到了灵魂和肉体的高度和谐统一，做到了“专气致柔”如婴孩，做到了心境明净无瑕疵，做到了不受知识的局限而透悟真理的品性。

“专气致柔”就是把自己的精神和元气凝聚起来。如果我们能够聚集自己体内精气而长久保持婴儿般的柔软体态，就能长盛不衰。我们必须经过心灵的活动才能达到精神和元气相合，心灵就像一面镜子，宇宙万象通过镜面一览无余，镜面必须经常擦洗，去其污垢才能明察世间百态。作为统治者，治理国家也是如此，要像婴儿一样无欲无为，顺应自然本性，而不加任何人为的因素，只有无为而治，才是真治。采取强硬措施不但不利于安定民心，反而会导致天下大乱。所以，要顺应百姓自身的自然规律，才能收到较好的效果。当一个人心性豁达，彻底觉悟的时候，一切顺应自然，顺应规律，这就是“玄德”。就像宇宙一样有深邃的内涵，包容一切，而且自己不去主宰别人，这才是老子专气致柔的精髓所在。

◇ 为人之道 ◇

每日三省其身的曾参

曾子（公元前505~公元前435年），名参，字子舆，春秋末年鲁国南武城（今山东济宁市嘉祥县）人，与父亲曾点（字子皙，亦称曾皙）同为孔子的弟子，也是孔子的孙子孔伋（字子思）的老师，而孟子又受传于子思的门人，因此，曾子是孔孟之间承前启后的一位儒学大师，与孔子、孟子、颜子（颜回）、子思在后世共同被尊誉为五大圣人。

在儒家思想中，“孝”是一个核心观念，而曾参就以孝道著称，在中国旧时非常流行的“二十四孝”的故事中就有一则有关曾参啮指痛心的佳话。曾参年少时家贫，常上山打柴。一天，家里来了客人，当时只有曾参的母亲一人在家，一时焦急，她就用口咬自己的手指，而在山中打柴的曾参觉得心中不安，就匆匆返回了家中，问母亲何事。母亲就把刚才的事情告诉了曾参。于是曾参很好地接待了客人。“啮指痛心”的故事表明，曾参在心中时时牵挂着母亲，即使相隔遥远，也能与母亲心心相系，很灵敏地感受到母亲的悲喜忧乐，从而能够尽快地为母亲分解忧愁，而这正是一种至孝的表现。

同“孝”一样，“信”也是儒家思想中极为看重的一点。关于诚信，曾参也有一个故事广为流传。一天，曾参的妻子要到集市上去，她的小儿子哭着闹着非要一起去，可带着小孩子去赶集就不方便了，于是孩子的母亲安慰他说：“你好好在家待着，等娘回来了，给你宰羊吃。”曾参一见到妻子从集市上回来，立即就去宰羊。妻子赶忙阻止了他，说:“不过是哄哄小孩子的，你怎么就当真了呢？”曾参很严肃地对妻子说：“小孩子是不能随便跟他开玩笑的，他自己还没有思考和判断的能力，做事情都是向父母学习的，全听父母的教导。现在你欺骗了他，就等于教他做骗人的事情。当母亲的欺骗儿子，儿子以后还会相信母亲吗？这不是教育的方法啊！”说完，就将羊给宰了，然后煮好了肉给儿子吃。都说父母是孩子的第一任老师，这话一点儿不假，所谓言传身教，父母在子女成长过程中的影响是极为重要的，在这方面，曾参给普天下为人父母者做了一个最好的榜样。

在《论语》中有一句极其著名的话，叫作“吾日三省吾身”，这句话的提出者就是曾参。曾参还举出了自我反省的三项具体内容：“为人谋而不忠乎？与朋友交而不信乎？传不习乎？”就是说，替人做事有没有不尽心尽力的地方？与朋友交往是不是有不诚信之处？老师的传授有没有及时复习？其实，自省的内容完全可以不必拘谨于此三点，以上所言只是举例，实际反省的内容应当包括日常生活中自我的一切行为，这与老子所讲的“涤除玄鉴，能无疵乎”是相通的，人就要经常地这样反省自己，深入自己的内心，问一问自己在哪方面做得还不够好，发现错误，及时更正，这样，才能不断地取得进步。

◎第十一章◎

无之为用

【原文】

三十辐，共一毂①，当其无，有车之用。埏埴以为器②，当其无，有器之用。凿户牖以为室③，当其无④，有室之用。故有之以为利，无之以为用。

【注释】

①辐：车轮上的直棍，有如自行车轮的钢丝。三十辐，是一个车轮直棍的数目。毂（gǔ）：即车轮中心穿车轴的圆木，北方叫它“车头”。②埏（yán）埴（zhí）：即和陶土做成饮食的器皿。埏，借为“抟”，即抟土；埴，陶土。③牖（yǒu）：窗户。④无：这一章三个“无”，均作“空虚”解。

【译文】

三十根辐穿在车头，中间必须留出空处，才能装上车轴，使车轮有转动的作用。踩打泥土做陶器，器皿中间必须留出空处，器皿才能发挥盛放物品的作用。建造房屋，有了门窗四壁中空的地方，房屋才能有居住的作用。所以，“有”给人便利，“无”发挥了它的作用。

【解析】

本章的核心问题是“有之以为利，无之以为用”，即“无”和“有”的辩证关系。无和有既相互矛盾，又相互依存。没有无也就无所谓有，本章旨在阐明有和无的对立统一关系。我们是处在有的层面，所以，解决矛盾时要以无为本。但需要指出的是，这里的无和有与第一章讲的无和有是两种完全不同的概念和范畴。

老子通过车子、陶器、房子这三个例子来说明问题，指出这几样事物都是有形的，也就是“有”，而体现它们自身价值的却是无形的空间，也就是“无”。有和无的关系，就是“利”和“用”的关系。利是使用价值的前提条件，用是使用价值的决定性因素。所谓“有无相生”，是就“利”和“用”关系而言，“利”和“用”的关系是相辅相成、不可分割的，有“有”就有“无”，有“实”就有“虚”，在时间上没有先后，在主次上也没有本末。老子把“无”作为主要对立面来考察，这具有很大的片面性，如果没有车轮、瓷器、房子这些有形物体的存在，中空的无在哪存在呢？又如何发挥作用呢？所以片面强调“无”的作用也是不合理的。但是，我们看待问题的时候，必须以无为本，以有为末，崇本而举末。这是因为，我们是处在有的层面的，只有守住其对立面的无，才能利于有。倘若以有为本，以有治有，就会加速有向“没有”的方面转化，这是不符合辩证法的。

老子对无和有的辩证关系的论述，具有很大的借鉴意义。就治身而言，要想健康长寿，就不能只是强调用有形的佳肴来厚待有形的身体，而根本在于关注无形之法身，只要守住法身，健康长寿就会成为必然。人体就像房子，法身是房子的主人，只要主人不去，房子就不会倒塌。

就治国而言，其根本在于神圣的法律，而不是有为的统治者；只要具有了高度发达的政治文明和精神文明，国家自然就会保持持久的繁荣和稳定。

可是，在现实生活中人们往往把虚无缥缈的无当成有，为根本不存在的东西徒生烦恼、忧愁，比如有人幻想天上掉下了金元宝，原本一贫如洗的人，却在为如何利用这笔巨额意外之财而躺在床上苦思冥想。当别人都去辛苦打拼的时候，他却躺在床上，沉浸在自己美丽的幻想里，但日子一天天溜走之后，他依然躺在床上做着美梦，直到最后他饿成皮包骨，在临死之前还在幻想山珍海味正在桌上。

在现实生活中，究竟该怎样正确对待有和无呢？只有始终保持虚无的态度，做到“有功”而不自居，“有才”而不自傲，“有力”而不乱用，这样才能达到“以无为有”的境界。因为有和无是互相转化的，我们拥有的东西也会瞬间化为乌有，只有保持虚无的心态和境界对待自己拥有的东西，才能真正地拥有它们。所以，我们是处在有的层面的，解决矛盾时要以无为本。

◇ 为人之道 ◇

态度谦卑的刘邦

“无之为用”实际是种以退为进的智慧。鸿门宴上，刘邦便是凭借这一智慧从杀气腾腾的项羽手上逃脱。

刘邦曾和项羽在楚怀王面前约定：先入关中者为王。公元前 206 年，刘邦率领义军进入关中，秦王子婴向刘邦投降。刘邦与秦民约法三章，并派人驻守函谷关。当时，项羽刚刚取得巨鹿之战的胜利，歼灭了秦军的主力，向关中进攻。项羽到达函谷关后，得知刘邦已经攻陷关中，十分生气，于是命令英布攻占函谷关，与刘邦驻扎于灞上的大军相对峙。

刘邦得知项羽的意图后，非常担忧，忙向谋士张良请教。张良问刘邦：“大王您估计一下，您的军队能够抵挡项王吗？”刘邦沉默了一会儿，说：“当然不能啊。”张良便建议刘邦向项羽说明自己并不敢背叛项羽，刘邦答应了。

刘邦通过项伯将自己的意思转达给项羽。项伯是项羽的叔父，和张良交情甚笃。刘邦不但亲自接见了项伯，还和项伯约定结成儿女亲家，他对项伯说："我进入关中，一点东西都不敢据为己有，登记了官吏、百姓的名字，封闭了仓库，等待将军（项羽）的到来。我之所以派遣将领把守函谷关，是为了防备盗贼进来以及发生意外的变故。我日夜盼望将军到来，怎么敢反叛呢？希望您告诉项王我刘邦不敢背叛他。"项伯连夜回到项羽军营，把刘邦的话告诉给项羽，并劝项羽不要攻打刘邦。

刘邦当然想据关中为王，但以当时的情况看，相比于和项羽展开对决，向项羽示弱更加明智，至少可以确保自己的安全，保存实力，待坐大之后再与项羽决雌雄。毕竟，刘邦的目标是统一天下，而非仅仅取得一个关中。

第二天，刘邦一大早就带着一百多骑来见项羽，在鸿门亲自向项羽请罪。项羽留刘邦喝酒，刘邦不敢推辞。席上，项羽东向而坐，刘邦则北向而坐。东为尊，北卑于东，刘邦特意坐在卑微的位置上，以示对项羽的服从。而项羽也对此心领神会，因此当他的谋士范增暗示他杀掉刘邦时，他假装没看见。范增只好召来项庄，让他借舞剑刺杀刘邦。项伯看在眼里，心下焦急，便也拔剑起舞，护住刘邦，致使项庄无法找到行刺的机会。张良忙到军门处找来刘邦的侍卫樊哙，命他保护刘邦。片刻之后，刘邦借上厕所之机，与樊哙一起商量对策。

项羽见刘邦久久不回，便要都尉陈平来催。刘邦深知席上杀气腾腾，不想返回，但一想到出来时没有告辞，不大妥当，就犹豫是不是要走。这时，樊哙说话了："干大事不拘小节，行大礼不避小的责备。现在人家是屠刀和砧板，我们是鱼肉，干吗告辞！"刘邦听了，不再犹豫，忙离开这是非之地，留下张良向项羽致谢。

张良回到席上，告诉项羽，由于担心遭到项羽的责备，刘邦已经先行离开。说罢，还献上一份玉斗作为谢礼。项羽听后，并未发怒，还收下了玉斗放在了位子上。

一场杀身大祸就这样被刘邦躲过了。很多时候，"无之为用"都体现在"放弃"上——放弃已经拥有的东西，以便能拥有更好更多的东西。以刘邦为例，他据关中，流露出称王的意图，结果险遭不测。而他放弃关中，向项羽示弱，不仅化解了项羽的戾气，保全了自己，还为聚集实力后发制人奠定了基础。放弃了关中的刘邦最终得到了整个天下。

◎第十二章◎

去彼取此

【原文】

五色令人目盲，五音令人耳聋，五味令人口爽①，驰骋畋猎令人心发狂②，难得之货令人行妨③。是以圣人为腹不为目④，故去彼取此⑤。

【注释】

①爽：指口腔味觉发生毛病。②畋：打猎。③妨：本指妨碍、损害的意思，这里特指盗窃、掠夺之类行为。④腹：是指内在自我。目：指外在自我或感觉世界。⑤彼：指外。此：指内。

【译文】

五光十色、绚丽多彩的颜色，容易使人眼花缭乱；纷繁嘈杂的音调，容易使人耳朵受到伤害；香馥芬芳、浓郁可口的食物，容易败坏人的口味；放马飞驰醉心狩猎，容易使人心情放荡发狂；稀奇珍贵的货物，容易使人失去操守，犯下偷窃的行为。因此，圣人只求三餐温饱，不追逐声色犬马的外在诱惑。所以应该抛去外物的引诱来确保安足纯朴的生活。

【解析】

本章揭示了“为腹”与“为目”的辩证关系，指出了物欲文明对人的伤害，并通过色彩、声音、味道、狩猎、稀有之物对于人身心的种种伤害，进而导出自己的观点：沉迷于感官上的享乐会导致人们感触功能减退，会使人的品行偏离正道。老子坚决排斥这种生活方式，而是提倡“为腹不为目”的生活态度，实际上就是把前一章的“利”和“用”关系归结到人体科学上来。表明了老子以“道”为本的微观认识论。只不过是老子在本章继续列举妨碍心法达到“无”的事例。

在佛教中，人类的感觉器官被具体分成了六类：眼、耳、鼻、舌、身、意。这六个器官分别感知着色、声、香、味、触、法六种尘世境界，正因为感知了这六种境界，所以人类产生了喜、怒、哀、乐、忧、思六种意识，也正是这六种意识的存在，才使我们原本平静的内心充满了无限的欲望，当欲望得到满足时我们就会欣喜若狂，当欲望得不到满足时我们的情绪就会消沉低落，内心就会备受煎熬，使得我们的灵魂有一种想要出窍的痛苦，甚至仿佛跳入了火海般难以解脱，而不能自拔。因此，我们原本明净的心境就被蒙上了一层厚厚的尘垢，连我们一向敏锐的感觉也因此变得麻木而迟钝了。

“五色令人目盲”，这里的“五”并不是一个确切的数字，“五色”并不是就指黑白黄绿青五种颜色，它是一个不确定的概念，泛指五颜六色、五彩缤纷。“目盲”也不是指瞎眼，而是指令人眼花缭乱的事物，使我们的眼睛丧失了辨别事物本原的能力。眼睛的功用就是观察事物，一旦我们所观察到的事物真假难辨，就常常会陷入迷惘的境地。

在懂得了“五色令人目盲”的道理后，“五音令人耳聋”也就不难理解了。单一的声乐会令人心旷神怡，会让人精神放松，从而得到一种无法描述的美的享受，然而再动听的声音，一旦和别的声音混杂起来，旋律就会走调，其美的享受就会立刻在瞬间变成痛苦的煎熬，这是生活在喧嚣的闹市区的人们渴望回归田园生活的最好注脚。

我们在理解“五味令人口爽”时可以参照以上两句话的解释。人的口舌是具有感知各种食物味道能力的，它能敏锐地品尝出酸甜苦辣等各种滋味，然而过多地品尝各种风味的佳肴，也会使人的口舌麻木、嗅觉失灵，无法辨别各种美味了。人的口舌是专门用来享受美味的，可一旦丧失了鉴赏美味的能力，就会给我们自身造成损失。

“驰骋畋猎令人心发狂”，畋猎即狩猎，狩猎曾是人类早期谋生的重要手段，也是人类最早开展起来的生产活动，人类的动物本性最早在狩猎中得到了最鲜明的印证。纵观人类狩猎活动的发展历程，就不难看出，狩猎始终是带着血腥和暴力性质的杀戮和掠夺行为，它是充满野性的不文明行为，这种行为使人们的精神变得疯狂和残忍，而疯狂和残忍的心理状态则是滋生社会动乱的根源。

那么，何谓“难得之货”呢？为什么说“难得之货”会使人的行动受到损害呢？我们按老子所说的稀有珍贵之物，比如金银珠宝、华衣美食、玉璧、铜器、羽饰、武器等物品，正是由于“难得之货”珍贵稀有，才强烈地撩拨起了人们占有它的贪婪欲望，在这种欲望的驱使下，人们的行为就会突然变得怪异反常，如盗贼爬房越脊、穿窬走户，甚至不惜草菅人命，权臣互相倾轧、钩心斗角、尔虞我诈，等等。

从上面的阐释中，我们可以清楚地看出“五色”“五味”“五音”之所以会伤害我们，就是因为其可以刺激我们的欲望，使我们的欲望无限膨胀。

最后，老子提出“是以圣人为腹不为目”一句极其通晓明白的话，点明了圣人的生活方式：只满足吃饱肚子这一低级需求，而不满足眼睛欣赏外物的欲求。老子的这一观点并不是反对人们去享受生活，而是警醒人们追求享乐要适可而止，不可无限制地满足自己的贪欲。他希望人们能够丰衣足食，实现内在恬淡宁静，而不是追求外在私欲的满足。一个贪婪满足自己外在私欲的人，就会产生自我疏离感，心灵难免会越发变得空虚。因此，老子提醒我们，要彻底摒弃各种外在欲望的诱惑，始终保持内心清净满足，才能生活得自在快乐。可是在生活中，面对物欲横流的外在世界，很多人无法抵挡物欲的诱惑，从而不惜代价地来满足自己的声色欲望，眼睁睁地看着自己堕落消沉，甚至走上灭亡的道路，显然，这些人的价值观和道德观已经严重扭曲变形。所以，在文明高度发达的时代，更要静心聆听老子的教诲。

◇ 为人之道 ◇

齐庄公因贪色而被杀

被物欲控制的人不只得不到心灵的自由，还很容易深陷祸患。春秋时期，齐庄公及其大臣崔杼因贪恋美色误入歧途，最后，一个死于非命，一个背上了弑君的骂名。

崔杼本为齐庄公的重臣，颇得庄公信任。他有一个美丽的妻子，名叫棠姜，原是齐国棠邑（今山东平度市东南）大夫棠公的妻子。棠公病死后，崔杼在吊唁棠公时，见到了棠姜，为她的美貌所折服，打算将她娶回家。崔杼的家臣东郭偃很反对这样做，理由是崔杼和棠姜都是桓公的后代，都姓姜，自古男女同姓不宜通婚。但崔杼并没有听东郭偃的话，还是将棠姜娶回了家。

崔杼不知道贪恋棠姜美貌的并非只有他一人。一次，崔杼请齐庄公到家里饮酒，不想庄公竟为棠姜深深着迷，还出重金贿赂东郭偃让其帮自己和棠姜通奸。

齐庄公就这样和棠姜私通了，但是事情很快被崔杼发现了。崔杼非常愤怒。当初是他帮庄公登上了王位，而现在庄公却占有了他的妻子。崔杼顿时萌生了杀死齐庄公的念头。

一天，崔杼听说齐庄公的侍者贾举因一点小错遭到齐庄公的毒打，遂对齐庄公怀恨在心，便想方设法接近贾举，并通过贾举掌握了齐庄公在宫中的情况。齐庄公四年（公元前 550 年）五月，莒国国君朝见齐庄公，齐庄公在都城临淄设宴款待他，并让齐国的大夫在旁坐陪。崔杼推说有病，没有出席。宴会结束后，齐庄公又想到崔杼家里和棠姜幽会，便派人打探崔杼的病情。崔杼料到齐庄公会这样，就假装病得很重。齐庄公果然中计，只带了少量随从前往崔杼家。

棠姜如往常一样将齐庄公引入内室，然后借口出门，将齐庄公反锁到了房间里。庄公在内室中等待棠姜，等了很久都不见她回来，这才反应过来自己中了圈套，懊悔不已。就在这时，崔杼的家丁冲了进来，将齐庄公围住。齐庄公赶忙求饶，家丁们却说："你的臣子崔杼得了重病，不能出面亲自听你的命令。我们只知道奉命捉拿淫贼，不知道还有其他的命令！"

齐庄公见大事不好，跳窗逃跑，他登上花台，打算翻墙而出。崔杼的家丁拿起弓箭，瞄准他就射，齐庄公的大腿上中了一箭，从墙上跌落下来。家丁们蜂拥而上，将齐庄公杀死。而崔杼虽然杀死了齐庄公，泄掉了心头之愤，却也不免被说成是乱臣贼子。尽管他一再向史官施压，禁止他们将自己弑君的事情写到史书里，史官就是不听。崔杼最终只能无奈地长叹一声，说道："我是为了保全国家社稷，没办法才担起了这份罪名，后人会理解我的啊。"

若齐庄公和崔杼能够做到"去彼取此"，抵住美色的诱惑，也不会落得如此结局。

◎第十三章◎

宠辱不惊

【原文】

宠辱若惊①，贵大患若身。何谓宠辱若惊？宠为上，辱为下，得之若惊，失之若惊，是谓宠辱若惊。何谓贵大患若身？吾所以有大患者②，为吾有身，及吾无身，吾有何患。故贵以身为天下，若可寄天下。爱以身为天下，若可托天下。

【注释】

①若：作"乃"字或"则"字讲。②所以：可译为"……的原因"。

【译文】

得到宠爱或遭受耻辱，都像是受到惊吓一样。重视大患，就好像重视自己的身体一样。什么叫作"宠辱若惊"？宠是上等，辱是下等，得到它会感到心惊不安，失去也会惊恐万分。这就叫宠辱若惊。什么叫作“贵大患若身”？我之所以会有祸患，是因为我有这个身体；倘若没有了我的躯体，我还有什么祸患呢？所以，把天下看得和自己的生命一样宝贵的人，才可以把天下的重担交付于他；爱天下和爱自己的生命一样的人，才可以把天下的责任托付于他。

【解析】

本章主要讨论两个问题：一是“宠辱若惊”，一是“贵大患若身”。这两句是《道德经》里经典的语录，老子对宠辱、进退均有独到的见解。

“宠”指非常道，“辱”指常道。“宠”字的构成是宇宙中有“龙”的样子。在古代的易道八卦学说中，龙是一个极重要的概念，因为宇宙八方是靠六个龙头的不断延伸才得以形成的。因而中国人便有“龙的传人”之说。而“辱”字的构成则是用手掌握拿捏好时辰分寸的样子。“惊”字为“敬马”之合。庄子说：“万物一马也。”所谓“一马”也就是“道”。如此说来，“惊”字也就可以看作是“敬道”。所以，宠辱若惊是指宠和辱都要以道为其归依。

人作为情感动物，对荣辱的情感体验十分敏感，因为芸芸众生奔走于各种名利场，不可能完全摆脱荣辱的影响。面对荣辱，人们总会有所反应。比如，受到别人恭维和赞许时，心里会感到喜悦；但这种喜悦是短暂的，因为人有患得患失的特点，得到宠爱并不会令我们永远快乐；同样，当我们受到别人的冷眼、辱骂、轻视的时候，我们也会表现出不安、惊恐；其实，这一切都是由人类自身的弱点决定的，因而人无论得到宠爱还是得到屈辱都会忧心忡忡，惶惶不可终日。所谓“贵大患若身”，贵，以之为荣，看重；大患，极强的忧虑；若，如。得宠就惊喜，受辱就惊惧；把心中的忧虑看得与自身的生死存亡同等重要，“宠辱若惊，贵大患若身”是世间一般人的普遍心态。

在老子看来，人在荣辱面前的这种表现，虽是常态，但都是不正常的。因为荣辱都是一时虚名，事过境迁之后便成过眼云烟。人不能远离荣辱，但也不能成为荣辱的奴隶。只有看淡荣辱，超然自守的人，才能把握自己的人生方向，成为自己的主人。

为了便于人们理解，老子还对上述观点作了解释：“何谓宠辱若惊？宠为上，辱为下，得之若惊，失之若惊，是谓宠辱若惊。何谓贵大患若身？吾所以有大患者，为吾有身，及吾无身，吾有何患。”也就是说得宠和受辱同样惊恐，重视大的祸患如同重视生命。什么叫得宠和受辱同样惊恐？得宠是卑下的，获得它时好像受到惊吓，失去它时也好像受到惊吓，失宠也令人不安。这就叫作得宠和受辱同样惊恐。有身，就是心里还存有自身的利益；为，因为；及，如果；无身，无自身利益之念。为什么世间常人会存在这些普遍的弱点呢？老子又对产生这种心态的原因作了分析，他认为，世间常人之所以总是念念不忘其自身利益，并且为自身利益而患得患失；就是因为常人身上缺少精神追求，老子没有直接告诉人们他所提倡的人生精神追求是什么，而是用可当大任者和不能当大任者来进行对比，以此来说明人们应该有什么样的人生精神追求：“贵以身为天下，若可寄天下。爱以身为天下，若可托天下。”如果以自身的患得患失去治理天下，那么你只配寄身于天下而做个普通之人，绝不配去治理天下；如果你像爱惜自身那样去爱惜天下，那么就可以把天下事托付给你，让你去治理天下。老子所提倡的人生精神追求观，就是把自身融于天下之中，没有自己的利益，只有天下的利益。自第九章至此，老子讲的都是修德而非修道，其实，修道要比修德更高一个层次。修德讲求“生而畜之，生而不有，为而不恃，长而不宰”，讲求“无之以为用”及“爱以身为天下”，而修道讲求的是纯粹的自然和无为。

在现实生活中，一般人对于身外的荣辱得失十分看重，甚至许多人重视身外的宠辱远远超过自身的生命。人生在世，难免要与功名利禄、荣辱得失打交道，许多人是以荣宠和功名利禄为人生最高理想，目的就是享荣华富贵，福佑子孙。总之，人活着就是为了寿、名位、货等身外之物，对于功名利禄，可说是人人都需要。但是，把它摆在什么位置上才好呢？如果你把它摆在比生命还要宝贵的位置上，那就大错特错了。老子从贵身的角度出发，认为生命远远贵于名利荣宠，要清静寡欲，一切声色货利之事，皆无动于衷，然后可以受天下之重寄。因此，老子认为，没有必要视荣宠为宝贝，也没有必要视耻辱为洪水猛兽，两者没有必然的界限，并非势同水火，关键在于如何看待。

如果善于正确对待，耻辱就会变成荣宠的垫脚石；如果不善于对待，荣宠就会变成耻辱的前奏。正确对待荣辱，就能豁达处世，不至于为荣辱所羁绊。

◇ 从政之道 ◇

林则徐进抚衙

大家都十分熟悉“虎门销烟”这段历史，而主持销烟的民族英雄林则徐则备受人们的敬重和景仰。林则徐是福建侯官（今福州）人，出生时家境贫困，但父亲是个读书人，所以林则徐自幼就受到了良好的文化熏陶，更加上天性聪颖，因此少小之时学业就十分优异。考中举人之后，二十二岁的林则徐应房永清之聘任厦门海防同知书记。

一天，房永清突然接到福建巡抚发来的加急公文，通令拿办作恶多端的大盗林则徐。房永清大吃一惊，因为他此前就与林则徐相熟，对他的人品非常了解，怎么向来堪称道德楷模的林则徐一下子就成了盗贼呢？尽管带着这样的怀疑，但是巡抚的命令不可违背，然而他还是不忍心将林则徐关押入狱，于是就亲自去告诉林则徐，想让林则徐赶紧逃跑。可令房永清没有想到的是，林则徐对此处之泰然，他说，自己即使跑了，不还是要被抓回来的吗？更关键的是，自己无罪，又何须逃跑呢？因此，房永清就带着林则徐一同去面见巡抚。不想，福建巡抚张师诚见到林则徐，毫无动怒之意，反而是热情地迎接了他，并且拿出了一份新年贺禀，问是不是林则徐所写。

原来，张师诚在各地属僚发来的新年贺禀中见到林则徐写的这一份文辞和义理都远超出众人之上，于是引发了招此人进抚衙效劳的想法。为了考验一下林则徐的胆量，张师诚就虚拟了一道逮捕令，看一看林则徐会不会就此被吓跑。令他欣喜的是，林则徐没有让他失望，由此看来，这个年轻人不仅才华出众，而且襟怀磊落，胆气不俗，的确是一个可塑之才。从此，林则徐就转到了抚衙工作。

到了年底的时候，巡抚也需要写贺禀给皇帝，而在张师诚这里，这一任务就由林则徐来承担。林则徐为了赶回家乡与母亲一起过除夕，就抓紧时间将文稿赶制了出来，尽管是提前完成的，但是却没有丝毫的马虎。可张师诚看过之后，却略略地改动了几个字，又让林则徐重写一份。其实，那几个字根本无关紧要，改了之后也并不比原来的字样高明，但巡抚的旨意，身为属员的林则徐不便违抗，于是就连夜又将贺禀重写了一遍。天亮之时，张师诚看到了新誊写过的贺禀，颇为高兴，并且深切地赞许说："你今后一定会比我发达得多，可谓前途无量啊，我愿意把我的子孙托付给你。"

因为要重写贺禀，林则徐回家的日期就被耽搁了一天，所以他在路上就更是焦灼得很，不知母亲会如何惦念，可是当他到家之后，却发现母亲的心情很平静，似乎他的晚归完全在母亲的意料之中。原来，张师诚昨天就已经派人送信说，林则徐要迟一天才可回来，并且还送了二百两银子给林母。林则徐这时才知道，改写贺禀的事情，又是巡抚对自己的一次考验。

苏轼在论说汉朝开国名臣张良的《留侯论》一文中说了这样的一番话："人情有所不能忍者，匹夫见辱，拔剑而起，挺身而斗，此不足为勇也。天下有大勇者，卒然临之而不惊，无故加之而不怒。"从上面两件事中可以看出，林则徐就是这样一个"卒然临之而不惊，无故加之而不怒"的大丈夫。后来，果然如张师诚所言，林则徐不久即考中了进士，此后不断得到擢升，官至一品，曾任江苏巡抚、两广总督、湖广总督、陕甘总督和云贵总督，并且两次受命为钦差大臣，官阶之显贵、身份之荣耀已可谓人臣之极。

◎第十四章◎

执古之道

【原文】

视之不见，名曰夷[①]；听之不闻，名曰希[②]；搏之不得，名曰微[③]。此三者不可致诘④，故混而为一⑤。其上不皦⑥？其下不昧⑦，绳绳兮不可名⑧，复归于无物。是谓无状之状，无物之象，是谓惚恍⑨。迎之不见其首，随之不见其后。执古之道⑩，以御今之有⑪。能知古始⑫，是谓道纪⑬。

【注释】

①夷：看不见。②希：听不到。③微：摸不着。“夷”“希”“微”三字均形容感官所不能捕捉的“道”。④诘（jié）：追。⑤一：即“道”。⑥皦（jiǎo）：光亮，光明。⑦昧（mèi）：昏暗，阴暗。⑧绳绳（mǐn mǐn）：渺茫、不清楚。⑨惚恍：闪烁不定的样子。⑩古之道：就是太初的大道。⑪有：指世上万事万物。⑫古始：就是宇宙的原始或“道”的端始。⑬道纪：“道”的纲纪。纪，准则，法度。

【译文】

怎么看也看不见，我们把它叫作“夷”；怎么听也听不到，我们把它叫作“希”；怎么摸也摸不着，我们把它叫作“微”。这三者的形象难以区分开来，它原本就是混然一体的。它的上面并不显得明亮，它的下面也不显得昏暗，它绵延不绝而又不可名状，又总要回到看不见物体的虚无状态。这是没有形状的形状，没有具体物象的形象，这就叫作“惚恍”。从前方去接近它，看不见它的头；从后面去追赶它，看不见它的尾。根据早已存在的“道”的运行规律，来考察现在的具体事物，我们就能了解宇宙的原始，这就叫作道的规律。

【解析】

本章着重描述“道”体。在前面的第六章和第八章里，老子分别以具体的形象——山谷和水，来比喻道的虚空和柔弱。本章则抽象地描述道的性质，并讲了运用道的规律。在这里，老子所谓的道超越任何事物，是无形无状，因此是看不见、听不见、摸不着的。对于这种没有形体的抽象之物，我们根本无法进行感官上的体验，所以就无法用语言描述它的属性。可在前面几章中，老子所说过的道有两种内涵，一是指物质世界的实体，即宇宙本体；一是指物质世界或现实事物运动变化的普遍规律。这两者之间实际是相互联系的。本章所讲的“一”（即道）包含有以上所讲道的两方面内涵。老子描述了道的虚无缥缈，然而它又是确实存在的，是所谓“无状之状，无物不象”。道有其自身的变化运动规律，掌握这种规律，便是了解具体事物的根本。

因此，在本章中，为了让人们对超脱于具体事物之上的道有一个更加清楚的认识，老子就用具象世界的一些概念，来对它加以解释，然后再一一否定，反衬出道的深微奥秘。但是道的普遍规律自古以来就支配着现实世界的具体事物，要认识和把握现实存在的个别事物，就必须把握道的运动规律，认识道的普遍原理。理想中的“圣人”能够掌握自古以固存的支配物质世界运动变化的规律，可以驾驭现实存在，这就是因为他悟出了道性。

什么是夷？肉眼无法看到的东西，我们称之为“夷”，看不见并不代表它不存在，只是它无法被我们用眼睛所认知罢了。比如，我们站在平地上极目远眺，目击到的东西极其有限，而地平线那一端我们是根本看不到的；对于一些微生物，我们必须借助仪器才能看到，肉眼根本达不到这样的境界。但我们却不能因此就下没有看到就不存在的断言，而是必须以充分肯定的态度，承认在地平线的那一边是存在的，微生物也是存在的，它们都是不以人的意志为转移的客观存在，这正像“大道”不以人的意志为转移一样，它是客观存在的，并时时刻刻对人发生着影响，我们也只有认识到了这一点，才能更好地遵循大道的规律，而不是与大道相背离。

什么是希呢？“希”就是我们用耳朵无法听到的声音，它的特点是细小、缥缈、轻微，这些特点就决定了它不可能被我们听得真切，除此之外，还有距离因素，我们所能听到的声音，都是有一定范围的，所以距离也会令我们无法听到一些声音，大道即使有声，也不会被我们听见，因此我们常说“大道无声”。

那么，什么是微呢？微就是小的意思，小是相对而言的，当一个东西小到无法被我们摸着时，我们就称它为“微”。

大道就是那个看不见、听不见、摸不着的东西，它无法用我们常规的视觉、听觉、触觉来感知。夷、希、微这三个概念，也无法穷究道的本源和真正内涵，它们是不可分割的一个整体，我们称之为“一”。

什么是惚恍？我们说大道是一个东西，东西应该是有形象的，但它看不到、摸不着，它是一个超乎物质世界的东西，它若有若无、若隐若现，无法用概念来解释，只能用心灵去通达；无法用感官去体验，只能用身心去感知。对于这种模糊而又深奥、亦真亦幻的状态，我们称之为“惚恍”。

为了便于表述，我们就必须给道加以定名，所以就称道为没有形状的形状、没有具体物象的物象。惚恍虽然有些牵强，但它已是所有词语中最能表现这一特点的词汇了。为什么这么说？因为大道是支配万物的，但它又存在于冥冥世界之中，无迹可寻；同时它又是多变的，是不易被人所把握的。它没有前进和后退，没有运动和静止，没有光明和黑暗，所以它是永恒的，是生生不息、绵延不绝的。当我们感觉到它的存在时，它又回复到无迹可寻的状态中了，它恍惚缥缈，若有若无，若明若暗，捉摸不定。

何谓“道纪”？简单地说，就是大道的纲纪和规律。认识和理解道纪比认识大道本身更有意义，大道的规律和纲纪能有效地指导我们的日常生活：一旦我们的行为顺道而行，就能一帆风顺，事事遂心；相反，如果逆道而行，我们的行为就会处处受阻，甚至遭受祸患。

综上所述，道虽然是玄妙精深、恍惚不定的，但它的虚无不是绝对的“无”，它是由万物混成之物，无中含万有，无中出妙有，它是宇宙万物的本源，因此，道的纲纪与宇宙同寿，运用极广，看不到“首”，也看不到“后”，自古以来就支配着世间的具体事物，统率着一切“有”。因此，要认识和把握世间的万物，就必须把握“道”。掌握万物运动变化的规律，就能知阴阳之消长，明五行之变化，知过去，探未来，识破天机，明察秋毫。

◇ 为人之道 ◇

司马迁发愤著书

司马迁，夏阳（今陕西韩城南）人，是我国西汉时期伟大的文学家和史学家。据司马迁自叙，其祖先早在西周时期就世任史官，到汉武帝时，其父司马谈出任太史令，又恢复了先祖的职业。太史令是掌管文史星历等皇家档案的官职，有机会接触到大量的珍贵文献资料。因此，司马迁的家学渊源十分深厚，另外，他还曾师从著名学者孔安国和董仲舒，而且青年时期游历四方，遍览祖国山河。更重要的是，司马迁在游览中并不仅仅是观赏山光水色，而且更承载着文化的使命，堪称一场实实在在的“文化苦旅”。在游历过程中，司马迁亲自来到了当年大禹、孔子、屈原、秦始皇等知名的历史人物所生活过的地方，并且投注了极大的主观情感在其中。就这样，司马迁在心中蕴蓄了极为深厚的历史情感，而这些都为他日后修史的工作打下了良好的基础。

司马谈有志编纂一部古今通史，这是一项前所未有的开创性工作，繁难程度非比寻常，因此，司马谈生前未能将这一宏愿予以实现。这对一位终身以史为业、有志于史的人来说，未尝不是一件极大的憾事。带着这种遗憾，司马谈在临终的时候对自己的儿子谆谆嘱诫，教谕司马迁若可继任太史令，当牢记此事于心中，勿忘父志，勿负祖先。这样，父亲临终的嘱托就成了司马迁一生的使命。

父亲去世后不久，司马迁果然继承了太史令的职位。正可谓“在其位而谋其政”，何况还有父亲的遗志时时激励着自己呢，所以，司马迁未敢有须臾迟延，随即利用职务便利，开始着手编写这部规模空前的国家通史。然而，天有不测风云，就在司马迁的著史工作有序进行、前景可瞩的时候，厄运突然降临。

天汉二年，即公元前99年，担任骑都尉的李陵奉命率兵五千与匈奴单于亲自带领的三万精锐作战，李陵指挥军队杀掉了匈奴五六千骑兵。单于没有退兵，增调了更多的人马过来。而李陵一方，援军却迟迟不到，这样一来，敌众我寡的对比就更加悬殊。尽管如此，匈奴军队仍然未能制服李陵。就在这关键时刻，汉营有一个士兵叛逃匈奴，将汉军的内部情况如实地告知了单于。因此，单于改变了主意，继续围困李陵的军队。就这样，在突围不得，外援不至的情况下，李陵终因寡不敌众，被匈奴军擒拿而投降。

李陵投降匈奴的消息传到朝廷，汉武帝非常震怒，众多的大臣见此纷纷落井下石，谴责李陵。但司马迁力排众议，讲出了事情的另一番道理。他说，据自己平时对李陵的观察，此人素有“国士之风”，常常能够奋不顾身以报国家，这样的人对汉朝的一片忠心，实乃天日可鉴。由此推断，李陵的投降实在是万不得已之下的权宜之计，他一定是想着保存力量，等待时机。司马迁还指出，李陵在战场上的出色表现是难能可贵的，据此观之，李陵也决非叛降之徒。其实，司马迁将李陵的为人讲得如此之好，并非出于什么私人的情谊，因为他平时与李陵的关系并不亲密。他之所以挺身而出，慷慨陈词，是因为不满朝臣的借机诽谤，而想伸张正义。

司马迁的这番言论是非常有道理的，而且也是合乎实际的。然而，此时完全为怒气所控制的汉武帝已经在一定程度上失去了理智，哪有精神平心静气地听司马迁讲道理呢？因此，司马迁为李陵的辩护惹恼了汉武帝。他怒不可遏，下令将司马迁投入狱中。

但是很不幸，司马迁刚一入狱，就有消息传来，说李陵率匈奴军队攻打汉朝。这就证明朝堂之上司马迁所说的全是一派胡言，不仅违背了事实，甚至有居心叵测之嫌。在这种情形之下，汉武帝下令将李陵的全家统统处斩，并且夷灭三族。司马迁受此牵连，被施与了极为残忍的腐刑。当然，后来证明李陵率军攻击汉朝的事情纯属谣言，但这一谣言却造成了不可挽回的后果，致使李陵从此与汉朝彻底地断绝了关系。李陵虽然不幸，但他的不幸毕竟还要归自于他的投降之罪，而司马迁又何罪之有呢？他只不过出于善意讲了几句正义的忠言，却遭此横祸。

在古代，一个人所遭受的侮辱，最重者莫过于腐刑。然而，司马迁所遭受的又岂止腐刑，在狱中，他还承受了来自其他方面的百般折磨。后来，他在写给朋友任安的信中这样描写当时的遭遇：“交手足，受木索，暴肌肤，受榜棰，幽于圜墙之中，当此之时，见狱吏则头抢地，视徒隶则心惕息。”肉体的摧残和精神的羞辱，使得司马迁痛不欲生。然而，想到父亲的遗志还没有完成，自己此前所做的那些著史的准备工作还没有结果，便忍辱负重，坚强地活了下来。

太始元年(公元前96年),汉武帝大赦天下,司马迁得以出狱。出狱之后,司马迁继承父志,发愤著书,直到征和二年(公元前91年),全书完成,共得一百三十篇,五十二万余言,这就是《太史公书》——后来被鲁迅赞为“史家之绝唱,无韵之《离骚》”的《史记》。

◎第十五章◎

微妙玄通

【原文】

古之善为士者[①],微妙玄通,深不可识。夫唯不可识,故强为之容[②];豫兮若冬涉川[③];犹兮若畏四邻[④];俨兮其若客;涣兮其若凌释;敦兮其若朴;旷兮其若谷;混兮其若浊;澹兮其若海;飂兮若无止。孰能浊以静之徐清?孰能安以动之徐生?保此道者,不欲盈。夫唯不盈,故能蔽而新成[⑤]。

【注释】

①士:懂得“道”,行为符合道之法则的人。②容:形容,描述之意。③豫:兽名,性多疑,每有行动,踟蹰不敢行,这里用以形容行为之瞻前顾后。④犹:兽名,其特点与“豫”相似。⑤蔽:通“敝”。

【译文】

古时那些善于行“道”的人,见解微妙而且深刻玄远,不是一般人所能了解的。正因为他深藏不露无法了解,所以只好勉强用下面一些比喻来将他描述:他的小心谨慎啊,就像冬天赤脚涉水过河时那样逡巡不前;他的警觉戒备啊,就好像居于强邻的包围之中,不得不时时警惕万分;他的拘谨严肃啊,就像在做客一样;他的融合可亲啊,就好像正在消融的冰;他的淳厚质朴啊,就像没有雕琢过的原木;他的旷远豁达啊,就像空旷的山谷一样;他的浑厚宽容啊，就像混混浊浊的江河大流一样。谁能在动荡中静止下来，在安静中慢慢变得澄清？谁能在安定中变动起来，使其慢慢显出生机？保持上述道的要义的人，不肯自满。正因为他从不自满，所以能够去故更新。

【解析】

本章紧接前章，对体道之士作了具体描写。老子称赞得道之人的“微妙玄通，深不可识”，是因为他们掌握了事物发展的普遍规律，懂得运用普遍规律来处理现实存在的具体事物。因得道之人具有良好的人格修养和心理素质，有很强的静定功夫。他们表面上清静无为，而实质上蕴藏着极大的潜能，他们极富创造性，只是不愿显山露水。他们静谧幽深，难以测识。因而得道之士的精神境界，要远远超出一般人所能理解的水平。

在中国古代，为官者通常被称为士。如果说在中国古代社会，世袭的贵族阶层以及作为社会基石的贫民阶层构成了固定的整体框架，那么，士人就构成了这个固定框架中最为复杂、活跃，并产生了深远文化影响的阶层。老子所描述“善为士者”，能够浊以澄而“不盈”，因“不盈”而“能敝而新成”，因此其也成了老子实现政治理想的主要依托者。

为了使人们能深刻领悟“道纪”之人的情貌特征，老子就得道之人的特征作了概括，我们归结为以下九点，并逐一进行解析。

一是“豫兮若冬涉川”。豫，原是野兽的名称，性好疑虑。豫兮，引申为迟疑慎重的意思。涉川，战战兢兢，如临深渊。全句的意思是：得道之人的每一步行动都是无比警惕、小心的，就如同冬天赤脚过河一样小心谨慎。众所周知，在冬天沿着冰面过河是十分危险的行为，稍有不慎就会滑倒，甚至掉进冰窟里丢掉性命。得道之人，无论遇到什么样的情况都会表现出谨慎的态度，就如同冬天涉河一般。

二是“犹兮若畏四邻”。犹，小心、犹豫的样子。全句的意思是：得道之人好像畏惧自己的邻居一样，在日常生活中处处严格要求自己，约束自己的言行使之不逾越常规；制止自己的行动使之不嚣张放肆，以免干扰邻居的生活。人是群居动物，得道之人也是人，他们不可能脱离社会生活而存在，他们要生存就必须与周围的人建立密切的联系，离群索居不是真正的得道之人，当他们和周围的人进行交流的时候，就不可避免地产生矛盾，处理矛盾的过程最能反映一个人的道德观和处世哲学，因而周围的邻居对其评价的高低是至关重要的，它最能反映一个人的道德水平。

三是“俨兮其若客”。俨，庄严肃穆的样子。全句的意思是：得道之人无论在什么场合、什么情形之下，都会把自己摆在客人的位置上，小心谨慎、严肃认真地对待人和事，而不会随随便便地对待日常生活问题。从生命的本质意义上来讲，每个人都是人生路途上的匆匆过客，都是大自然的普通客人，和其他的生物一样，不能超越生和死，这是“大道”的必然规律，得道之人和大道同步，他们以谦逊的心态做客人，严肃认真地对待日常生活琐事，这和世间的庸人有着本质区别：庸人总是以大自然的主人自居，势必以尊贵的态度来对待自己，而以骄纵的态度对待自然。庸俗之人以损害自然为代价来满足自己的私欲，最后也必将以毁灭自己而结束。老子主张以客人般的身份，来度过自己的一生，而不是以主宰者的身份肆意妄为。

四是“涣兮其若凌释”。涣，涣散；释，消解，形容冰解冻的情形，比喻得道之人从自己的欲望、梦想、抱负、追求、知识等重负中解脱出来，回复为本我，就会有难以言表的轻松愉悦、悠然自得。这种感觉就像是冰封了一个冬季的河水，在春风的吹拂下慢慢消融，是一种轻松惬意的感觉。得道者之所以会有这种感觉，就是因为他们懂得如何释放自己，老子把得道者的觉悟恰当地比喻为冰消雪融，从而焕发出自然的勃勃生机；从得道者自身而言，他们能冲破束缚完成自我解脱，不执着于一事一物，了无牵挂，自然也就逍遥自在。

五是“敦兮其若朴”。敦，内在端庄、厚重；外在朴素、自然。整句话的意思是：得道之人能以其端庄厚实的本质，轻易地抵御外界的干扰和诱惑，因而表现出返璞归真的外在形象。敦厚实在的品格是人类社会一直所提倡和赞颂的，简单朴素的生活方式也是人类社会所提倡的。人们常常用璞玉浑金来形容那些不炫耀、敦厚朴实的人，因而得道之人就如同璞玉浑金，既具有真材实料，又不矫饰。

六是“旷兮其若谷”。旷，开阔、宽广；谷，比喻像山谷一样虚空。全句的意思是：得道之人心胸辽阔，就如同山谷一般空虚高深。他们能够海纳百川、包容万物，无所谓仇恨，也无所谓感恩，因为没有亲戚和仇敌的概念，心中就自然充满了友善，这一点和没能体悟“大道”的人有着本质的不同，没领悟大道的人喜欢洁净而厌恶污秽，有分别就有烦恼和祸患。得道之人处污秽无所谓污秽，处清洁无所谓清洁，与外在世界浑然一体，也就无所谓痛苦、烦恼、祸患和灾难了。没有了这些分别，他因而也就显得自在无为、随心所欲了。

七是“混兮其若浊”。混，混同；浊，混浊。得道之人是清醒的——清醒的最高境界，是使内心明净，与污浊的世界同为一体。

八是“澹兮其若海”。澹，淡泊，宁静。得道之人心境淡泊，如江海一样浑厚。

九是“飂兮若无止”。飂，高风，形容形迹飘逸。老子在这里希望人能在动荡中静止下来，这就是清静无为的思想。

◇ 从政之道 ◇

“一鸣惊人”的齐威王

公元前357年，齐桓公田午去世。嫡长子田因齐承袭君位，他就是历史上有名的齐威王。

齐威王即位后，整日饮酒作乐、醉生梦死，三年之间，竟然完全不理朝政，只知道沉溺于莺歌燕舞之中，国中许多大臣见到这种情况，便纷纷放弃职责而争权夺利，大肆贪污索贿。

可是，三年后的冬天，威王突然召集大臣聚会，以前所未有的威严和雷霆万钧之势，当场下令处死一些大臣，朝廷为之哗然。从此，所有大臣都严于约束自己，秉公办事，齐国逐渐成为东方的强国。

齐威王为何龙颜大怒，且前后判若两人呢？原来战国时代，群雄争霸，各个国家之间无时无刻不在想方设法打击其他国家，战火也是此起彼伏，每个国家都想寻找时机争霸称雄。

战国时代，一个国家要想争霸，就得依赖人才，所谓“千军易得，一将难求”，国家拥有一批精干、敬业的文臣武将，就能迅速增强国力，提高军事战斗力。比如，魏国通过重用吴起，成为战国中期的强国；李悝在楚国改革，使楚国国力大增；秦国也依靠商鞅变法，实现了国富兵强。

从齐国国内形势看，齐桓公田午在世时，手下也聚集了一批能臣猛将，他们在政治、军事上均有不凡的表现，不过朝中也有一批野心家，只是他们没有显露出来，年轻的齐威王又难以辨识忠奸，所以制定了一个蛰伏观察、蓄势待发的方略，以分辨忠奸。

于是，齐威王故意放弃处理朝政，静观群臣的反应。并用拒绝群臣劝谏的过激手段，来考验是否有忠心不怕死的大臣。此外，齐威王又建立情报系统，秘密调查群臣的各类活动情况。

这时，聪明过人的稷下先生淳于髡，看到国内秩序混乱，再也等不下去了，设法去见威王，说要给威王解闷逗乐。他对威王说：“我们国家有一只大鸟，三年来不飞也不鸣，这是只什么鸟？它为何不飞不鸣？”

聪明的威王一听就明白了，于是他也隐晦地回答说：“此鸟我知，就在眼前，不飞则已，一飞冲天；不鸣则已，一鸣惊人。”以此来告诉淳于髡，自己目前只是蛰伏，迟早会一飞冲天的，一定会干一番轰轰烈烈的大事，让天下的人都像仰望天上飞翔的大鸟一样，惊叹自己的宏伟功业。

淳于髡心中甚喜，就告退出朝，并以焦急的心情天天等待着威王的实际行动。但是，淳于髡等了一段时间，仍不见威王有动静，所以决定再次试探威王。有一天，齐威王又召淳于髡进宫喝酒。淳于髡趁机说：“酒喝得太多了，就没了礼法，闹出乱子，兴奋到了极点，就会乐极生悲。不仅喝酒是这样，世间万事万物无不如此，月盈则虚，日中则移，过了限度盛会变衰，好会变坏，而没了秩序则会产生混乱。”

齐威王自然听出了淳于髡的“弦外之音”，知道他这是在指责自己长夜之饮，乱了朝廷法度，扰乱了治国的秩序。其时，齐威王已经把朝臣的情况了解得差不多了，正打算采取行动。他听到淳于髡的进言，立即下令斩杀了一批弄虚作假的臣子，树立了自己的深沉、稳重、雷厉风行的形象，慑服了群臣。

与此同时，齐威王还任命邹忌、淳于髡等担任要职，使齐国国力迅速增强，并最终成为威震四方的霸主，齐威王也因此给后世留下了“不鸣则已，一鸣惊人”典故。

在老子的描述下，我们可以清楚地看到那些得“道”的先贤们，在举手投足之间，无不体现道的特质。他们深知道之严谨，所以凡事三思而行、诚惶诚恐、谨小慎微；他们深晓道的深远，所以心怀敬畏，从不妄自菲薄，而是藏锋不露、蓄势待发。

◎第十六章◎

致虚守静

【原文】

致虚极，守静笃①。万物并作，吾以观复。夫物芸芸②各归其根。归根曰静③，静曰复命。复命曰常④，知常曰明。不知常，妄作凶。知常容⑤，容乃公，公乃全，全乃天⑥，天乃道，道乃久，没身不殆⑦。

【注释】

①笃（dǔ）：极度、顶点。②芸芸：纷杂茂盛，常用来形容草木的繁盛。③根：即事物的根本。④常：万物运动与变化中不变的律则。⑤容：包容、宽容。⑥天：自然界的天。⑦没身：终身。

【译文】

使心灵空明虚寂到极点，使生活的清静达到极致。在万物都蓬勃生长的时候，我从中仔细观察它们生死循环的道理。天下万物虽然纷纷芸芸，但最终都将回复到它们的本根。返回本根就叫“静”，静叫作复归本性。复归本性是万物运动与变化中不变的律则，认识和了解万物运动与变化都依循着循环往复的律则，叫作“明”。不了解这个不变的律则，轻举妄动就会有凶险。了解了这个不变的律则的人，就能做到宽容，做到了宽容就能坦然大公，坦然大公才能无不周遍，无不周遍才符合自然，符合自然才能符合于“道”，体道而行才能长久，终身可免于危殆。

【解析】

本章阐述的是“道”的本质，揭示了修行的最高境界。“大道”虚是其常，有是其变；静是其常，动是其变。有、动最终必归于不有、不动。所以，守定常道，万物虽纷纷扰扰，只需以虚含有，以静待动，并且不见其有，不见其动，就不会随着事物的变化而变化，使自己处于永远安乐的境地。

老子认为，道的本质和修行的最高境界，就是达到“虚”的极致和虔诚地守住一个“静”字，因此他提出了“虚极”“静笃”“静”“常”“明”“容”等概念。

“致虚极，守静笃。”致，春秋古义有“委身”之义，即将身置于静寂无极的虚空中。这是修行中的一种自我醒觉状态，非修行者是很难理解这句话的真谛的。修道者在修行中，身心融于太虚之中，达到了物我两忘的状态。

“复命曰常，知常曰明。不知常，妄作凶。”因静是根本，是生命的本质，回归了这个根本就是常。常是虚、静。知道这个道理就是明。明，就是智慧、通达、得道。而不知道虚、静，就会大胆妄为，逞凶害己。老子告诫说：“万物生生灭灭是大道法则，知而不干涉是睿智，如果凭借自己的神通妄加干涉，那样必遭凶险。”

“知常容，容乃公，公乃全，全乃天，天乃道，道乃久，没身不殆。”行道时要知道正常合理是什么样子，它的样子就是公正合理，公正合理才能够保全，保全是至上的信条。知道了天道的规律法则，才可以涵容一切，不倚仗神通妄加干涉。做到涵容一切才会无私无欲；做到了无私无欲才可能神机博大；神机博大才可能神融太虚；神融太虚才可能回归生命的本源，只有回归那生命本源，才会永存不息。

◇ 为人之道 ◇

吕布之死

吕布（？~199年），字奉先，五原郡九原县（今内蒙古包头）人，以骁勇而闻名，早年投于并州刺史丁原麾下。当时，汉灵帝宠信宦官，宦官与朝臣之间的矛盾非常激烈。灵帝驾崩后，大将军外戚何进图谋诛除宦官，但是错误地采取了召西凉军队入京的策略，结果，西凉刺史董卓进京之后即占据不出，把持了朝政，并且作恶多端。董卓的倒行逆施自然会招致众人的反对，而丁原就是反对者之一。董卓欲诛丁原，但又因为怯于吕布的勇猛而不便下手，遂略施小计，诱降了吕布。吕布转而杀掉了丁原，投奔了董卓。

董卓对吕布非常看重，并且认其为义子。但是，董卓又是一个缺乏自我控制力的人，曾经因为一点小小的龃龉，就凶狠地用戟向吕布掷去，吕布虽然躲过了戟，身上没有受伤，但在心理上却受到了很大的伤害。另外，吕布还与董卓的一个小妾有染，因惧怕被董卓发现而颇为担忧。

在这一时期，司徒王允认为吕布是一个豪杰，因此与他的交往颇为亲密。一次，吕布去探望王允，将董卓一时怒愤，向他掷戟的事情讲了出来，并且表示出极大的不满之意。而当时王允则图谋除掉董卓这一祸害，便趁此机会让吕布作为内应。但是吕布也有自己的顾虑，因为毕竟他与董卓已认定为父子，以子弑父，殊为不妥。王允对他说道：“将军姓吕，而太师姓董，本来就不是骨肉至亲，况且他要杀你的时候，难道就有父子的情分吗？”吕布闻听此言，便定下决心，不久之后即亲手杀掉了董卓。

诛除董卓之后，吕布晋升为奋威将军，留守朝中，但是原董卓部将李傕、郭汜率西凉兵杀入洛阳，吕布抵挡不住，遂去投奔袁术。他本以为自己除掉了袁术的仇敌董卓，因此会受到袁术的欢迎，可是袁术却讨厌吕布这个人反复无常，对他拒不接纳。吕布只得再投到袁绍的门下。袁绍与吕布在常山击败了张燕，而后，吕布居功自傲，请求袁绍给予自己更多的兵马，同时他的部下也颇为骄横，到处劫掠，这令袁绍非常忌恨。而吕布也察觉到了袁绍对自己态度的变化，就请求离去，袁绍担心此后吕布成为自己的祸患，就派人夜间去袭杀吕布，但是没有成功。

吕布从袁绍那里逃走后，就又投奔了张扬。李傕、郭汜闻知，就致书张扬，叫他杀了吕布。吕布知道这一消息后，就赶紧去面见张扬，向张扬陈说了事情的利弊，张扬答应保护吕布出逃。吕布就又辗转到了张邈那里。听从陈宫的劝说，张邈令吕布趁曹操出征之机袭取了兖州。曹操回攻，最终吕布不敌，丢失了兖州，到徐州投奔刘备。

吕布见到刘备，恭敬有加，而刘备虽然表面上善待他，但是心里也很厌恶吕布的反复无常，因此外派他前往小沛驻扎。这时，曹操又使出了“驱虎吞狼”之计，令刘备和袁术交战，而吕布则乘此机会夺取了徐州。这样一来，刘备又反过来投靠了吕布，吕布则又命刘备去小沛屯驻。

袁术有意勾结吕布共击刘备，但是吕布担心袁术击破刘备之后对自己不利，遂采用“辕门射戟”之计，化解了袁、刘之间的争战。显然，吕布是有意偏袒刘备的，而袁术又担心吕布和刘备联合起来不利于己，因而派遣使者与吕布通好，有意同他结为儿女亲家。吕布应允，但随后又听信了陈珪的挑拨，转而背诺，断然回绝了袁术，改变主意，遣人与曹操修好。

袁术得知吕布拒绝了求亲，立时大怒，派兵攻打吕布，但是遭受了挫败。这时，屯驻于小沛的刘备积极招兵买马，实力日益壮大。吕布见此，又联结袁术，一同攻打刘备，使得刘备只得去投奔曹操。

汉献帝建安三年，即公元198年，曹操率大军攻打吕布，吕布虽勇，但是勇而无谋，又多有猜忌，不肯听从陈宫的劝谏，致使其屡屡败绩。曹操围城三月，吕布手下的将士多有叛心。见此情形，吕布心知大势已去，就令左右人等将他捆起来去向曹操请赏，但左右之人不忍如此，遂下城投降。

吕布被押缚着见曹操的时候，说道："从今而后，天下可以安定了。"曹操听了感到诧异，问道："何出此言呢？"吕布说："明公（对曹操的敬称）所忧患的不过是我吕布罢了，现在我吕布已经归服了。如果我带骑兵，明公带步兵，平定天下岂非易事？"吕布又看了看刘备，说道："玄德，卿为坐上客，我为降虏，绳缚我急，难道就不能替我说句话吗？"曹操笑着说："缚虎不得不急啊。"随即命人给吕布松绑，意欲释放吕布。但是刘备赶紧阻止了曹操，说道："不可。明公不见吕布事丁建阳、董太师乎？"这句话是说，当初吕布曾事奉丁原和董卓，可是后来丁原和董卓都死在了吕布的手中，那么现如今让他来投靠你曹操，难道就会得到什么好的结果吗？曹操对刘备的说法表示赞同，因此缢杀了吕布。

老子说："万物并作，吾以观复。"事物不论怎样变化，其中都蕴含着循环往复而始终不变的因素。吕布转投多人，薄情寡义，翻脸即叛。这种反复无常的做法，说明吕布始终不能复归正道，而吕布之死，也正是死在了这一点上。

◎第十七章◎

功成事遂

【原文】

太上[①]，下知有之；其次，亲而誉之。其次，畏之。其次，侮之。信不足焉，有不信焉。悠兮其贵言[②]。功成事遂[③]，百姓皆谓：我自然。

【注释】

①太上：最上等的。②贵言：珍惜言辞，即很少发号施令。③事遂：把事情做好了。

【译文】

最好的统治者，人民根本感觉不到他的存在；较次一等的，百姓亲近而称誉他；再次一等的，百姓畏惧疏远他；更差一等的，百姓辱骂进而打倒他。统治者的信用不足，人民自然不会相信他。最好的统治者悠闲自在而不随意发号施令。等到事情办成功了，百姓都会感到“我们本来就是这样的”。

【解析】

在本章里，老子主要论述统治者治理国家的问题，他主张无为而治，无为的真正内涵是无不为，只有达到了这一境界，才能实现国泰民安。那么统治者怎样才能达到无为而治的最高境界呢？

老子说大道无言而长存，大道无为而长能，真正的治国之道是无为而无不为。人们也常说“强扭的瓜不甜”，这是有道理的，因为人之所以“强扭”，是因为还没等到瓜熟蒂落，而没长熟的瓜又怎会甜呢？这是因为人们没有顺应自然规律，而是凭着自己的感觉主观臆断，这样必然会自食苦果。这里的自然规律也可称为“道”。在现实生活中，一旦人们违背“大道”就必然会受到惩罚，为了不受大道的惩罚，毫无疑问，人们就必须合乎大道的规律，一旦人们的行为与大道吻合，就会自由自在，事半功倍。退一步讲，统治者要想不受大道的惩罚，就必须顺应大道，做到无为而治。

老子在本章里将统治者分为四个等级，他们分别是：太上、其次、其次、其次。为了便于理解，我们不妨将以上四个等级看作：太上、其次、再其次、最次。即最高级的是无为而治的合道之王；其次是立圣言、重信诺以召引天下之士的王道之王；再其次是以强力征服天下并以威严震慑人民的霸道之王；最次则是群起而侮之的末路之王。

“太上”有两个意思：一是最高明的统治者；二是遥远的上古时代。这里指的是最高明的统治者。老子对“太上”的肯定，说明老子对像道那样的“看不见的手”的统治非常推崇，标示着老子对有为政治的反对。在老子看来，最高明的统治者应当实行无为之治，治理国家和人民时采取一种自然而然、不横加干预的政策，这种政策的特点是尽量减少自己对国家和人民施加强有力的影响，不增加人民的经济负担，不对外进行大规模的战争，因而民众感觉不到他的存在。最高明的统治者采用的是顺应自然规律的方法，不对人民生活进行干涉，所以人民生活得自在安乐，没有怨尤的对象，也就感觉不到统治者的存在了。

“其次，亲而誉之。”这是稍逊一等的统治者，这种统治者的特点是给人民施以恩惠，人民亲近他赞誉他，他施惠于民，但不高高在上，不让人民感觉到他的特殊性，他可亲可敬，和人民相处融洽。

“其次，畏之。”这种统治者声色俱厉，经常摆出盛气凌人、不可一世的神态，并用强制手段来确保国家机器的运转，统治者和百姓的关系势同水火。统治者制定出苛刻的规章制度，这些规章制度的制定则直接威胁到了人民的生命安全，老百姓对其心怀畏惧，常常处在暗无天日的悲惨境地，在忍气吞声中不断积累仇恨。

“其次，侮之。”这是最下等的统治者，这种统治者专横跋扈，不把老百姓的生死放在眼里，甚至不把他们当作自己的子民，而是把他们当作奴隶来对待，对他们进行奴役、辱骂。老百姓对这种非人的待遇忍气吞声，等到忍无可忍的时候，他们也会被逼上梁山，揭竿而起，反抗暴政。

因此，老子推崇的是实行无为之治的统治者，因为他们不会轻易向人民发号施令，他们谨言慎行，决不破坏老百姓的生活规律，老百姓遵循大道，统治者不必劳神苦思，国家就得到了治理，百姓也过上安宁的生活。生活富足安定，百姓就感觉不到统治者的存在，觉得这一切都是自然而然的。百姓有了这种感觉，自然心中没有感激之情，没有感激之情也就无所谓仇恨，没有仇恨，国家自然太平。这样的场景，正是老子对“百姓皆为我自然”的最好描绘，这也就达到了老子所谓的道的境界。所以，统治者要想成为“太上”，就要取信于天下，顺应自然，这就实现了“王道”。

◇ 从政之道 ◇

烽火戏诸侯

老子说："如果君主信用不足，老百姓就不会相信他。"周幽王失信于诸侯而致西周灭亡的故事，就充分证明了这个道理的合理性。

周宣王死后，其子姬宫湦继位，就是后来的周幽王。当时周室王畿之地关中一带发生大地震，加之连年旱灾，百姓饥寒交迫、流离失所，社会动荡不安。而周幽王是个荒淫无道的昏君，他不思进取，重用佞臣虢石父，对内盘剥百姓，加剧了民生疾苦；对外攻伐西戎，严重虚耗了国力。大臣褒珦劝谏幽王，幽王非但不听，反而把他关押起来。

褒珦在监狱里被关了三年。褒国族人千方百计想把他救出来。他们听说周幽王好色，就借机四处寻访美女。终于找着了一个名叫褒姒的女子，教她唱歌跳舞，将其献给幽王，替褒珦赎罪。

幽王见了褒姒，非常喜爱，马上立她为妃，同时也把褒珦释放了。幽王自得褒姒以后，十分宠幸她，生活更加荒淫奢侈。褒姒虽然生得闭月羞花，却冷若冰霜，自进宫以来从来没有笑过一次，幽王为了博得美人一笑，想尽了一切办法，可是褒姒还是终日不笑。为此，幽王竟然悬赏求计，下令谁能博得褒姒一笑，赏金千两。这时佞臣虢石父替周幽王想了一个主意，提议点燃烽火台试一试。

烽火本是古代敌寇侵犯时的紧急军事报警信号，西周为了防备犬戎的侵扰，在镐京附近的骊山一带修筑了二十多座烽火台。周幽王一听正中下怀，立刻采纳了虢石父的建议，马上带着褒姒，由虢石父陪同登上了骊山烽火台，命令守兵点燃烽火。一时间，狼烟四起，烽火冲天，各地诸侯一见警报，以为是犬戎打过来了，果然都带领本部兵马急速赶来救驾。到了骊山脚下，却发现连一个犬戎兵的影子也没有，只听到山上一阵阵奏乐和唱歌的声音，一看原来是周幽王和褒姒高坐台上饮酒作乐。

周幽王派人告诉各诸侯说:“各位辛苦了,这里没有敌人,你们回去吧!”诸侯们方知被戏弄,遂心怀怨愤地离去了。褒姒见到这一情形,觉得十分好玩,于是大笑起来。周幽王大喜,立刻赏虢石父千金。

周幽王为进一步讨褒姒欢心,遂废黜王后申氏和太子宜臼,并册封褒姒为后,封褒姒生的儿子伯服为太子,还下令废去王后的父亲申侯的爵位,并准备出兵攻伐申侯。申侯得到这个消息,决定先发制人,于是联合缯侯及西北夷族犬戎之兵,于公元前 771 年进攻镐京。

周幽王听到犬戎进攻的消息,惊慌失措,急忙命令兵士在烽火台点燃烽火。可是诸侯以为这次还是戏弄他们,都不赶来救驾,周幽王叫苦不迭。镐京守兵本就怨恨周幽王昏庸,不满将领经常克扣粮饷,这时也都不愿效命,犬戎兵一到,他们就撤走了,犬戎兵马蜂拥入城,周幽王带着褒姒、伯服,仓皇从后门逃出,奔往骊山,后来为犬戎兵所杀。至此,西周宣告灭亡。

这时,诸侯们才知道犬戎真打进了镐京,于是立即联合起来,带着大队人马赶来救援。犬戎兵看到诸侯的大军到了,就把周朝宫室内的财物装起来,然后撤走了。

犬戎攻破镐京,杀死幽王之后,申侯、鲁侯、许文公等共立原来的太子姬宜臼为天子,宜臼于公元前 770 年在申(今河南省南阳市北)即位,是为周平王。因镐京已遭战争破坏,而周朝西边大多土地都被犬戎所占,周平王恐镐京难保,遂于当年在秦护送下迁都洛邑(今河南洛阳),在郑、晋辅助下立国。东迁后的周朝,史称东周。

◎第十八章◎

大仁大义

【原文】

大道废，有仁义；慧智出，有大伪；六亲不和，有孝慈；国家昏乱，有忠臣。

【译文】

大道被抛弃了，才彰显出仁义；智巧出现了，才会产生虚伪狡诈；父子、兄弟、夫妻不和的时候，才会显出孝慈；国家昏乱的时候，才会出现忠臣。

【解析】

在本章中，老子再次阐述了自己的辩证思想，“大道”盛行之时，像“仁义”这些东西自然地存在于人们的行为当中，人们不缺乏仁义，所以感觉不到它的存在，也就没有了倡导的必要。只有当社会秩序大乱、大道缺失、仁义泯灭的时候，人们才会由于缺乏这些东西而大加倡导。

从古至今，仁义、智慧、孝慈等都是为人们所推崇的。而孔子的最高理想是“仁义”，“仁”已经成为儒家文化的核心思想和价值取向。然而，老子却创造性地指出，人世间的大道被人为地废弃了，人们才会制定礼仪，并以此来规范人们的行为，区别贵贱，结果原本没有的虚伪和奸诈也随之而来。

老子是一个善于洞察世事的高人，他总能从事物的表象看出问题的实质，从结果看出原因，这个本质和原因往往就隐藏在表象和结果的反面。

老子为什么总能从事物的表象和结果的反面找到答案呢？原因就在于我们人类是最复杂的情感动物，拥有自己的思想和意志，能够进行思考，在处理问题时，更有自己独特的想法和行为准则。人类虽然由大道生成，而且在大道中发展壮大，但随着智慧的开启，越发变得狂妄自大、唯我独尊起来。

人类忘记了自己的由来，不再遵循自然大道，这种对大道的漠视态度，使得人类离大道越来越远。

偏离大道越来越远，带来的直接后果就是人类自取灭亡，为了避免这种惨剧的发生，人类就人为地制定了一些行为规范来加以约束，于是一些政令条文、奖惩制度、政策法规也随之出现。这些政策法规虽然在一定程度上缓解了社会的压力，但它并不能从本质上解决问题。

废止大道的结果必然是有所作为,一旦有了作为也就有了好和坏的区分，对于好的、正确的，我们要加以褒扬、赞颂；而对于坏的、错误的，我们则要大加鞭挞、惩治，只有这样才能保证社会的正常运转。

针对这种情况，老子提出了仁义的概念。何谓仁义？仁，从古人的组字结构上来考察，“二人”为“仁”。为什么需要两个人呢？因为没有比较就没有鉴别的标准，有参照物才能进行区别对待。假如人与人之间不用交往，那么我们人类也就不能称为“人”了。孔子曾这样定义“仁”，他说：“仁者爱人。”如果连自己的同类都不爱，还配称人吗？这种行为还配叫仁吗？义，正义、道义、义气。“仁”和“义”合起来就是“仁义”，仁义在本章中是指那些合情合理、合乎道义并热爱同类的行为。仁义能带来和睦安定，不仁义必将招致祸患。人们在明白了这个道理之后，就纷纷行仁义，这是人们有智慧的表现。

那么为什么要提倡仁义呢？就是因为存在不仁不义，大道作为社会自然的公平准则被抛弃了。为什么会出现这一情况呢？这是因为人是有欲望的动物，由于欲望的驱动，人们难免会利用各种手段来满足自己的私欲，有些人为了职位的攀升，对上级溜须拍马、阿谀奉承；有些人为了给自己开脱罪责，不惜蒙骗别人，颠倒黑白；也有些人成天摆出一副忠实的面孔，其实心里早已打好了坑害别人的小算盘，他们使用种种伎俩，只为一己私利。他们心中没有半点仁义，却要装出十分仁义的样子，其虚伪本质掩藏在华丽的外表和花言巧语里，他们越是装得仁义，就越能得到大的好处。

这种处处蒙骗别人的行为就叫大虚伪，为什么会有假冒伪劣、坑蒙拐骗的行为？就是人们运用机巧智慧的缘故。“伪”字该如何解释呢？“人为”即伪。人为就是人有意去做而不是顺应自然的行为，是违背了大道的行为，所以我们称人为的东西都是虚伪的，都不是朴素自然的。人在有作为的时候往往会自觉不自觉地掺杂进自己的智慧，所以就有了尔虞我诈、钩心斗角等行为，虽然这些行为是在暗中进行的，掩盖在虚伪的外衣之下，但还是能被人所感知，甚至被人揭露和批判。

为什么要提倡子孝父慈、夫妻和睦？就是因为六亲（父子、兄弟、夫妻）不和睦了。为什么会有忠臣出现？就是因为奸臣当道，国家太混乱了。

只有六亲不和睦了，才会提倡孝和慈，为什么这么说呢？六亲不和睦是人有智慧的结果，有智慧就会有私欲，私欲得不到满足时必然会发生矛盾和争斗，这种争斗由小及大会危及国家的安宁，于是不得不制定一些行为准则：做儿女的应该孝顺自己的父母，做父母的应该疼爱自己的孩子，也就是孝和慈。可当人们的心中没有这些概念的时候，就无所谓孝和慈，大家其乐融融，无老无少，无长无幼，一派祥和的景象。而一旦头脑中有了这样的标准，人们就要时时考虑自己的行为是否合乎孝和慈的标准，别人以他们的标准来看我们的行为，只要我们稍有不慎，就会被别人横加指责，其乐融融的祥和景象就会遭到破坏。“国家昏乱，有忠臣。”这句话不能单纯地理解为国家混乱了，才有忠臣，而应当理解为：在国家安定的情况下，人民富足、自由，有忠臣又有何用武之地呢？这就如同高明的统治者不被人所知道一样，仲裁者在和平安定的时期是不会显山露水的，只有在国家出现混乱的危急关头他才会挺身而出，拯救国家于危难之中。

从表面上看，老子批判仁义、孝慈是对儒家仁义忠孝的抗争，但实际上老子和孔子的思想并不矛盾，他们的目的都是实现社会的公平、公正，只是孔子强调要建立社会的道德体系，要人们遵循公平、公正的行为准则，是从正面说的；而老子则主张直接回到人类的本始状态，是从反面说的。

◇ 为人之道 ◇

岳飞一生坚持抗金

老子说，当国家陷于混乱的时候，需要忠臣良将的辅佐。即便忠臣良将受到多大的不公，这一信念也不会消失。岳飞抗金的事迹，即充分说明了这一点。

岳飞，字鹏举，相州人，南宋“中兴四将”之一。岳飞是中国历史上著名的抗金将领，他一生致力于抗金大业，曾多次率兵北伐，他麾下的军队因战斗力强悍而被称为“岳家军”，而金人也感叹“撼山易，撼岳家军难”，这是对岳家军的最高褒扬。然而，就是这样一位忠臣良将，最终却因“莫须有”的罪名而惨遭杀害。

南宋建炎元年（1127年），金国南下灭亡北宋，宋徽宗、钦宗及宗室、大臣、妃嫔等数千人被掳走，史称“靖康之难”。北宋灭亡后，宋室南迁，康王赵构在应天即帝位，不久以临安为都，恢复宋国号，史称南宋，赵构就是宋高宗。

南宋建立之初，北面的金兵虎视眈眈，随时有南下颠覆新政权的可能。同时，宋朝的残兵败将及义军各据一方，极大威胁着南宋的统治。为了稳定新政权，宋高宗开始提拔并重用一些作战勇猛的将领，其中最有名的就是“中兴四将”。在“中兴四将”之中，岳飞的资历最浅，但是他战功卓著，尤其是在绍兴四年（1134年）收复了伪齐（金人扶植宋降臣刘豫建立的政权）控制下的襄汉六郡，这使得他声名大振，后来，宋高宗授他清远军节度使一职，地位与刘光世、张俊、韩世忠不相上下。

其后几年，岳飞驻守鄂州，经营襄汉六郡，他外御金兵，内平逆乱，不但得到同僚的信任，也令敌人畏服。绍兴六年（1136年），刘豫派儿子刘麟率军进犯淮西，刘光世抵挡不住，主动弃守庐州，这时，岳飞刚平定了曹成、杨幺的叛乱，他见淮西形势危急，立即率领大军东下，大破刘麟的军队。

这件事以后，高宗对岳飞更加倚重。

岳飞深受高宗的器重，便想力谏高宗恢复中原。回朝期间，他多次拜见高宗，向高宗陈述恢复中原的策略。岳飞又给高宗写信，信中写道："金人之所以将刘豫安放在河南，就是想控制住中原，让汉人打汉人。这样一来，金国大将兀术就有时间休整部队，坐收渔利。臣期望陛下给臣些时间，一旦准备妥当了，就提兵袭取京、洛，拿下河阳、陕府、潼关，使这五路的叛将归顺朝廷。叛将归我大宋以后，我军就可以北上前进，金人必然丢下汴梁撤往河北，到时京畿、陕右就可光复了。然后我军分兵进攻浚、滑，占据两河地带，如此就能擒获刘豫，歼灭金人。社稷长久的大计，就在此一举。"

赵构看到岳飞的信，便回信说道："有卿这样的大臣肯为社稷谋划，朕还有什么可忧虑的呢？何时进兵何时休整，朕绝不干涉。"又将岳飞召唤到寝阁，说道："兴复中原的大事，就全权委托给卿处理了。"于是任命岳飞节制光州。

岳飞正想筹划北伐，这时，高宗的权臣秦桧却主张宋金议和。秦桧早年曾跟随赵构在金营做人质。后来，赵构离开了金营，而秦桧却继续留了下来。等赵构做了皇帝，又念起了曾经与自己共患难的秦桧，便请求金人释放秦桧，让他回到南宋。秦桧为人奸诈，来到南宋后，他仗着高宗对自己的宠信，大施淫威，先是进谗言罢了宰相赵鼎的官，继而使自己爬上了宰相的宝座。

秦桧当上宰相后，极力主张宋金议和，却遭到了岳飞等主战派的反对。秦桧怀恨在心，无时无刻都想除掉岳飞这个眼中钉。

绍兴十年（1140年）五月，金兵再次南侵，宋高宗下令岳飞增援前线。到达前线后，岳飞在川陕及两淮等地接连击败金军，很快进驻开封附近的郾城，兵势锐不可当。兀术听到消息，遂与众将商议，想集结军队合力围歼岳家军。

岳飞知道了兀术的意图，便派儿子岳云带领骑兵营直捣敌阵，岳云率军与金人交战数十次，杀得金人横尸遍野。这时，兀术派出了一支劲旅，这支军队人马皆披重铠，以绳索相结，三人为一联，名为"拐子马"。岳飞知道拐子马的厉害，就命令步兵携麻札刀闯入敌阵，让他们俯身砍击马腿。拐子马三马相连，一马倒下，其余两匹马便不能行动了，结果，金军被宋军杀得大败。兀术见自己苦心创建的“拐子马”全军覆没，痛惜地说道：“自从我在海上起兵，每次战斗都凭拐子马取胜，今日算是到头了。”

就在抗金形势一片大好的时候，秦桧却力劝高宗放弃淮河以北地域，高宗听了秦桧的建议，发檄文让岳飞回师。岳飞收到檄文，心情激愤，于是上奏高宗说：“金人锐气尽丧，都抛下辎重仓皇而逃。如果我军趁势渡河北进，则北方豪杰会纷纷响应，恢复大计定可实现。机会来之不易，不能轻易舍弃呀！”

秦桧知道岳飞志向坚定，不肯听从回师的命令，所以就先下令调回张俊、杨沂中。岳飞孤军深入，不能久留，而且秦桧又在一日之内传来了十二道金牌，岳飞愤恨之极，眼泪不住地往下流，他向东而拜道：“十年之力，废于一旦。”

回到朝中后，高宗升岳飞为枢密副使，官位在参知政事以上，但是失去了领兵打仗的权力。

尽管岳飞丢了兵权，但秦桧认为，只要岳飞不死，议和必然不能成功，而且还会使自己惹祸上身。所以他就想尽一切办法陷害岳飞。这时，他突然想起谏议大夫万俟卨与岳飞矛盾很深，于是想出了一个陷害岳飞的计谋。绍兴十一年（1141年）七月，万俟卨上章弹劾岳飞，列出了岳飞的几大“罪状”，请求高宗制裁岳飞。不久，秦桧又逮捕岳飞的部将王贵、王俊，威逼他们诬陷岳飞与部将张宪谋划造反。很快，张宪被押送至大理寺，面对严刑，张宪宁死不屈，秦桧对此也毫无办法。

三个月后，秦桧下令将岳飞、岳云父子押送到大理寺狱中，御史中丞何铸奉诏审讯。尽管何铸反复讯问，但是始终得不到岳飞谋反的证据。在审讯的时候，何铸又看到岳飞背部刺着“尽忠报国”四字，深知岳飞是清白的，不忍继续审问，便在秦桧面前为岳飞申辩。秦桧告诉何铸说：“此上意也。”说治岳飞的罪是高宗的意思。何铸愤然道：“强敌未灭无故戮一大将，失士卒心，非社稷之长计！”秦桧无言以答，遂奏请高宗改命万俟卨为御史中丞，让他审理岳飞一案。

这时，已经赋闲在家的韩世忠听到岳飞被抓的消息，他急忙找到秦桧，问秦桧证据何在，秦桧答道：“其事体莫须有。”意思是说：岳飞谋反的事情大概有吧。韩世忠气愤地说：“‘莫须有’三字，何以服天下！”但是，秦桧最终还是对岳飞下了毒手，十二月，在高宗的默许下，秦桧以毒酒杀死岳飞，并处斩了张宪和岳云。

一代抗金名将，最终没能战死沙场，而是死于昏君奸臣之手，不禁让后人产生无限的痛惜和由衷的崇敬之情。

◎第十九章◎

少私寡欲

【原文】

绝圣弃智①，民利百倍；绝仁弃义，民复孝慈；绝巧弃利，盗贼无有；此三者以为文不足②。故令有所属，见素抱朴，少私寡欲，绝学无忧。

【注释】

①圣：此处是指一种智能而言，不同于“圣人”的圣。②文：文饰，浮文。

【译文】

抛却聪明和智巧，人民可以得到百倍的好处；杜绝仁慈，抛弃道义，人民才会回复到孝慈的本性；抛弃技巧和获利，就不会有盗贼产生。“圣智、仁义、巧利”这三者全是巧饰，不足以治理天下。所以要让人民的思想认识有所归属。保持纯洁质朴的本性，减少私欲杂念，抛弃“圣智礼法”的学问，就没有忧患了。

【解析】

在本章中，老子对前一章提到的社会弊病又作了进一步阐述，并针对社会病态，提出具体的治理方案。

在前一章中，老子说“智慧出，有大伪”，因此他在本章的开篇就点明“绝圣弃智”，这使人不免产生疑惑：“聪明睿智和巧言善辩乃人心所向，为何要杜绝和抛弃呢？”智慧是好东西，这一点谁也不能否认，但好的东西不一定有好的用途。也就是说，如果将聪明才智用于为百姓服务，用于积善养德，那无疑是好的，是应该大力提倡的；可一旦用到损人利己的事情上去，那将是十分可怕的，还不如没有智慧，因而老子主张抛弃这种聪明智巧。

老子认为“圣”“智”容易滋生巧诈，用法制巧诈治国，便成为扰民的“有为”之政。抛弃这种扰民的做法，人民就可以得到切实的利益。由此可见，老子并非真正倡导愚民政策。“下德”的圣人借助法制，提出各种虚伪的道德概念，只有“朝甚除”的人才能享用这种文化造出的物质财富。而且这种文化还腐蚀了淳朴的人民，诱使他们对“奇物”产生欲望。这种文化乃是“乱之首”。由上可以明显地看出，老子斥责统治者的文化，在他看来，这种文化和大道是相矛盾的，必须抛弃这种文化，因为它对人民毫无益处。所以，老子提出一种乌托邦思想——使人民同这种文化隔绝。老子的这一政治主张虽有些理想化成分，但他提出的“见素抱朴，少私寡欲”，对恢复人的自然本性，具有一定的意义。

许多本子以“少私寡欲”句结束本篇，而把“绝学无忧”作为下一章的开端，“绝学无忧”也正可以与前句“见素抱朴，少私寡欲”并列。对于“绝学无忧”一句，学术界也颇有争议。一种看法说“绝学无忧”指弃绝学习就没有忧虑了。也就是认为老子要毁灭一切文化，当然也就不要学习了，因而导出结论：老子是愚民政策的创始人，是倡导愚民思想和政策的鼓吹者。而另一种观点则认为，“绝学”指抛弃那些讲圣智、仁义、巧利的学问，将其置于身外，免去权欲的诱惑，做到无忧无患。还有一种观点认为，老子所说的“绝”，其实就是绝招的“绝”，也就是独门绝技，是指至深、独到的学问，老子认为只有取得不同于世俗的独到学问，才能无欲无求，真正做到无为。

在远古时期，人类和自然是和谐相处的，人类吃的、用的无不直接取于自然。当时人类的认识有限，并不比别的动物高明多少。可随着认知的增多，人们渐渐具备了改造自然的能力，认为自己是万物的主宰，并且不断打乱自然的平衡，因而遭到了大自然的惩罚。其实，这是人类为拥有智慧而付出的代价。后来，人类还出现了欺诈、猜疑和互相残杀的行为，这也是智巧滋生出的不良后果。有一故事，颇受启发：客机在沙漠失事，留下了十一名幸存者，在幸存者中，有教授、官员、经理、军官、主妇……还有一个傻子。沙漠白天的气温高达五六十度，要想生存就必须及时找到水源，求生的本能支撑着每个人都去寻找水源，然而，大沙漠总给人开玩笑，当他们看到一片绿洲，狂奔而去时，绿洲却瞬间消失了，一连几次都是这样。他们开始意识到，自己发现的绿洲，只不过是海市蜃楼。他们为此黯然神伤，心灰意懒。而唯有傻子不知道什么是海市蜃楼，他只知道口渴需要喝水，在其他人彻底放弃之后，他还在拼命地寻找水源，最后他爬上一个沙丘，看到了水，就呼喊着让其他人过去，可没有人理会傻子的话。三天后，当救援人员赶到时，发现除了傻子还活着，其他十个人都死了。

傻子不懂什么叫海市蜃楼，也不懂什么叫欺骗，当然也就不会猜疑，不会等死；而那些人恰恰相反，是他们的聪明才智将他们推向绝路，傻子因“傻”得福，是“傻”救了他的命。当然，本章并不是倡导我们都去做傻子，而是启发我们不要用自己的智慧去猜疑人、伤害人，要做到质朴淳厚，少私寡欲，这样才能与大道相通。

◇ 从政之道 ◇

汉文帝行宽厚之政

抛却聪明与智巧，以无为的思想来治国，才能治理好天下。汉文帝减轻刑罚宽厚待人的事迹，就充分体现了这一点。

秦朝因暴政而亡国，其暴政的一个重要内容就是严刑峻法。汉朝建立后，吸取秦亡教训，逐渐减轻刑罚。汉文帝更是对“秦律”中的弊端进行了改革。秦律规定，被判为隶臣妾的人，都没有刑期，必须终生服劳役。文帝下令重新制定法律，根据犯罪情节轻重，规定服刑期限；罪人服刑期满，免为庶人。秦律中还规定，罪人的父母、兄弟、姊妹、妻子和子女都要连坐，重的处死，轻的收入官府做奴婢。文帝则完全废除了这条刑律。此外，秦代有黥、劓、刖、宫四种肉刑，汉文帝下诏废除黥、劓、刖三刑，改用笞刑代替。关于文帝废除肉刑，需要讲一个故事——缇萦救父。

齐国太仓令淳于公犯了罪，朝廷下令把他抓了起来，关押在长安的监狱中。淳于公没有儿子，只有五个女儿。他被逮捕的时候，心中不满地说道：“生孩子不生儿子，遇到紧急情况，没有一点用处！”这时，小女儿缇萦听到了刚才的话，感到非常伤心，就随着父亲来到长安。为了能救父亲，她向朝廷上书说：“我的父亲在齐国做官，那里的人都称赞他廉洁奉公，现在触犯了法律，理应接受惩罚。我所哀伤的是，受了死刑的人，就再也不能活过来了；受了肉刑的人，肢体断了就再也不能接起来了，他即使想改过自新，也没有办法了。我情愿做官府的奴婢，来抵父亲应该接受的刑罚，使他改过自新。”文帝看到缇萦所上之书，十分怜悯她的孝心，就下诏说：“听说以前有虞氏只给罪犯穿上有特定标志的衣服，以此来羞辱他们。这样，就能起到警诫百姓的作用了。为什么能这样呢？因为当时政治清明到了极点。现在法令中有刺面、割鼻、断足三种肉刑，可是犯法之事仍不能断绝，这是什么缘故呢？不就是因为我的道德教化不明吗？我自己感到很惭愧。现在有人犯了过错，我不给他接受教育的机会，而是轻率地予以惩罚，这样一来，就算有人想改过自新也没有机会了。”结果，文帝不但答应了缇萦的请求，释放了她的父亲，而且还下令废除了肉刑。

文帝宽厚仁慈，许多官吏在断狱的时候也从轻处理，这样一来，狱事就简省了许多，人民所受的压迫比秦朝的时候显著减轻。

汉文帝不但减轻刑罚，而且对于反对过自己的人也表现出极大的宽容。

有一次，济北王刘兴居听说文帝到了代地，于是趁机起兵造反，打算袭击荥阳。文帝得知后，立即从太原返回到长安，下令军队平叛，同时，他还下诏说："济北王谋逆作乱，连累了济北的臣民，这真是大逆不道。济北的臣民，凡是在朝廷大军到来之前就自己停止反叛活动的，以及率部投降或献出城邑投降的，一律赦免，官爵与原来相同。"诏令一出，叛军内部开始不团结了，汉朝的军队很快就打败了济北叛军，俘虏了济北王。事后，文帝又宣布赦免参与造反的济北臣民。

公元前 174 年，有人告发淮南王刘长擅自制定法令，把宫室建造得跟天子的规格相同，并与棘蒲侯之子陈奇蓄意造反。文帝得知后，与群臣议论此事，大臣们都主张处死刘长。刘恒不忍心，免了刘长的死罪，只是废了他的王位。

南越王尉佗曾自立为武帝，刘恒并没有派兵前去镇压，而是把尉佗的兄弟召来，给予丰厚的赏赐。尉佗听说后，十分感动，于是取消了帝号，向汉朝称臣。

大臣中有人直言敢谏，而且丝毫不留情面，但是文帝总能宽容采纳。还有一次，有大臣收受了别人的贿赂，文帝知道后，没有将他交给执法官吏处理，而是从皇宫仓库中取出金钱赐给他们，用这种办法让他内心羞愧，反省自己。刘恒一心致力于用恩德感化臣民，因此天下富足，礼义兴盛。

◎第二十章◎

独异于人

【原文】

唯之与阿[①]，相去几何[②]？善之与恶，相去若何？人之所畏，不可不畏。荒兮[③]，其未央哉[④]！众人熙熙[⑤]，如享太牢[⑥]，如春登台。我独泊兮[⑦]，其未兆[⑧]；沌沌兮[⑨]，如婴儿之未孩[⑩]；儽儽兮[⑪]，若无所归。众人皆有余，而我独若遗。我愚人之心也哉！俗人昭昭，我独昏昏。俗人察察[⑫]，我独闷闷[⑬]。澹兮其若海[⑭]，飂兮若无止[⑮]。众人皆有以[⑯]，而我独顽且鄙。我独异于人，而贵食母。

【注释】

①唯：诚恳的应诺声。阿：逢迎的应对声音。②几何：多少。③荒兮：无边无际，形容其大。④央：完结的意思。⑤熙熙：快乐的样子。⑥太牢：古代帝王祭祀时丰盛的筵席（有牛、羊、猪）。⑦泊兮：浑朴、淡泊的意思。⑧兆：征兆、迹象的意思。⑨沌沌（dùn）：不清楚。⑩孩：婴儿的笑声。⑪儽儽：疲倦的样子。儽，通“累”。⑫察察：苛刻之意。⑬闷闷：混浊，不清楚的意思。⑭澹（dàn）：辽阔、辽远的意思。⑮飂（liáo）：狂暴的风。⑯以：在这里作“用”字解。也有“能耐”之意。

【译文】

应诺和呵斥，相差有多远？美好和丑恶，相差有多远？别人所畏惧的，自己也不可不畏惧。精神领域开阔啊，好像没有尽头的样子。众人欣喜若狂，就像参加盛大的宴会享受丰盛的筵席，又像春和日丽之时登上高台观赏仲春的美景。而我却独自淡泊宁静，无动于衷。混混沌沌啊，有如初生的婴儿连笑也不会笑。疲倦闲散啊，或像长途跋涉的游子还没有归宿。众人的东西多得用不完，我却什么也没有。我真是愚人心肠啊，混沌无知。当别人都光耀自炫的时候，只有我昏昏昧昧；当别人都精明灵巧的时候，只有我无所识别。像辽阔的大海没有止境；如肆虐的狂风横扫万里。众人好像都很有作为，只有我显得愚昧笨拙。我和众人如此与众不同，因为我以守“道”为贵。

【解析】

本章是老子的思想独白，也是老子思想的精华所在，堪称本书的灵魂。同时，本章在文字风格上也与其他章节有所不同，老子以诗一般的语言对甘守无为的道理进行了深刻剖析。

老子在开篇就提出疑问：“唯之与阿，相去几何？”“唯”是唯诺顺从的意思；“阿”是呵斥，引申为反对的意思。整句话的意思是：顺从和反对有多大的距离呢？“善之与恶，相去若何？”意思是：善良和邪恶能有多大的距离呢？仅在一念之间罢了。

在常人看来，美和丑是对立的概念，人们普遍偏爱美好的事物，而讨厌丑恶的事物。受这种想法的驱使，人们往往会不惜一切代价去追求美好的事物，当追求得到满足时就欣喜若狂，而一旦无法实现自己的愿望就沮丧郁闷。得道之人则不同，他们心目中无美和丑的区别，一切顺应自然，决不刻意追求什么，也就无所谓得和失，也就不会有痛苦和烦恼了。如果一个人整日闷闷不乐，这不但是一种最残酷的自我折磨，而且会影响别人的心情。带着忧愁和烦恼生活的人，其人生的幸福感也必将大打折扣。试想一下，这样的人，还有什么乐趣可言呢？

在老子看来，贵与贱、善与恶、是与非、美与丑之间的种种差别都是人们按照世俗的眼光来制定的，其实并不符合“大道”。而人们以自己的主观态度为标准来看待世间的万物，必然会导致整个社会价值的混乱。老子不但揭露了社会上层追逐物欲的贪婪之态，还以相反的形象描绘出了自己的形象。文中的“我”显然是指老子本人，但又不仅仅局限于他个人，而是推及至有抱负、有理想的人。“众人”“俗人”是指社会上层。这些人对是非、善恶、美丑的判断，并无严格标准。他说“我”是“愚人之心”，这当然是正话反说。世俗之人纵情于声色，“我”却淡泊无为，以求精神的升华，而不愿随波逐流。老子将“众人”“俗人”和自己作了鲜明对比，当众人都沉浸在春天般的美景、享用着丰盛的美餐时，他却独自甘守寂寞，保持淡泊宁静的心境，就如同刚出生的婴孩一般无欲无求。众人借助外在的事物而享乐，一旦外在的事物消失了，他们的快乐也就不存在了。而得道之人明白外在境界转瞬即逝，所以他们要保持淡泊恬静的心境，这也正是他与“众人”的最大不同。

“众人”都有强烈的占有欲望，所以他们利用自己的聪明才智你争我夺，在混乱的世道里大有收获。而“我”却好像丢失了什么东西一般。“我”在“众人”的眼里是多么愚笨的人啊！“众人”在收获到财富、地位、名利后必然会不甘寂寞，大肆炫耀。而“我”却抱着昏昏沉沉、迷迷糊糊的态度去享受生活。正因为“我”愚笨，所以心灵空虚，了无牵挂，无为而自在，烦恼和忧愁自然会远离“我”而去。聪明人凡事都要争出个所以然来，以不知强为知，不聪明强装聪明。他们凡事都要斤斤计较；而“我”却哑口无言，闷闷不语。“众人”都要有所作为，而“我”却清净寡为，这在“众人”看来，“我”是多么冥顽不灵、卑鄙下贱啊！老子对众人的思想没有做出任何批判，他只是通过众人的贪婪来反衬自己的淡泊名利。老子追求“沌沌”“昏昏”“闷闷”的思想境界，他认为自己之所以和众人思想不同，就是因为自己注重以洞察万物的根源来充实自己。万物之根源就是“大道”。老子整日处于大道之中，无言无为、无欲无求，自然也就无忧无虑、无伤无痛、逍遥自在，这就是真正的至乐境界。

◇ 为人之道 ◇

不贪慕富贵的庄子

在本章里，老子将世俗之人的心态与自己的心态，作了对比的描述，老子说自己是“愚人”，有“昏昏”“闷闷”等特点，这实际上是说自己不与世俗之人同流合污。在中国历史上，有很多淡泊名利、不合于世俗的高士，庄子便是典型的一个。

庄子，姓庄，名周，字子休（一作子沐）。宋国蒙（今安徽蒙城县）人。做过蒙地的漆园吏。庄子原系楚国公族，楚庄王后裔，后因战乱迁至宋国的蒙地，与道家始祖老子并称为“老庄”。代表作为《庄子》，其主要观点是“天人合一”和“清净无为”。

作为老子学说的继承人，庄子很彻底地实践了老子的处世思想和政治理念，不慕名利，甘愿过淡泊清贫的生活。

庄子一生保持着旷达的心境，而且一直视富贵荣华如敝屣。在庄子眼里，整个天下都是沉浊的，没有人能与自己交谈。既然如此，也只好自己独与天地进行精神往来了。尽管庄子是个绝顶聪明的人，但是要想找到一两个知己，那也不是容易的事情。平常能够与他谈得来的，除了惠子之外，只怕再也找不到第二个人了。庄子与惠子很相似，他们都喜欢辩论，而且辩论时都犀利无比；他们也都很博学，对于探讨知识有着浓厚的兴趣。

据《庄子·秋水》篇记载：惠子曾经在梁国做过相国。有一次，庄子去看他，但是，惠子听到一个谣言，说是庄子这次来是为了代替他的相位。惠子心里很担心，于是派人在梁国境内寻找庄子三天三夜。后来，庄子去见惠子，对他讲了一个寓言，把他对相位的贪恋比作猫头鹰得到了臭老鼠而自以为美。从这个故事可以知道，惠子处于统治阶层，免不了会染上官僚的习气，这对于“不为轩冕肆志，不为穷约趋俗”的庄子来说，当然是很鄙视的。还有一次，惠子路过孟诸的时候，身后跟随着一百辆车子，排场十足，庄子见了，对惠子十分鄙视，就连自己所钓到的鱼，他也因为嫌多而抛回水里去了。

关于庄子的淡泊名利，还流传着一个故事，即“庄子钓于濮水”。

有一次，庄子在河南濮水边十分悠闲地垂钓。这时，他的身后来了两位楚威王的使者，他们奉了楚王之命，特意到濮水之畔邀请庄子出任楚国宰相。

庄子知道他们的来意后，慢悠悠地说道：“楚国水田里的乌龟，是愿意到楚王那里，让楚王用精致的竹箱装起来，用丝绸的巾饰覆盖它，珍藏在宗庙里，用死来换取‘留骨而贵’呢，还是愿意拖着尾巴在泥水里自由自在地活着呢？”

楚使稍微迟疑了一下，说道：“自然是宁愿拖着尾巴在泥水中活着。”

庄子狡黠地笑了笑，说道：“那就是了，我也只想拖着尾巴在泥水里自由自在地活着呢。”

庄子宁愿在乡野间自由自在地活着，也不愿到楚国做大官，这种淡泊名利的品质，值得后人敬佩。

◎第二十一章◎

孔德之容

【原文】

孔德之容，惟道是从[①]。道之为物，惟恍惟惚[②]。惚兮恍兮，其中有象；恍兮惚兮，其中有物。窈兮冥兮[③]，其中有精；其精甚真[④]。其中有信。自今及古，其名不去，以阅众甫[⑤]。吾何以知众甫之状哉？以此。

【注释】

①孔："大"的意思。②恍：不清楚。惚：不清楚。③窈：深远。冥(míng)：暗昧不清楚。④精：极细微的物质性实体。⑤阅：认识。甫：同"父"。

【译文】

大德的形态，是随着"道"转移的。道这个东西，是恍恍惚惚的。那样的恍恍惚惚，其中却有形象。那样的惚惚恍恍，其中却有实物。它是那样的深远暗昧，其中却有精质。这精质是非常实在的，其中有信验可凭。从现在上溯到远古，它的名字永远不会消失，依据它才能观察认识万物的起始。我怎么知道万物起始的情形呢？是从道开始认识的。

【解析】

这一章里，老子阐述了"道"和"德"的关系，认为德是博大和无所不包的，也是由道衍生而成的，受道的支配，即"惟道是从"。老子所说的道，既有虚无的一面，也有现实的一面。道虚无缥缈，却可以隐隐约约地感觉到，这是因为"其中有象""其中有物""其中有精""其中有信"。因此，道无所不在。

老子以"孔德之容，惟道是从"统领全篇。"孔"字的常意，归纳起来就是广大、非常、通达、博大的意思。"容"指的是包容，这个字的上面是个宝盖头，象征一个房屋，下面是个谷字，代表是空虚的山坳，所以有盛、受的意思。心胸包容天地，就连坏人也能容得下，那么这个人就是有德性的人。另外这个容还有一层意思，就是形容人的容貌。当我们的内心充满德性时，就会表现出神采奕奕的表情，而不是愤怒或消极的神色。

在本章里，老子再次对“大道”作了形容：它是恍恍惚惚、似有若无的。然而在恍惚之中还存在着一种形象，那就是宇宙；在恍惚之中还有一种物质在流转，那就是大气。宇宙和大气在恍惚之中存在着，尽管是幽暗深远的，我们无法用肉眼看到，但是其中至微至妙的东西真实地存在着，可那正是事物的本质所在，这一本质已超出了我们人类所能认识的范围。不过，虽然玄妙深不可测，但有具体情状，这一情状是非常真切的，即“其情甚真”。不仅如此，其情状是信实且可以信验的。老子对此进行不断的修饰和描述，无非是为了增加德的具体性，并在讨论道的时候引进“精”。“精”是为了说明“大道”是一种真实的存在，而且可以信验。虽然我们还不能真正地认识大道，但能真切地感知到它们的存在，这是因为它们有信期，这就如同潮水，到时候会如期而至。一旦在生活中摸索到了这一规律，我们就会从中感知到了大道的存在，以及它所带给我们的影响。

大道是恍惚的，“大德”唯大道之命是从。大德与大道是相融相通的，它像大道一样恍恍惚惚、幽暗深远。道是德的根本，德是道的显现；“无道”就“无德”，“有道”就“有德”，合于道者有德，不合于道者无德。根据上述观点，老子所建构的道德体系也就基本完善了。道体现在宇宙万物上，所以它代表的是宇宙观和世界观。德对于人类而言，是品格，是德行，是成功者所具备的内在素质的标准。只有真正领悟大道的人才能拥有大德，才能将德行发挥到极致。这就是大道和大德的关系，我们只有对大道和大德的关系有了深刻的认识，并将它们在实践中加以验证，才能领悟大德的真正内涵和意境，从而建立正确的价值观和人生观。而正确的价值观和人生观的确立，对于人类本身来讲，具有十分重要的意义。

鲁仲连义不帝秦

鲁仲连是战国时期齐国的名士，以能言善辩著称，而与其他辩士的夸夸其谈不同，鲁仲连将辩论与实际应用结合到一起，绝不空谈名物。

公元前258年，秦国围困了赵国的都城邯郸，魏王闻知，派遣大将晋鄙率军火速驰援赵国。但是秦昭襄王致信于魏王，威胁说如若魏国救援赵国，就先行攻取魏国。魏王慑于秦国的威势，又动摇了救赵的决心，命令晋鄙暂且按兵不动。又派出辛垣衍秘密潜入邯郸，想通过赵相平原君赵胜说服赵孝成王一起尊秦为帝，以屈辱换和平，从而解除邯郸的燃眉之急。平原君当然不想尊秦为帝，可邯郸势危，一时无可奈何。这时，适逢游学于赵国的鲁仲连求见。鲁仲连对平原君和辛垣衍直陈厉害，一针见血地指出了秦乃虎狼之国的本质，并且表明了自己宁愿赴死也决不屈辱事秦的坚定意志。接下来，鲁仲连详细地分析了尊秦为帝的危害性和东方各国结成联盟的重要性，他说，现在，魏王、赵王与秦王之间是平等的关系，一旦尊秦为帝，魏王与赵王就成了秦王的臣下，这样一来，魏、赵两国，乃及东方其他各国的主权必然会受到侵害。鲁仲连又据历史上的实例说明了为帝者的残虐强暴和反复无常，明确指出：即使魏、赵两国尊秦为帝，秦国也不会就此放过对魏国和赵国的侵伐。恰恰相反，称帝后的秦国会变本加厉地继续扩大对他国的征讨，到那时，魏王和赵王就悔之晚矣。最后，鲁仲连又强调：尊秦为帝之后，不仅魏王和赵王会沦为受秦王摆布的傀儡，原为魏王和赵王的心腹之人也都会遭受罢黜和迫害，平原君和辛垣衍自是首当其冲者。在鲁仲连的慷慨陈词之下，平原君和辛垣衍都放弃了尊秦为帝的打算。不久之后，魏国信陵君“窃符救赵”，邯郸之围得解。为了表达感谢，平原君欲封赏鲁仲连，但是鲁仲连坚辞不受；平原君又赠千金与鲁仲连，但是鲁仲连同样拒绝了。他说：“对于天下人来说，最可贵的品质，是为人排忧解难，却从不索取回报。如果有所取，那就是商人的勾当，我不愿做。”然后，鲁仲连飘然而去，继续云游列国。

在这个事件中，也许是身处危机之中，也许是过多地看重自己的利益，无论是魏王君臣还是赵王君臣，都没有抓住事物的本质。这件事本质的问题是秦国最终要干什么。赵国和魏国都认为秦国不过是想得到一些现实的利益，这当然是他们一厢情愿的梦想。这样想，也许是为形势所迫，也许是缺乏战略眼光，也许是根本不愿往这方面想，总之，他们没有抓住本质，所做出的应对之策显然是不能解决问题的。

而鲁仲连则站在历史发展的高度，通过“象”与“物”把握“精”与“信”，深刻认识到：秦国不断征伐六国的最终目的是兼并天下，小恩小惠不但不能阻止其侵略的步伐反而会激发其更加贪婪的虎狼之心。割让给秦国的国土、交给秦国的财物以及尊奉给秦王的名号，都会化为秦国再次征伐的有利条件。鲁仲连一语中的，惊醒两国君臣。他们才联起手来，合力抗击暴秦，获得了喘息的时机。鲁仲连真是具有高度智慧的得道之士啊！

◎第二十二章◎

圣人抱一

【原文】

曲则全[①]，枉则直，洼则盈，敝则新，少则得，多则惑。是以圣人抱一为天下式。不自见，故明；不自是，故彰；不自伐[②]，故有功；不自矜[③]，故长。夫唯不争，故天下莫能与之争[④]。古之所谓“曲则全”者，岂虚言哉！诚全而归之。

【注释】

①式：这里可以理解为法则。②伐：夸耀。③矜（jīn）：自高自大的意思。

④莫：没有谁。

【译文】

委曲反而能得到保全，屈就反而能得到伸展，低洼反而能得到充盈，破旧反而能生新，少取反而能多得，贪多反而会产生迷惑。因此有道的人坚守这一原则作为治理天下的范式。不自我表扬，反而能显明；不自以为是，反而能是非彰明；不自吹自擂，反而能功勋卓著；不自高自大，反而能长久。正因为善于谦让不与世人相争，所以天下反而没有谁能与之争高低。古人所说的“曲则全”等话，怎么会是空话呢？它是实实在在能够达到的。

【解析】

在本章中，老子论述的重点在于“不争”。在老子看来，不争符合“道”的本质，炫耀、贪婪、争强好胜之人违反了道，所以注定会落得不幸的下场。

老子在开篇说道：“曲则全，枉则直，洼则盈，敝则新，少则得，多则惑。”尽管这六个短语分别指代六种完全不同的事物，但它们反映了一个共同的道理，那就是“委曲求全”。这对于人类而言，是一种谦逊的生活态度。对于除人以外的诸多生物而言，委曲求全实能保全性命，以免受到外来的伤害，这在一定程度上可以将其界定为一种寻求自保的大智慧。

“木秀于林，风必摧之”和“塞翁失马，焉知非福”，反映了任何事物都存在对立统一的两个方面，本章则再次反映了老子的辩证思想，老子用“曲与全，枉与直，洼与盈，敝与新，少与得，多与惑”来阐述道顺其自然的理论。如“洼与盈”，“洼”就如同一只空杯，“盈”就如盛满水的杯子，也只有空杯子才能容纳更多的水。可普通人看问题，却很片面，要么看不到深层内容，要么看不到相反的一面。可是圣人却能遵循和运用道，全面而深刻地认识事物的本质。

即便是在人类之外的生物圈中，仍存在着环环相扣的食物链，各种生物为了生存，不得不施展自己的生存技巧。比如变色龙，它是一种“善变”的树栖爬行类动物，它的皮肤会随着背景、温度的变化而改变，这主要是为了保护自己免遭袭击，使自己生存下来。为了逃避天敌的侵犯和接近自己的猎物，有些爬行动物常在人们不经意间改变身体的颜色，然后使自己与周围的环境融为一体。这种生理变化，既有利于隐藏自己，又有利于捕捉猎物。因此，在自然界中，其是当之无愧的“伪装高手”。又如蛇，蛇是一种最柔软的动物，正因为它柔软，所以它才可以任意改变自己的形状，可以躲避敌人的进攻，并自由前行而不受外界环境的阻挠。假如蛇像木棒一样坚硬，它还能自由前行吗？这听起来觉得可笑，但问题的根源在于它违背常理，即我们所说的“大道”。大道虽然看不见、摸不着，但能为人类所感知，“德”是“道”的体现，它体现了道的无行无为。

我们经常用蜡梅的孤傲和柳树的温顺来形容完全不同的处世风格，蜡梅不畏惧严寒，傲然挺立，任凭外界冰霜的狂虐而悄然争艳。而柳树不同，它随风舞动，姿态妩媚。迥异的“个性”就必然造就了两种完全不同的命运：正因为蜡梅坚挺，所以稍微碰到它，它的花瓣就会脱落；而柳树左右摇摆，即使碰到它，也不会受损，反而得到了“杨柳依依”的美名。

老子的委曲求全之道，在为人处世上能释放出巨大能量。他告诉我们：做人过于清高，必然招人嫉妒打击；为人过于强势霸道，必然树敌过多而不能长久；待人过于严苛必然被人孤立。而保持低调，委曲求全，不但能够避害，还能趋利。这才是高明者的选择。而得道之人最明白这个道理，他们永远都会处在曲和枉的境界里。没有了概念和分别，也就没有了矛盾，没有了矛盾也就没有了痛苦，没有了痛苦也就自在无为，和大道同步了。得道之人的眼里没有自己，自然也就没有别人或他物，所以没有任何东西遮蔽，自然会清澈明亮，也就什么都能看得见了；圣人没有等级观念，自然也没有善恶是非的标准，自己没有对错，别人也无所谓善恶了，他们不自夸，也不损人，自然会得到别人的赞扬、拥护和爱戴。他们对于自己的成绩从不夸耀，心中没有功过的概念，自然也就不会骄傲。可是常人则不同，有点成绩就沾沾自喜，恨不得让天下人都知道；也许刚开始别人还能容忍，可是炫耀的次数多了，就会导致别人的厌倦，不但无法得到别人的认同和称赞，反而会招来讽刺和挖苦，这就得不偿失了。

圣人没有分别心，对待所有的事物都持一样的态度，不会另眼相看，也无所谓名利，一切都是顺应自然，淡然而宁静。他们不会与人争夺，而是始终和大道一体、万物皆源于大道，和大道同体的人岂不是拥有了宇宙万物，还有什么可争夺的呢？得道之人不与人争，也就没有得；没有得，也就没有失。没有得失也就无所谓患得患失，没有患得患失也就没有痛苦的折磨。没有痛苦是美好的人生境界，这是不与人争的美好体验。因此，委曲求全是聪明的处世方略，这是解悟大道之人的不俗行为，也可以说是真正的“大德”，也只有这样的人，心境不但平静，而且人生还会释放出更大的光华，因为他把所有的付出都看作是一种自然现象，因而不会有“亏”的概念，一旦达到这样的境界，就真的是和大道融为了一体。

◇ 为人之道 ◇

谦卑处下的大将曹彬

“夫唯不争，故天下莫能与之争。”在这里，老子说明了曲乃能全、柔乃克刚的道理。老子一向主张外柔守静、以退为进的处世原则。从某种意义上说，失去反而能够永久拥有；牺牲局部，往往能够赢得全局的胜利。“退一步，为了前进两步”的行为并不是懦弱，而是一种曲线式的生存方式。这种外柔守静、以退为进的策略，就像弹簧一样，压缩在一起却蕴藏着巨大的力量。北宋初期的大将曹彬，无论是治军打仗，还是为人处世，都一直遵行外柔守静的原则，这便是一个典型的例子。

北宋的开国皇帝宋太祖赵匡胤，依靠军事力量而黄袍加身，后来他在统一全国的战争中，提出了一种“和平兼并”的战略，也就是尽量不采用武力而统一天下。即使不得已而动用了武力，也尽量留有余地，只要敌人放弃抵抗，那么宋太祖不但保障对方的人身安全，并且常给对方相当程度的优遇。对于这种“和平兼并”的策略，尽管有不少将领持反对态度，宋太祖却一直坚持这个原则。

宋太祖为什么如此坚持这一策略呢？这是因为，他所考虑的是日后的治国问题。既然要统一，便不能制造仇恨，所以纵然是自己吃亏，也得忍让，这一原则也是治国者最富智慧的谋略。

不过，一旦处于战争状态，宋太祖的这种谋略往往很难顺利得到贯彻执行。面对顽强的敌人，行军打仗的人常会因为报复心理而产生将之毁灭的冲动。如果控制不住这股冲动，必然会导致不必要的屠杀及掠夺，然后又引发更多激烈的反抗。这种征服、反抗的恶性循环，正是宋太祖最为担忧的事情。攻打后蜀的时候，大将王全斌便因“屠城杀降，以逞威暴”，使太祖非常恼怒，宋太祖曾想对他严加惩处，但是由于大将曹彬巧妙的劝谏，才平息了这场风波。

曹彬，北宋初年大将。字国华，真定灵寿（今属河北）人，以败契丹、北汉功，任枢密承旨，灭后蜀任都监。曹彬是个有谋略的将军，他颇能体会太祖“不求胜利”的道理，所以在征蜀之后，曹彬不逞兵威的做法，深得宋太祖的称赞，而曹彬也逐渐成为太祖在统一天下的征战中最受信任的大将。

曹彬原本与赵匡胤在周世宗的朝廷上同殿为臣，当时的曹彬只是个管理酒肆的小官吏而已。有一天，当时身为殿前都点检的赵匡胤，由于家里举办宴席，便向曹彬要些酒，但是曹彬却说道：“此官酒，不敢相与。”不过，曹彬并没有就此拒绝赵匡胤，而是自己出钱去买酒，然后送到了赵匡胤的家中。这只是一件很小的事情，但曹彬公私分明的态度，却让赵匡胤极为感动。当上皇帝后不久，宋太祖便在一个公开场合对群臣说道：“世宗旧吏，不欺其主者，独曹彬耳。”赵匡胤本人个性豪迈，做事积极，但在治国的问题上，他却非常欣赏这位谨慎小心、个性和自己几乎完全相反的曹彬。

征蜀的时候，曹彬原为监军，但是由于征蜀的各路兵马从不同方向攻入，所以会师成都之前，曹彬根本无法真正监督大将王全斌的行为，因此也就不能执行监军的职责了。况且，按照宋太祖的旨令，曹彬的监军之权仅限于事后报告，并没有反对的权力。曾经有好几次，曹彬感到宋军的行为过于残暴，在开军事会议的时候，他也主张即刻回师，却因诸将的反对而作罢，最后，终于引起了蜀人大举抗暴的风波。

虽然无法劝动其他的将领，曹彬仍严格约束自己的军队不可胡作非为。刚刚攻克成都的时候，军士掠夺了一些民间的妇女，曹彬则下令把这些妇女置于一个安全的地方，对她们供应食物，并向手下的将士说道：“这些女子是准备献给朝廷的，不可侵犯，你们应当好好地保护她们。”等局势较为稳定后，曹彬立即把这些女子送还给她们的父母；没有亲属的，则由曹彬安排她们的婚事，许配给适当的对象。当抗暴事端扩大之时，曹彬又出面斡旋，这样一来，叛乱事件很快就平息下来了。这次事件之所以很快得以平息，主要就是因为蜀国军民对曹彬心怀感激之情。

征蜀战役的总指挥王仁赡，把这场风波的责任全部归罪于王全斌。但是，等宋太祖调查完毕后，却得知连王仁赡的直属军队也做出了很多暴行，只有曹彬的军队不但没有扰民，甚至还尽到了守土安民之责。特别是“王全斌杀降兵三千人”的事件，宋太祖极力主张严惩王全斌，有不少朝廷大员反对，认为天下还没有平定，正当用人之际，怎可为此处罚自己的大将。但宋太祖却认为，河东江南都还没有归顺宋朝，如果不对此严惩，随意杀人的事件还将会出现，这将严重影响统一天下的进程。

因此，在调查工作完成后，太祖召集所有征蜀的将领，责问他们随意杀人的罪行，并让曹彬先行退下，说这里没有你的事。但是，曹彬不但没有退下，反而叩首谢罪，说道：“臣同商议，罪合诛戮。”在宋太祖的心目之中，将来可以委以大任的，只有曹彬一人，因此决定卖个人情给曹彬，只在口头上严厉地警告一番，便暂时不再追究这件事了。

不久，宋太祖派曹彬和潘美率领宋军征伐江南。在出征之前，太祖特意召见曹彬，要求这次出征绝不可以再有征蜀时的残杀事件发生。这时，曹彬在衣袖之中取出了当时曾激烈反对杀戮行为的文件，太祖感到很惊讶。于是问道：“既然你没有做杀戮的事情，那么当时为什么坚持服罪呢？”曹彬说道：“臣最初的时候与全斌等同被委任，如果全斌等获罪，而唯独臣没有罪，那是不合适的，所以一同服罪。”曹彬说这段话，不但表示自己重视团体责任，同时也劝谏太祖在委派任务时应当权责分明，只有这样才可以阻止屠杀事件的再次出现。

太祖又接着追问说：“卿既欲自当罪，又安用留此文字？”曹彬表示：“臣初请陛下必行诛戮，故留此文书，令老母进呈，乞全老母之命。”从这里也可以看出，曹彬到最后关头仍不愿为个人脱罪，只是担心母亲受到株连，所以才不得不把文件拿了出来。曹彬的孝心及义气，使宋太祖更加敬佩了。

第二天，宋太祖在朝廷上正式任命曹彬及潘美为征伐江南的正副统帅。曹彬表示自己能力不足，难以承当主帅的大任。而身为副帅的潘美，觉得这是个千载难逢的好机会，便极力表示自己对征伐江南的信心。宋太祖看在眼里，便正色地对曹彬说道：“所谓大将者，在于能斩出位犯分（越级擅作主张）之副将而已。”只这一句话，把旁边的潘美吓得直冒冷汗，不敢抬头观望太祖了。在这个简单的任命仪式上，宋太祖已对统帅的职责作了明确的授权。

在曹彬出征的前一天，太祖邀请曹彬喝酒，君臣二人喝到微醉的时候，太祖诚恳地向曹彬说道：“南唐国主李煜，实在没有什么罪过。我之所以征讨他，只是因为我没有能力使他归服罢了。”

曹彬率军南下之后，他为了避免敌我双方做出无谓的牺牲，于是采用了长期包围的策略。宋军很快兵临金陵城下，曹彬的包围战从春天开始，一直延续到冬季。时间一长，宋军的军纪松懈，城破之日，屠杀和掠夺的行为可能无法避免，这令身为主帅的曹彬心里非常忧虑。因此，在攻城前夕，曹彬突然称病不主持召开军事会议。宋军所属的各支部队将领立即前往曹彬的军营问候，曹彬说道：“我的病不是药石所能医治的。只要大家能共同立誓，表示城破之日不妄杀一人，我便可以立刻痊愈了。”于是诸将焚香为誓，约束自己的军队，金陵城破当日，宋军之中并没有出现掠夺及屠戮的暴行。

在回师的时候，曹彬的行李特别多，有人诬告说曹彬的行李当中都是珍宝奇货，太祖便派人秘密调查，结果发现行李之中全都是书籍。回到京城后，曹彬在奏折上也谨称“奉江南干当公事回”，一点都没有刚打了胜仗的狂傲之气。

曹彬在完成征南战役的任务之后，宋太祖封其为枢密使，但他仍旧保持原有的谦虚作风。回到家里，曹彬也不宴请宾客，生活非常俭朴，每天五更鼓一响，便已到达禁门，等候上早朝了。曹彬对自己要求严格，性格却宽厚仁慈，他曾经多次向部属表示自己为将的原则和风格："自吾为将，杀人多矣，然未尝以私喜怒辄戮一人。"

曹彬不只在行军打仗时外柔守静，即使在治理国家的时候，也是如此。《涑水记闻》中记载了曹彬的一则故事，说的是曹彬做侍中的时候，待人谦恭，从不因自己身居高位而盛气凌人，对于到自己家里的客人，不论官职大小，都以恭敬的态度对待之。

而对犯了错误的人，曹彬也会给予人格上的尊重。曹彬在徐州当知府的时候，有个小官犯了罪，案子已经作了判决，但是过了一年才对那名官吏执行杖刑。大家都不明白曹彬为什么这么做，他解释说："我听说这个小吏当时刚刚娶了媳妇，如果在新婚不久就对他执行杖刑，根据当地的说法，新娘子一定是'上门丧''扫帚星'，公婆一定会认为这个媳妇不吉利而厌恶她，一天到晚打骂折磨她，使她无法生存下去。而依照法律，我不能免除他的罪刑，因此只好延缓处罚的时间。"大家听后，无不对曹彬产生敬意，均感到心悦诚服。

◎第二十三章◎

希言自然

【原文】

希言自然。故飘风不终朝，骤雨不终日。孰为此者？天地。天地尚不能久，而况于人乎？故从事于道者，同于道；德者，同于德；失者，同于失。同于道者，道亦乐得之；同于德者，德亦乐得之；同于失者，失亦乐得之。

信不足焉，有不信焉。

【译文】

不言政令少扰民是合乎自然的，所以再大的狂风也刮不过一个早上，再大的暴雨也下不了一整天。谁制造的狂风暴雨呢？是天地。兴风起雨尚且不能持久，何况人呢？所以从事于道的，就同于道；从事于德的，就同于德；失道失德的，行为就是暴戾恣肆。凡是同于道的人，道也会乐于得到他；凡是同于德的人，德也乐于得到他；凡是同于失道失德的，就会得到失道失德的后果。统治者的诚信不足，人民自然不会相信他。

【解析】

本章从“少说话合乎自然”这一论点出发，提出了一个重要思想，即一个人的内心修养、行为方式与他的外在境遇是相应的，他对自然之道领悟到什么程度，自然之道就会给他什么程度的回报。这是因为，只有道是唯一的自然者，整个世界都是道的自然。所以，合于道的人，就会得到道的回报，不合于道的人，则不会得到道的回报。

“希言自然。”“希言”即平常较少用的名言。再进一步说，便是不施加政令。什么是“自然”呢？“自然”一词，不是指自然科学的“自然”，而是哲学的名词，可以解释为“原来如此”。因此，“希言自然”的意思也不是“很少说到自然科学的理论”，它所说的是治理事物，制定法律法规，要顺其自然。对于治国者而言，少发号施令是合乎自然之道的。在这一章里，老子论述治国者少发号施令的重大意义，并通过自然界的变化来说明问题。

“故飘风不终朝，骤雨不终日。”“飘风”即飓风，又称台风。飘风虽然可怕，但它不会整日不停地吹。不管飘风强大到什么程度，到了中午，都会减弱，缓慢一点。所以说，任何飘风都不是终朝不变的。骤雨，指的是夏热季节的大雷雨，大概一两个小时就过去了。所以说，夏天的大雷雨，只会下一阵，不会下一整天的。在这里，老子把自然现象的因果规律，用比喻来反复说明，告诉我们世间一切事物都处在无常变化之中，我们不能把握住它，也无须去把握它。只有一样东西是超越现实的，那就是自然。

“孰为此者？天地。天地尚不能久，而况于人乎？”“天地”指的是整个世界。“不能久”与前面的“不终朝”“不终日”相联系，意指不能漫无边际、持续不断。在我们眼里，天地是神秘莫测的，而且还蕴含着巨大的力量。即便如此，天地也还要遵循自然的道德规律。天地的巨大都无力对抗自然，更何况在天地面前显得更加渺小的人类呢？在中国传统文化中，不管是道家还是儒家，他们都认为，整个世界是有始有终的，既有开天辟地的时候，也有天翻地覆、终归结束的时候。天地尚且不能长久，人生更不能希求长久的永存了。

“故从事于道者，同于道；德者，同于德；失者，同于失。”“同”意为契合一致，融为一体。这几句话从字面上来看，好像是自说自话，实则不然，这里老子阐明了人事物理的同类相从的道理。一个喜欢讲道的人，自然喜欢与讲道的人结合在一起，这就是“道者同于道”。换句话说，如果为了道德而努力修养自己，那么，我们就会发现自己在道德上日日都有进步了。

“同于道者，道亦乐得之；同于德者，德亦乐得之；同于失者，失亦乐得之。”“得”指获得、接纳，这里可以理解为“同在”。不管是修道还是行道，人的思想意识必须要与大道相一致，你得到了应该得到的东西，也一定会失去应该失去的东西。合于道的成果要乐于得到，不合于道的成果要乐于抛弃。乐于得必乐于失，有失才能有得。得与失的关系是对立统一的。所以，人类一定要正视自己的力量，一定要使自己的实践活动符合自然规律，不要做出过激行为，否则绝对不会取得预期的效果。求道绝不是一朝一夕就能够实现的，一切形式的激进行为都是背道而驰的。人们要想求证大道，不但要有诚心，还要有坚持不懈的恒心。行道亦是如此。自然现象容易发生改变，人的活动更容易发生改变。在这个世界上，任何现象都很难长时间持续不变，只有事物的本质才是永恒不变的。然而，人要想透过现象去抓住事物的本质，也绝非易事。如果一个人透过现象看到了事物的本质，那么这个人就是得到了道。如果一个人观察现象时不能抓住本质，但他的认识水平已接近于事物本质的道了，那么这个人就是得到了德。如果一个人既无法看到道，又无法看到德，那么这种情况就称作“失”，而这个人就不得不与失处在同一个层次了。要想达到道或是德的境界，人们就得坚持不懈地去追求道。也就是说，求道是实现道和德的先决条件。如果人们不去追求道，不去追求事物的本质，那么就只能一直处在事物本质以外的范畴——“失”之中了。

因此，我们只有不违背自然规律，使自己的行为合乎道和德，才能从中获得无限的益处；否则，我们不但得不到任何益处，而且还会为大道大德所抛弃，不遵循大道和大德，必然会遭受惩罚。人不同于动物，具有主观能动性。当主观能动性支配下的人的行为合乎自然规律时，人们就会从自然中得到益处；当主观能动性支配下的人的行为不合乎自然规律时，人们就会遭受自然的惩罚。很多事例都证明了这一点，比如人们贪图小惠小利，对森林乱砍滥伐，最后导致泥石流滑坡，轻则毁坏庄稼，重则造成人员的死伤。这样的例子还有很多，这里不再一一列举。总之，违背大道大德就等于自我毁灭。

◇ 为人之道 ◇

华罗庚的成长经历

华罗庚，1910 年 11 月出生于江苏金坛的一个商人家庭，12 岁小学毕业后，进入金坛县立初级中学，这时华罗庚就对数学产生了浓厚的兴趣。但是在初中毕业后，由于家境贫寒，华罗庚未能进入高级中学继续学习，而来到了黄炎培在上海创办的中华职业学校学习会计，因为这可以令他较快地获得一份能够养家糊口的职业。在这里学习了不到一年的时间，由于支付不起上海昂贵的生活费用，华罗庚只得辍学归家，帮助父亲料理杂货铺。尽管如此，华罗庚并没有放弃学习，而是悄悄地自学数学，他投入了大量的精力，对数学显示出了无比的执着。

1929 年，华罗庚受聘为金坛中学的庶务员，也就是办理各种杂物的工作人员。不幸的是，这年冬天，华罗庚染上了严重的伤寒症，经过近半年的治疗，虽然病愈，但是左腿关节受到了强烈的伤害，留下了终身的残疾，走路需要借助手杖。然而可喜的是，在华罗庚染病之时，他的数学论文《苏家驹之代数的五次方程式解法不能成立的理由》在上海的《科学》杂志上发表，累积数年的勤苦耕耘终于收获到了最初的甜美果实。

就是这篇论文，引起了当时担任清华大学数学系主任的熊庆来教授的注意，但是他并不知道论文的作者华罗庚是何许人也，向周围的人询问，大家也都没有听说过华罗庚这个人。后来，一位名叫唐培经的清华教员向熊庆来介绍了华罗庚的身世，他之所以了解华罗庚，是因为他也是金坛人，是华罗庚的同乡。熊庆来教授听闻华罗庚只有初中的学历，一时非常感慨，他立即说道："这个年轻人真不简单啊，应该请他到清华大学来才是。"这样，华罗庚受邀来到了清华大学，一边工作，一边学习，他用两年的时间走过了一般人需要八年才能走完的道路，以自己原本初中的学历，很快被提拔为大学的助教，不久之后又转为讲师。而后，他又接受清华大学的推荐，远赴英国剑桥大学进行深造。这一年，华罗庚 27 岁。

在剑桥大学的两年中，华罗庚并不像其他留学生那样汲汲于获取一个洋学位，而是集中全部精力去研究和攻克一系列的数学难题。很快地，华罗庚的研究成果引起了国际数学界的注意，成长为一名颇受瞩目的青年数学家。

1938 年，华罗庚回到自己的祖国，此时的北平已经陷落于日军的铁蹄之下，清华大学联合北京大学与南开大学辗转南下，在长沙短暂寓留之后，又来到位于中国大西南的昆明，组成了国立西南联合大学，华罗庚即受聘于西南联大，担任数学系教授。当时的昆明，不时地遭受着日军的狂轰滥炸，而作为中国最高学府的西南联合大学更是日本打击的重点目标。同时，经济状况也十分令人担忧，国民政府大规模削减了教授的薪资，这迫使很多教职人员在授课之外不得不另谋生路，例如，闻一多以给人刻字来获取一些微薄的收入，而华罗庚则要到中学去做代课老师。因此，在西南联大任教时期，不仅生活条件极其恶劣，还时时有生命之忧。为了躲避空袭，华罗庚一家六口与闻一多一家八口合住在一间仅有 16 平方米的偏厢房里。后来实在拥挤不堪，然而华罗庚那点工资根本租不起住房，只好在西郊找了个牛圈，用最便宜的价钱，把牛圈上头用来堆草的木楼棚租了下来，牛住在下头，华罗庚一家住在上头。这一住就是整整六年。

然而，就是在这样极端艰苦的环境之中，华罗庚以超强的毅力钻研不辍，两年之间写出了二十多篇论文，并且完成了自己的第一部数学专著《堆垒素数论》。这部著作后来成为数学界的经典名著，很快被译成了多种外文出版，而它也最初奠定了华罗庚国际知名数学家的重要地位。

抗日战争结束后，华罗庚先后赴苏联和美国访问。在美国，他担任鼎鼎有名的普林斯顿高等研究所的访问教授，后来又被伊利诺伊大学聘为终身教授。

1949 年 10 月 1 日，中华人民共和国宣告成立，中国以一种全新的风貌展现于世界的东方，这唤起了华罗庚极大的爱国热情，他断然放弃了国外优厚的生活条件和有利的科研环境，克服了美国政府设下的重重阻挠，于 1950 年 3 月抵达首都北京。

此后，华罗庚出任清华大学数学系主任，后来又受中国科学院院长郭沫若的邀请筹建数学研究所，并且成为第一任所长。与此同时，正当壮龄的华罗庚，在学术上可谓是硕果累累，先后完成了多部专著，在解析数论、矩阵几何学、典型群、自安函数论、多复变函数论、偏微分方程、高维数值积分等多个领域都取得了突破性的成就。而他也为新中国培养了众多知名的数学人才，其中就包括王元、陆启铿、龚升、陈景润、万哲先这样的数学大家。可以说，华罗庚先生就是新中国数学事业的奠基人。

老子说："同于道者，道亦乐得之。"华罗庚以最为贫苦的条件，凭借自己艰苦超凡的努力和长期的巨大付出，终于将自己塑造成为傲立于世界数学之林的一位卓越的科学家，为数学科学的进步和祖国科学事业的发展都做出了不可磨灭的伟大贡献。

◎第二十四章◎

物或恶之

【原文】

企者不立[①]；跨者不行[②]；自见者不明；自是者不彰[③]；自伐者无功；自矜者不长[④]。其在道也，曰：余食赘行[⑤]。物或恶之，故有道者不处。

【注释】

①企：就是翘起足，用脚尖站立。②跨：加大步伐，想要快速行走。③彰：明显，显著。④长：长久。⑤赘（zhuì）：多余的。

【译文】

踮起脚跟用脚尖站立，是站不牢的；脚步跨得太大，是走不了太远的；自逞己见的，反而得不到彰明；自以为是的，反而得不到显昭；自我夸耀的，反而建立不了功勋；自高自大的，反而不可能长久。从“道”的角度衡量，以上这些急躁炫耀的行为，可以说都是剩饭赘瘤，惹人厌恶。所以懂得道的规律的人是不会这样做的。

【解析】

这一章主要讲“自然”的道理。自然是顺道而行，不自己妄为。自己妄为不仅多余，而且会起反效果。这里所具体阐述的问题，仍然是有关社会政治及其得失的内容，同时还包含着辩证法的观点，即“企者不立”“跨者不行”“自见者不明”“自是者不彰”“自伐者无功”“自矜者不长”等。篇中所揭示的表现及其结果往往是对立的，这正是老子思想的精华所在。

在本章中，老子列举出了几种不懂道的突出表现。实际上，这种列举还可以无限延伸，因为不站在道的立场来看待和处理事物都是不懂道的表现。这里，老子用了拟人的手法，他说，对于不懂道的行为，“物”是不会喜欢的。这是因为物一直都是遵循着道的规律运行，因此根本不会出现不依循道的规律运行的物。如果要让物违反道的规律运行，这是无论如何也做不到的，这就是篇中“物或恶之”的意思。凡是明白、理解道的，绝对不会去做违反道的事情。

老子还以极其精练的语言向我们阐释了人的主观意志和客观规律之间存在的矛盾，进而举出自己的看法：人们只有遵循自然大道，依照客观规律行事，才能取得好的收益，才能避免自己的行为和结果过于对立。

“企者不立；跨者不行；”用脚尖是难以站立起来的，这是由人的身体结构决定的。人类直立时，身体的全部重力都落到了两只脚上，所以脚长得厚实、宽阔，以支撑沉重的身躯。这种平衡一旦被打破了，那么全身的重力都会落到脚尖上，而脚尖窄小、瘦弱，无力承担全身的重力。如果人们用脚尖直立身躯，必然会违背自然规律，这就属于不合“道德”的行为。在“企”的行为中，包含着一种凭着个人努力以抗拒自身本来限制的意图。这里的“企”和“跨”，都是指那些违背自然、自高自大、拼命炫耀显示自己的人的举止行为，其结果却适得其反。

同理，“跨”是三步并作两步走的意思，也就是一条腿抬起来还没等落下就要走第二步，这种走法也是违背自然规律的，怎么可能实现呢？跨是为了加快速度，但是，跨的结果往往适得其反，因为这么一跨就走不了路了。

人为什么要跨着行走呢？这是情绪焦躁的表现。从这里可以知道，急于求成、焦急烦躁办不成事情。跨这一动作本身并没有错，关键在于人们的动作和行为是否能达到目的，如果不能达到目的就是违背自然规律，就属于不合道德的行为，所以也就不能达到预期的目标了。

“自见者不明；自是者不彰；自伐者无功；自矜者不长。”这几句在前面的章节曾经出现过，老子为什么重复出现这几句话呢？正是为了强调不合道德的害处。这里面也隐含着老子以退为进、委曲求全的处世哲学。“曲则全”，也就是不故意去表现、张扬自己是比较明智的行为，自以为是的人是无法彰显自己的能力和优势的，自我炫耀是没有什么功劳可言的，自高自大是不能长久的。

“自伐”一般包含四层含义：一个是只把自我看作是生活的主宰，而不把整个世界看作是生活的主宰；一个是只按自己的意志行事，而不按整个世界的意志行事；一个是只看到自己所成就的一切，而看不到整个世界为自己所成就的一切；一个是在以上错误认识的基础上，人们只看到自我活动之于自己生活的意义与价值，而看不到整个世界的活动之于自己生活的意义与价值，这样一来，自我生存的意义与价值也就变得非常渺小和微不足道了。

“自见”“自是”“自伐”“自矜”，这些都是人类的通病。老子在这里再三说明，一个人有了“自见”“自是”“自伐”“自矜”的心病，一定要及时反省，反省后要自我改正。但是，从道理法则上讲，这些心理支配下的行为，却是“余食赘行”。“余食”指的是多余的。“赘”就是瘤子。我们的身体在任何部位长出一个瘤子，那都是多余的。“物或恶之”，任何一样东西，都有自然的定型，变体都是不正常的，即使是植物，长出来一个多余的附件，不但给自己增加负担，而且还令人讨厌。植物尚且如此，何况我们人类呢？所以，有道之士自处的时候绝不会“自见”“自是”“自伐”“自矜”，这样才算合乎道行。

由上可知，做人不可过于虚荣、张扬和妄自尊大。在现实社会中，人们怎样才能做到身处闹市而抛却浮华，做一个合于道德的人呢？这就要求我们不仅看到自我存在和自我活动的意义和价值，还要看到整个世界的意义和价值，只有做到这点，人们才可以避免产生自高自大和自我炫耀的心理。一个能够认清整个世界的意义和价值的人，一定能够在自己的心中激发起一种对整个世界的感激和敬畏之情。

◇ 为人之道 ◇

祢衡炫耀自己终被杀

在本章中，老子阐述了自己的处世思想——谦虚退让、柔弱无为。篇中提到了几类主观而自满的人，如“自见者”“自是者”“自伐者”“自矜者”。这几类人不仅得不到人们的赏识和尊敬，反而还会落得悲惨的下场。所以，无论在什么情况下，我们都应该谦虚谨慎，放低姿态，勤勉做事，低调做人。骄傲自满的人，一般都难得善终，甚至还会给自己带来杀身之祸。三国时候的祢衡，才学甚高，但是他恃才傲物，导致被杀，这个事例就很好地说明了人要谦虚退让、柔弱无为的道理。

汉献帝建安初年，曹操想派使者去荆州劝说荆州牧刘表归顺自己。这时，谋士贾诩向他建议道：“刘表喜欢与当代的名士交往，希望您能派一位名士前往荆州，这样就能达到目的了。”曹操认为贾诩的建议很有道理，就向另一个谋士荀攸询问说：“先生觉得可以派谁去呢？”荀攸回答说：“如果能让孔融前往，那是再好不过了！”

孔融是孔子的第二十代孙，担任过北海侯国的相，不但长于文章，而且还慷慨好客，是当时著名的“建安七子”之一。孔融闻名于当世，当然是理想的人选。曹操对荀攸的建议表示赞同，并嘱咐他去请孔融前往荆州做说客。

荀攸到了孔融家中，将事情说明白，孔融听了之后，立刻接口说：“我有一位好友，名叫祢衡，字正平，才学比我高十倍，足以辅佐天子，更不用说做使者了。”后来，孔融并没有把祢衡直接推荐给曹操，而是向汉献帝上了一个表，把祢衡的才能大大夸耀了一番。献帝把表章交给曹操，曹操看到表章，心里很不高兴，就随便派人把祢衡征召过来。祢衡来到曹操府中，按例向曹操行礼，然而曹操不但没有还礼，还故意不给祢衡安排座位。祢衡向来自负，一看到这个场面，不觉仰头朝天，长叹一声，说道：“天地虽然这样宽阔，为什么眼前连一个像样的人都找不到呢？”

曹操一听，非但没有生气，反而自傲地说道：“我身旁有几十位能人，都是当代英雄，你为什么说眼前没有像样的人呢？”

祢衡听罢，笑了一声，说道：“那就请您说给我听听吧！”

曹操捋着胡须，十分得意地说道：“荀攸、郭嘉、程昱见识高远，前朝的萧何、陈平都比不上他们。张远、许褚、李典、乐进英勇强壮，以前的岑彭、马武，比起他们来也略有不及。吕虔和满宠替我主管文书，于禁和徐晃担任我的先锋官，夏侯惇是天下的奇才，曹子奇是当世的福将。你怎么能说我手底下没有人才呢？”

听完曹操的一番话，祢衡不禁哈哈大笑起来：“阁下的话一点都不对，您刚才说的这些人，我都认识。荀攸只能看管坟墓；程昱至多能看守大门；郭嘉倒还能读几句辞赋；张辽只配在战场上打打鼓、敲敲锣；许褚大概只能放牛牧马；乐进和李典适合做传令兵；吕虔不过能给人家磨磨刀，铸几把剑；满宠仅能在饮酒方面称得上是个好手；于禁是打砖的泥水匠；徐晃只能杀猪、扒狗；夏侯惇是一个仅能保全性命的将军；曹子奇被人称为‘只知道要钱的太守’。其余都是饭袋、酒桶而已！”

祢衡上面这番话，极力讽刺和挖苦曹操，曹操不禁勃然大怒，他对祢衡呵斥道：“你又有什么能耐呢？”

祢衡毫不客气地回答说：“我，天文地理门门精通；三教九流样样都知道；辅助天子，可以使他们成为尧、舜一样的圣人；个人道德，可以与孔子、颜渊相比，怎能与这些凡夫俗子相提并论呢？”

这时，张辽就坐在曹操身旁，他听到祢衡的狂妄之语，气得要抽出宝剑来杀掉祢衡，曹操制止住他，讥讽地说道：“我现下正缺少一个敲鼓的人，早晚朝贺和宴会，都要有人敲鼓，就让祢衡去做这件事情吧！”

曹操说这席话，本来是想狠狠地把祢衡羞辱一番，没承想祢衡一点也不生气，满口答应了曹操，告辞去了。祢衡退出之后，张辽满腔的愤怒尚未平息，他向曹操问道：“祢衡这个人说话如此放肆，为什么不让我杀他？”

曹操笑笑说：“这个人在外面有点虚名，我今天杀了他，人家就会议论我容不得人。他不是觉得自己很了不起吗，我就让他敲鼓，好好羞辱他一番吧！”

第二天中午，曹操在丞相府设宴，大厅上坐满了客人。这时，曹操下令让祢衡打鼓为众人助兴。事先，打鼓的人叮嘱祢衡务必要换上新衣，但祢衡却穿着旧衣服走进大厅。祢衡精于音乐，打了一通“渔阳三挝”，格调深沉，音节响亮，发出金石般的声音。听了祢衡的演奏，在座的客人都情绪高涨，感动得流下泪来。这时，曹操的侍从们突然喊道：“打鼓的为何不换新衣服？”谁知祢衡竟当着众人的面脱下身上的破旧衣服，赤裸上身站在大厅之上，客人们很吃惊，连忙一齐拂袖遮面。祢衡又慢慢地脱下裤子，一直不动声色。曹操看到这种情形，怒斥祢衡说：“在朝廷的厅堂上，为何这样不懂礼仪？”

祢衡回答说：“眼里没有君主，那才是不懂礼仪。我不过是暴露一下父母恩赐给我的身体，以显示我的清白罢了！”

曹操接过祢衡的话，向他逼问道：“你说你清白，那么谁又是污浊的呢？”

祢衡直指曹操，说道：“你不识人才，是眼浊；不读诗书，是口浊；不听忠言，是耳浊；不通晓古今的知识，是头脑污浊；不能容纳诸侯，是胸襟污浊；挟天子以令诸侯，是心地污浊。我是当世的名士，你下令让我打鼓，这就像当年奸臣阳虎蔑视孔子、小人臧仓诋毁孟子一样。你想成就王霸之业，却这般侮辱人才，难道这样也可以吗？”

祢衡这样犀利地当面辱骂曹操，众人听罢都非常吃惊。曹操此时已经被气得火冒三丈，他本想斩了祢衡，但是又怕背上杀害名士的恶名，所以思量着借他人之手除掉祢衡。只见他装出大度的样子，用手指着祢衡说：“我现在派你出使荆州。如果你能劝降刘表，我就委任你做大官。”祢衡心里明白，刘表是不会归降曹操的，出使荆州多半会凶多吉少，这分明是曹操借刀杀人的伎俩，所以坚决不肯答应。曹操立即传令侍从，要他们备下三匹马，另派两个人挟持祢衡前往荆州。

刘表见曹操派祢衡前来，已经猜到了曹操的用意，他担心曹操把杀害贤人的罪责推到自己头上，就使出一个与曹操同样的计谋，把祢衡送到生性残暴的江夏太守黄祖那里。果然，祢衡在宴席上讥讽黄祖，说黄祖就像是庙里的菩萨，只受香火，可惜并不灵验。黄祖听了之后，立刻把祢衡杀掉了。

◎第二十五章◎

道法自然

【原文】

有物混成，先天地生。寂兮寥兮①，独立而不改，周行而不殆②，可以为天地母③。吾不知其名，强字之曰道，强为之名曰大。大曰逝，逝曰远，远曰反。故道大，天大，地大，人亦大。域中有四大，而人居其一焉。人法地，地法天，天法道，道法自然。

【注释】

①寂：没有声音。寥：没有形体。②殆：通“怠”。③母：根本。

【译文】

有一种天然而成的东西，在有天地之前就已经产生了。它寂寂无声而又广阔无形，它独立长存而永不衰竭，周而复始地循环运行而永不停息，可以作为天地万物的根本。我不知道究竟叫它什么名字才好，只好叫它为“道”，我再勉强给它取个名字叫“大”。它广大无边而运行不息，运行不息而伸展遥远，伸展遥远而回归本原。所以道是伟大的，天是伟大的，地是伟大的，人也是伟大的。天地间有这四大，而人只不过是其中的一个。在这四大之中，人是效法于地的，地是效法于天的，天是效法于道的，而道则纯任自然。

【解析】

这一章讲道是天下万物的根本。世界上有四种东西最大，即王、地、天、道。王是人的代表。人、地、天三者都受到上一级法则的制约，而道本身就是自然的。“道法自然”并不是说道之外还有个“自然”，而是说道的活动以自我满足、独立自在为法则。

“有物混成，先天地生。”这里的“物”，是“道”的同义字，这个道的内涵，包括了物质与非物质，是“心物一元”混合而成的。这种“心物一元”的思想观念，源自《易经》。《易经》中讲了“阴”“阳”两个符号，这两个符号相互变化、相生相克。如果我们以阳为精神的代号，那么阴则为物质的代号，阴阳配合，心物互融，便衍生了应有尽有、无穷无尽的世界。

那么，“有物混成，先天地生”，究竟是怎样一种情况呢？老子形容说：“寂兮寥兮，独立而不改，周行而不殆，可以为天地母。”“寂”是绝对的清虚，清静到极点，毫无一点声色形象。“寥”是形容广大。“独立而不改”意为超脱于一切万有之外，悄然自立，不动声色，不因现象世界的物理变化而变化，不因物理世界的生灭而生灭。“周行而不殆”指的是它无所不在，处处都有道。不论物也好，心也好，都有它的存在，永远无穷无尽。“可以为天地母”，这个东西是一切宇宙万有的根本，所以才说道是“天地母”。

在上面这段话中，老子又一次论述了道的性质和规律：道是物质性的，是最先存在的实体，但这个实体看不见摸不着，既寂静又空虚，不以人的意志为转移，无所不在地运行而又永不止息。大道无形，没有可供我们辨认的具体形状。但是，道又确实是存在的，只不过它不与我们所认识的事物相同，它是一个混沌的整体，早在天地生成之前就已经存在了，所以它是超越时空概念的事物。对于大道，人们既不能通过肉眼看到它的样子，也无法通过耳朵听到它的声音。尽管我们看不到、听不到，但这并不代表大道不存在。大道就在我们的身边，它不但影响着我们的行动，还制约着我们的行动。当人们的行为不顺应大道时，它就会给我们降下严厉的惩罚。道时时刻刻都存在着，它没有等级，没有分别，是完全独立的。正是由于道没有等级，没有矛盾的方面，所以它永远不会走向自己的反面，不会发生改变，时时刻刻保持恒久不变。道是一个整体，它遍及整个宇宙，从这个意义上说，道是天地万物的本源。

“不知其名，强字之曰道，强为之名曰大。”“强”有笼统的、大概的意思。世界的本原是极其微小的，应当用“小”来为它命名。但是，老子在本篇不用“小”而用“道”字命名，这是赋予“道”字深刻的哲理内涵。又因为它实在无量无边，所以也可叫作“大”。道的本义为“道路”，后引申指行为、规则、方法等。在这里，老子以“道”字为世界的本原命名，旨在为人们指明认识世界的正确道路，即先认识世界的本体，让人们了解道的运动、发展、变化所体现出来的对立统一规律，这也是人们应当遵循的人生法则和社会法则。认识的最终目的在于识道，也就是“见小”，见小才能“明”。何为明呢？明指的是明白道所体现出来的对立统一规律。道为宇宙的本原，其本质为“小”，本质是永恒的；其表象为“大”，表象是变幻的。小与大是相对的，可以相互转化、相互统一而存在。

“大曰逝，逝曰远，远曰反。”“大”也就是“逝”，逝是永远向内外四面八方延伸发展，等于说宇宙是无限的扩张。这句话说明世间的一切事物都是由小到大，由大到小，循环往复，变化发展的，这就是对立统一规律。这里“反”的意思，既是道的创造活动，又是道的创造活动的成果——现实世界。现实世界就是道所创造并捧在它手中的一件伟大作品，而天、地、人就是这件伟大作品中最重要、最基本的结构和组成部分。至此，道也就不再是无声与之相应、无形与之相伴的孤寂的存在物了，它转化为一个丰富多彩、千姿百态的现实世界。

“故道大，天大，地大，人亦大。域中有四大，而人居其一焉。”道的本质是小，然而，世间所有的事物皆由道生成，因此道就是宇宙。道与天地相比，道为大；天与地相比，天为大；地生万物，地与万物相比，地为大；王与百姓相比，王为大。道大，天大，地大，都是相对的，王大也是相对的。在这里，老子把四大之一的“王”作为突出的重点，这是为了阐释百姓与王的关系。尽管人贵为万物之灵，但是还要接受王的治理，倘若不能理顺人与王的关系，那么人和人之间就不能平等了。篇中老子用了一个“亦”字，目的是告诫身为一国之君的王，应当心存大道，明白百姓与君王之间的辩证关系。如果君王狂妄自大，就会远离民众，与民众为敌，这样的话，新的王也就在民众的反抗中诞生了。

大道要运行，其运行速度十分迅速，等大道运行到一定极限的时候，它就会自动返回，所以大道永远不会枯竭。大道与水不同，如果我们洒到地上一杯水，水会顺势而流，当它流到一定极限时便不会再流了，而是停止下来，然后蒸发得无影无踪。而大道则永远也不会枯竭，这主要是因为大道可以回到原始状态，并能够周而复始地运行。

“人法地，地法天，天法道，道法自然。”“法”，即以……为法则。对于人、地、天、道、自然之间的关系，老子得出了一个结论：人取法于地，地取法于天，天取法于道，道取法于自然。道，大而玄奥，生成了天地万物。然而，道又是从何处而来的呢？通过“道法自然”一词，我们知道：道是自然而然生成的。道向自然学习，效法并顺应自然。道是至高无上的，就连它都要顺应并效法自然，更何况人类呢？所以，人类不应该自恃头脑聪明，有独立的思想，就可以主宰世间的万事万物，而是应该顺应自然，敬畏自然。如果破坏自然的和谐，大肆屠杀牲畜，任意砍伐森林，那么大道和天地就会随时惩罚人类。因此，人类要与天地合二为一，要学习大道包容万物的胸襟，和大自然和谐相处。只有这样，人类才会生活得快活逍遥，无所为而又无所不为。

总体来说，本章突出强调了由道所体现出来的道性。道是奥妙的，它蕴含着真理。人类只有认识道，才能把握真理。因此，道既是认识的对象，又是认识和实践的方法。道的概念，是直觉思维和理性思维相结合的产物，而不是肆意虚构的。道作为世界的本原，是宇宙万物之母；道作为最一般的规律，贯穿于宇宙、社会和人生之中。老子道的哲学理念的伟大之处，就在于其为人类治身和治国提供了可循的规律。

◇ 从政之道 ◇

“内圣外王”的周文王

老子说：“人法地，地法天，天法道，道法自然。”“道法自然”才能成就大事，周文王顺天随化、道法自然而使西周民风淳朴的故事，尤能说明这个道理。

周文王，姓姬名昌，西伯侯季历之子，在位五十年。商纣时为西伯侯，积善行仁，广施恩义，因崇侯虎向纣王进谗言，被囚于羑里，后得释归。

姬昌在治岐期间，对内奉行德治，提倡“怀保小民”；对外招贤纳士，许多从其他部落以及从商朝逃来的贤士，他都以礼相待，予以任用。如伯夷、叔齐、太颠、闳夭、散宜生、鬻熊、辛甲等人，都先后归附姬昌，为后来的伐纣大业积累了重要的人才资源。

姬昌自己生活勤俭，穿平民衣服，还亲自到田间劳动，兢兢业业治理自己的国家。岐周在他的治理下，国力日渐强大。

后来，姬昌在渭水河边出猎，巧遇年已花甲、怀才不遇的姜尚。文王与他谈话，彼此聊得很投机，因而了解到姜尚确有治国之才，便让姜尚与他同车而归，并任命其为军师，共同筹划灭商策略。

姬昌得到姜尚的辅佐，先是调解虞、芮两国的纠纷。第二年出兵伐犬戎，打败西戎诸夷，灭了几个小国。第三年攻打密须（今甘肃灵台县），解除了北边和西边的威胁。第四年“西伯戡黎（今山西黎城县）”。第五年伐邘（今河南沁阳市）。戡黎、伐邘实际上是构成了对商都朝歌的直接威胁。第六年灭崇国（今陕西户县）。将周的都城由岐山周原东迁至渭水平原，建立沣京（今陕西长安区沣河西岸）。接着又向南扩展势力至长江、汉江、汝水流域，完成了对商都的钳形包围，周人对商朝已经形成围攻之势。

就在大功即将告成之际，姬昌因操劳过度，不幸死去。死后葬于毕（今陕西长安与咸阳之间渭水北岸，境域较广）。但文王已为伐纣做了充分的准备，其子姬发因其前功而出兵伐纣，牧野一战终于打败纣王，灭了商朝，建立了中国历史上著名的西周王朝，文王可谓西周的实际开创者。

中国古人普遍有崇古心理，尊崇上古圣贤之君、效法“三代”之法，是古人津津乐道的话题。周文王姬昌就是人们心目中的完美形象。孔子称姬昌为“三代之英”，还感慨道：“郁郁乎文哉，吾从周！”孟子称姬昌这样的圣人，五百年才出一个。

姬昌继承后稷、公刘开创的事业，仿效祖父古公和父亲季历制定的法度，实行仁政，敬老爱幼，礼贤下士，勤于政事。在其治下，国泰民安，物阜年丰，道不拾遗，夜不闭户，父子相亲，人皆礼让。其顺天随化、道法自然而使治下民风淳朴，可谓至德之人，至善之治。

◎第二十六章◎

宜戒轻躁

【原文】

重为轻根，静为躁君①。是以君子终日行不离辎重②。虽有荣观③，燕处超然④。奈何万乘之主⑤，而以身轻天下？轻则失根⑥，躁则失君。

【注释】

①躁（zào）：这里有动的意思。②辎重：军用器械、粮草、营帐、服装等的统称。③荣观：贵族游玩享乐的地方。④燕处：安居的意思。超然：超脱外物，不陷在里面。⑤奈何：用反问的方式表示“如何”。万乘之主：一部车子叫一乘，万乘之主即指大国的君主。⑥根：本。

【译文】

稳重是轻率的根本，静定是躁动的主宰。所以，有道的人终日行事保持慎重，就像军队行军离不开辎重一样。即使有奢华的享受，他也漠然处之，从不沉溺其中。为什么有万乘之车的大国君主，还轻率躁动以治天下呢？轻率就会失去根本，躁动就会丧失主宰。

【解析】

本章讲了道家的一个重要观点，即修身是一切的根本，它比优越的物质条件乃至天下国家都重要。帝王以身轻天下，恣情纵欲，不爱惜自己的生命，这就是失去了根本。老子从治身之道过渡到治国之道，谨慎地分析了重与轻、静与躁的关系，阐明了治国者应该以民为国家之根、以德为治国之本的道理。这一思想与第十三章“爱以身为天下，若可托天下”的观点十分相似。

“重为轻根，静为躁君。”“君”与“根”相对，意为主宰者。本篇的开头部分，老子举出了两对矛盾的现象，即轻与重、动与静。在《道德经》的第二章和第十三章里，老子曾经提出过美与丑、善与恶、有与无、难与易、长与短、宠与辱等对立统一的概念。这些概念的提出，对于阐述朴素的辩证法思想，起到了关键的作用。于是，老子得出了一个重要结论：矛盾是普遍存在的，任何事物都不是孤立存在的，而是相互依存、相互制约的。

在分析重与轻的关系时，老子认为，重是轻的根本，轻是由重决定的，如果只注重轻而忽视重，就会失去根本。正是因为有了重，轻才得以存在和维系。我们可以设想一下：假如地球上没有重力，将会是怎样的一种场景呢？我们将不能站稳脚跟，不能饮食，生命也无法延续下去，那是十分可怕的事情。在分析动和静这一对矛盾时，老子认为，静是根本，动是由静决定的。老子所说的轻可以解释为轻浮，而动可以解释为躁动不安。心理的浮躁，这里指心灵中的全部感情、理性和意志处于一种躁动不安、激烈动荡的矛盾与冲突的状态。同样，这里的“躁”是相对于“天下”（即世界整体）而言的。轻浮和躁动不安均是人格缺陷所影射出来的不良行为举止，这种举止是人们成功的大敌，是上天因人们不顺应自然大道而降下的祸患，必然会受到上天的惩罚。

对此，君子（得道之人）是如何合道而行的呢？老子说："是以君子终日行不离辎重。虽有荣观，燕处超然。""辎"指的是长途旅行时必须携带的衣物，或是军士出征时必须携带的军用器械、粮草和营帐等。老子在这里显然用了隐喻的手法，"辎"在这里指的是那些与人的生活和活动紧密相关的事物。老子的这句话说的是什么意思呢？君子虽然天天都在行事，却从来不轻举妄动，而是谨慎考虑后再行动，绝不会表现出轻率、焦躁的样子。为什么君子能够做到不轻率、不浮躁呢？这是因为他们顺应了天道，并没有随心所欲，胡作非为。尽管他们也有可供享受的亭台楼阁，但是他们身居其中，却怡然自得。也就是说，他们能够超然地面对安逸的环境，而不是沉溺于其中。

如何才能像君子那样合于道呢？其实，道的精神体现在日常生活之中，贯穿于人生的每一个环节里。人们只有始终以道为标准，摒弃外在的贪欲，努力修养自己的身心，才能使自己的思想和言行不偏离大道。具体来说，就是要以静制动，保持内心平静，无私无欲，心中不可留有一丝一毫的私心杂念，这样才能进入道境。俗话说："心里无闲事，不怕鬼叫门。"只要平时行得正、坐得直，自然能够处之泰然，各种杂念也就随之消失。如果平日心术不正，一旦遇上惊险场面，必定会胆战心惊，魂不守舍；或者触景生情，经不住诱惑，这些都不利于人们修道。历来修道之人强调行善积德，道理就在这里。修德是为了得道，得道是为了行道。因此，精神世界虽有不尽的荣华美景，却也不能一直沉溺其中，不能自拔，就好比振翼而飞的大雁，不可能永远在蓝天中翱翔，终究还是要飞回巢穴内栖息的。所以，人既要有美妙的精神世界，又不能脱离现实生活。只有把精神世界和现实生活结合起来，才有完美的人生。

"奈何万乘之主，而以身轻天下？轻则失根，躁则失君。"最后，老子将矛头指向了"万乘之主"，也就是大国的君主。老子所处的时代，诸侯君主大都奢侈轻浮、狂妄自大、焦躁轻率。老子认为，身为一国之君，只有做到持重守静，才能克制轻浮焦躁的弱点。如果治国者耽于享乐，或是轻率地处理国家大事，这都是有违“重为轻根，静为躁君”的天道的，那么就会落得“轻则失根，躁则失君”的下场。历史上行为不合于大道的昏庸无道之君，如夏桀、商纣、周幽王、周厉王等，没有一个不遭到后人唾骂和鄙弃的。

在当今社会，人们的物质生活比较丰富，我们应当怎样看待物质财富呢？是坦然地享受，还是依旧过节俭的生活？其实，老子的观点，就清清楚楚地告诉了我们答案。老子主张顺应自然，由于物质是人创造的，它生不带来、死不带去，如果人们过分节俭，一味拒绝富足充裕的生活，日子未免过得单调乏味，所以，适当地追求物质是理所应当的；但是，有一点需要特别注意，那就是人活在世界上，就要锻炼自己创造价值的能力，如果只追求享受而不去劳动，就不合乎大道，这些行为一定要摒弃，否则就会埋下祸根。

◇ 为人之道 ◇

刘备续佳偶

赤壁之战后，东吴急欲夺取荆州，而当时占据荆州的刘备断然不肯让与，急得周瑜心似火燎。恰巧此时闻得刘备的妻子甘夫人去世，于是周瑜心生一计，假意要将孙权的妹妹许配给刘备，借此将刘备骗到东吴，囚禁起来，要他用荆州来换，若其不从，就将其斩杀。然而，此等小计，怎能瞒得过足智多谋的诸葛亮呢？刘备虽有迟疑，但是诸葛亮却劝他但往无妨，并且令赵云跟从，又向赵云授以锦囊妙计。

来到东吴之后，依照诸葛亮的安排，刘备先去拜会了东吴德高望重的乔国老，他是孙策夫人大乔和周瑜夫人小乔的父亲，因此无人不敬之三分。本来，招刘备来成亲是周瑜和孙权密定的计策，并不是真的想让刘备成为东吴的女婿，因此没有将此事声张开来，外人当然都不知道。而刘备一到东吴，就先把这件事对乔国老说了，然后又大肆声张，令随从人员购置成婚用的各种物件，闹得城里城外尽人皆知。乔国老马上就去问吴国太，这吴国太原本是孙权的姨母，但是她与姐姐一同嫁给孙权的父亲，因此孙权对她也以母亲相称，而他的亲生母亲又已经去世，所以吴国太的地位就更加重要了。她闻知孙权要将自己的女儿许配给刘备，这么大的事情都没有跟她打个招呼，为此对孙权好生责怪。而这孙权又是一个极为孝敬的人，对母亲不敢违抗，只得将实话说了。孙权、周瑜考虑的是政治和军事上的得失，可吴国太首先考虑的却是女儿的终身大事，她詈骂周瑜，身为六郡八十一州的大都督，没有什么本事去取荆州，却来打她女儿的主意，使出这等拙劣的美人计。如果杀了刘备，自己的女儿岂不成了望门寡，以后还怎么嫁人？乔国老劝说孙权，事到如此，莫如就真招刘备为婿。这弄得孙权很没有办法。而吴国太则说，要亲自看一看刘备是何等人也，若是不中意，就听凭孙权的处置；若是中意，就自将女儿许他。结果，吴国太见到仪表非凡的刘备心中大喜，因此，这门亲事也就定下来了。但是，孙权和周瑜并没有就此罢休，而是在筵席上埋伏下刀斧手，可是并没有得逞，因为刘备将他们的埋伏告知了吴国太。吴国太闻知大怒，开口指责孙权，将那些刀斧手都给斥退了。

然而，刘备并非从此就无虞可忧了，周瑜一计不成，又生一计，这一次用来伺候刘备的不是冷森森的刀斧，而是给刘备尽心地营造了一个软绵绵的温柔乡，意欲令刘备浸淫其中，久而忘返，弄得将士离心，兄弟离德，如此一来，则东吴大事成矣。

而今，刘备正处在和重耳同样的遭遇之中，令周瑜颇为得意的是，时日既多，刘备果然乐不思蜀，入其彀中。但是，诸葛亮早就预料到了这一点，他在交给赵云携带的锦囊妙计中写道：就说曹操来犯荆州，令主公速回。刘备闻知此事，果然大惊，急忙同孙夫人商议回返事宜，在孙夫人的帮助和诸葛亮的接应之下，他顺利地从既是虎穴之地又是温柔之乡的东吴脱身而归，并且迅速恢复了他素日秉持的英雄之志。

试想，纵使重耳、刘备这般的贤明伟烈之人，尚且难以做到“虽有荣观，燕处超然”，至于普通的人来讲，达到这样的境界就更无须说会有多么地不易了。然而，这的确是人生所应当希求的一种高尚的处世之姿。

◎第二十七章◎

常善救人

【原文】

善行无辙迹[①]；善言无瑕谪[②]；善数不用筹策[③]；善闭无关楗而不可开[④]；善结无绳约而不可解[⑤]。是以圣人常善救人，故无弃人；常善救物，故无弃物。是谓袭明[⑥]。故善人者，不善人之师；不善人者，善人之资[⑦]。不贵其师，不爱其资，虽智大迷，是谓要妙[⑧]。

【注释】

①辙迹：车子在泥土的路上走过，车轮碾过留下的痕迹。②瑕谪（xiá zhé）：缺点，毛病。③筹策：古代用竹制的计数的器具。④关楗：关锁门户的器具。⑤绳约：用绳子捆起来。⑥袭明：聪明不外露。袭：掩藏。⑦资：借鉴。⑧要妙：精深微妙。

【译文】

善于行走的人，不会留下痕迹；善于说话的人，不会在言语上留下任何破绽；善于计数的人，不用筹码也能计算；善于闭守的人，没有门闩别人也无法把它打开；善于捆缚的人，不用绳结别人也无法解开。所以有道的人经常善于做到人尽其才，因而他眼里绝不会有无用的人；经常善于做到物尽其用，在他眼里绝不会有无用之物。这叫作内藏着的聪明智慧。所以，善人可以作为不善人的老师，不善人可以作为善人的借鉴。如果不尊重善人的指导，不珍惜不善人的借鉴作用，即使自以为绝顶聪明，其实也是大糊涂。这实在是精深微妙的道理。

【解析】

这一章旨在讲一个“善”字，即完美。真正的善就是顺道而行。因此对有道之人来说，天下没有可弃之物，也没有无用之人。在本章中，老子提出了“五善”，即善行、善言、善数、善闭、善结，这五善都是合乎大道的，人们只有达到上面所说的“五善”的境界，才能像庖丁解牛那样行动自如。此篇处处闪耀着老子的智慧火花。

老子所说的“五善”，具体包括哪些内容呢？下面我们来看一下。

第一种是善行。善于行动的人，绝不会留下任何对自己不利的迹象，这类人擅长把自己的行迹掩盖起来，以达到自己行动的目的。

第二种是善言。人们往往会因为说错一句话而被别人抓住不放，成为别人非议自己的把柄。所以，善言者不是每逢说话都能滔滔不绝的人，而是说话时都能说到点子上且不被人抓住把柄的人。

第三种是善数。在这个世界上有一种人，他们善于心算，不需要借助任何计算工具就能准确无误地把结果计算出来。人类可以默记无形事物的发展运作和各种变化，并且能从各种变化中找出适合自己生存的理想方式和状态。这种用心默识、默算的处世态度，正是在某种程度上体现了老子无为的处世哲学。

第四种是善闭。对于善于封闭的人来说，是不需要利用锁和闩的。我们这里所说的“封闭”，并不是平常所说的封闭自己不求更新的意思，而是为了避免同类残害而采取的一种手段。

第五种是善结。什么是善结之人呢？就是不用绳索就能把人牢固地捆绑起来的人。老子在这里并不是单纯地阐发“善结”，而是用了比喻的手法，以善结借指对事物的掌控能力。怎样才能获得这种掌控能力呢？途径只有一个，那就是依大道行事。

以上所举的“五善”正是老子高深智慧的具体反映，也是老子对自然无为思想的引申。

“是以圣人常善救人，故无弃人；常善救物，故无弃物。是谓袭明。”“弃人”指的是因毫无用处而被抛弃的人。“弃物”指的是因毫无价值而被摒弃的事物。人无弃人，物无弃物，天下的善人与不善之人，善物与不善之物，都是有用处的。这就要求在圣人的智慧和理性的照耀与揭示之下，使人和物的善的本性展露出来。

“故善人者，不善人之师；不善人者，善人之资。”这里的“善人”与“不善人”，指的不是善良的人和不善良的人：“善人”即能够认识大道并能遵循大道行事的人。“不善人”即不能顺从大道行事的人。善者为师，恶者为资，一律加以善待，特别是对于不善的人，并不因其不善而鄙弃他，一方面要劝勉他，诱导他，即老子所说的“救”；另一方面也为他成为善人提供借鉴。救是一种理性的活动，从根本上说，指的就是探索追求事物的本性并使之展露出来。而本性就是道性，就是道德。对于那些丧失了人的本性的人来说，探索追求自己的本性就是拯救自己的本性。

“不贵其师，不爱其资，虽智大迷，是谓要妙。”“贵”意为珍视、尊重。“大迷”意为绝对的迷误与蒙昧状态。不尊重善人的教导，不注重不善之人的借鉴作用，看起来明智其实很愚昧，这实在是高深奥妙的道理。

自然事物的价值与人类的价值相似，完全取决于人类的发现和运用。现代科学技术正不断地把自然事物的价值揭示出来。人们如何才能发现自己存在的真正意义与价值呢？这里需要一个前提，即人类都能用科学家的眼光看清自身存在的意义。当人类一旦发现自己存在的真正意义与价值时，就可以从一切耻辱的动机与行为中解放出来，并将自己投身到世界的活动中去，尽情地观赏这个无限奇妙的宇宙。

◇ 为人之道 ◇

扁鹊论医

扁鹊，生卒年不详，战国早期齐国渤海郡（今河北任丘）人，又说为齐国卢邑（今山东长清）人。其实，“扁鹊”本是黄帝时代的名医，而历史上通常所说的扁鹊，实际上姓秦，名越人，因为他医术很高明，所以人们就将他称誉为“扁鹊”。

关于扁鹊，大家很熟悉的一件事就是“扁鹊见蔡桓公”，该事的记载见于《韩非子·喻老》，说的是扁鹊拜见蔡桓公——这个蔡桓公并非蔡国的君主，而是齐桓公，当然他不是春秋五霸之一的齐桓公，而是战国时期的又一个齐桓公，叫作田午。至于因何称其为蔡桓公，据说是由于当时齐国的都城为上蔡，而上古时期国名往往以都城之名来代称，所以齐桓公也就又被称作蔡桓公了，这样来叫也许是为了与春秋时期的齐桓公相区分吧。同为此事，《史记·扁鹊仓公列传》中也有记载，不过并没有称蔡桓公，而是称齐桓侯。扁鹊发现蔡桓公染有微恙，但是病情很轻，一般人觉察不出来，患者本人也不会有什么感觉，只有医术高明的人才可以发现。扁鹊将这种情况对蔡桓公讲了，可是蔡桓公根本就不信，觉得自己的身体非常健康，哪里会有什么病呢？他的猜想是：“医之好治不病以为功。”也就是说，医生都喜欢给没有生病的人治病，人家原本就没有病，他非说人家有病，然后经过他的调治，将病给治愈了，自己也就有了功劳。后来又有几次见面，扁鹊发现桓公的病越来越严重了，可是蔡桓公讳疾忌医，对于扁鹊的忠告一点儿都听不进去，不肯进行医治。三十天之后，扁鹊第四次见到蔡桓公的时候，他一反往常对桓公进行苦口婆心的劝告的做法，而是什么话也没说，转身就走开了。桓公对此感到很奇怪，就派人去问扁鹊。扁鹊说：“疾在腠理，汤熨之所及也；在肌肤，针石之所及也；在肠胃，火齐之所及也；在骨髓，司命之所属，无奈何也。今在骨髓，臣是以无请矣。”扁鹊指出，现在蔡桓公的病情已经深入骨髓，即使他医术再高明，也回天乏力了，所以自己不必要再对桓公说什么了。又过了五天，蔡桓公感到身体疼痛，就叫人去找扁鹊。但是扁鹊这时已经离开齐国，前往秦国了。数日之后，蔡桓公也就病死了。

《战国策·秦策二》还记载了扁鹊见秦武王的事迹。秦武王让扁鹊给自己看病，扁鹊建议秦武王及早医治。扁鹊走后，秦武王就同身边的人商量，这些人说道：“大王的病在耳朵的前面、眼睛的下面，进行医治的话，未必能够治好，以扁鹊的说法，他是要用石针来治疗的，这很容易伤害到大王的耳朵和眼睛啊，所以请大王还当慎重地考虑。”等扁鹊带着工具回来的时候，秦武王就将刚才大家商议的话跟扁鹊说了。扁鹊闻听此言，立时大怒，将石针都扔到了地上。他气愤地说道：“大王和懂医术的人来商议治病的事，然后却又跟那些不懂医术的人去谈论这个问题，假使由此推知秦国内政的话，恐怕大王随时都有亡国的危险吧！”此话阐述了扁鹊所持有的一个鲜明的观点，那就是：做事情一定要同精通这种事情的人来商量，而不可听信于那些对该方面一窍不通的人。如果以这种态度来治国的话，岂不是贤能之士不得进用，而愚驽之辈秉政当权吗？

在另一部古代典籍《吕氏春秋》中还记载了有关扁鹊论医的一件事。魏文王有一次问扁鹊道:“你们兄弟三人都行医，依你看，谁的医术最高明呢？”扁鹊答道:“大哥的医术最高，二哥次之，而我的医术则是三人当中最差的。”魏文王问道：“何以见得呢？”扁鹊解释说：“我大哥治病，是治于病情发作之前。因为一般人不晓得他事先就能铲除病因，所以他的名气没有办法传出去，只有我们自己家里的人才知道他的医术有多好。我二哥治病，是治于病情初起之时。因此，一般人以为他只能治一些轻微的小病，所以他的名气只能传于乡里之间。至于我扁鹊治病，则是治于病情厉害之时。一般人都看到我在病人的经脉上穿针管来放血，在他们的皮肤上敷以药剂，有时甚至还给病人施行手术，于是，大家就都以为我的医术最高明，因此我也得以名扬天下。”

其实，扁鹊的这番解说显然含有极大的自谦成分，从其见蔡桓公的经历中我们可以知道，扁鹊并非在病人没有发病之前就察看不出病情，全都等着病得非常严重了，他才能够发现，那蔡桓公，不是早在发病的三十多天之前，扁鹊就已经知道他染病了吗？所以说，扁鹊所说的他大哥和二哥的长处，他自己也都是具备的，如果三人之间非要分出个高下不可，恐怕实际上还得这样来排序，那就是扁鹊最优，他的二哥其次，而他的大哥则最差。为什么这样说呢？作为一个医生，是不大可能只去治疗一些轻微的病症，甚至是尚未发病的病情，而无故将重一些的疾病推到一边、不去治理的，在医学尚不很发达的上古时期尤其如此，也就是说，一个医生是要面对所有的病症的，那么如此来看，扁鹊的大哥和二哥不以能治重疾而闻名，很可能就是因为他们是不善于治疗重病的，而扁鹊则不然，他是既能及时地发现尚未发起的病症，又能治疗初起的小疾，还能够治疗已经发展得很为严重的大病，因此，兄弟三人当中，还当属扁鹊的医术最为高明。

扁鹊论医的故事，给我们提供了两点启示：其一，在处理问题的时候，一定要注意防患于未然，做到未雨绸缪，将不利因素消灭在萌芽状态，将潜伏着的危害打扫得不留痕迹；其二，要注意名与实之间的关系，凡事要多做思考，不可秉持“唯名论”，以为名声最高的就一定是最好的，实际上，最好的往往是不那么知名的，如何去发现？那就要依靠自己的一双慧眼了。

◎第二十八章◎

常德乃足

【原文】

知其雄，守其雌，为天下谿①。为天下谿，常德不离，复归于婴儿。知其白，守其黑，为天下式②。为天下式，常德不忒③，复归于无极。知其荣，守其辱，为天下谷。为天下谷，常德乃足，复归于朴④。朴散则为器，圣人用之，则为官长⑤，故大制不割。

【注释】

①谿（xī）：沟溪，山里的小河沟。②式：这里可作“模式”“楷式”讲。③忒（tè）：差错。④朴：素材。老子有时用“朴”来表示“道”。⑤官：管理的意思。长：首长、领导的意思。

【译文】

知道什么是雄强，却安于雌弱，甘愿做天下的溪涧。甘愿做天下的溪涧，永恒的德就不会流失，而回复到婴孩儿般的纯真柔和的境地。深知什么是明亮，却安守暗昧，甘愿成为天下的范式。甘愿做天下的范式，永恒的德就不会出差错，而回复到真朴的状态。深知什么是荣耀，却安守卑辱，甘愿做天下的川谷。甘愿做天下的川谷，永恒的德才能充足，而回复到自然本初的纯真状态。真朴的道分散成为宇宙万物，有道的人沿用真朴，就会成为百官之长。所以完善的政治制度是一个体系，不可分割。

【解析】

道的自然法则是两极相生，物极必反。有道者深明此理，所以自愿处在世俗认为不好的一面。这样，就消除掉了因处在“好”的一面产生的负面作用，使自己始终保持合于道的完整状态，即“婴儿”“无极”“朴”的状态，懂得了这个道理，即使做了官，也会进退自如。这就是“大制不割”的道理。

“知其雄，守其雌，为天下谿。为天下谿，常德不离，复归于婴儿。”“雄”即刚强。“雌”即柔弱。“复归于婴儿”，即回复到婴儿般的纯真无邪的状态。老子认为，刚强是有为的表现形式，是不合于道的；而柔弱是无为的表现形式，是合于道的。所以，他要求人们坚守柔弱，只有这样才能合于道。“温柔似水”一词常用来形容女子美好的性格特征，这是因为水性本柔，可以承载天下万物，如果人们能够如溪水般柔顺，那么也就回归到婴儿般的自然人状态，这才是合于道的。

“知其白，守其黑，为天下式。”“式”意为范式。世界的范式指的是世界的本体，也就是“道”。在老子看来，只有深知什么是明亮，又能安于暗昧，才能成为天下的范式。

“为天下式，常德不忒，复归于无极。”“无极”意为无边无际、无始无终。这句话的意思是说：成为天下的范式，永恒的德就不会出差错，永恒的德不出差错，就会回复到宇宙的初始状态。老子想通过这句话告诉我们：得道之人要实施无言之教，而不是将自己的观点强加于人。他强调不把人的思想引入歧途，这正体现了老子无为而治的处世哲学。

"知其荣，守其辱，为天下谷。为天下谷，常德乃足，复归于朴。""朴"指的是自然事物的本质，这种本质指的就是"道德"。这句话的意思是说：深知尊荣，却安守卑辱，甘愿做天下的低谷。做了天下的低谷，永恒的德就充足了，永恒的德充足，就会返璞归真，回到自然淳朴的状态中去。它告诉我们，人生来就有欲望，贪慕荣华富贵是人的本性。如何才能使人们不过分贪图富贵呢？老子认为，荣华富贵终归要回复为无，人们只有懂得这个道理，才能处之泰然，面对外界的事物，做到无所容无所不能容，这才是达到了道的境界。然而，大道修得圆满，并不意味着大功告成了，人们还要继续坚守道的理念。否则，道又会进入到从无到有的循环往复之中去了。

"朴散则为器，圣人用之，则为官长，故大制不割。""大制"指的是完美无缺的政治思想和政治制度。"无割"指的是不可割裂，即人与人、人与世界的契合一致与和谐统一。在这里，老子强调了道的整体性和不可分割性。道的法则就是从无到有，再从有到无的循环往复、永不止息的过程。所以，人在修道的时候，不要只修炼一次，而是要永不停息地修炼。待到修炼完满后，还要使道德不流散，确保它的完整性。如果道德流散了，道就会再一次进入到从无到有、从有到无的循环往复之中。

◇ 为人之道 ◇

贾诩的明哲保身之道

老子说："知其雄，守其雌，为天下谿。"知雄守雌才是明哲保身之道，我们从贾诩的事迹中可以看出这个道理。

贾诩是三国时期的名士，其为人深谋远虑，胸怀韬略，奇计百出，算无遗策。

曹操击败袁术后，商议征讨张绣。当时贾诩是张绣的谋士，他设计让曹操中伏，使其损失五万兵马，曹军将领于禁、吕虔亦受了重伤。

后来贾诩随张绣一同归顺了曹操，从此成为曹操最重要的谋士之一。曹操对贾诩很是信赖。然而贾诩并没有因为得到曹操的赏识而得意忘形。他认为自己并非曹操旧臣，担心受曹操猜忌，所以万事小心谨慎，尽量做到明哲保身。

每次上朝结束，贾诩马上回家，并关上门户，从来不与别人私下交往。除了拿自己应得的俸禄，外财分毫不取。不仅如此，他还不准自己的子女与权贵结亲。在魏文帝曹丕当政之时，贾诩因功被委以太尉重任。但是贾诩并没有居功自傲，依旧过着恬淡的生活。

纵观贾诩一生，其为人和为官，都以谦和婉转为主。如建安十三年（208年）谏曹操征孙权、刘备，尽管他不同意曹操的方略，但所用语言并不激烈，让人听了也不觉得刺耳，而且所说皆切中要害。又如关于曹操询问立太子一事，他在曹操屏退左右、深处密室无人知道的情况下，却也不明言该立曹丕还是曹植，只用“思袁本初、刘景升父子也”作答，启发曹操自己定夺，可谓微妙入化。

贾诩身处乱世，又处在权力斗争的中心位置，故而步步为营，小心谨慎，深谙明哲保身的道理，所以才能寿终正寝，死时年七十七岁，谥曰肃侯。

反观同时代的杨修，其为人锋芒毕露，不知收敛，以才智自恃，以傲物为达，处处张扬，事事显能，结果引起曹操的猜忌和愤恨，最终为曹操所杀，为后人所深切叹惋。

◎第二十九章◎

去奢去泰

【原文】

将欲取天下而为之[①]，吾见其不得已[②]。天下神器，不可为也，不可执也。为者败之，执者失之。是以圣人无为，故无败；无执，故无失。夫物或行或随；

或歔或吹[3]；或强或羸[4]；或挫或隳[5]。是以圣人去甚[6]，去奢，去泰。

【注释】

①取天下：治天下。②不得已：得不到罢了。已，罢。③或：代词，可译为“有的”或“有的人”。④羸（léi）：瘦弱。⑤隳（huī）：毁坏。⑥甚：非常的、极端的。

【译文】

想要治理天下却用强制的办法去做，我看他不能达到目的。“天下”是神圣的东西，不能凭自己的主观意愿采用强制的办法，不能加以把持。用强力施为的，一定会失败；用强力加以把持的，一定会失去。由于圣人不妄为，所以不会失败；不把持，所以不会失去。世人秉性不一，有的前行，有的后随；有的呴暖，有的吹寒；有的刚强，有的羸弱；有的安定，有的危险。因此，有道的人要去除那种极端的、奢侈的、过度的措施。

【解析】

这一章重点说的是无为的道理。无为即按照道的法则去行事。不能做到无为，就会招致失败。圣人懂得这个道理，所以凡事不过分，一切顺其自然。在这里，老子以治身之道印证治国之道，以不道统治烘托圣人之治。统治者无道，所以会做出甚、奢、泰的不道行为；圣人明道，所以会去甚、去奢、去泰。

“将欲取天下而为之，吾见其不得已。”“不得已”指的是无法达到目的。这句话是说：要想治理天下，而又不采用无为而治的治国方略，我看他根本达不到目的。在这里，老子再次谈到“有为”和“无为”。对于自然界里的一切事物，它们都有各自的存在方式。我们不能人为地对它们的存在方式强加干涉，否则就会违背大道，必然会受到大道的惩罚。所以，老子在《道德经》中多次提到，治国者应该无为而治，实施不言之教，只有这样才能合乎大道，使国家长治久安，百姓安居乐业，其统治地位才能长久。

“天下神器，不可为也，不可执也。为者败之，执者失之。”“神器”

即神奇造化之物。“执”即支配、把握的意思。这句话意思是说：天下是大自然神奇造化之物，所以我们不要凭着主观意志去强行改变它。凭着主观意志去强行改变，必定会招致失败；掌握天下，把天下据为己有，迟早有一天会失去它。这句话强调的还是无为的思想，它告诉我们一个道理：君主不但可以解决国家内部的一切矛盾，还能够全权处理国家外部的纠纷。所以，治国者固然可能因为勤政爱民而引导出一个治世，也可能因为独断专行而引起国家的覆灭。在老子看来，不管怎样，治国者都不能拿整个国家来作为施展个人理想的工具。老子告诫一些野心勃勃的治国者：如果谁想以国家作为事业的赌注，那么谁就会招致失败；谁想长久把持国家作为个人私产，谁就会失去整个国家。所以，圣人治理国家，都是为了努力消除个人的偏执、奢华和过分的行为方式。圣人懂得这个道理，以无为之道来治理国家，所以不会招致失败；因为圣人从不想去支配百姓，所以也不会有什么失去的东西。这样一来，天下就实现大治了。

“物或行或随；或歔或吹；或强或羸；或挫或隳。”歔，气缓，喻指性格柔和。吹，气急，喻指性格刚烈。世间的事物，有的前行，有的后随；有的气缓，有的气急；有的强壮，有的羸弱；有的受益，有的失落。事物尚且如此，更何况人呢？俗话说“千人千面”，意思是说一千个人有一千张面孔，当然性格特征也迥然各异：有的人喜欢特立独行，有的人喜欢随声附和；有的人乐于助人，有的人刻薄寡恩；有的人好勇斗狠，有的人懦弱胆怯；有的人喜欢安安静静，有的人喜欢熙熙攘攘……芸芸众生，性格各有差异，圣人该如何治理天下百姓，保证使他们归顺自己呢？下面的一段，老子给出了答案。

“是以圣人去甚，去奢，去泰。”甚，极端，这里指的是过分严厉的措施。老子反复强调统治者应顺其自然，确保每个人按照自己的特性去生存和发展，而不要人为地去干涉个人的行为，以安定人心，只有人心安定了，才能得到万民之心，然后才能得到天下。所以，圣人治理国家，就是要摒弃那些极端的东西，不做出过分的行为。这样一来，天下人也就可以自由自在地生活了。

在《道德经》里，多处谈到统治者应行无为之治。老子极力宣传无为之治，主张一切都要顺应自然，因应物性，希望统治者治国安民，做任何事情都不要走极端。事实上，老子所讲的“无为”，并不是不作为的意思，也不是说人们在客观现实面前无能为力；而是说如果强制性地有所作为或是以暴力统治人民，都将招致灭亡。“有为”就是以自己的主观意志去做违背客观规律的事，或者把天下据为己有。在老子看来，“有为”必然招致失败，在这个世界上，无论人或物，都有自己的秉性，其间的差异性和特殊性都是客观存在的，不要把自己的意志强加到别人身上。得道之人往往都能顺应自然，做到不强制，不苛求，因势利导，使自己的行为合于自然规律。

◇ 从政之道 ◇

不得善终的暴君侯景

“天下”是神圣的东西，不能凭自己的主观意愿采用强制的办法。用强力施为的，一定会失败。南北朝时期的“侯景之乱”就很好地说明这个道理。

南北朝时期，南方与北方长期对峙，而南朝和北朝各国的内部，统治阶级也是相互倾轧，不断杀伐，致使国无宁日，民不聊生。就在山河破碎、生灵涂炭的时期，在南朝梁武帝萧衍末年（548 年），爆发了一场长达四年之久的叛乱，因这场叛乱的发动者是投降梁国的东魏将领侯景，故史称“侯景之乱”。

侯景是北方怀朔镇人，羯族，他是个反复无常的人。侯景生性野蛮，少时顽劣不羁，长大后骁勇善战，精骑善射。他曾参加过葛荣领导的六镇起义，先后投靠北魏权臣尔朱荣与高欢，成为北魏手握重兵的大将。

547 年，侯景与东魏权臣高澄发生矛盾，于是献上河南十三州投降了西魏。西魏丞相宇文泰接受了他的投降，但宇文泰深知侯景狡诈多变，便采取陆续接管的稳进策略，渐次接收侯景献给的十三州。同时，又召侯景入长安，企图解除其兵权。这时，东魏高澄派慕容绍宗率兵向侯景进逼，侯景在东、西魏的夹攻下，转而向南方的梁朝投降。

梁武帝萧衍想借助侯景之力恢复中原，就接纳了侯景，封他为大将军、河南王，没想到这竟是引狼入室之举。

梁武帝派他的侄子萧渊明率军北上，以接应侯景。但由于萧渊明根本不懂军事，结果被东魏打得大败，萧渊明也被活捉。侯景被慕容绍宗打败后，驻在寿阳（今安徽省寿县）。后来梁朝与东魏议和，打算用侯景换回萧渊明。

侯景本有作乱之心，遂暗中勾结一心想篡位的梁武帝之侄萧正德做内应。先前梁武帝无子，便以其弟萧宏之子萧正德为子，后来生下儿子萧统，便将萧正德送还萧宏，但萧正德认为自己应该承继大统，所以对梁武帝非常不满。侯景便以帝位相诱，勾结萧正德共同叛乱。

梁武帝不知内情，还派萧正德为平北将军。由于侯景得到萧正德准备好的船只，因此顺利渡过长江。萧正德利欲熏心，迎侯景进入建康（今江苏南京），侯景集中兵力围攻建康中心台城。侯景纵兵抢掠，又命北人被没为奴者，皆令放免，并加以任用。侯景过江时兵不过八千，马不过数百，而当时台城中尚有十余万人，甲士两万多，四方援军相继奔赴建康者三十余万。但援军无统一指挥，多持观望态度，宗室诸王停驻不前，只想保存实力以夺取皇位。台城被围一百三十多天，粮食断绝，疫病流行。结果在太清三年（549 年）三月，侯景攻陷台城。城破之时，城中只剩下二三千人，尸骸堆积，血流漂杵，惨不忍睹。

侯景攻破台城后，把梁武帝萧衍囚禁起来。待控制朝廷后，马上杀掉了萧正德，不久，八十六岁的老皇帝也被活活饿死。侯景先立萧纲为帝，不久废杀，又改立萧栋，很快也把其废掉了。

551 年，侯景自立为汉帝，大杀萧衍后代，萧梁政权瓦解。这时，侯景也日益暴露出其本来的凶狠面目，其用兵施政十分残酷，派人到处焚掠，视人命如草芥。为了镇压江南人民的反抗，侯景专以屠杀和酷刑树威。侯景嗜杀成性，在吃饭的时候杀人，本人仍谈笑风生；其酷刑有断手断足、割舌劓鼻等。

由于侯景的残暴统治，激起了江南人民的强烈反抗，一些梁朝将领和地主土豪纷纷起兵反抗侯景。同一年，侯景进攻占据江陵的萧绎受挫。552 年，梁将陈霸先、王僧辨等，乘胜顺江东下，再败侯景于建康。侯景乘船出逃，被部下杀死在船中。至此，危害江南四年之久的“侯景之乱”终于结束了。

经过侯景之乱，建康这个南北各四十里，拥有二十八万人口的繁华都市，变成了一片废墟。侯景还分兵攻掠吴郡、会稽、广陵等地，一路烧杀抢掠，使富庶的长江下游地区“千里绝烟，人迹罕见，白骨成聚，如丘陇焉”（《南史·侯景传》）。江南人民和萧衍朝野，对侯景的暴行，无不恨之入骨，因此，侯景的尸体被运到江陵时，士民纷纷割其肉争食，又焚尸取灰，和酒而饮，以解心头之恨。

侯景狼戾不仁，嗜杀成性，滥杀无辜，胡作非为，其统治之残暴，手段之残忍，令人发指。古语有言：“多行不义必自毙！”侯景作为杀人屠夫，最后落得身死人手的下场，可谓死有余辜，最终亦遗臭万年。

◎第三十章◎

不以兵强

【原文】

以道佐人主者，不以兵强天下。其事好还。师之所处，荆棘生焉[①]。大军之后，必有凶年。善有果而已[②]，不敢以取强。果而勿矜，果而勿伐[③]，果而勿骄，果而不得已[④]，果而勿强。物壮则老，是谓不道，不道早已。

【注释】

①焉：兼词。②果：达到目的，取得成功。而已：罢了。③伐：夸耀功绩。④已：停止，这里可译为“死了”“死亡”。

【译文】

按照“道”的原则辅佐君王的人，不依靠兵力来称霸天下。穷兵黩武这种事不仅不会带来好处，反而会很快遭到报应。军队到过的地方，荆棘横生。大战过后，必定会有荒年。善于用兵的人，只要达到救济危难的目的就算了，不会以兵力强大来耀武扬威。即使达到了目的，也不因此而自尊自大；即使达到了目的，也不因此而夸耀；即使达到了目的，也不因此而骄傲；即使达到了目的，也认为是不得已而为之；即使达到了目的，也不逞强。事物壮大了，就会走向衰亡，这就说明它不符合于道，不符合于道的，就会很快走向败亡。

【解析】

这一章的核心思想是“勿强”二字，前半部分讲有道之人辅佐君主，不凭借强大的武力来征服天下，因为战争不论胜负，都会带来灾难性的后果。后半部分讲真正完美的方式是像树上结出果实一样，是自然生长出来的，而不是强求出来的。不能骄傲自满，要认识到是不得已才走到这一步的，结出了果实，已经是强壮了，就不要再增强它了，如果过于强壮，就会走向反面，背离了道。这里需要注意一点：在这一章和下一章中，尽管老子都重点论述了战事的问题，但这并不能说老子兼治兵家，因为老子之所以论兵，只是想阐释哲学问题，而不是为了阐述兵家之道。

“以道佐人主者，不以兵强天下。”君王在治理天下时，周围一定会有很多人来辅佐他，这些人不但辅助君主治理天下万民，也操纵着军队，如果这些人过分夸大军事的作用，势必会影响君王的治国策略，甚至会导致君主穷兵黩武，滋生独霸天下的野心，最终酿成战争，给人民带来灾难、痛苦和死亡。当然，如果一个国家没有自己的军队，必然会遭到其他国家的侵略，也就无法保证自己国家的安定祥和了。

“其事好还。师之所处，荆棘生焉。大军之后，必有凶年。”这几句话揭示了逞强带来的恶果：征战之地，荆棘丛生，战争之后，必然会出现大灾荒年。

“善有果而已，不敢以取强。果而勿矜，果而勿伐，果而勿骄，果而不得已，果而勿强。”老子认为，用兵之道不是为了发起战争，而是为了保家护国，只要能够确保人民的安全和国家的稳定就可以了，不可以逞强于天下。一旦遇有战争，到了必须用兵的时候，也要遵循大道的原则，不宜过分用兵逞强，只要能够保全自身就足够了；而且在使自身保全之后，也不要自满，不要骄纵，这样才合乎自然规律。如果不这样做，势必会引起别人的妒恨，也会使自己放松警惕，致使自己堕落和腐化，这样已经取得的胜利就会瞬间化为乌有，同时导致最终的失败。因此，用兵之道要讲求一个合理的度，这就要求统治者在用兵时应当采用自然而然的做法，而不应采取过激的行为，只有这样才能确保国泰民安。

“物壮则老，是谓不道，不道早已。”在本章中，老子借战事的问题向我们阐明了一个人生道理，即做任何事情都不要过头，太过头就会走向反面；当我们获得成功或是取得成绩时，不可沾沾自喜，更不可狂妄自大，而要掌握适度原则，否则就会朝着相反的方向转化。人们经常所说的“乐极生悲”一词，就是用来形容那些得意忘形之人的，它也给我们敲响了警钟。在现实生活中，快乐得忘了形的人随处可见，而悲伤过度的人也不在少数，人们为何难以控制自己的情绪呢？老子给出了我们答案，即我们远离了大道，不能和大道合二为一。

在情绪的掌控方面，老年人要比年轻人做得好些。一般而言，老年人在现实生活中经历的大风大浪要比年轻人多得多，所以不易冲动，不会感情用事。而年轻人则不同，年轻人在情感方面经历的事情太少，一旦遭遇挫折，便会失落不已。对于多数年轻人来说，他们都或多或少遇到过烦恼和痛苦，但每个人的处理方法不同，如果只是一味地忍着伤痛，而不是把挫折作为一次经验和教训，就不会向积极的方面转化。如果能够克服挫折，就会慢慢走出阴影，成为生活中的强者。

失败和痛苦在很大程度上能促使人取得成功。生命是多姿多彩的，我们要以欣赏的眼光和乐观的心情对待挫折，决不能让坏情绪毁了自己的一生。

马陵之战伏庞涓

公元前403年，韩、赵、魏三家分晋，魏国的第一代君主魏文侯在政治上任用李悝进行变法，在军事上任用乐羊和吴起向外征讨，又起用了西门豹、北门可、翟璜等一批励精图治的能臣，使得魏国迅速地壮大起来，成为战国早期最为强大的国家。然而，正所谓“物极必反”，魏国在国力如日中天之时，积极地向外用兵，四处征伐，结果遭遇一系列的挫折。战争的失败严重损害国力，魏国从此一蹶不振。

在魏国第三代君主魏惠王时期，曾与孙膑同学于鬼谷子的庞涓被拜为魏国的上将军。庞涓上任之后，不断地进行对外侵伐。周边的宋、卫、鲁、郑等弱小的国家打不过魏国，纷纷表示臣服。接连的胜利使庞涓变得骄傲自满起来，他对自己不凡的军事才能更加深信不疑，开始将战争的矛头指向了大国与强国。首当其冲者，就是北面的赵国。

公元前354年，魏国大将庞涓率领八万精兵攻打赵国，一路之上，所向披靡，兵锋直抵赵都邯郸。赵国邯郸被困，赵军顽强坚守了一年的时间。然而，魏军依然没有撤退。眼看着就有亡国之危了，迫不得已之下，赵国尝试着向齐国求救。

当时东方的齐国国力正处于上升期，齐威王急欲对外扩张来扩大自己的影响力，因此同意出兵援救赵国，带兵的大将是田忌，孙膑则担任军师。当年，庞涓深知自己的才能不及孙膑，为了避免他日后与己为敌，就以魏王的名义将他召到了魏国。孙膑到魏国之后，深受魏王的赏识，庞涓为了保持自己专宠的地位，不惜残忍地陷害了孙膑，让孙膑成为一个残疾人。后来，孙膑设法逃到了齐国，受到了重用，而这也正是令庞涓深感不安的一件事。齐国此次出兵，无疑是孙膑进行复仇的大好时机。

田忌大军没有开往赵国，而是直奔魏国国都大梁，庞涓只得回撤自救。

孙膑在魏军南撤的必经之地桂陵（今河南长垣）设下埋伏，大败魏军。这就是历史上著名的“桂陵之战”，而孙膑的这种作战策略后来被写入了“三十六计”之中，被称作“围魏救赵”。

桂陵之战的失败虽然使魏国遭受了很大的损失，但是国家实力基本无损。经过数年的调整与恢复，公元前 341 年，魏惠王又联同赵国攻打韩国，围困了韩都新郑。危急之下，韩昭侯同样求救于齐国。这次齐国派出的主要将领有三名：田忌、田婴、田盼，而孙膑再次随军出征，担任军师。很快地，齐国大军又直逼魏都大梁，庞涓只得回师援救。

齐国再次干预魏国的军事计划，使得魏国的对外征讨又一次功亏一篑，这让魏惠王对齐国感到异常得愤恨。同时，他也认识到，有这样一个强盛的齐国存在着，魏国的发展必将受到严重的阻挠，如果想要进一步壮大起来，必须击溃齐国。因此，魏惠王决定举倾国之兵，命庞涓为大将，与齐国一决雌雄。

当时两军的实力对比，魏军明显优于齐军，因此孙膑决定采用智取的策略来击败魏军。他利用庞涓骄傲轻狂和魏军急于求胜的心理，施以欲擒故纵之术，屡屡败退，并且在撤退途中不断地减少用来做饭的灶坑的数量。庞涓误以为齐军在败退的时候大量逃亡，因而率领精锐之师日夜兼程追赶，企图一举全歼齐军。这日天黑之际，魏军来到了沟深林密、道路曲折的马陵，庞涓忽然见到一棵大树上写有“庞涓死于此树下”的几个大字。原来，孙膑早就打算好了在这里伏击庞涓，故而先行在此写下了如此字样以震慑庞涓，让他知道今日必殒命于此。庞涓见此情景，也知道自己中计，急欲回撤，但为时已晚。霎时之间，万弩俱发，庞涓长叹一声：“遂成竖子之名！”后自刎而死。庞涓所说的这句话，其意思是：天下皆知我庞涓能征善战，威震四方，然而今日败于孙膑之手，孙膑这小子从今也就会一举成名了。事实的确如此，马陵之战，不仅仅成就了孙膑的威名，更使得魏国的强盛之势一往不再，而齐国则从此强大起来。后来，齐国与西方的秦国两强对峙，并且一度并称为东西二帝。

其实，对于久经沙场、素善征战的庞涓来说，未必就不能够识破孙膑的减灶之计。造成魏军失败的根本之处，不是中了什么计策和埋伏，而是魏惠王和庞涓自恃兵强，率意轻进，忽略了当时列强环视的天下格局，急欲凭借强大的军力来称雄于天下。却不料“螳螂捕蝉，黄雀在后”，以致捉襟见肘，最终兵败势穷。

◎第三十一章◎

恬淡为上

【原文】

夫兵者，不祥之器①，物或恶之，故有道者不处。君子居则贵左，用兵则贵右。兵者不祥之器，非君子之器，不得已而用之，恬淡为上②。胜而不美，而美之者，是乐杀人。夫乐杀人者，则不可得志于天下矣。吉事尚左，凶事尚右。偏将军居左，上将军居右。言以丧礼处之。杀人之众，以悲哀泣之③，战胜以丧礼处之。

【注释】

①之：代词，译为“它”。②恬（tián）淡为上：淡然处之为上策。恬，心神安适。③泣：“莅”字的误写，指对待、参加。

【译文】

精兵利器，实在是个不吉祥的东西，人们都厌恶它，所以有道的人绝不用它来解决问题。有道的君子平时居处就以左边为尊贵；而在打仗时便以右边为尊贵。兵器是不祥的东西，它不是有道的君子所用的东西，不到迫不得已不使用它，最好淡然处之。即使打了胜仗也不要得意扬扬，如果自以为了不起，那就是把打仗杀人当成乐事的人。而把杀人当成乐事的人，他也绝不可能得志于天下。吉庆的事情以左方为上，凶丧的事情以右方为上。打仗时，兵权小的偏将军在左边，兵权大的上将军在右边。这是说明用兵打仗要以丧礼仪式来处理。杀人太多，应该以悲哀的态度对待；打了胜仗，应该以丧礼的仪式来对待死去的人。

【解析】

这一章讲的仍是战争之道，它是上一章的继续和发挥，共由三部分组成：第一部分说明兵器是凶器，有道者不该使用它们；第二部分说明修道之君子，用兵若无仁德，便不能得志于天下；第三部分则强调了用兵的策略和心态，体现了仁慈之德，这是得志于天下的前提条件。

在老子看来，兵器是不祥之器，因此要尽量避免战争。老子把对兵器的看法融入自己的哲理之中，他认为战争是有悖于大道的，为得道之人所深恶痛绝。战争是不得已才运用的手段，和平的解决方式才是最好的。所以，在中国的古礼中，常常以丧礼的方式来对待胜利。

“兵者不祥之器，非君子之器”，与上一章着重从结果的角度来讲战争不同，这一章着重从礼仪的角度来讲战争。按照中国古代的礼仪，主居右，客居左，所以居左有谦让的意思，老子说“君子居则贵左，用兵则贵右”，可见老子主张君子在迫不得已的时候，也可以用战争的方式来达到自己的目的，只是在获胜时不要以兵力逞强，而是要对战争中战死的人表示哀伤悲痛，并且以丧礼妥善安置死者。

“不得已而用之，恬淡为上。胜而不美，而美之者，是乐杀人。夫乐杀人者，则不可得志于天下矣。”老子认为，任何形式的战争都是迫不得已的行为。所以，当人们参与战争时，应当以一种恬淡的心境对待，即使胜利了也不要妄自尊大，如果妄自尊大，就表明自己是乐于杀人的人。对于所有乐于杀人的人而言，他们只能逞一时之强，绝对不能长久地得志于天下。

在春秋战国时代，国与国之间的相互攻伐是十分普遍的。老子所处的时代，战争规模越来越大，每次战争少则投入数万兵力，多则投入数十万的兵力，伤亡极其惨重。不管战争孰胜孰败，在战争期间受危害最大的，永远是普通百姓。每次发生战争，人们都要背井离乡，四处逃亡。即便如此，君子在用兵时也要“恬淡为上”，即使打了胜仗，也不要得意忘形。这句话是对那些喜欢穷兵黩武之人的警告。所以，老子在这里谈论战争问题，并不是为用兵者出谋划策，而是为了反对战争。

◇ 为人之道 ◇

墨子劝楚王停止伐宋

老子反对战争，认为战争是“不祥之器”，得道者是不会随便发动战争的。春秋末期，墨子和他的弟子们，为了制止战争，不惜赴汤蹈火，死不旋踵，充分体现出墨家弟子崇高的人格。

墨子是战国时期著名的思想家，墨家学派的创始人，著有《墨子》一书。墨子学说的主要内容有兼爱、非攻、尚贤、尚同、节用、节葬、非乐、天志、明鬼、非命等，而以“兼爱”为核心，以“节用”“尚贤”为支点。“非攻”则是墨子思想的一个重要内容。

墨子主张的非攻思想与其主张的另外一个思想兼爱关系密切。兼爱，其实质是“爱利百姓”，以“兴天下大利，除天下之害”为己任。

春秋战国时期，战争频仍，土地荒芜，死者遍野，民不聊生。百姓渴望统治者弥兵息战，休养生息。墨子体察下层民情，提出了“非攻”的主张。他认为，自古及今，不论什么形式的战争，受害最深的是平民百姓。战争是杀人机器，百姓因战争而居无定所，食不果腹，甚至丢掉了性命。

而在实践上，墨子设坛讲学，让弟子们周游诸国，用兼爱、非攻的理论，去说服诸侯们放弃侵略战争。有时候，为了制止一场战争，墨子不惜冒着生命危险去亲自说服攻战的诸侯。“止楚攻宋”就是一个生动的例子。

春秋末期，楚国准备讨伐宋国。公输班（即鲁班）为楚国制造了一种叫云梯的攻城器械，将用它来攻打宋国。墨子听说后，带领弟子们来到宋国，他一面吩咐弟子制造守御器械，守城备战；一面亲自前往楚国军营，说服楚国放弃攻宋。

到达楚国军营后，墨子见到了公输班。墨子对公输班说：“北方有人侮辱了我，我想借你的手杀掉他。”公输班听了，很不高兴。

墨子接着说道：“我愿送你十镒金子。”

公输班说：“我是义不杀人的。”

墨子站起身来，似乎很感动地对公输班拜了两次，说：“请让我讲讲义。我在北方听说你造了云梯，将用它来攻打宋国，宋国有什么罪过？楚国土地有余而人口不足，牺牲自己所不足的人民，而去争夺自己所过剩的土地，这不能算明智；宋国无罪而去攻打它，不能算仁义；明白这些道理却不去谏诤，不能算忠；谏诤达不到目的，不能算强。你奉行仁义不杀一个人，却去杀宋国众多的人，这能说是明白仁义吗？”

公输班被问得哑口无言。墨子趁势说道：“既然这样，为什么不停止攻打宋国呢？”

公输班说：“不行，我已经答应楚王了。”

墨子说：“为什么不引我去见楚王呢？”于是公输班引着墨子去见楚王。墨子见到楚王，说道：“现在这里有一个人，丢下自己华贵的彩车，却想去偷邻居家的破车；丢下自己的锦绣衣服，却想去偷邻居家的粗布衣服；丢弃自己的肉食，却想去偷邻居家的糟糠。这是个怎样的人呢？”

楚王说：“他一定是得了偷窃病。”

墨子说：“楚国的土地，方圆五千里；宋国的土地，方圆五百里，这就好比彩车和破车。楚国有云梦泽，犀牛、麋鹿遍地都是，长江、汉水里出产鱼鳖鼋鼍，算得上天下最富饶的了；宋国却是连野鸡、野兔、鲫鱼都不出的地方，这就好比好饭肉食与糟糠。楚国有高大的松树、纹理细的梓树、楠木和樟树；宋国却连大树都没有，这就好比锦绣衣裳与粗布衣服。就这三件事来说，大王要去攻打宋国，与那个有偷窃病的人有什么分别？臣认为大王必会损伤‘仁义’而得不到宋国。”

楚王说：“说得好！即便如此，可公输班已为我造好了云梯，攻宋势在必行。不过成败也还是说不定的。”墨子道：“只要有木片，现在就可以试一试。”

于是召见公输班。墨子解下腰带围起一座“城池”，用筷子当守城器械，公输班九次设置巧妙的器械攻城，墨子九次都抵挡住了。后来，公输班攻城的器械用尽了，墨子守城的方法还有富余。

公输班屈服了，但说：“我知道对付你的办法了，但我不说出来。”

墨子也说：“我知道你对付我的法子，我也不说。”

楚王问这是什么原因，墨子说：“公输班的意思，不过是想杀掉我，以为杀了我，宋国没有人能守城，就可以攻下了。但是我的学生禽滑厘等三百人，已经拿着我的守御器械，在宋国城墙上等待着楚兵呢！虽然可以杀了我，但守御的人是杀不尽的。”

楚王最终放弃了攻宋的计划。

◎第三十二章◎

知止不殆

【原文】

道常无名、朴。虽小，天下莫能臣①。侯王若能守之，万物将自宾②。天地相合，以降甘露，民莫之令而自均。始制有名，名亦既有，夫亦将知止，知止可以不殆。譬道之在天下，犹川谷之于江海。

【注释】

①莫：没有谁。臣：使之服从。②宾：服从。

【译文】

“道”始终都是无名而质朴的状态。它虽然小得无法分辨，可是天下却没有谁能使它臣服的。诸侯君王若能遵守道的原则来治理天下，万物将会自然归从于他。天地间阴阳之气相合，就会降下润泽万物的甘露，人们无须指使命令它，它就能自然分布均匀。万物兴作，于是产生了各种名称，各种名称已经制定了，就要有所制约，明白了各自的制约，守好本位，就没有什么危险了。道存在于天下，就像江海，一切河川溪水都归流于它，使万物自然臣服。

【解析】

这一章有两个要点，一是讲统治者如能以道的法则治理天下，自然会得到天下人的拥戴；二是讲“知止”。道是“无名”的，而文化思想、制度是“有名”的。对于文化思想的提倡、制度的运用不要过分，要适可而止，这样才不至于出现危险。

道德存在于万物之中，而万物也都受着道德的支配和调节。如果合乎了大道和大德，那么一切事情都会顺其自然，人民安定，天下大治。然而大道和大德到底是什么呢？

“道常无名、朴。虽小，天下莫能臣。”至于大道，我们始终没有办法用一个固定的概念去描述它，但道又确实是存在的，它大到无穷大，小到无穷小。如果非要用一个概念去为它命名，那就是“朴”字。尽管“朴”字微小精致，但谁都无法让它臣服，谁也不能支配它。相反，它却主宰着人类万物。

只要得道之人能够守得住这个纯真的朴，那么天下间所有的事物都会自然而然地为他效劳，为他服务。不仅如此，就连上天和大地也会阴阳相合，润泽万物。而百姓也不需要帝王侯公去下什么命令，就可以自然和睦，无私无欲了。

不过，人类的认识有一定的局限性，这个局限性表现在什么方面呢？就是必须设立概念和名相。如果没有概念和名相，人们也就不能运用思维，也就不能认识事物了。所以，对于世间的每一个事物，我们都要先确定出一个概念和名相来，然后才能把这些事物以概念和名相的方式，植入我们的脑中，在我们的思维系统里运作。尽管人们确定的概念本身就存在着很多问题，但是一直努力地接近最终的真理。所以，我们不能否定名相的作用和意义，老子也是如此。尽管名相存在着极大的局限性，但是老子一直运用名相来认识事物。这是因为一旦离开了名相，老子就无法说话了，而我们也就无法领悟他的哲理了。

因此，当人类开始认识事物的时候，就制定出了名相和概念。不过老子认为，既然制定了名相和概念，就不要过于分别和执着于人们自己的认识。因为人们的认识是有限的，一切都要掌握个度，要适可而止。如果在自己的认识支配下走得太远，就会违背真正的“朴”，从而破坏自然的平衡，自然也将给我们降下灾难。

大道生出万物，同时也存在于万物之中。换句话说，就是天下万物生于大道，但又回归于大道之中，时时刻刻不偏离大道，这就好比那天下的千万条河流，尽管流向多有变化，但最终都会归于大海之中。

君王在治理天下的时候，也应该像那大道一样，善于接受天下万物。然而，人们都习惯于分别，都喜欢美丽的事物，而厌恶丑陋的事物。对于那些王侯公卿，如何才能让他们处于下方而容纳天下万物呢？如果君王爱憎分明，习惯于分别事物，百姓如何能够得到他们的庇护，又如何能够顺从依附他们呢？

因此，君王治理天下，就要像大道之朴那样善于处下，善于容纳天下万物，庇护天下万民，只有这样才能治理好天下，才能保持国家的长治久安。

总起来说，老子在本章中由治身之道扩展到治国之道，辩证地说明了道与法的关系。治身之朴，指的就是治国之法。朴是自然的、纯真的，治国之法也必须是正义而神圣的，任何人都不能居于这个法则之上。治国者如果能够实现法治，天下万民将自然宾服。治国的法则在制定之初，具有详细而具体的内容条款。通过宣传学习，人们就具备了守法观念。那些不能遵纪守法的人，就要受到制裁。不过，得道之人制定治国法则，不是为了惩罚人们，而是为了规范、约束人们的思想行为，从而减少犯罪的行为，维护社会的安定。所以说，立法是手段，止法是目的，只有使治国的法则和道德结合在一起，并最终以道德取代法则，社会才会安定，天下才会太平。

◇ 从政之道 ◇

晋文公称霸

晋文公（公元前697~公元前628年），姬姓，名重耳，是晋献公之子。当年，晋献公想娶骊姬为夫人，而事先请人占测了一番，想了解一下这么做是否吉利，可是，用龟甲和蓍草分别卜筮，得到了两种恰好相反的结果，龟甲为凶，蓍草为吉。晋献公说："就遵从吉利的结果吧。"卜者说："龟甲比蓍草更为可靠。"但是晋献公没有听从，后来，晋国果真因为骊姬而引发了一场内乱。

骊姬为晋献公生下了儿子奚齐，她想让自己的儿子当太子，但是要达到这个目的就必须把当时的太子除掉才可以。于是，她就对太子申生说："国君梦见了你的母亲齐姜，你应该去祭祀她一下才好。"因此，申生就到曲沃去祭祀自己的母亲，按照惯例，回来之后将祭祀用的酒肉献给父亲。而骊姬则偷偷在酒肉之中下了毒药，故意让献公发现，然后说这是太子想毒死自己的父亲，早登君位。因为此事，太子申生被逼自尽。而后，骊姬又想方设法对晋献公的另两个儿子重耳和夷吾进行陷害，重耳和夷吾被迫出逃。

几年之后，晋献公薨逝，十五岁的奚齐被立为国君。不久之后，晋国大夫里克就杀掉了奚齐。国相荀息就扶植卓子继位，但是里克又将卓子杀掉，而荀息则自尽而死。里克想请重耳回国即位，但是重耳说："我违抗父亲的命令而出奔，父亲死后我没有尽到人子之礼去守丧，我有什么脸面回去呢？还是请大夫另立别人吧。"于是，重耳的弟弟夷吾被迎接回国，登上了君位，是为晋惠公。

晋惠公因为重耳还在外面，又担心里克会废掉自己而迎立重耳，因而就命里克自裁，对他说："没有你我就当不上国君，虽然这样，你也杀了两个国君和一个大夫，我给你当国君不是也很危险的吗？"里克说："不废掉别人，你又怎么能够登上君位呢？想要杀我，难道还愁没有借口吗？既然这样说，臣知命就是了。”说完，里克即伏剑自刎。

后来，晋惠公听说重耳很受其他诸侯国的欢迎，就派人去刺杀重耳。重耳此时已经在狄居住了十二年，为了躲避追杀打算到广纳贤士的齐桓公那里去。途经卫国时，卫文公对重耳很不礼敬。在离开卫国途中，重耳因为饥饿而向农夫乞食，农夫将食物装在土器里来送给他。重耳平日所用器皿一向很精致，见到土器非常气愤，想要拒食。但是同行的赵衰说道：“土器，象征着有土地，这是吉兆啊，您还是接受了吧。”

到了齐国，齐桓公对重耳相遇甚厚，送给了他二十辆车马，还将一个宗族之女嫁给了他。重耳因此得以在齐国过上了安稳幸福的生活。就这样，重耳在齐国居住了五年，与妻子姜氏感情深厚，不愿再离开。一直跟随重耳的赵衰和咎犯等人见此情形非常焦急，他们不想让主公因此而消磨了雄心壮志，于是悄悄商议着如何让重耳离开齐国。一天，姜氏的一个侍者发现了他们的秘密，就报告给了主人。姜氏怕侍者走漏消息，就将他杀掉了，然后劝重耳马上离开。但是重耳对现在的生活非常满足，说道：“人生唯求安乐而已，其他都不值得一提。我一定要死在这里，不能离开的。”姜氏对他说：“你乃堂堂一国公子，因为走投无路而避难到齐国，跟随你的那些人都将你看作他们的生命，你不赶快回国，以报答这些劳苦的臣子，却贪恋女色，我为你感到羞愧啊！现在你不去追求，什么时候才能成功呢？”可是重耳却依然不肯离开。于是，姜氏和赵衰等人商量，将重耳灌醉之后强行将他拉上车，匆匆离开齐国。走了很长的一段路，重耳才醒来，见到自己被载在车上，勃然大怒，操起戈来要杀舅舅咎犯。咎犯却说道：“杀了我而成就了您，这是我的心愿。”重耳咬着牙说：“事不成，我就吃了舅舅的肉。”咎犯说：“就算事情没有成功，我的肉又腥又臊，有什么可吃的呢？”重耳这才平息了怒气，开始赶路。

途经曹国，曹共公听说重耳的肋骨长得很紧密，就想让重耳脱下衣服来看一看，这是一种很不礼貌的行为。曹国大夫负羁对他说：“晋公子很贤明，与我们又是同姓，在穷困之时路过于此，为什么不以礼相待呢？”但是曹共公没有接受负羁的建议，负羁就私下里给重耳送去食品，并且在食品的下面藏了一块玉璧。重耳接受了食物，而将玉璧还给了负羁。

到了宋国，宋襄公以隆重的礼节接待了重耳，但是说道："宋国是小国，又刚刚打了败仗，没有能力送公子回国，你们还是去向大国求助吧。"

来到郑国，郑文公待之不礼。叔瞻说道："晋公子贤明，跟随他的人都是国家的栋梁之材，而且又跟我们是同姓，应当礼遇他才是。"郑文公傲慢地答道："各诸侯国流亡的公子来这儿的多了，怎么能每个都那么礼遇呢？"叔瞻又说道："那么，不如将他杀了，不然恐怕以后会成为郑国的祸患啊。"但是郑文公没有听从。

重耳又来到楚国，楚成王以诸侯之礼来接待他，这让重耳觉得难以担当。楚成王问他说："您返国之后，用什么来报答我呢？"重耳说："珍禽异兽，珠玉绢绸，大王都富富有余，我不知道可以用什么来报答您。"楚成王说道："虽然这样说，你总该有所表示的吧。"重耳于是说道："如果在不得已的情况下与大王兵戎相遇，愿为王退避三舍（一舍为三十里）。"

重耳在楚国待了几个月之后，在秦国作为人质的晋国太子圉听说晋惠公病重而私自回到晋国。秦国对此感到非常气愤，听说重耳在楚国，就想招纳重耳过去。楚成王对重耳说："楚国很远，要经过好几个国家才能到达晋国，而秦国则与晋国相邻，秦君很贤明，您还是去秦国吧！"重耳走的时候，楚成王又赠送了很丰厚的礼品。

到达秦国之后，秦穆公将五个宗族之女嫁给重耳，其中就包括晋国太子圉的妻子。重耳对此很反感，不想接受。司空季子说道："连他的国家都要夺取，又何况他的妻子呢？如果接受下来，就可以与秦国结亲而得以回国，您难道要拘于小节而忘掉大耻吗？"重耳这才答应下来，秦穆公对重耳的表现果然感到很满意。

这时，晋惠公薨逝，子圉继位，是为晋怀公。晋国的大夫栾郄等人听说重耳在秦国，都私下里来劝重耳、赵衰等返国，他们愿做内应。于是，秦穆公发兵送重耳归国。晋国虽然也出兵抵挡，但是大多数人都想让重耳即位，而支持子圉的人则很少。

这样，流亡了十九年之后，重耳终于登上晋国君位，是为晋文公。这一年，重耳已经六十二岁了。晋文公迅速地肃清了晋国长期存在的内乱问题，继而修明政治，举贤任能，赏罚有度，施惠百姓，使得晋国上下一心，走上了日益兴旺发达的道路。

晋文公四年（公元前633年），楚成王发兵围困了宋国，宋国求救于晋国，先轸认为帮助宋国是树立晋国威望的良机，于是说服晋文公援宋。狐偃说："楚国刚刚与曹国、卫国结盟，如果攻打曹国、卫国，楚国必然来救，则宋国之危得解。"在强大的晋国军队面前，曹国和卫国很快挫败，但是宋国依然为楚国围困。这时，要救宋国就必须与楚国交战，而楚国有恩于晋国；若不救宋国，则宋国亦有恩于晋国，晋文公因此而陷入两难之中。先轸说："抓住曹伯，将曹、卫两国的土地分给宋国，楚国肯定着急，也就会放弃围困宋国的。"晋文公采纳了这个建议，楚成王果然打算退兵。然而楚将子玉说道："大王对晋国有厚恩，现在晋国明知道楚国与曹国、卫国的关系密切，却故意去攻打他们，这显然是轻视大王啊。"楚成王说："晋侯在外流亡十九年，尝尽了各种艰险，回到国家之后，一定知道怎样治理国家，如何对待百姓，这是上天对他的恩遇啊，他是不可抵挡的。"但是子玉坚持与晋国开战。在楚晋交战之时，晋文公信守承诺，令军队退让了三舍的距离，于是，两军交战于城濮，楚军大败。晋国声威大振，其后，晋文公会盟诸侯，成为继齐桓公之后的新一代霸主。

老子说："道常无名。朴虽小，天下莫能臣也。侯王若能守之，万物将自宾。"晋文公最终能够历尽艰险，脱颖而出，成为春秋五霸之一，不正是深刻地体现了这一道理吗？晋文公自少时即以贤德而闻名，长期流亡在外，虽然也曾有过一时的迷惘，但是终究在他人的帮助下迷途知返，不违初志，不忘使命，遂成大业。时人都说这是上天的眷顾，然而究其根本，难道能说不是晋文公卓异的个人品质使然吗？

◎第三十三章◎

自知者明

【原文】

知人者智，自知者明。胜人者有力，自胜者强。知足者富，强行者有志。不失其所者久，死而不亡者寿。

【译文】

能够了解、认识别人的人是智慧的，能够了解、认识自己的人才是高明的。能够战胜别人的人是有力的，能够克服自身弱点的人才是刚强的。知道满足的人是富有的，努力不懈的人是有志气的。始终不离失根基的人就能够长久，肉体死了但精神永存的人才是长寿的。

【解析】

本章讲个人修养与自我设计的问题。老子从道的立场上阐释了智、明、有力、强、富、有志、久、寿的概念，主张人们要丰富自己的精神生活。在老子看来，最能体现道家观点的是“自胜者强”和“知足者富”两句。“知人”“胜人”十分重要，但是“自知”“自胜”更加重要。他认为，如果一个人能够时时反省自己，坚定自己的生活信念，并且切实推行这一信念，就能够保持旺盛的斗志和饱满的精神面貌。

本章只寥寥数语，看上去浅显易懂，实则蕴含着极其深奥的道理。

“知人者智，自知者明。胜人者有力，自胜者强。”老子认为，能够分别外人和外物的人，只能算得上是拥有了世间的庸俗智慧。那么，什么样的人才算是拥有了世间的大智慧呢？通过外事外物反省自己，从而体察到生命本来面目的人，才算得上是有大智慧，也就是“明”。老子还认为，依靠武力战胜别人的人，只能算得上是有力量，因为这个力量是大道赐予给人们的，它是大道的生命活动本身的体现。那么，什么样的人才算是真正的强者呢？能够战胜自己私欲和成见的人，这才是真正的强者。人的私欲是没有止境的，而且危害很大，如果一个人能够克制自己的私欲，达到物我两忘的境界，才能无所不容，他自然是强大的。

老子在本章中所提出的“知足者富”与我们通常所说的“知足常乐”有很大的不同，我们所理解的知足常乐，意为知道满足总是快乐的，它最大的特点就是安于现状，这与老子所阐释的思想大相径庭。

什么才是真正的富有呢？真正的富有不是家财万贯，也不是拥有宝马香车，真正的富有不是你实际拥有了什么，而是你能在多大的程度上摒除私心杂念，抛弃自己的妄想。只有做到这一点，才能称为真正的富有。

什么是妄想呢？人们在观察具体事物时，了解到大道的生命运行轨迹，那么这个轨迹以内的事物便是道赐予我们的，也是我们理应获得的；而在这个轨迹以外的事物，便都不是我们应该获得的了，如果我们产生了获得它们的想法，这就叫作妄想。妄想是难以实现的；即便实现了，也不会给我们带来益处；即使我们获得了微小的益处，这种益处也不会长久地保持下去。大道既然生了我们，就一定会赐予我们所需要的一切，我们还要奢望其他的什么益处呢？一个人担忧自身的处境，这就是对大道的不理解和不信任，从而违背了大道，必然会受到大道的惩罚。如果我们不妄想得到什么，也就无所谓得到和失去什么，自然无所有无所不有了。做到了不妄想，才算是真正的富有。

有句俗语叫作“人贵有自知之明”，而最早表述这句话的，就是老子。什么是“自知之明”呢？就是能够清醒地认识自己、对待自己。一个人能做到有自知之明，这才是最聪明的，最难能可贵的。联系前面几章的内容，我们可以得出结论：“强行者有志”中的“强”，指的不是自恃武力高强而妄自逞强的意思，而是指“自知者强”。什么是“自知者”呢？就是能以外界事物来反省自身，从而确认生命本来面目的人。自知者十分明确生命本身的意义，也十分了解自我和他人的关系。他们深刻懂得，只有真正地把握自己，才能彻底摒除自己的私心杂念，实现“存天理，灭人欲”（在这里所讲的不是要束缚自己的观念，而是要彻底解放人性），而天理和人欲是对立统一的关系。天理，指的是事物本来的合乎生命自然之道的东西；人欲，指的是自己主观滋生的不合乎生命自然之道的东西。天理是客观的，人欲是主观的，二者之间往往会发生冲突，只有克制住自己的欲望，才算是真正的强者。

“不失其所者久，死而不亡者寿”，这句话与上文有隔离之感：“不失其所”意为落叶归根，它所指的有两个意思：一个是叶子会回归到生它养它的根系中去；一个是人类也会回归到孕育他们的天地中去。人从出生到死亡，不过短短的几十个春秋。生老病死是合于道的自然规律，我们没有超越生命大道的能力，生死不是我们能够掌控得了的。在老子看来，“所”是我们最终要去的地方，是自然之所，是我们合于大道的切合点。我们从最初的不愿接受死亡，到现在的读懂人生，直面生死，正体现了天道不可违背的道理。我们只有顺应天道，与大道合为一体，才是真正做到了“久”和“死而不亡”。一滴水归入到它的生命之所——大海中去，它们就永远也不会消亡，说的就是这个道理。

在本章里，老子极力宣传“死而不亡”，这体现了他的思想主旨。“死而不亡”的观点，并不是宣传“有鬼论”，也不是宣扬“灵魂不灭”，而是说人的身体虽然消失了，但人的精神是不朽的，所以可算做长寿了。清末民初的著名思想家梁启超曾说：人的肉体寿命不过区区数十载，人不可能长生不老，但人的精神则可以永垂不朽，因为他的肉体虽然消失了，但他的学说、思想及精神却能够长期影响当代及后代的人们。从这个意义上说，人完全可以做到“死而不亡”。梁启超的这种观点，主要就是受了老子思想的影响。

◇ 为人之道 ◇

留取丹心照汗青

文天祥（1236~1283 年），吉州庐陵（今江西吉安）人，字履善，二十一岁中状元后改字宋瑞（意为宋朝有祥瑞之义），因曾居文山，故以文山为号。

童年时期的文天祥，在父亲的精心教导下，逐渐成长起来。他的家乡吉州在宋代名士辈出，北宋时号为一代文宗的欧阳修就与文天祥同乡。在瞻仰吉州学宫中所尊奉的先贤遗像之时，少小的文天祥就怀着浓郁的钦慕之情，他曾在心中暗暗立下了这样的誓言："没不俎豆其间，非夫也。""俎豆"，是祭祀用的器具，引申为祭祀之义。文天祥这句话的意思是：我一定也要像他们一样，做一个世世代代都受到敬仰的人，否则即枉为大丈夫。

文天祥是这样想的，而他也确实做到了这一点。宋理宗宝祐四年（1256年），文天祥在殿试中被钦定为一甲第一名，也就是人们通常所说的状元。这一年，文天祥刚刚二十一岁。然而不幸的是，文天祥生逢衰世，宋朝内部权奸当道，朝政昏乱，外部则有正在崛起的蒙古帝国相逼，立国三百年之久的宋王朝岌岌可危。文天祥虽有雄心壮志、高才远略，怎奈志不得逞，略不得施，因此，在这本应是"春风得意马蹄疾"的大好韶华，却生出了退隐之心。孔子曾说："邦有道，则仕；邦无道，则可卷而怀之。"文天祥对此语深以为然，因此他拒绝了出任签书镇南军节度判官厅公事，而选择去做一个职位低卑却事务清闲的建昌军仙都观的主管。

景定四年（1263年），宋理宗重新任用奸佞董宋臣，文天祥愤而辞职。稍后，他被委派到曾遭受过蒙古兵蹂躏过的瑞州任职。文天祥履任后，瑞州百废俱兴，呈现出一派升平的景象。次年，宋理宗驾崩，权臣贾似道拥立太子赵禥继位，是为宋度宗，而朝政完全为贾似道所操控。在贾似道的黑暗统治下，南宋的政治局面更加混乱，而文天祥则因为抵牾了贾似道，被免掉了所有的官职。

咸淳九年（1273年），文天祥又被朝廷起用为湖南提刑，因此而见到了前任相国江万里。江万里素来对文天祥的志向和操守极为称赞，会面之时二人相谈甚洽，语及国事，江万里很感慨地说道："我现在老了，据我观察，天时人事必将有变，我生平阅人多矣，今日见君，忽有此感，天下大任，就在君的身上啊！君当勉之。”

江万里语重心长的话很快就在文天祥的身上应验了。咸淳十年（1274年），文天祥调任赣州知州。他将赣州治理得井井有条。然而好景不长，未及一载，元军大肆南侵，宋朝面临着亡国之危。国难当头，文天祥挺身而出，期图对日薄西山的大宋王朝给予最后的拯救。

就在元军压境之际，宋度宗病死，贾似道抑长立幼，扶植年仅四岁的赵㬎继位，是为宋恭帝。在元军的强大攻势下，黄州、蕲州、江州、德安、六安等地相继失陷，宋军兵败如山倒。危急之下，宋理宗的妻子太皇太后谢道清颁布了一道“哀痛诏”，述说皇帝年幼，自己年迈，民生疾苦，国事艰危，希望各地文臣武将、豪杰义士，急王室之所急，同仇敌忾，共赴国难，朝廷将不吝赏功赐爵。然而，面对奄奄一息的大宋王朝和兵锋利锐的元军铁骑，各地臣僚悉皆观望不前，只有文天祥和张世杰两人响应“哀痛诏”，起兵勤王。

为了抵抗元军、挽救宋朝，文天祥真是做到了毁家纾难，他拿出了自己的全部家产充作军费。他筹集粮饷，征募义勇，迅速地组织起了一支为数达三万多人的军队。朋友对他说道：“今大兵三道鼓行，破郊畿，薄内地，君以乌合万余赴之，是何异驱群羊而搏猛虎！”文天祥慨然答道：“吾亦知其望也。第国家养育臣庶三百余年，一旦有急，征天下兵，无一人一骑入关者，吾深恨于此。故不自量力，而以身徇之，庶天下忠臣义士将有闻风而起者。义胜者谋立，人众者功济，如此则社稷犹可保也。”这就是一种感人肺腑的知其不可而为之、从绝望中寻找希望的坚贞至绝的作为。

然而，文天祥起兵后，不仅没有得到朝廷的嘉奖，反而被诬告沿路劫掠，被阻不得入京。文天祥立即上书抗辩，加之各界舆论的有力支持，最终得以奉诏进京。

宋恭帝德祐元年（1275年）八月，文天祥率军进入南宋都城临安。十月，临安北部的常州告急。朝廷命文天祥率军保卫平江，又派张全率兵两千增援常州。文天祥从大局出发，派义军重要将领尹玉、朱华、麻士龙率三千人归张全节制。但是张全卑鄙自私，当三位将领与元军苦战时，他居然坐视不救，后来又乘夜逃跑。义军孤立无援，战斗失利，常州失陷。文天祥请斩张全，却遭到丞相陈宜中的反对。文天祥对朝廷的赏罚不明感到十分愤慨，同时对国家的安危也感到更加地担忧。常州陷落，临安失去了北面的藩卫，更为危急的是，此时宋朝的内部决策依然未能统一，文天祥和张世杰力主背城一战，而陈宜中则坚持请降。太皇太后谢道清最终倾向了投降派。失望之余，张世杰离开临安，转往南方招兵，而文天祥也只得回到江西，坚持抗元。

德祐二年（1276年）正月，元军围困临安，宋朝留守的文臣武将或逃或降，太皇太后不得已之下任命文天祥为右丞相兼枢密使，收拾残局。文天祥奉命出使元营。不曾想，元军首领伯颜竟然阴险地将文天祥拘押起来。失去了文天祥的支持，太皇太后更加惶恐，遂向元军投降。

文天祥被拘禁之后，拒绝归顺，而伯颜爱惜他的才干，也赞佩他的气概，因此并没有加害于他，而是将文天祥解往京师大都。途经镇江之时，文天祥趁夜乘船逃离。

五月初一，益王赵昰在福州登基，改元景炎，是为宋端宗。其实，赵昰此时年方九岁。赵昰继位后，文天祥成为了宋朝的最高军事统帅，很快组成了一支颇具规模的督府军。尽管如此，宋军内部却依然未能做到同心同德，一致抗元。十月，福州外围相继失守，宋端宗登舟离岸，从此，南宋成了飘荡在海上的流亡政府。

景炎二年（1277年）初，由文天祥督领，督府军席卷赣南，收复了江西的大片领土，而这也成为了大宋王朝殒命之前所奏响的最后的凯歌。八月，元军发动了大规模的反扑，督府军由于缺乏训练和作战经验，挡不住来势凶猛、战斗力极强的元军，所复城池，又迅速失陷。文天祥带兵入粤，在潮州、惠州一带继续坚持抗元。虽说此时已经没有哪个大权在握的人来束缚手脚，但是毕竟为时已晚，纵然有再高的身手，也终归是回天乏力了。

景炎三年（1278年）三月，宋端宗在躲避元兵的追击时因坐船颠覆跌落海中，虽然被左右救起，但幼小的皇帝最终在惊病交加中死去。然则，“国不可一日无君”，国君就是朝廷的象征，然而这个象征还是必须有的。因此，陆秀夫又拥立七岁的赵昺登基，改元祥兴。

祥兴元年（1278 年）十二月二十日，文天祥在海丰五坡岭被一支偷袭的元军所俘获。文天祥欲服毒殉国，但是因毒效不足而未能如愿。祥兴二年（1279 年）正月，已经为元军所俘的文天祥被押解到珠江口外的伶仃洋，元军将领张弘范请文天祥写信劝降仍在继续抵抗的宋将张世杰。文天祥提起笔来，没有写劝降书，而是写了一首七律以表明自己的心志，这就是名垂千古的《过零丁洋》，其诗云："辛苦遭逢起一经，干戈寥落四周星。山河破碎风飘絮，身世浮沉雨打萍。惶恐滩头说惶恐，零丁洋里叹零丁。人生自古谁无死？留取丹心照汗青！"

祥兴二年（1279 年）二月，宋、元双方在崖山附近的海面上展开了激烈的海战。结果，宋军战败，张世杰堕水殉国，陆秀夫背着小皇帝赵昺蹈海殉难。至此，宋朝的最后一支抵抗力量被元军扫灭，绵延了 320 年的大宋王朝从此彻底地退出了中国的历史舞台。

宋朝灭亡后，文天祥被押往大都。元朝统治者极其爱惜文天祥的才干和正气，千方百计地使文天祥归顺新朝，参与劝降的人物之众多，威逼利诱的手段之毒辣，许诺允肯的条件之优厚，期盼等待的时间之长久，远远超过了元朝所给予其他任何一个宋臣的待遇。然而，文天祥面对所有的这一切，丝毫没有动摇自己殉身报国的决心。元朝至元十九年十二月初九日（1283 年 1 月 9 日），文天祥从容就义，终以身殉国，年四十七岁。

◎第三十四章◎

不自为大

【原文】

大道氾兮[①]，其可左右。万物恃之以生而不辞[②]，功成而不有。衣养万物而不为主，常无欲，可名于小。万物归焉而不为主[③]，可名为大。以其终不自为大，故能成其大。

【注释】

①氾（fàn）：同“泛”，水向四处漫流。②恃之：依靠它。恃，依靠。之，代词，译为“它”。③焉：兼词，译为“于是”“于此”。

【译文】

大道广博无际，左右上下无所不到。万物靠它生长发展而不推辞，成就了功业而不占有名誉。它养育万物而并不认为自己是万物的主人，一直无欲无求，可以称它为“小”；万物向它归附而并不自认为是主宰，可以称它为“大”。正因为它始终不认为自己伟大，所以才能成就它的伟大。

【解析】

这一章旨在讲大道发生作用的方式，即德。核心内容是老子对小和大的阐述。道生养万物，却不自恃有功，也不自以为大，正因为道不在大，所以才成为最大。

“大道氾兮，其可左右。”老子在本章的开头解释说，道广阔无际，是宇宙的主宰。在老子看来，大道正如江河一般广泛流行、周延四方。事实上，老子在这里形象而具体地描述出了大道的存在形态。

道具有什么样的特质呢？老子认为，永远没有自己的欲望就是大道的特质。大道无欲无求，没有欲望便不需要追求名声，因此它在人们的眼里，时常显得微不足道。老子最后指出，正是因为道不自认为伟大，所以才能够成就自己的伟大。

“万物恃之以生而不辞，功成而不有。衣养万物而不为主。”关于老子的“道”的属性，有人认为其是一个绝对静止的精神本体。然而，道无欲无名、可小可大，绝对不是超时空的无差别本体。还有人认为，道作为一个抽象概念，既不表现物质现实事物的本身，也不能离开形式推论或理论假设的思想，它只是由思维形式表述的一些东西，并不直接适用于对待客观现实的事物和现象。其实，道是一个物质性的概念，它虽然是耳、目、触、嗅诸感觉器官都不能感受到的，但它却实实在在地存在于自然界之中，而不是仅凭人们的主观臆想存在的精神性概念。这一点是我们准确理解《道德经》中有关“道”的问题的关键所在。此外，老子在本章里发挥的“不辞”“不有”“不为主”的精神，还可以使人摒弃占有欲及支配欲。

“常无欲，可名于小。万物归焉而不为主，可名为大。”大道是如何发挥作用的呢？老子认为，道可以名为小，也可以名为大，虽然他没有明确指出“圣人”“侯王”应遵循大道，但是统治者治理国家与个人修为关系确实是十分紧密的，个人修为是小道，而以小道去治理国家便成就出了大道。“常无欲”是个人修为的核心，只要治国者摒除个人私欲，就不会视天下万物为私产，从而也就会出现“万物归焉而不为主”的理想社会环境。

与大道相比，人类的行为往往是截然相反的。在人类看来，人是万物之灵，有着思想和意识，既可以创造事物，也可以改变事物。所以人类常常自认为是万物的主人，可以主宰万物的命运，也可以任意命令和指使万物。这种想法是错误的。需知人类之所以能够生存和发展，所依靠的正是自然界的万事万物，我们非但不能主宰自然，还常常受到自然的制约。此外，人类同样是从大道中衍生出来的。换句话说，大道主宰了人类的命运，而自然界的万事万物为我们提供了生机和能量。如果人类真可以主宰万物，那么我们为什么会时常遭受大自然的报复呢？比如，我们过度开采森林资源，肆意砍伐树木，毁坏植被，造成了水土流失，重则还会引起泥石流、沙尘暴等灾害的发生。

◇ 为人之道 ◇

曾国藩不邀功

在这一篇中，老子提出：道是非常伟大的，但是从不自以为大；道决定万物的生长，但是从不加以干涉；大功告成，道却从不邀功。这便是道能够称之为大的原因。人们不仅要认识道，还要善于学习道的品质。在现实当中，很多人取得一点功劳就自大、自负，甚至不把别人放在眼里，这样的话，只会显得自己更加渺小。

曾国藩和左宗棠均为清朝后期的封疆大吏。曾国藩是晚清大儒，被誉为帝制时代儒家最后一位精神领袖。太平天国运动时期，曾国藩在湖南招募乡勇，训练出一支战斗力强悍的军队，称为“湘军”。在平定太平天国运动的过程中，曾国藩立下赫赫战功，获得清廷的赏识，后来官至两江总督、直隶总督、武英殿大学士，封一等毅勇侯。

而左宗棠年轻时怀才不遇，他曾先后三次参加会试，但是都没有考中。左宗棠科场失意，干脆放弃科举，回乡教书去了。尽管如此，由于他才名远播，一些有眼光的地方大员对他却也十分赏识，都愿意和他结交。两江总督陶澍听说左宗棠的大名，就请他到自己府中，让他教导自己的独子，并给儿子定下娃娃亲，从此和左宗棠结为亲家。后来，左宗棠又来到湖南巡抚张亮基的府中做幕僚。骆秉章继任为湖南巡抚后，继续重用左宗棠，甚至到了言听计从的地步。

在骆府之中，曾国藩第一次见到左宗棠。那是咸丰二年（1852 年），正是清军与太平军作战最艰苦的岁月。左宗棠以其经世致用之才，为湖南战事做出不少贡献。有人也曾向曾国藩推荐过左宗棠。曾国藩常年带兵，手底下有很多人才，但是独对左宗棠态度谨慎，迟迟不肯将他招致麾下。这可能是曾国藩有识人之明，一早就知道他们之间性格不合。

但是，曾国藩并没有忘记左宗棠。咸丰四年（1854 年），曾国藩打算推荐左宗棠做知府。不过左宗棠嫌知府的官儿太小，拒绝了曾国藩的一番好意。他后来给朋友写信说：“……惟督抚握一省之权，殊可展布，此又非一蹴而能得者。以蓝顶尊武侯而夺其纶巾，以花翎尊武侯而褫其羽扇，既不当武侯之意，而令此武侯为世讪笑，进退均无所可。……若真以蓝顶加于纶巾之上者，吾当披发入山，誓不复出矣！”意思是说：像我这样的人，才能足以比拟诸葛孔明，只怕当这个知府会辱没了武侯的名声，现在只拿一个蓝顶子加到我的纶巾之上，还不如到山中隐居，不再出仕了呢。

直到咸丰十年（1860 年），曾国藩为形势所逼，终于让左宗棠到自己麾下效力。曾国藩用人有一个原则，那就是“疑人不用，用人不疑”，一旦起用左宗棠就放手让他大干一场。左宗棠也没有辜负曾国藩的信任，在攻打浙江的时候，左宗棠很快攻下了杭州。曾国藩就向朝廷举荐，让他做了浙江巡抚。

左宗棠主掌一省军政大权，而此时太平天国也气数殆尽。不久，天京（南京）被攻克了。在这本该举杯同庆的时刻，曾、左二人的交情却走到了尽头。事情起因于洪秀全的幼子洪天贵的下落。天京被攻克以后，曾国藩向朝廷报告说洪幼主已死，而左宗棠却报告说洪幼主没有死，而是逃跑了。两人在朝廷之中打起了笔墨官司。曾国藩曾说，他最恼恨左宗棠影射他撒谎，他一生最看重“诚信”二字，怎么会在皇帝面前撒谎？左宗棠却也不依不饶，说这件事自己有错，但是只占二三分，曾国藩的错则占了七八分，说曾国藩太小心眼了。

不过，曾国藩的涵养要比左宗棠深厚得多，他绝不会因为私怨而耽误国家大事。左宗棠出兵平定新疆，曾国藩给予大力支持。

曾国藩心胸宽阔，左宗棠则颇为自负，对于这一点，就连左宗棠身边的人也发现到了。

有一次，左宗棠问身旁的侍卫道：“为什么人们都称‘曾左’而不称‘左曾’？”

一名侍卫回答说：“曾公眼中常有左公，而左公眼中则无曾公。”

侍卫的回答虽然简单，但是点出了左宗棠自傲自负的缺点，左宗棠听后，沉思良久，终于意识到，自己的心胸确实没有曾国藩宽广。

◎第三十五章◎

往而不害

【原文】

执大象[①]，天下往。往而不害安平泰。乐与饵[②]，过客止。道之出口，淡乎其无味，视之不足见，听之不足闻，用之不足既[③]。

【注释】

①大象：即“无象之象”，指“道”。②饵：精美的食物。③既：穷尽，完的意思。

【译文】

掌握“大道”的人，天下就会向他归顺；归顺、投靠他而不互相妨害，于是大家都和平安泰。动听的音乐和美味的食物，能使过路的行人情不自禁地停下脚步。可是对“道”的表述却平淡无味。你想看看它却始终看不见，你想听听它却始终听不到，但是它的作用却无穷无尽，没有限制。

【解析】

这一章讲大道的运用和本体。从运用的角度讲，能够按道的法则行事，就会得到天下人的归顺，没有祸害。从本体的角度讲，大道无形无相，说出来也平淡无奇，但是能用之不竭。本章旨在说明，认识大道是认识世界和改造世界的关键，也是实现人生意义的根本。因此，人们切勿舍本逐末，背离大道，为一时的名利所诱惑。否则，不但不能实现心灵的自由，也会对人生的归宿产生疑惑。

“执大象，天下往。”在本章中，老子提出了“大象”的概念。这里所说的大象，指的是道的法象，它类似于路线图。在老子看来，如果能够掌握大道的大象，就能得到天下人的归附和顺从。在上一章中，老子谈到得道之人从来不以万物的主宰自居，也不高傲自大，但是能得到万民的尊敬和爱戴。得道之人与大道相似，也一样的气象宏大，一样的无欲无求，不计较得失，也不以天下的主宰者自居。他从不干涉其他人的自由，使人们感到非常安全可靠。正是这个原因，万民才会投靠他归顺他，从而成全了他的美名。

“往而不害安平泰。乐与饵，过客止。”大道无处不在，但是人们却不能看见它、听到它。大道就像一个默默无闻的人，它没有华丽的外表，既不会引诱外物，也不会为外物所引诱。大道有什么样的作用呢？道可以让人们都投向它而不相互侵害，使人们生活安定、关系和睦。得道之人与大道同在，他们具有大道的一切特征，人们都心甘情愿地归顺他。但是，这种归顺与世俗意义上的归顺有着极大的不同。世俗所说的归顺是由于名利的驱使，指的是人们为了追名逐利和满足自己的需求及欲望，当欲望有了实现的物质前提时，他们就会趋之若鹜。这时，老子举了一个例子，他说人们都有享受美食的欲望，当人们看到美味佳肴的时候，谁又能抵挡得住这种诱惑呢？这里的“乐与饵”，又可以指流行的仁义礼法之治，而“过客”也可以引申为执政者。老子在本章中告诫那些执政的官员们不要耽于声色犬马之中，应该归附于自然质朴的大道。只有顺应大道，才能实现国家大治和人民安定。

“道之出口，淡乎其无味，视之不足见，听之不足闻，用之不足既。”大道是无声无形的，不会对人们构成诱惑。而我们既看不见它，也摸不着它，所以也就很难执着地追求大道了。尽管人们不需要争夺和占有大道，但是大道却能使我们受用不尽。因此，得道之人从不对人们进行声色诱惑，因为他们深知，声色诱惑不能维持太长时间，一旦诱惑终结了，就会引起人心的不安，到时天下大乱就成必然之势了。所以，得道者以大道修身治国，人们自然会受益无穷。

追求享乐是人生而具有的本性。在物质丰富的社会中，人们很难克制自己的欲望，必然会想方设法满足自己的占有欲。如何才能在现实生活中追求大道呢？这就需要人们有清醒的头脑了。

◇ 从政之道 ◇

贞观之治

贞观是唐太宗李世民唯一的年号，其时间以公历记为627年到649年，这一时期中国所出现的盛世局面被称誉为“贞观之治”。

李世民生于隋文帝开皇十八年十二月二十二日（599年1月23日），虽然是唐朝的第二任皇帝，但是自少年时即跟随父亲南征北战，对于唐朝的建立，实际上有开创之功。隋大业十四年（618年），隋恭帝杨侑禅位于李渊，中国历史由此进入了唐代。唐朝初立之时，天下尚未平定，隋末崛起的群雄各霸一方，在唐朝统一全国的过程中发生了六次大规模的战役，其中的四次都为李世民所指挥，并且都取得了辉煌的胜利，这使得唐朝最终在天下分裂、诸侯割据的局面下脱颖而出，发展壮大并实现统一。

玄武门之变后，李世民被立为太子，不久，李渊让位，过起了太上皇的退休生活，而李世民登基，由此揭开了贞观之治的历史序幕。

李世民在位二十三年，政治空前清明，社会异常安定，经济极其繁荣，军力殊为强大，将唐朝建设成为世界上最为昌盛文明的天朝大国，也为其后中国封建社会繁荣的顶峰——开元盛世的出现奠定了坚实的基础。

关于贞观一朝的盛世局面，史书上有这样的描述：“官吏多自清谨。制驭王公、妃主之家，大姓豪猾之伍，皆畏威屏迹，无敢侵欺细人。商旅野次，无复盗贼，囹圄常空，马牛布野，外户不闭。又频致丰稔，米斗三四钱，行旅自京师至于岭表，自山东至于沧海，皆不粮，取给于路。入山东村落，行客经过者，必厚加供待，或发时有赠遗。此皆古昔未有也。”

中国上古时期的重要典籍《礼记·礼运》中这样来阐述人们心中的大同理想：“大道之行也，天下为公。选贤与能，讲信修睦，故人不独亲其亲，不独子其子，使老有所终，壮有所用，幼有所长，矜寡孤独废疾者，皆有所养。男有分，女有归。货恶其弃于地也，不必藏于己；力恶其不出于身也，不必为己。是故谋闭而不兴，盗窃乱贼而不作，故外户而不闭，是谓大同。”

从上面的两段文字之中，我们颇可以寻见出相同之处，如果说中国社会曾经出现过接近于古圣先贤们心中所构思的理想局面，那么，贞观时代无疑是其中最为杰出的代表。

然则，正所谓空穴来风，事出有因，贞观之治的出现是有着深刻的历史背景和政治原因的，当然，其中起着重要作用的因素，就是贞观之治的缔造者——唐太宗李世民的英明有道。他执政期间，积极致力于缓和阶级矛盾，努力恢复经济生产，与民休息，恩泽于天下，从而为唐朝统治的稳固和社会的繁荣建立了根本，有了这样的根本，国家才能够大有作为。

而另外一个基本的方面，就是唐太宗极为后世所称道的知人善任、从谏如流的开明精神。其中尤以直言进谏而著称的大臣魏徵，十几年中进谏二百余次，谏言累计达数十万字，其中绝大多数都是切中肯綮的实在建议，而基本上都为唐太宗所接受。太宗曾问魏徵：“人主何为而明，何为而暗？”魏徵对曰：“兼听则明，偏信则暗。”而唐太宗也确实做到了兼听之明。贞观四年（1630年），唐太宗下诏重修洛阳宫乾阳殿。就常理而言，皇帝要修一修宫殿实在是太普通不过的事情了，可是太宗的这个诏令却遭到了朝臣的反对。张玄素闻知此事，立即上书，言称此事不妥，理由当然也就是劳民伤财，太宗非但不怒，反而接受规劝，马上下令停止修建，并且赐给了张玄素二百匹彩绸作为进谏的奖赏。魏徵听说此事后，赞叹张玄素道：“张公论事，有回天之力。”张玄素敢于强谏，固然可嘉，然而若非遇唐太宗之开明达听，他的进谏又怎会生出“回天之力”呢？正是因为李世民做到了知过即改、闻善必从，才使得贞观一朝的政治极其贤达，让大唐王朝出现了河清海宴的圣明景象。

◎第三十六章◎

柔弱刚强

【原文】

将欲歙之①，必固张之②；将欲弱之，必固强之；将欲废之，必固兴之；将欲取之，必固与之。是谓微明③。柔弱胜刚强。鱼不可脱于渊④，国之利器不可以示人⑤。

【注释】

①歙（xī）：收敛，收缩。②固：暂且，姑且。此章几个“固”均如此解释。③微明：即微妙的道理。明，这里有高明、深远的意思。④脱：离开。⑤利器：有几种说法：一是指权道，二是指赏罚，三是指圣智仁义巧利。

【译文】

想要收拢它，必先扩张它；想要削弱它，必先让它强大；想要废除它，必先推举它；想要夺取它，必先给予它。这是一种微妙高明的道理。柔能胜刚。鱼儿不能离开池渊，国家的利器不可以轻易向人展示。

【解析】

本章主要讲了事物的两重性和矛盾转化辩证关系，揭示了自然界运动变化的规律，同时，老子还以自然界的辩证法比喻社会现象，目的在于引起人们的警觉注意。这种观点贯穿《道德经》全书。任何事物在其发展过程中，都会走到某一个极限，这时，该事物就会朝着相反的方向发展变化。本章旨在借物极必反的道理，教人以柔弱自处，回归大道的本源。

大道无言无为，无形无象，但是它却存在于有形的万物之中。世间万物行事时依循自然规律，有生就有死，有好就有坏，所以我们的有形世界所制定的法律，就是相对因果律，矛盾的双方相互转化、互为生灭，谁也无法改变。

而大道却与这个完全不同。大道本身是没有等级的，因此，只要合于大道，万物也就不会有等级了。倘若不合于大道，就一定会有等级，而且还会朝着自己所追求的事物的反面变化发展。

“将欲歙之，必固张之；将欲弱之，必固强之”，在本章的前四句之中，老子具体分析了事物的发展情况，这几句话贯穿了老子物极必反的辩证法思想。在以上所讲的歙与张、弱与强、废与兴、取与予这四对矛盾的对立统一体中，老子宁可居于柔弱的一面。在对人与物作了深入而普遍的观察研究之后，老子认识到，柔弱的东西里面蕴含着内敛，往往富于韧性，生命力旺盛，发展的余地较大。相反，看起来似乎强大而刚烈的东西，由于它的张扬外露，往往失去了发展的前景，因而难以维持长久。在柔弱与刚强的对立之中，老子断言柔弱的呈现胜于刚强的外表。

我们知道，大道是无言的、无形的、无声的，它无处不在。大道对于我们的控制，我们能够意识到，但是无法感觉到，这正体现了大道的平凡之处。而它不以声色相诱惑，不以名利做引诱，不以武力相威胁，一切都是自然而然的，这使得我们不得不遵循它的原则，投向它的怀抱，得到永久的安详和平静，永远不会受到伤害，这正是大道的伟大之处。大道之所以伟大，是因为它的平凡，而这才是老子所说的大道的根本，也就是无为而无所不为的真谛。如果治理国家的人能够掌握大道的根本，能够效法大道无为而无所不为的做法，那么就无须用各种手段来笼络人心，费尽心机地控制他人了。于是，人们为了能够过上平静而安定的生活，必定会自然而然地投向他，归顺他。

◇ 为人之道 ◇

康熙收服王辅臣

张极必歙，盛极必衰，这是自然界变化发展的规律。因此，只有处于柔弱地位，才能战胜刚强。其实，凡是有生命力的事物，都有柔弱的特征。正因为如此，它才有前途，才有发展的潜力。从发展的趋势来看，柔弱的一方终究会战胜强盛的一方。这一道理扩展到政治生活中，统治者想要培养臣子的忠诚之心，不能光靠严厉的手段，很多时候，采用怀柔的手段更能发挥效果。

王辅臣是山西大同人，他早年从事抗清事业，后来投降了阿济格，没入辛者库为奴。顺治帝亲政后，下令由王辅臣监临洪承畴部，后来洪承畴保举王辅臣做总兵官。王辅臣深受顺治帝的信任，平西王吴三桂对他极力笼络，让他跟随自己远征缅甸，俘获南明永历帝。康熙即位后，任命王辅臣为陕西提督，让他镇守平凉。

平凉是当时的战略要地，关系到京城的安危，王辅臣去平凉之前，特地拜谒康熙，康熙嘱咐他道:“朕很想把你留在京城，这样我们便可以朝夕相处。但是平凉是边陲要地，非得仰赖你才能守得住啊！”康熙又特例让王辅臣在京城过完元宵节，还亲自邀他一起看花灯。

不久，吴三桂在云南起兵谋反，吴曾写信给王辅臣，请他出任总管大将军。此时，王辅臣和大将军张勇正在陕西统领军务，王辅臣没有通知张勇，就让儿子王继贞把吴三桂的招降书呈递给了康熙，康熙看到信件后，知道王辅臣忠心耿耿，因此十分高兴，封王继贞为太仆卿。张勇的军功本来在王辅臣之上，但是自己没有得到皇帝的封赏，心里很不痛快，就此和王辅臣心生嫌隙。就在这时，四川提督郑蛟麟投靠了吴三桂，康熙帝为挽救局势，立即派遣大臣莫洛出京，让他负责管理经略事宜。王辅臣之前和莫洛有过节，而此时莫洛掌握了山西、陕西的兵马，所以就处处掣肘王辅臣。康熙十三年（1674年）十二月，王辅臣追随莫洛向四川进军，与吴三桂叛军作战。这时，吴三桂攻打广元，王辅臣要求增兵，但莫洛没有及时增援，王辅臣愈加不满。恰好此时莫洛率绿营兵至宁羌。王辅臣见莫洛兵力单薄，便于十二月初四突袭莫洛，举兵造反，莫洛被乱军杀死。

率部谋反后，王辅臣以位处陕甘要冲的平凉为根据地，北控宁夏，南接巴蜀，东拒清军。随后又攻克庆阳、平凉各州。当时，吴三桂已封王辅臣为平远大将军、陕西东路总管，并助饷银二十万两，还令王屏藩、吴之茂率部北进，援助王辅臣攻取整个陇右。

消息传出后，朝野震惊，康熙立刻召见在京的王继贞。王继贞刚走上大殿，康熙就说道："你父亲造反了！"王继贞一听，大惊失色，吓得差点瘫倒在地，他哆哆嗦嗦地说道："启禀皇上，我一点儿也不清楚啊！"康熙心里明白，王辅臣一反，京师随时都有被攻克的危险，现在再追究王辅臣杀死莫洛的罪责，已经没有什么意义了。他只期望着王辅臣能够回心转意，因此决定采用怀柔的策略，他安抚王继贞说："你不必担心，朕知道你父亲一向忠心耿耿，这次一定是莫洛的错，所以你父亲才不得不造反。你现在火速前往陕西，宣布朕的命令，赦免你父亲的罪责。"

王辅臣接到赦免的诏书后，心里非常感激，但也颇不平静，他想到康熙对自己恩重如山，于是率领属下向北跪倒，痛哭流涕。

但是，王辅臣担心康熙迟早会追究他杀死莫洛的罪责，因此没有接受朝廷的招降。但是他终究念着康熙的恩情，因此一直驻守在平凉，既不南下与已经攻占湖南的吴三桂会合，也不到四川与王屏藩联手。

后来，清军逐渐掌握了战争的主动权，取得了一系列胜利，"三藩之乱"很快就要被平息了。康熙仍想招降王辅臣，于是在康熙十四年（1675 年）七月给王辅臣下了一道招降敕谕。王辅臣心里还有顾虑，因此不敢贸然归降。

康熙十五年（1676 年）二月，图海正式被任命为抚远大将军，康熙亲自在太和殿授他印信。图海号令全军说："仁义之师，先招抚，后攻伐。今奉天威讨叛竖，无虑不克。顾城中生灵数十万，覆巢之下，杀戮必多。当体圣主好生之德，俟其向化。"意思是说：我们是仁义之师，尽管攻无不克，但是又担心生灵涂炭，所以期盼叛军能够归降清朝。五月初，图海攻克虎山墩，逼近平凉。王辅臣处境险恶。五日，图海抵达平凉，他坚持执行康熙用恩招抚的策略，围而不攻，围而不战，攻心为上，劝诱其降。在康熙真心的感召下，次日，王辅臣终于宣布投降。

康熙用恩收服王辅臣，不仅解除了其对京师的巨大威胁，而且剪除了吴三桂在陕西的羽翼，使吴三桂失去了一个有力的臂膀，顿时扭转了整个西北战局。

◎第三十七章◎

道常无为

【原文】

道常无为而无不为。侯王若能守之，万物将自化。化而欲作，吾将镇之以无名之朴[①]。镇之以无名之朴，夫将不欲。不欲以静，天下将自正。

【注释】

①朴："道"的另一个称呼。指道的一个方面。

【译文】

"道"永远是顺其自然的，却又好像没有什么事情不是它所作为的。侯王若能遵循道的原则，无为而治，天下万物就会按自身规律正常发展。当它的自生自长产生贪欲时，我就用道的真朴去整治它。用道的真朴来镇服它，就不会再起贪欲之心了。没有贪欲自然会清静无为，天下万物将自然而然地走向稳定、安宁。

【解析】

这一章是老子《道经》的最后一章，《道经》共三十七章，主要讲述了大道的概念、形状、意义、价值和规律。本章与第三十五章的内容基本相同，中心议题是"无为而无不为"，即老子的朴治主义思想，也是老子思想体系中居于核心地位的命题。老子认为最完美的治世之法是"无为"，即顺着道的法则自然而为。能顺道而行，就会自然走上正轨。

在本章中，老子再次强调，治国的根本在于无为，治民的根本在于使民无欲。当老百姓违反天道、犯上作乱时，统治者尽量不要施加刑罚，更不要利用武力进行征讨，而应以淳朴和无欲去教化和感化他们。老子认为，治国者只有遵循大道，无为而治，百姓才会无拘无束，自由自在。在第二十五章中，老子曾提到过“道法自然”，意思是说自然是无为的，所以道也是无为的。什么是无为？就是静、朴、无欲。治国者如果能够遵循道的法则去处理政事，就不会危害百姓，而百姓也不会滋生贪欲，这样他们就会过上自然、平静的生活了。

无为的思想在老子《道德经》中多次被阐述、解释。本章第一句说“道常无为而无不为”。如何理解老子的道呢？道与宗教里的神不同。宗教里的神是具有人格的，它有意志，也有欲望；而道则不具有人格，但是它却创造了万物，主宰了万物，并顺任自然万物的繁衍、发展、淘汰、新生，所以无为的确切含义应是不妄为、不强为。第二句老子引入人类社会，谈道的法则在人类社会中的运用。由于自然界的“道常无为而无不为”，所以老子要求侯王能守道而行，即在朝政方面，也要按照“无为而无不为”的法则来治理国家，从而导引出“化而欲作，吾将镇之以无名之朴”的结论。这里所说的“镇”，是镇服的意思，而不是用武力手段来镇压。

怎样在人类社会中运用道的法则呢？老子说，治国者只要恪守道的原则，遵循“无为而无不为”的法则，就会达到“天下将自定”的理想社会。大道无为，始终按照自己的轨道运行，可使整个宇宙和谐有序；治国者无为，始终遵循自然法则和社会法则，可使国家大治，百姓安定；自我无为，始终遵守自然之道和人生法则，可使自己健康长寿。在这里，宇宙、社会、人生是“实”“有”，自然法则、社会法则、人生法则是“虚”“无”，实与虚、有与无是对立统一的关系。因此，欲治实、有，必先守虚、无。自然法则是永恒不变的，所以无为的目的在于寻求“朴”，也就是合乎自然法则的社会法则和人生法则，治国以法，治身以朴，这样才能够实现“无为而无不为”的境界。

◇ 为人之道 ◇

宋真宗与“咸平之治”

“道”通常是顺其自然的，侯王若能遵循道的原则——无为而治，天下万物就会按自身规律正常发展。宋咸平年间，真宗君臣秉行无为而治、与民休息的治国理念，使整个国家出现了经济繁荣、政权巩固、百姓安居乐业的局面，这与老子所主张的“无为而无不为”的理念相合一契。

宋真宗即位后，继续推行太宗晚年以来的无为之治。他先后提拔了李沆、吕蒙正、夏侯峤、杨砺等人担任宰相和执政大臣，并保留了张齐贤、吕端等前朝能臣。这些人忠于职守，真宗与他们上下同心，开创了继唐代“开元盛世”以来的又一个盛世。

宋真宗所采取的措施主要体现在减免赋税、改革财政、劝课农桑、平抑粮价及改革司法等方面。

咸平元年（988年），时任度支判官的毋宾古对大臣王钦若说：“各地种田的人，拖欠了大量未缴的田赋，有的已拖了十几年甚至几十年。年积一年，日久天长，老百姓根本没有能力偿还。可是因为账上挂着，基层官员就年年下去催要，并且借机勒索，这都成了一个重大的社会问题。”王钦若把这个问题反映给了宋真宗。真宗听后觉得很有道理，立即下令进行改革。

真宗于当年四月十六日下令，凡往年拖欠之田赋一律免除。而因为欠税被抓进监狱的人，也一律释放。并且让各地认真核查落实，最后统计结果，共免除各地赋税一千万贯，共释放在押囚犯三千余人。

咸平四年（1001年），宋真宗亲自审问因拖欠官府钱财而被捕入狱的人，一连审了七天，共释放两千六百余人，免除债务达二百六十万贯。并让有关官吏重新审察拖欠政府钱物的档案，凡有冤屈的就重新处理。后来，真宗又多次下诏要求免除或减免各地赋税，用以赈灾和其他用途。如咸平四年闰月十八日，河北发生饥荒，真宗宣布减免赋役，并发放粮食以赈灾。

另外，真宗还下令减少服徭役的人数。恢复死刑复核制度，释放大批宫女等。

通过施行这些措施，真宗树立起了“仁义天子”的形象。同年九月，真宗到北郊“观稼”，沿途百姓看到真宗的车驾，竟然自发围上去大呼“万岁”。这让真宗很满意，他对身边的大臣吕蒙正说：“假使能选将练兵，战胜辽夏，使边疆百姓也和他们一样，过上安定日子，我就心满意足了。”

财政方面，中央设置三司使，推广“和予买”制度。和予买是当时一些地方官员想出来的办法，就是农民春季资金短缺时，政府先付给农民一定的资金，然后农民在夏秋两季用布和绢来偿还政府。这样农民既可以获得生产所需要的资金，政府也可以买到廉价的物品。

劝课农桑。宋真宗本人对农业十分重视。在景德三年（1006年），下诏要求各级地方长官的官衔上一律加上“劝农使”或者“劝农”等字样，鼓励农民努力务农。又作《景德农田敕》这部农业法规，以此来规范农业生产和各种事项，并在后面很长一段时间内沿用。同时，大量印刷各种农业书籍分发给各级地方官，让他们认识农事，并大力推广高产作物占城稻。

平抑粮价。宋真宗下令在全国推广“常平仓”制度，常平仓起源于战国李悝的平籴法，有储粮备荒和稳定物价的功能。真宗时政府规定：每年夏天由地方政府依照本地人口垫资购粮，以每户一石计，设仓储存，一旦遇到粮食价格上涨就减价卖给平民，达到平抑粮价的效果。另外设有专人管理，出陈入新，防止粮食腐烂。常平仓制度对于灾年帮助平民渡过难关、稳定社会起到了重要的作用。

司法方面，严令禁止严刑逼供，废除了很多酷刑（如断截手足、钩背烙身等），并在京师成立纠察刑狱司，地方设立提点刑狱司，建立了司法复核制度，允许当事人上诉。

宋真宗通过施行以上措施，北宋社会呈现出政治安定，百姓富足的局面，历史上称这段时期为“咸平之治”。

德经

◎第三十八章◎

处实去华

【原文】

上德不德，是以有德；下德不失德，是以无德。上德无为而无以为；下德无为而有以为。上仁为之而无以为；上义为之而有以为。上礼为之而莫之应，则攘臂而扔之[①]。故失道而后德，失德而后仁，失仁而后义，失义而后礼。夫礼者，忠信之薄，而乱之首。前识者[②]，道之华，而愚之始[③]。是以大丈夫处其厚[④]，不居其薄；处其实，不居其华。故去彼取此。

【注释】

①攘（rǎng）：捋起衣袖露出手臂，形容其貌粗鲁。扔：用力拉扯的动作。②前识者：有预见的人。道、德、仁、义、礼都谈到了，这里的前识者即“智”。③华：即“花”，指表面的东西。④大丈夫：不是今天说的有气魄的男子，指的是忠信守道的人，就如“圣人”。

【译文】

上德的人不表现为形式上的德，因此实际上是有德的。下德的人表现为外在的不离失德，所以实际上没有达到德。上德的人顺应自然无心作为，下德的人顺应自然而有心作为。上仁的人有所作为却出于无意，上义的人有所作为却出于有意。上礼的人有所施为而得不到回应，于是扬着胳膊，强迫别人跟随他去行动。所以，我们从这个道理可以知道，失去了道后才有德，失去德后才有仁，失去仁后才有义，失去义后才是礼。礼这个东西，是忠信不足的产物，是道、德、仁、义变得淡薄时才出现的，当然就是社会动乱的祸首了。所谓先知，不过是道的虚华表面，是愚昧的开始。因此，忠信守道的人立世，为人当敦厚而不轻薄，实在而不虚华。所以应当舍弃轻薄虚华而采取朴实敦厚。

【解析】

这一章老子提出，人类的精神从道到德、到仁、再到礼，是一个退化的过程。越往下，人为的造作越多，离道越远。大丈夫不应务虚，而应当以返本归源为要务。

“上德不德，是以有德；下德不失德，是以无德。”本章是老子《道德经》的第二部分——《德经》的开篇。前面的章节是《道经》部分，《道经》阐释的是天道，也就是自然规律。而《德经》阐释的则是人德，也就是人生的行为准则。在老子看来，“道”的属性表现为“德”，只要是合于道的行为，就是“有德”；只要是不合于道的行为，就是“失德”。道与德是不可分割的统一整体，但是两者也有区别：德可以分为上德和下德，只有上德才合乎道的精神。德是道在人类社会的具体体现。道指的是客观规律，而德指的是人们把道运用于人类社会产生的功能。天道和人德一起构成了老子哲学的思想体系。

作为《德经》的开篇，本章首先揭示了上德与下德的区别。在老子看来，得道之人是具有最大德行的人，他们的心里本来就没有上德与下德的概念，所以人们才会认为他们的行为是合乎道德的。换言之，大道与大德都是无言无名的。如果一个人的心里有上德与下德的概念，那么他就会进入到后天的分别之中。一旦具有了分别之心，那么这个人便是凡夫俗子了。因此，凡是具有下德的人，他们的心里都会有上德与下德的概念，做任何事情都要拿道德去衡量，生怕自己的行为不合于道德。如此一来，人们所做的事情也就没有真正合于道德的了。

“上德无为而无以为；下德为之而有以为。”老子所说的上德与儒家所说的德政是不是一回事呢？老子认为，儒家的德政不合乎客观规律，不符合现实情况，仅仅是凭着个人的主观意志来推行的，所以不能称为上德，而是下德；而上德则是无为，它合乎自然规律，治国者心中没有功利的观念，不是仅仅凭着主观意志去办事，这样做的结果便是“无为而无不为”，而道的精神便能充分体现于人间。

在本章里，老子把政治分为两个类型和五个层次。两个类型即无为和有为。无为的类型包括道和德；有为的类型包括仁、义、礼。五个层次即道、德、仁、义、礼，其中德（德只是指上德，不是下德）和仁是这五个层次中最高的标准。“失道而后德”说的是失道则沦为下德，那就与上仁相差无几了。“失德而后仁”说的是离开了无为的类型才有了仁。仁属于有为的范畴，而“失仁而后义”“失义而后礼”说的是在有为的范围内所显示出来的不同层次。统观德、仁、义、礼这几个层次，只有上德属于客观行为，其他都属于主观行为。而下德则包含了仁、义、礼。如果统治者不能明道，总是以自我名利为中心，那么，他所推行的仁、义、礼，目的都在于巩固自己的统治地位。

在老子看来，大千世界中的一切生命都为道所主宰，它们的存在，既无益于大自然，也不能对大自然构成危害。它们自以为丰富多彩的生命，在大自然中却连一丝痕迹都不能留下。因此，一切生命都只有当下的存在意义，而没有原始的或终极的纪念意义。面对这种情况，人们不禁为生命的短暂和自身的渺小而感到叹息。生命是短暂的，人们应当如何度过自己的一生呢？由于人们都具有思想和意识，都能够区分善恶美丑，所以才有了道德标准，当然这种标准也是人为规定的。在老子看来，真正的德（即上德）是不需要形式的，这就为人们提供了足以参考的指标。人们在参透这一思想的同时，也就明白该做什么和不该做什么了，这样才不会辜负自己的一生。

◇ 为人之道 ◇

郦食其为争功名而被杀

在本章中，老子提出了一个为人处世的原则，即“处其实，不居其华”。这一原则是老子重实质而轻形式的观念的集中体现。老子认为，得道之人应当舍弃形式上的虚华，追求内容的朴实。这个观念直到今天，仍有很重要的意义。

公元前203年，楚汉之争正处于紧要关头，齐国作为第三方势力，逐渐成为楚、汉双方拉拢的对象。刘邦的谋士郦食其深刻地知道这一点，于是他向刘邦请命，要求到齐国去说服齐王归顺刘邦。这时，刘邦已经下令韩信进攻齐国了，但是郦食其不肯失去这次建功立业的机会，坚持要去齐国劝降。刘邦最终答应了郦食其的请求。

郦食其日夜兼程地来到齐国，然后见到齐王说："您知道天下人心的归向吗？"齐王回答说："我不知道。"郦食其说："如果您知道了天下人心的归向，那么齐国就可以保全下来；否则的话，齐国就不能保全了。"

齐王有些担忧，就向郦食其问道："天下人心究竟归向谁呢？"郦食其从容地回答道："归向汉王。"齐王又问："为什么这么说呢？"郦食其回答说："项王既有背弃盟约的坏名声，又有杀死义帝的不义行为；他从不记挂着别人的功劳，却对别人的过错从来都记着；将士们立了战功得不到奖赏，攻下城池也得不到封爵；只要不是他们项家的人，没有谁能够得到重用；对应当赏赐给有功之人的侯印，项王把它拿在手中反复把玩，不愿意授给别人；攻城所得的财物，他宁可堆积起来，也不愿赏赐给大家；所以全天下的人都背叛他，有才能的人也怨恨他，没有人愿意为他效力。正因为如此，天下的才能之士都投靠了汉王，汉王安坐在营帐里就可以驱使他们。如今汉王已经获得了敖仓的粮食，阻塞了成皋的险要，守住了白马渡口，堵塞了大行要道，扼守住了蜚狐关口，天下诸侯谁要是想最后投降，那么汉王就先将其灭掉。所以，大王您要是赶快投降汉王，那么齐国的社稷还能保全下来；如果不及时投降汉王的话，那么齐国灭亡就要成为现实了。"齐王田广听了郦食其的话，认为他说得很有道理，便答应了下来。

这时，韩信刚刚平定了赵、燕二国，正准备着向东攻打齐国。韩信大军抵达平原渡的时候，韩信接到探马来报，说汉王派了郦食其到了齐国，已经成功说服齐王田广归顺了汉朝。韩信得到消息后，心想郦食其既然已经说服了齐王，那么自己就不必攻打齐国了，而是应该率领军队返回去，帮助汉王攻打楚国。想到这里，韩信便下令在原地扎营，准备择日回朝。

数日后，韩信升帐与属下商议回朝一事，向众人说明了原因，正想下令撤军而还。这个时候，谋士蒯通站了出来，他劝阻韩信道："不可！不可！"韩信不解，忙向他问道："齐王已经归顺了汉王，我现在改道而还，先生为什么说不可以呢？"

蒯通回答说："将军奉了汉王之命讨伐齐国，久经周折，如今才来到齐国边境。现在汉王派了郦食其出使齐国，探子回报说郦生已经说服了齐王，这件事是否属实，尚有疑问。况且汉王还没有颁下明令制止将军的伐齐行动，怎能仅凭探子的一句回报，就仓促下令停止进攻齐国呢？再者说来，郦食其乃是一介儒生，他如果凭着三寸不烂之舌，就能攻下齐国七十余城，而将军率领数万甲兵，转战一年多，才攻下赵国五十余座城池。将军试想一下，您为将多年，反不如一介儒生的功劳，难道不感到羞愧吗？所以，我为将军考虑，您不如趁着齐军没有防备，率领军队长驱直入，扫平齐国。这样的话，平定齐国的功劳才能归于将军啊。"韩信听了蒯通的话，深思了片刻，觉得他说得很有道理。但又一想，如果发兵攻打齐国，那岂不是害了郦食其？于是当即对蒯通说道："您的话虽有道理，但是我如果这样做了，齐国势必会杀害郦生，这样做不可以啊！"蒯通听后，笑着说道："我知道将军不忍心害死郦食其，但据我所知，郦食其是自荐说齐的，他明知将军正在率军攻打齐国，却还要这样做，这岂不是他先负了将军吗？"韩信听到这里，勃然大怒，立刻站起身来，下令调动人马，过了平原渡，直逼历下。齐军毫无防备，结果被杀得大败。而韩信又乘胜追击，斩杀了齐将田解，生擒了华无伤，继而一路高歌猛进，直至临淄城下。

齐王田广本来已经答应郦食其，同意归顺汉王，这时他忽闻汉军杀到，不由得大惊失色，于是急忙将郦食其召来，当面训斥他道："我听信了你的话，本来以为可以避免刀兵之祸，没想到你心怀鬼胎，假装骗我归顺汉王，暗地里却让韩信率领大军攻打齐国，致使齐国沦丧，你当真是罪不可赦啊！"

郦食其也慌张起来，对齐王说道："韩信发兵，那是因为他不知道齐国的实际情况，希望大王立刻派遣一名使臣，一同随我去面见韩信，我一定能让他退兵，撤出齐境的。”齐相田横在旁插言道：“到那个时候，你一定会逃之夭夭，我们怎能再受你欺骗呢！”说着，不容郦食其再行辩解，下令将他扔到油鼎之中，烹杀而死。

韩信听到郦食其被杀的消息，心里感到不安，立即下令攻城。数日之后，攻破了临淄城。齐王田广、齐相田横只得弃城出逃，并派出使者向楚王项羽求救。

郦食其本来知道韩信率军伐齐，但是还向刘邦自荐说齐，其意在于争功夺名。功名本是虚华的东西，郦食其追求形式上的功名，最终却为功名所累，为功名而死。

◎第三十九章◎

贱为贵本

【原文】

昔之得一者：天得一以清；地得一以宁①；神得一以灵；谷得一以盈；万物得一以生②；侯王得一以为天下贞③。其致之也，天无以清，将恐裂；地无以宁，将恐废；神无以灵，将恐歇④；谷无以盈，将恐竭；万物无以生，将恐灭；侯王无以正，将恐蹶⑤。故贵以贱为本，高以下为基。是以侯王自称孤⑥、寡⑦、不穀⑧。此非以贱为本邪？非乎？故至誉无誉。是故不欲琭琭如玉⑨，珞珞如石⑩。

【注释】

①一：这里的几个“一”，指的是“道”。②以：因此。以下几个“以”都作“因此”解。③贞：通“正”，首领。④歇：灭亡的意思。⑤蹶（jué）：跌倒。⑥孤：孤独无助的人。⑦寡：寡居之人。⑧不穀：凶恶不善的人，与孤、寡均是贱称。⑨琭（lù）琭：美而坚的样子，形容玉的华丽。⑩珞珞（luò）：

坚硬粗劣的样子，形容石块的坚实。

【译文】

从来凡是得到“一”的：天得到一而清晰明亮；地得到一而安宁稳定；神得到一而灵验有效；山谷得到一而充盈有生机；万物得到一而生长发育世世不绝；诸侯和君王得到一而使天下安定。推究其理，假若天不能保持清晰明亮，恐怕就会崩裂；如果地不能保持安宁稳定，恐怕就要塌陷；假若神不能保证灵验有效，恐怕就会消失；倘使山谷不能充盈有生机，恐怕就会枯竭；要是万物不能生长繁殖，恐怕就会灭绝；若是诸侯、君王无法保持清明恬静，恐怕就会被推翻。所以，尊贵是以卑贱为根本，高是以低下为基础的。因此，君王自称为“孤”“寡”“不毂”，这不正是把低贱当作根本吗？难道不是这样吗？所以最高的荣誉是无须去夸赞称誉的。所以有道的人君不应追求美玉般的尊贵华丽，而应像石头那样朴质坚忍，不张扬。

【解析】

这一章讲的是道的应用。“一”就是道的意思。道是天下万物的根本，也是做任何事情，包括治理国家的根本。因此，“致之一”即按道的法则去行事。

“昔之得一者：天得一以清；地得一以宁；神得一以灵；谷得一以盈；万物得一以生；侯王得一以为天下正。”在本章中，老子重点强调了一的概念，并反复使用了一。究竟什么是一呢？从狭义上来看，一就是唯一、统一的意思；从广义上来看，一是一个十分抽象的概念，它既指物质的唯一性，也指认识的统一性。老子认为，一是万物的最早起源，世间万物全都是由一慢慢衍生出来的。所以，这个一是万物所共有的一，任何事物都是从一开始的。

在本章中，老子列举天、地、神、谷、万物、王侯，说天与道相合便会变得清明，地与道相合便会变得宁静，神与道相合便会灵验，川谷与道相合便会盈满，王侯与道相合便能使天下大治。老子通过以上所列举的事物，阐明了一是万物存在的基础及万物始祖的道理。

“其致之也，天无以清，将恐裂；地无以宁，将恐废；神无以灵，将恐歇；谷无以盈，将恐竭；万物无以生，将恐灭。”既然一是万物的起源，是万物存在的基础，那么，假如这个世界上没有一，将会是怎样一种情景呢？这段中，老子论述了世界在没有一的情况下将会出现的情形：如果上天不能与道相合，便会崩裂；如果大地不能与道相合，便会废止；如果神灵不能与道相合，便会消失；如果川谷不能与道相合，便会枯竭；如果万物不能与道相合，便会遭到毁灭；如果王侯不能与道相合，天下就会发生动乱。

说到这里，我们不禁要问：一究竟是什么呢？

其实，一并不是一个实物的体，而是一个抽象的理，它看不见，摸不着，无法用语言来描述，而只能为人们所感知。具体来说，一是统一性和规律性，它无形无状、无声无息、无色无味，它存在于万物萌发的开始，是宇宙万物得以生成的根源。

在本章中，老子说“贵以贱为本”，这句话顺承了“昔之得一者”一句，意思是说如果人们想得到这个玄妙而伟大的一，就一定要摒弃私心杂念和分别之心，达到“物我两忘”的境界。何谓“物我两忘”呢？也就是外物与我没有分别，心中也没有美丑、善恶和荣辱的界限。心中没有了这些概念，也就不会产生分别之心；没有了分别之心，也就不会有争夺的想法；没有了争夺的想法，也就不会因为没有达到目的而感到痛苦和烦恼。没有善恶、荣辱、美丑的概念，没有分别之心，没有争利的念头，没有痛苦和烦恼……这样，人生就达到了无欲无求的境界，这就是个人与大道的和谐统一。

以上所说的，是如何摒弃私心杂念和分别之心。没有了私心杂念，就等于说这个人没有了妄想。只要我们做到了不妄想，也就不可能去妄为了，不妄为也就不会违背道德规范。如果违背道德规范，便是我们经常所说的缺德行为。

我们知道，大道和大德是无处不在、无所不在的，它们无言无为，没有分别，万物都是由它们衍生出来的。它们无所谓追求和索取，所以也就没有执着之心。我们必须要抛弃私心杂念，因为它会制约我们对幸福感的认知。

人生在世，只有短短数十个春秋，如果我们把人生的意义仅仅定位在满足自己的贪欲上面，就会陷入痛苦的境地。那样，我们也许会在欲望的驱使下，做出一些违背道德的事情来。一旦做出这种行为，就会伤害别人，还会使自己的幸福毁于一旦，这种结局必然是痛苦的。所以，人们只有保持心无杂念，才会达到人生的最高境界。

◇ 从政之道 ◇

朱元璋隐忍为“石”，终成大事

如上面所言，相比于漂亮而贵重的宝玉，石头具有相当多的优点，下面以明太祖朱元璋为例，让我们来看一看他是如何放弃了成为“宝玉”的虚荣，隐忍地甘愿为“石”，最终走向成功的。

元朝末年，天下大乱，各路豪杰纷纷举起反元旗帜，朱元璋的部队是其中一支。在当时，存在张士诚、徐寿辉、刘福通等多支农民起义军，虽然这些起义军均志在反元，但彼此之间存在着矛盾，在反元的同时也互相敌视。尤其是到了反元后期，眼看元朝统治者已经不可避免地面临倾覆了，各起义军首领便都想要取而代之，垂涎皇帝的宝座。其中的刘福通，立和他一起起义后来在战斗中牺牲的韩山童之子韩林儿为皇帝。徐寿辉手下大将倪文俊的部下陈友谅在杀了倪文俊、徐寿辉之后，在采石称帝，立国号为汉。而陈友谅的手下明玉珍在反叛陈友谅后，也在重庆自立，国号大夏。一时间中国大地上出现了四五个皇帝。但是，当时实力已经相当可观的朱元璋却没有加入这场热闹的称帝竞赛中，而是接受儒生朱升的建议：高筑墙，广积粮，缓称王。

所谓“高筑墙”，即建立巩固的根据地。朱元璋在夺取了集庆（今江苏南京）以后，改其为应天府，并建造城墙，加强军事防卫措施，从而保证自己的根据地不会被人夺走。同时，则是以根据地为中心向东扩展，以强化扩充自己的地盘。而所谓“广积粮”，即是增强自己的经济实力，以积蓄力量。而一支军队的经济实力，最核心的便体现在军粮的充足上。因此，朱元璋就在军队里面专门设了一个都水营田司，负责组织队伍屯田种地、兴修水利，一年下来有了收获，三年下来就有了积蓄，军队有粮食了。同时，他还设立了一系列的盐、茶买卖许可制度，通过向商人征税增加军队的经济来源。最后，“缓称王”，顾名思义，便是不急于称王，以当时朱元璋的实力来说，是可以称王的。但是，他却没有这样做，而是集中力量进行前面所说的两个战略措施。最终，朱元璋在众多的农民领袖中脱颖而出，成为了最后的赢家，建立了大明王朝。

据后世史学家分析，起初，朱元璋在各路起义军之中实际上是力量最弱的一支，其之所以成为最终的赢家，除了其他各方面的因素之外，其“高筑墙，广积粮，缓称王”的战略措施起到了至关重要的作用。如果仔细分析的话，朱元璋的“高筑墙，广积粮，缓称王”战略实际上就是老子所说的“不强为玉，宁愿为石”的智慧。刘福通、陈友谅、明玉珍这几个本来力量强大的农民领袖之所以最终失败，可以说与其急于成“玉”的虚荣心有很大的关系。其称帝之后，便很容易成为众矢之的，最终遭遇失败。而朱元璋正是甘愿为“石”的策略，藏起了自己的锋芒，并默默无闻地积蓄实力，然后等时机成熟后突然发力，顺理成章地摘取了成功的果实。

可以说，朱元璋的策略为我们追求成功提供了一种很好的借鉴，虽然追求的东西可能不太一样，但道理是一样的。举例来说，许多年轻人在创业的过程中，也会遇到这种做“玉”还是做“石”的问题。一些刚开始创业的年轻人，总是喜欢贸然建立自己的公司，自己也因此得以在名片上印上“董事长”“总经理”的职位，表面上很风光，但公司这样的组织形式运营成本是很大的，往往使没有雄厚经济实力的创业者疲于应对，一旦生意没有很快做起来，往往无法支撑下去。而个人独资企业、合伙企业、个体工商户等形式的运营成本要低得多，注册这样的企业形式，虽然没有“董事长”“总经理”这样风光的名称，却是更为理性的创业模式，这样一步一个脚印地走，在走向成功的路上便会走得更沉稳。因此，创业者因为虚荣心的缘故而“强要为玉”，显然不如甘愿为“石”的人更容易成功。

总之，无论是你想追求成功，还是想拥有快乐，学会做“石”的智慧，都会对你有十分现实的帮助。

◎第四十章◎

有生于无

【原文】

反者道之动，弱者道之用。天下万物生于有，有生于无。

【译文】

“道”的运动是循环往复的运动变化，它的作用是微妙柔弱的。天下的万物都是生于看得见的有形质，而看得见的有形质却生于看不见的无形质。

【解析】

这一章老子提出了几个重要的结论：第一点是“反者道之动”，任何事物的发展运动都是朝着相反的方向走。第二点是“弱者道之用”，“道之用”就是道发生作用的方式。用弱而不用强，就是因为“反者道之动”，用弱反而能强，反之，用强则反而变弱。第三点是“万物生于有，有生于无”。

在这一章中，老子重申了道与德的关系：道不仅是无形的，而且还是无言的、无为的，人们不能真正地认识它，人们所能认识的，仅仅是道的德行而已。所以说，德是道的属性。

老子认为，“反者道之动”。这句话可以理解为：事物运动变化的规律是循环往复的，而我们周围的事物也都处在永不停息的运动变化之中。蝉皮挂在枝头，而蝉却没了踪影，我们四处寻找，树叶深处传来蝉的鸣叫，原来它的翅膀长硬了躲到密叶深处唱歌去了。然而好景不长，随着夏天的逝去，它的生命也就走到了尽头，第二年的夏天蝉声又起，如此循环往复，永不衰竭。

老子还说，“弱者道之用”。这句话的意思是说：道在发挥的时候，用的是柔弱的方法，它顺其自然，任由一切事物依照自然规律发展变化，而决不强加干涉，也不强加自己的意志，而是留给万物自由的发展空间。道孕育了万物，却不主宰万物，不把它们据为己有，不使它们受制于自己的力量。如果天下的统治者能够顺应大道，效法大道的做法，以柔弱的手段来治理天下，那么他们必然能够得到民众的拥护和爱戴，使其归顺自己。

由上可知，大道的德行就是循环往复和柔弱顺应。世间的任何事物都是由道而生的，因此自然应该合乎大道的德行，只有这样才能正常生长、发展和运行。一旦违背了道的德行，那就会被大道抛弃，这是因为所有事物都是由大道孕育而生成的，这正好照应了老子《道经》开篇所提到的“有，名万物之母”。

“天下万物生于有，有生于无。”这里还需要注意一点，那就是大道的孕育状态来源于无的混沌未开的状态，这正好照应了第一章中老子所说的“无，名天地之始”。如此说来，道的德行指的就是无的状态。人处在宇宙之中，就好像沧海中的一粟，显得那么微不足道。而我们乐于夸大个人存在的价值，这是一种虚妄的表现。人一旦产生妄想，就会违背自然规律而恣意妄为。恣意妄为是一种公然叛逆大道的行为，这种行为在现实生活中十分常见，如污染环境、乱砍滥伐、肆意捕杀等。如果人类认为自己是强大的、睿智的，就会犯下妄自尊大的错误，这也是一种不自知的表现，其结果必将是自我毁灭。如何才能避免自我毁灭的结局呢？这就需要人们清醒地评估自己，及时地反省自己，顺应自然之道，明晓生死皆自然的道理。做到这些，才能避免因妄想而导致的自我毁灭。

人的生命就是一次短暂的旅行，从起点出发，最后又复归到起点，这种循环往复是不可逆转的，它不会以人们的主观意志为转移，有生就有死，这是大道的自然规律，任何人都改变不了。既然改变不了生老病死的规律，我们为什么不坦然面对这一切呢？

◇ 为人之道 ◇

郭德成保全性命

任何事物都不是绝对的,物极必反,乐极生悲,万事万物都遵循这一规律。福与祸也是事物对立统一的两个方面，当处境安逸的时候，应当居安思危，时时提醒自己，福也许是其中正潜伏着祸事，很多祸事都是因为乐极生悲而引起的。

明初的大臣郭德成，是开国功臣，同时又是皇亲国戚，这本来是件福事，但是由于朱元璋生性多疑，得到天下后又大肆诛杀功臣，这就很容易招惹祸端了。本是得罪皇帝的事情，却因为郭德成能及时看到祸端，能够不为利益所羁绊，这才避免了一场灾祸的发生。

郭德成性格豁达，聪明机敏，但嗜酒如命。在元末动乱的年代里，郭德成与兄长郭兴一起追随朱元璋南征北战，立下了不少战功。

朱元璋夺取天下后，原先追随他出生入死的将领纷纷加官晋爵。郭德成仅仅做了骁骑舍人这样的小官，但是他从未向朱元璋提出过升官的要求。

郭德成的妹妹宁妃，当时深得朱元璋的宠幸。朱元璋觉得郭德成的功劳不小，却没能做大官，所以心里有些过意不去，准备提拔郭德成。

一次，朱元璋召见郭德成，说道：“你曾立下不少战功，我让你做个大官吧。”郭德成听了后，连忙推辞说：“感谢陛下对我的厚爱，但是我头脑不够清醒，整天不问政事，只知道饮酒作乐，一旦做了大官，那不是害了国家又害了自己吗？”朱元璋知道他故意推辞，又让了他几次，但郭德成态度坚决，就不再坚持了。于是，朱元璋将大量美酒和钱财赏赐给郭德成，还经常邀请郭德成到皇宫里的后花园中饮酒。

一次,朱元璋又邀请郭德成到后花园饮酒,郭德成兴冲冲地赶到后花园;他看到花园内景色优美，闻到桌上美酒香味四溢，于是忍不住酒性大发，连声说道：“好酒，好酒！”随即陪着朱元璋饮起酒来。

几杯酒下肚之后，郭德成脸色渐渐变红。但是他仍旧举杯痛饮，喝个不停。时间已经不早了，郭德成喝得烂醉如泥，踉踉跄跄走到朱元璋的面前，他躬下身子，低头向朱元璋辞谢，结结巴巴地说道：“多谢皇上赏赐臣下饮酒！”朱元璋见他已经喝醉了，而且衣冠不整，就笑着说道：“我看你头发纷乱，语无伦次，真像是一个醉鬼疯汉。”郭德成抓了几下自己的头发，脱口而出：“启禀皇上，臣也非常痛恨这乱糟糟的头发，要是剃成光头，那样才好呢。”朱元璋听了这话，满脸涨得通红。朱元璋年少时因为家贫而出家做过和尚，这成了他一生中难以启齿的事情，所以非常痛恨有人揭他的短。他听到郭德成说到“光头”二字，心想：你这小子怎么如此大胆，竟敢侮辱我？他正要发怒，但是转眼又看见郭德成仍然傻乎乎地笑着，便静下心来仔细一想：“也许这是郭德成酒后失言，不妨冷静观察一下，以后再治他的罪也不迟。”想到这里，朱元璋虽然心里不痛快，但还是高抬贵手，放郭德成回家去了。

郭德成回到家后，慢慢醒过酒来，他突然想到自己在皇帝面前失了言，所以心里非常恐惧，身上直冒冷汗。郭德成心想，朱元璋最忌讳的就是“光”“僧”等字眼，但是自己怎么也没有想到，今天竟然这般糊涂，戳了皇上的痛处。

郭德成担心朱元璋因此而除掉自己，但是想了许久也没有什么好办法。郭德成曾想向朱元璋解释，但是转眼一想不行，那样势必会加重皇上的记恨；倘若不解释，自己已然铸成了大错，难道真的因为这件小事而赔上全家人的性命吗？

过了几天，郭德成仍旧像往常一样喝酒纵饮，就好像从来没有发生什么一样。又过了几天，郭德成进寺庙剃了光头，做起和尚来了。朱元璋听说后，就派人暗中监视，发现郭德成整日身披袈裟，诵经念佛。

朱元璋见郭德成做了和尚，心里的怨恨和疑虑全部打消了，他还向郭德成的妹妹宁妃赞叹说：“德成真是个奇男子啊，我原本以为他说痛恨自己的头发是开玩笑的话，想不到真是个醉鬼和尚呀。”说完之后，随即大笑起来。

以后，朱元璋大杀功臣，把原先追随自己的许多大将都杀掉了，而郭德成竟能保全了性命，这正与其甘愿抛弃荣华富贵有很大关系。

由老子的这一章我们可以知道，无论做什么事情，都要从小的祸事上看到以后事态发展的趋势，提前避祸，这样才不会招来杀身之祸。明初，朱元璋大杀功臣，很多大臣都没能保全自己，而郭德成却做到了，这是因为他明白忍对祸福的道理。郭德成因祸而入庙出家，却因此保住了自己的性命，谁又能说这不是福呢？所以，人们只有懂得祸福相倚的道理，方能从容行事，否则就容易陷入进退维谷的境地，甚至因此而丢掉性命。

◎第四十一章◎

大器晚成

【原文】

上士闻道，勤而行之；中士闻道，若存若亡①；下士闻道，大笑之。不笑不足以为道。故建言有之②：明道若昧；进道若退；夷道若纇③；上德若谷；广德若不足；建德若偷④；质真若渝⑤；大白若辱；大方无隅⑥；大器晚成；大音希声⑦；大象无形；道隐无名。夫唯道⑧，善贷且成。

【注释】

①亡：通“无”，没有。②建言：一说是立言之意，一说是老子所引用的书名，也可能是谚语或歌谣。之：代词，指代下面的话。③夷：平坦。纇（lèi）：不平坦，崎岖。④建：同“健”。偷：懒惰、懈怠之意。⑤渝（yú）：空虚；有假。⑥隅：角落。⑦希：无、没有。⑧唯：只有。

【译文】

上士听到道后，必定立即勤奋去实行；中士听到道后，则将信将疑犹豫不定；下士听到道后，则会哈哈大笑。如果不被他们嘲笑，那就不足以成为“道”了。所以古时候立言的人说过这样的话：光明的道看似暗昧；前进的道好似在后退；平坦的道好似凹凸不平；崇高的德好似低下的川谷；广大的德好似有不足之处；刚健的德好似怠惰的样子；质朴纯真又好像浑浊未开；洁白无瑕的东西好似含污纳垢了一般；最方正的东西好似没有棱角；最珍贵的器物总在最后制成；最大的乐声反而听来没有声音；最大的形象反而看不见它的形状。道幽隐无声，无名无状。也只有道，它善于给予万物并且辅助万物。

【解析】

上一章老子讲了“反者道之动”，论述了道的德行，即循环往复、柔弱顺应。这一章也讲一个“反”字，即道的真正内涵以及发生作用的方式与世俗人们的认识往往相反。

万物是由大道所生的，所以无论何种事物，都应该遵循大道的德行，顺应自然的循环往复，达到无言无为的境界。只有做到这些，我们才能领略到生命的充实和美好，免受来自自然的惩罚。

“上士闻道，勤而行之；中士闻道，若存若亡；下士闻道，大笑之。”这一章老子重点告诉人们依道修德的具体方法。春秋时期，士人可以分为三等，即上士、中士、下士。上士指的是高明的贵族阶层，中士指的是平庸的贵族阶层，下士指的是浅薄的贵族阶层。在本章中，老子也把人类分为上士、中士和下士三个等级。但是老子在这里所说的三个等级，跟世俗社会中的等级不同，它是就认识水平上的高低而言的。因此，上士也就是悟道较深的人，中士就是对道半信半疑的人，下士就是对道无知的人。由于每个人对道的领悟程度不同，所以就会产生对道的不同看法：上士听人讲道的德行，能够很快领悟到其中的真谛，并将领悟到的道理应用到实践中去，以引导自己的行为，实现个人与大道的和谐统一。中士听人讲大道的德行，不能完全理解到德行的真谛，而且总是半信半疑，不能把领悟到的真谛应用到实践之中，所以这种人是很难做到真正解脱的。至于下士，他们听人讲道的德行，听完后完全否认大道的存在，还会对得道之人进行嘲讽，更不用说运用大道的真谛去指导实践，引导自己的行为了。

“不笑不足以为道。”对于下士的无知和嘲讽，老子表现出极度的宽容。老子认为，如果没有受到下士的嘲笑，大道也就不能称之为大道了。

接下来，老子说明了理由：“明道若昧；进道若退；夷道若颣；上德若谷；广德若不足；建德若偷；质真若渝；大白若辱；大方无隅；大器晚成；大音希声；大象无形；道隐无名。夫唯道，善贷且成。”光明的道就像暗昧一般，前进的道正如后退一样，平坦的道就像凹凸不平一样，崇高的德就如峡谷一般，广大的德看起来像是不足一样，刚健的德好像怠惰一样，纯真质朴的品格就像浑浊一样，洁白无瑕的事物就像含污纳垢了一般，最方正的事物看起来好像没有棱角一样，大型珍贵的器物最后才会完成，最大的声响反而听不到它的声音，最大的形象反而看不到它的形状。这么晦涩难懂的话，谁会理解呢？纵然能理解上面这番话，又有谁能领悟其中的奥妙呢？得道之人毕竟是少数的，而世界上的人多数是不得道的下士，如果不能宽容地对待他们，那么老子修道又是为了什么呢？因此，老子之所以宽容地对待无知的下士，在很大程度上是他悟道和修德的结果。大道可以包容万物，还能成全万物。

在现实生活中，我们难免要和形形色色的人打交道，这些人有的粗俗，有的高雅；有的单调乏味，有的幽默风趣。面对各种各样的人，我们应当如何与他们交往呢？如果自视清高，不与世俗之人交往，一看到他们就冷眼相待，那么自己也将陷入低俗的深渊之中。如果能够做到像莲花那样出淤泥而不染，以自己高洁的品行感化低俗之人，使他们慢慢脱离低俗，这才是难能可贵的。因此，怀有一颗包容之心，便是怀抱着无价之宝，我们也将受益无穷。

◇ 为人之道 ◇

王翦装贪赢得秦王的信任

王翦是战国末年秦国的名将。他年少时就喜好军事，后来投奔了秦王嬴政。秦王政十一年（公元前236年），王翦带兵攻打赵国的阏与，大破赵军，攻下九座城邑。秦王政十八年（公元前229年），王翦率兵攻打赵国，一年多就攻下了赵国，赵王投降，秦国改赵为郡。第二年，燕国派荆轲到秦国刺杀秦王失败，事后，秦王派王翦攻打燕国。燕王喜逃到辽东，王翦就平定了燕国都城蓟而返回。不久，秦王派王翦之子王贲攻打楚国，楚兵战败。转过头来又进击魏国，魏王投降，于是平定了魏国。

公元前226年，秦王嬴政准备出兵讨伐楚国。在讨伐楚国之前，嬴政想听听几位大将的意见。他第一个找到了李信。李信年轻力壮，曾带着几千名士兵追逐燕太子丹到衍水，最后打败燕军捉到太子丹，秦始皇认为李信贤能勇敢，便问他道："我打算攻打楚国，将军估算调用多少人才够？"

"二十万就足够了。"李信回答道。

秦王又问老将王翦，王翦说："非得六十万人不可。"

听完王翦的话，嬴政认为王翦年老胆怯，于是任命李信为主将，蒙恬为副将，率领二十万大军讨伐楚国。王翦的话不被采用，就顺水推舟，推托有病，回到老家频阳养老了。

第二年，秦军开始攻打楚国。最初，李信和蒙恬均进展顺利，二人分别在平与和寝邑大败楚军。这时，李信又趁势攻下了鄢、郢，继而向西前进，打算与蒙恬在城父会师。楚军知道了李信的意图，便趁此跟踪李信的军队，三天三夜不停息，终于击败了李信，李信损失两个军营和七个都尉，惨败而回。

秦王听到这个消息，非常生气，后悔当初没有听王翦的话，迫不得已，他只好亲自乘车奔往频阳，来到王翦的家，见到王翦道歉说："寡人没有听从将军的建议，李信果然使秦军蒙受了耻辱。现在听说楚军一天天向西逼进，将军虽然有病，难道忍心抛弃我了吗？"

王翦回答道："老臣病弱疲乏，昏聩无能，希望大王另选良将。"

秦王知道王翦还在生自己的气，继续表示歉意，并不停地说："好啦，将军您就答应我吧。"

王翦不好再拒绝嬴政，只好答应了他的请求，说道："大王如果非要让我率兵打仗的话，非得拨给我六十万人不可。"

秦王一听王翦同意出山了，就答应他的要求，征集六十万大军，交给王翦指挥。王翦于是率领大军征伐楚国，而秦王为表诚意，亲自到灞上（今陕西西安市东）为他送别。

在出发之前，王翦请求秦王赐给他许多良田、美宅、园林、池苑等。秦王说："将军尽管上路好了，何必担忧家里日子不好过呢？"

王翦说："我跟随大王南征北战，即使有功劳，也得不到封侯。所以趁着大王亲近我的时候，就及时请求大王赐予园林池苑来给子孙后代置办产业。"秦王大笑，不以为然。

当军队到达武关（今陕西商洛西南）时，王翦又连着五次派使者向秦王索要良田美舍。副将蒙恬说："将军多次请求赐予田宅，未免太过分了吧。"

王翦私下偷偷地告诉他说："你不知道我请赏的原因。秦王性情粗暴而多疑。现在调集全国的武士专门委托给我，我不用多多请求赏赐田宅给子孙置办家产来表示效忠秦王的决心，难道反而让秦王平白无故地怀疑我吗？"

王翦通过请赏田宅的方式，终于释去了秦王的怀疑，这样一来，他就可以放开手脚指挥对楚国的战争了。

从表面上来看，王翦的所作所为显得缺乏忠诚。他一会儿装病避战，一会儿又向君王索要良田美舍，贪得无厌。其实，王翦这样做也是迫不得已。有句话说："木秀于林，风必摧之。"王翦有智谋，他深知秦王多疑残暴，一旦自己手里掌握了六十万重兵，秦王一定会心存戒备：担心王翦拥兵自重，威胁自己的统治。而秦国的大臣也会忌妒他，定然会在秦王面前诋毁他。所以，王翦便施用"大白若辱"的心理战术，给秦王嬴政制造了这样的假象：王翦以年迈之躯率兵征伐楚国，不过是为了凭着战功获得良田美舍，并没有什么野心。这个心理战术的运用收到了一举两得的效果，它一方面打消了秦王的疑虑，保全了自己；另一方面，他手里掌握了军队的指挥权，便可以大展手脚，取得战争的胜利了。

◎第四十二章◎

或损或益

【原文】

道生一[①]，一生二[②]，二生三[③]，三生万物。万物负阴而抱阳，冲气以为和[④]。人之所恶[⑤]，唯孤、寡、不穀，而王公以为称。故物或损之而益，或益之而损。人之所教，我亦教之，强梁者不得其死，吾将以为教父。

【注释】

①一：按老子学说，"一"即道。②二：这里指对立统一的"阴"和"阳"。③三：有两种说法：一是指阴阳交合产生的第三者"和气"；二是指阴阳相合所形成的一个均调和谐的状态。④冲气：空虚的气。⑤恶：厌恶。

【译文】

道是独一无二的，道本身又赋有阴阳二气，阴阳二气相交而形成一种适匀的状态，天下万物都是在这种状态中产生的。万物都背阴而向阳，并且在阴阳二气的互相激荡中生成新的和谐体。人们最厌恶的就是"孤""寡""不穀"，但是王公却用来称呼自己。所以世上的事物，如果减损它有时反而会得到增加，如果增加它有时反而会得到减损。别人这样教导我，我也去这样教导别人。自逞强暴的人将不得好死，我将把它当作教人道理的宗旨。

【解析】

这一章内容上可以分为两部分：前一部分老子提出了"宇宙生成论"，即"道生一，一生二，二生三，三生万物"。从道家的思想上讲，"一"为虚无之气，"二"为阴阳。一、二合而为"三"，从而生出了"万物"。后一部分讲的是道的启用之法，即用弱、用柔。

"道生一，一生二，二生三，三生万物。"在这一章中，老子阐释了大道的衍生规律，即大道生出了一，一生出了二，二生出了三，三生出了万物。本章所阐释的大道衍生规律，与第一章里所说的大道生出了妙一，妙一生出了二，二生出了三，三衍生出了宇宙万物的意思是相同的。由此可以推断出一个结论：万物都在道中。

“万物负阴而抱阳，冲气以为和。”万物始终是处在天地之间的，天为阳而地为阴，老子在这里把阴阳理论和道德结合在一起。道是混沌未开、浑然一体的，而阴和阳是对立统一的。阴阳是对立的，正因如此，我们才可以把阴阳糅合在一起，使之成为一团“和气”。天气阳而地气阴，万物生于天地之间，必然带有阴阳二气。万物之所以生，是由于阴阳相合而生成的和气所致。正是有了和气，才使万物得以安宁和生生不息。

世间万物都有阴阳之分，各种生物也都有雌雄之别，也就是我们所说的阴阳。雄性具有阳刚之气，雌性则具有阴柔之气，阳刚和阴柔是万物的特征，也是万物得以延续的基础。阳和阴是对立统一的关系，它们既相互独立又不可分割，阴阳中和而生成和气。所以，不管是王侯公卿还是平民百姓，只有为人和气，才算是有道德的人。如果肆意妄为，坏事做尽，就不会得到人们的认可，也就不会拥有人格和尊严了。正因为“和”是人和万物的特性，所以和气的人才合乎大道和大德，才能受到大道的拥护；不和气的人不合乎大道，他们不但不会得到大道的拥护，还会受到自然规律的惩罚。

“人之所恶，唯孤、寡、不穀，而王公以为称。故物或损之而益，或益之而损。”一般来说，人们都喜欢风和日丽的天气，而厌恶风雨交加的天气，这就表现出了趋阳避阴的特征。任何人都不喜欢鳏寡孤独，不希望被人遗弃。然而王侯公卿常常称呼自己为“孤”“寡”“不穀”，其实这是自谦的说法，他们本身并没有脱离“和气”，他们越是自谦，越能得到天下万民的拥护和尊敬，也就是损之有益。我们爱说“和气生财”“家和万事兴”，这里的和就是“和气”。和气的人，从不计较个人得失，也不贪占小便宜，身边的痛苦和烦恼自然也就少了许多。北宋政治家范仲淹曾说：“不以物喜，不以己悲。”意思是说不要因为外物的好坏和自己的得失而或喜或悲，这是古人修身的高深境界。所以，不管是不是处在人生的低谷，也不管是不是遇到诸多不如意的事情，我们都不可为一时的得失而或喜或悲，而是要冷静、平稳、和气地面对一切。只有做到这些，才能经得住狂风骤雨的洗礼，最终见到美丽的彩虹。

“人之所教，我亦教之。强梁者不得其死，吾将以为教父。”老子在综合万物的时候提炼出了宇宙的真理，他针对事物各种弊病，开出一条万应妙方，这一“妙方”自然是“和气”，因此他得出结论：强横逞凶的人不得好死。这也成为老子教诲世人的首要教条。

◇ 为人之道 ◇

商纣王纵欲而亡国

这一章里，老子提出了教诲人的首要教条，即“强梁者不得其死”，这正体现了老子贵柔、守静和无为的观念，以及反对暴政的政治主张。暴君商纣身死国灭的故事，就很好地证明了本章所阐释的道理。

商纣王，名受辛，是商朝的第三十位君主。纣王不但身材高大，力气过人，而且天资聪颖，博闻强识，善于言谈。然而，纣王又十分骄傲自大，好大喜功，他即位以后，就大力整顿兵马，发动了对东夷的战争。战胜东夷后，纣王更加骄横自负，目空一切，所有臣子的谏言他都听不进去，他觉得天下已经安定了，便开始贪图享乐，恣意挥霍。

商朝末年，朝歌附近有一个小属国名叫有苏（今河南武陟县东），有苏国地小人稀，没有能力年年给纣王进贡。纣王便觉得有苏人是故意对抗商朝，就派兵前去征伐。有苏人不敢得罪纣王，便献来美女妲己，这才避免了一场灾祸。妲己不但长得千娇百媚，而且还能歌善舞，很快就把纣王哄得团团转，纣王对她百依百顺，甚至连朝廷大事，臣子的生杀予夺，妲己也都可以做主。

妲己喜欢歌舞，纣王为博得美人的欢心，便下令乐师创作了靡靡之乐，怪诞之舞。妲己喜欢饮酒嬉戏，纣王就在宫中以酒为池，以肉为林，日夜不停地与妲己狂欢滥饮。喝到高兴时，纣王就下令让男男女女赤身露体在肉林酒池中互相追逐嬉闹。

纣王不但荒淫无度，还宠幸一批“助纣为虐”的王臣贵族。费仲是有名的佞臣，但是纣王却让他主持朝政，他善于阿谀逢迎，不但想方设法讨纣王欢心，还明目张胆地贪图私利。费仲遭到众臣的攻击，纣王不得不免了他的官位。纣王又选蜚廉来处理朝政，蜚廉庸碌无能，且善于结党，很快又被众臣轰下台来。后来，纣王又任用恶来，恶来经常造谣生事毁坏别人声誉，很多朝臣都被他诬陷致死。

纣王荒淫无度，且怠于政事，这引起了很多正直的王公大臣的不满。纣王身边的奸臣就想出很多残酷的刑罚，帮助纣王陷害这些忠良之士。在这些残酷的刑罚之中，有一种说来令人毛骨悚然，它就是“炮烙之刑”。何为炮烙之刑呢？就是用青铜铸造铜柱，然后中间凿空，把赤身露体的“犯人”用铁索绑在柱子上，下面烧起大火，将人活活烙死。

纣王荒淫残暴，商朝王族中的忠直之臣非常着急，不断劝纣王改邪归正。但是，纣王不但不听，还对他们进行迫害。箕子是纣王的叔父，他为避免遭受迫害，竟然假装疯狂做了奴隶；微子启是纣王的庶兄，他不愿看到商朝灭亡，就偷偷地逃离了殷都，在乡间隐姓埋名；纣王的叔叔比干刚正不阿，一天，纣王正在宫里作乐，比干上前对纣王进行劝谏，纣王非但不采纳，还冷冷说道：“我听说您的心脏有七个孔窍，我今天倒要看看是不是真的！”说完，纣王喝令左右将比干杀死，取出心脏让人观看。

此时，西部的周族已经具备了灭亡殷商的实力，而纣王却还过着醉生梦死的生活，商王朝早已腐烂不堪，商朝的覆灭只在朝夕之间。

大约在公元前 1066 年，周武王姬发率领各部族攻打商国。周军一路高歌猛进，于二月甲子日早晨到达了距离殷都朝歌仅七十里的牧野。纣王听说后，匆忙调集大军，开赴牧野，准备与武王决一死战，然而纣王的士兵阵前倒戈，归顺了武王。武王率领大军杀入朝歌，纣王见大势已去，遂登上鹿台，自焚而亡。

商朝前后历经六百年，曾经盛极一时，最终却因纣王的残暴统治而灭亡。所以，作为一国之君，一定不能强横严厉，否则就会遭到天下百姓的反抗，走向灭亡。

◎第四十三章◎

无为之益

【原文】

天下之至柔，驰骋天下之至坚。无有入无间，吾是以知无为之有益。不言之教，无为之益，天下希及之。

【译文】

天下最柔弱的东西，能腾跃穿行于天下最坚硬的东西中。空虚无形之物，能自由穿透任何没有间隙的地方。我因此懂得了“无为”的益处。这种无言的教化，无为的益处，天下很少有人能够做得到。

【解析】

上一章老子讲了万物的和气，这一章紧接着上一章的论述，继续阐述“柔”和“无为”的妙处。

“天下之至柔”，天下的至柔之物是什么呢？答案显而易见，就是水。水为至柔、至顺的事物，我们在前面的章节中已经介绍过水的一些特性，它泰然自若、无欲无求，可以任由我们把它放到不同的器皿之中。水是最柔和的事物，它象征着大道的德行。水也是无欲无求的事物，它总是安静地绕开繁华，顺着低洼的河谷缓缓前行，默默无闻地顺流而下，滋润田地、山谷。它绝不会在地势险峻或壮观的地方驻足停留，它造福万物却不主宰万物；它绝不居功自傲，而是甘于卑下的地位。

上面所说的，是水至柔的一面，但这还不足以说明水的本质。水的本质是什么呢？老子说："（水的本质就是）驰骋天下之至坚。"在老子看来，尽管水是至柔至顺的东西，但它可以在最为坚硬的东西中驰骋、奔流。虽然水柔弱到了近乎虚无的境界，但是这并不意味着它柔弱可欺。李白有一句诗写得好："抽刀断水水更流。"水是柔顺的，但是当它面对锋利坚硬的刀时，却丝毫也不畏惧，这难道不值得人们敬佩吗？我们知道"水滴石穿"的故事，一滴两滴水的力量是微不足道的，但是时间久了，水滴就可以在坚硬的岩石上穿个孔。石头是坚硬的东西，可以说没有任何的空隙可供侵袭，但是水却能凭着不断地积累侵入石头内部，可见具有柔弱特性的水拥有着多么神奇的力量啊！

从不可知的宇宙洪荒年代开始，水就凭着自己柔顺的特性攻无不克，几乎侵占了所有的领域：陆地、平原、丘陵、沟壑、沼泽、低谷、深潭。所以，水是万物的生存之源，也是人们赖以生存的源泉：我们尚在母体之内的时候，羊水就为我们提供给养；同时，羊水也保护着我们的身体，以免受外物的挤压而造成伤害。因此，可以说水是孕育我们的源泉，没有水我们就无法孕育生长，也就不能存活下来。水的作用是巨大的，但是它却十分谦逊，时刻表现出无为、素朴、默然的柔和状态。

"不言之教，无为之益，天下希及之。"水的柔和，体现的是朴素无为，如果人类能够拥有水一样的特性，那就做到了心静如水，也就不会陷入争名夺利的泥潭中了，自然也就少了许多痛苦和烦恼。水至柔至顺，无为不止，即使受到伤害也会坦然面对。通过这一章，我们应该学习柔水的处世态度，当我们面对伤害时，应该效法水的与世无争，应该宽容地对待一切，而不要睚眦必报。

羊祜的怀柔之道

水和空气都是日常生活中常见的事物，它们都是天下最柔弱的东西，但是它们却无处不在，无孔不入，具有很强的穿透力和消解力，能够摧毁表面上看起来最强大、最坚固的事物。在某些情况下，强硬未必是好事，柔弱也可以取得很好的效果。

西晋建立以后，晋武帝司马炎打算一举灭掉盘踞在长江中下游的东吴政权。为此，他任命羊祜为都督，让他率兵镇守荆州，治理军事。

羊祜，字叔子，泰山南城（今山东费县西南）人，博学能文，且清廉刚直，出身于汉魏名门士族之家，而他的母亲蔡氏为汉末名儒蔡邕的女儿，因此羊祜早年在父母的悉心教导下，博览群书，而且写得一手好文章。成年后，羊祜更是以孝闻名于世。司马氏掌权后，羊祜因孝名而得到了"以孝治天下"的司马氏集团的赏识。

羊祜到任之后，并没有急于加强军事建设，而是实行了怀柔政策，在当地设立学校，安抚远近的地区，很快就得到了江汉地区百姓的拥护。荆州与东吴隔江相望，羊祜对东吴人开诚布公，说凡是来投降的人，想要离开荆州，去哪里都可以，他绝不会阻拦。吴国的石城守备距离襄阳很近，经常派兵袭扰晋朝的百姓，羊祜为使晋、吴两国的百姓和平相处，就用计使吴国撤去了石城的守备。这样，羊祜就不用派重兵去防备吴军了，于是从荆州分出一半的戍兵开垦了八百多顷田地，大获收益。羊祜刚来荆州的时候，军队存粮很少，仅能支撑不到百日；后来，经过他的治理，竟然积蓄了可供十年用的粮食。晋武帝见羊祜治理荆州很有成效，就下令撤销江北都督，设置南中郎将，然后把他们所属的汉东和江夏的各军都归羊祜统一指挥。

后来，羊祜又在险要地区建造了五座城池，开发了大片肥沃的土地。自此以后，吴国的百姓不断前来归降，而羊祜仍以恩德信义安抚他们。

羊祜与吴军交战多次。每次交战，羊祜总是预先与吴军主将约定好日期才开战，从不食言搞突然袭击。有一次，吴国的将领陈尚、潘景率众来犯，羊祜打败了吴军，杀死了陈尚和潘景，但是他又称赞陈、潘二人的气节，对他们进行了厚葬。羊祜的军队来到吴国的地段，如果因缺少粮食而收割田里的庄稼，事后羊祜一定用绢偿还。他的军队在江沔一带游猎，这一带向来归晋国管辖，如果兵士捕获了吴国人所伤的禽兽，羊祜一定把捕来的禽兽送还给吴国人。于是，吴国人对他既敬佩又仰慕，都尊称他为“羊公”。

羊祜与吴国督护陆抗在荆州地区相互对峙。陆抗是吴郡人，父亲是吴国大将陆逊，陆抗早年在父亲的教导下，饱读儒家经典，以“忠义”闻名当世。当时，陆抗坐镇乐乡，而羊祜则屯兵于襄阳，两军相隔仅百余里。陆抗十分欣赏羊祜的为人，认为即使是乐毅、诸葛亮，也比不上羊祜的德行和度量。所以，两军驻守在边境上，都努力避免冲突，双方甚至还常派使者互访，彼此沟通，增加信任。陆抗和羊祜也都很讲“信义”。

羊祜在边境地区营造了和平的氛围，陆抗心里明白这是羊祜实行的怀柔策略。所以，他与部下议事的时候，常常告诫他们说：“羊祜施行仁政，如果我们不以仁德回应，就会不战自败。因此，我们只要守好边境就可以了，不要主动挑起事端，去追求小利。”吴国的国主却对边境的和平气象大为不满，他屡次派人去责骂陆抗，要求陆抗派兵侵扰晋国边境，破坏晋国的农业生产。对此，陆抗义正词严地对使臣说：“一个小镇小乡，尚且不可以不讲信义，何况是一个国家呢？臣之所以这样做，就是要彰显我国的信义，不去无故伤害有德行的羊祜啊！”

羊祜在实行怀柔政策的同时，又修缮甲兵，训练军队，做了充分的军事准备。他上书给晋武帝司马炎说：“晋朝平定蜀地已经十三年了，现在吴国的国主孙皓残忍暴虐，吴国的百姓生活艰难，而我们晋朝的力量要比以前强大得多。因此，皇上应当抓住这个时机，平定东吴，统一天下，让全天下的百姓都能生活安宁，丰衣足食。”另外，他还向司马炎提出了一些灭吴的战略战术，这些见解都有独到之处。

278 年，羊祜去世。仅仅过了三年，失去民心的吴主孙皓便在晋军势如破竹的攻势下，出城投降，东吴就这样灭亡了。尽管羊祜没有看到这一天，但西晋灭掉东吴，羊祜的贡献是不可磨灭的。

羊祜施之以德，取之以信，对待敌人也以仁德安抚，这就是他用的怀柔策略。用安抚的手段瓦解敌军，以延揽敌方的民心，为最后的胜利铺平道路，这就是柔能克刚的力量所在。

◎第四十四章◎

知足不辱

【原文】

名与身孰亲？身与货孰多①？得与亡孰病②？甚爱必大费③；多藏必厚亡。故知足不辱，知止不殆，可以长久。

【注释】

①多：重视、尊重。②亡：失去、丢失。③爱：吝惜，舍不得。

【译文】

名誉和生命比起来，哪一个更可亲？生命和财货比起来，哪一个更珍贵？得到名誉和丧失生命，哪一个更有害？过分热衷名利就必定要付出更大的代价；过于积敛财富，必定招致更惨重的损失。知道满足就不会受到屈辱，懂得适可而止就不会遇到危险，这样才可以保持长久的安乐。

【解析】

本章重点讲两个问题：一是教人珍视生命，不要把名利看得比生命还重；二是教人“知足”“知止”，一切事物都要向相反方向转化，这是自然的法则。只有知止、知足才能长久。

在老子看来，人的最高目标应该是追求健康长寿，而不是追逐名利。这是因为人的精力是有限的，如果殚精竭虑地去追求名利，就会危害自己的生命。追求物质财富和名利本身并没有错，错就错在过分追求而不知满足，也就是欲望无止境，这是一切祸患产生的根源。因此，追求财富和名利要适可而止。

老子的哲学思想是一个完整的体系，各章节之间不可分割，它们一起构成了一个统--的整体，把其中任何一章孤立起来理解都是不合理的。本章和前面的第十三章就有着紧密的联系，这两章都是为了说明人应该自重自爱的问题，所不同的是第十三章以宠辱荣患与人的生命作比较，而本章则是以名利和财富与人的生命作比较。

“名与身孰亲？身与货孰多？得与亡孰病？”在这里，老子向我们提出了几个棘手但又必须面对的问题。把这几个问题回答圆满，并且把答案应用到实践中去，做到身体力行，确实是有难度的。这时，老子阐发了自己的观点，即人应该珍惜自己的生命，不要过于看重名利和财富。要知足常乐，不可无限制地去追求名利，否则就堕落成贪婪之人了。老子在这里所阐发的“重生贵己”的观点，并不是贪生怕死，而是建立在珍惜自己生命的基础上的“生”，这与“苟且偷生”有着本质的不同。所以，当人们面对名利和财富时，要珍惜自身的价值和尊严，不可自贱自轻。

“甚爱必大费；多藏必厚亡。”“甚爱”指的是过度地贪爱虚名和地位，这一行为必然会消耗大量的精力，付出惨重的代价。“多藏”指的是过度追求财物。在现实生活中，有一部分人为了满足自己的私欲，不惜出卖自己的灵魂，他们不仅违背道德规范，甚至还走上了犯罪的道路。得到的财物与失去人格尊严相比，实在是得不偿失。

“故知足不辱，知止不殆，可以长久。”这句话集中体现了老子的处世观。我们常说物极必反，世界上任何事物都有自己的发展极限，一旦超过这一限度，就会朝着自己的对立面转化。比如，人们常说一句话：真理再向前跨出一小步就是谬误。这话一点也不假，这是经过实践论证而得出的结论。知足就会少一些耻辱，所以说知足是明智的；知道适可而止方能长盛不衰，所以适可而止是有大智慧的表现。

人生在这个世界上，其本身就是很多偶然因素的组合，我们为什么是自己而不是别人？

正是因为这个世界上有自己和别人的区别，而我们又害怕别人比我们强，所以才争强好胜，有的人甚至不惜利用卑鄙无耻的手段来争取财富和名利。在这个过程中，这些人出卖的是自己的人格，耗费的是自己的精力，换取的仅仅是一点可怜的虚荣心。以沉重的代价换取蜗角虚名、蝇头微利，这是不值得的。

我们不否认利用聪慧的头脑和勤劳的双手来争取财富和名誉是光荣的，但我们必须把握住一个度，要适可而止。只有这样做了，才能既收获名利，又保持身体的健康。

◇ 从政之道 ◇

萧何处卑以自保

我们知道，中国有句古话叫："飞鸟尽，良弓藏；狡兔死，走狗烹。"说的是历史上的贤臣良将在为君主打下天下之后，失去了利用价值，往往会被君主一脚踢开，乃至遭到杀戮。可以说，这已经是一条很难打破的历史定律。但凡在打天下时为主人立下汗马功劳的人，除非在功成后识相地自己请求身退，不分享成果，不然多半没有好下场。但是，汉代立国第一功臣萧何没有功成身退，而是被封为侯，同时还担任西汉开国相国，却得以善终。那么萧何是如何做到的呢？

萧何，本是刘邦的一个同乡，在沛县县衙担任一个低级官吏，因看刘邦气宇轩昂，言语不俗，在其穷困时多有照顾。秦末大乱之后，各地纷纷起兵，沛县也被揭竿而起的人们控制。在大家推选领导人的过程中，萧何力挺刘邦。刘邦推辞，随后大家决定通过抓阄来选择领导人。在这个过程中，萧何不惜采用作弊手段，使刘邦顺利当上头领，帮刘邦迈开打天下的第一步。在追随刘邦的过程中，萧何出谋划策，理事安民，被刘邦视为左臂右膀。在刘邦东进与项羽打仗期间，萧何先是在巴蜀后方，治理百姓，征收赋税，为刘邦供给军粮，补充兵源。刘邦攻下三秦之地后，率军东进，与项羽作战，又是萧何坐镇关中，安抚百姓，使得上下井然，为在前线打仗的刘邦提供后勤保障。刘邦多次被项羽打败，以至于队伍残破，兵将流离，最惨时身边仅剩下几人。即使在这种情况下，萧何都忠贞不移，每每主动在关中征兵，补给到刘邦队伍中，使刘邦能够重整旗鼓。

另外，为刘邦打天下在军事上起到至关重要作用的韩信，也是萧何强力推荐给刘邦的。韩信起初投奔了项羽，因得不到重用而投奔刘邦，但刘邦依然没有重用他。只有萧何敏锐地察觉到了韩信的军事才能，强力向刘邦推荐。刘邦勉强让韩信做了低级军官。韩信不满足于此，于是逃离刘邦，萧何连夜追赶，将其追回，并死谏刘邦封其为上将军。之后，韩信率军出陈仓、定三秦、擒魏、破代、灭赵、降燕、伐齐，直至垓下全歼楚军，无一败绩，乃是刘邦得以战胜项羽的关键。而如果不是萧何，刘邦也就失去了韩信这一人才，甚至可能会多出这样一个强有力的对手。后来，韩信因为被贬，准备造反，又是萧何出策杀之，保下了刘邦的江山。因此，刘邦在打下江山后定萧何为首功，封他为侯，食邑最多，同时让他出任宰相，准许他穿鞋带剑上殿，并封了萧何的兄弟子侄十多人。这样，萧何位列众卿之首，被称为“开国第一侯”。

可是，我们知道，功高意味着封赏的同时，也潜藏着被杀戮的危险，但萧何深深懂得水满则溢、月满则亏的道理，进而精确掌握适可而止的艺术，才得以身居高位而善终。

萧何用计诛杀韩信后，刘邦更加对其恩宠，除了加封外，还派了一名都尉率五百名兵士做相国的护卫。对此，众宾客纷纷前来祝贺，但是却有一位门客，身着素衣白履，进来吊丧。萧何很是不解，这位门客告诉萧何：“公勿喜乐，从此后患无穷矣！”门客进一步解释：刘邦在外面亲自打仗，而萧何安居都城，刘邦心里肯定不会舒服。皇帝给予如此多的恩宠，恐怕不是什么好事，并提醒他韩信的下场。于是萧何幡然醒悟，立刻采纳这位门客的建议，辞掉了刘邦新加给他的封邑，并拿出许多家产，充作军费，刘邦果然爽快地同意了，并十分高兴。显然，那位门客的猜测是正确的。

接下来，淮南王英布谋反，刘邦率军亲征。每次萧何派人输送军粮到前方时，刘邦都要问："萧相国在长安做什么？"使者回答，萧相国爱民如子，除办军需以外，无非是做些安抚、体恤百姓的事。刘邦听后，便默不作声。来使将此事回报萧何，萧何也没多想。后来，一门客劝萧何道："公不久要满门抄斩了。"萧何听了大惊，忙问其故。那门客便解释道："您已经位列百官之首，还有什么职位可以再封给您呢？况且您自天下未定时就入关，到现在已经十多年了，您一向体恤百姓，因此百姓也都拥护您。现在皇上之所以多次问您的起居动向，就是害怕您借助关中的民望有什么不轨行动啊！他担心一旦您乘虚号召，闭关自守，岂非将皇上置于进不能战，退无可归的境地？"萧何一听觉得有理，于是询问该如何办。于是门客建议他以贱价强买民间田宅，故意让百姓骂他、怨恨他，制造些坏名声，这样皇上一看他也不得民心了，就会感到放心。萧何尽管不愿意做这种盘剥百姓的事情，但为了释去主上的疑忌，保全自己，不得已违心地做些侵夺民间财物的坏事来自污名节。

萧何的所作所为不久便传到了刘邦那里。果然，刘邦听后，像没有发生什么事一样，并不查问。当刘邦从前线凯旋归来时，百姓拦路上书，控告萧相国强夺、贱买民间田宅之事。刘邦回到长安后，萧何去见他时，刘邦笑着把百姓的上书交给萧何，意味深长地说："你身为相国，竟然也和百姓争利！你就是这样'利民'啊？你自己向百姓谢罪去吧！"刘邦表面上让萧何向百姓认错，补偿田价，可内心里却暗自高兴，对萧何不再怀疑。

可以看出，正是因为懂得物极必反的道理，萧何故意在受到恩宠的时候降低一下自己的姿态，使自己的荣耀适可而止，才得以最终保全了自己。

◎第四十五章◎

大成若缺

【原文】

大成若缺，其用不弊。大盈若冲，其用不穷。大直若屈，大巧若拙，大辩若讷[①]，大赢若绌。静胜躁，寒胜热。清静为天下正[②]。

【注释】

①讷：口才不好。②正：通“政”。

【译文】

天下最美好的东西似乎也有欠缺，但它的作用是不会衰竭的。天下最充实的东西好像也很空虚，但它的作用是不会穷尽的。最笔直的东西看起来好像是弯曲的，最灵巧的东西看起来好像是笨拙的，最卓越的辩才好像是不善言辞的，最大的赢利好像是亏本的。清静可以克服扰动，寒冷可以克服炎热。做到清静无为才可以统率天下。

【解析】

这一章讲真正的“大”就是合于道，就是自然。因为自然，大反而好像很平常、有所缺陷似的。

“大成若缺，其用不敝。”“大成”即伟大而又完美的成就，这里指道所成就、所创造的整个世界。“缺”指的是缺陷，不完美。“弊”意为衰败、衰竭，引申为短暂的、变化的。从内容和行文结构上来看，本章可以说是第四十一章的延续。老子认为，“大成”“大盈”的人“若缺”或者“若冲”。

什么是“大成若缺”呢？指的就是一个取得了巨大成就的人要表现得有所欠缺。既然获得了极大成就，为什么还要表现得有所欠缺呢？这是因为，只有让自己保持欠缺，才能保持已有的成就，使发挥出来的作用永不衰退。

由此可知，大成若缺的道理与老子上一章所说的“知足不辱，知止不殆”有着极大的相似之处。这里的“有所欠缺”是什么意思呢？指的是做任何事情都要留有余地。为什么做事情要留有余地呢？这是因为留有余地不但可以进退自如，还能保持自己开创的事业不衰退，并使其源源不断地发展下去。

“大盈若冲，其用不穷。”其中的“盈”是充盈、丰满的意思；“冲”则是冲动、冲击的意思，后来引申为溃决之意。这句话的意思是说：最充盈的好像溃决，但它的作用永不穷尽。这一句和上一句说的是同一个道理，都是在论述物极必反的道理。老子反复强调物极必反，目的在于告诉我们，凡事要把握一个度，要适可而止，不要永无止境地追求圆满无缺的状态，因为这种状态继续发展下去，便会朝着相反的方向转化。所以，只有保持“大成若缺”“大盈若冲”的状态，才不至于走向极端。

“大直若屈，大巧若拙。”“屈”意为弯曲、邪僻。“大巧”指的是最灵巧的人。在前面的章节里，老子也曾表达过自己关于灵巧与机巧的看法。在老子看来，机巧是邪恶的，它把人类从朴素引向了奢华。机巧是邪恶的，那么拙劣就是好的吗？这确实让人难以理解，机巧表现出笨拙的样子，这难道就不是机巧了吗？那它又是什么呢？如果我们想参悟这个道理，就一定要联系老子“无为”的观点。老子认为，无为并不是无所事事。如果把无为比作果皮，那么无不为就是果实的内核。老子在前面的章节论述水的本质，目的就在于劝导人们要像柔水一样与世无争。这个“与世无争”，并不是任人宰割的意思，而是指没人能与之相争。技巧亦是如此：技巧表现出拙劣的样子，其实它的本质并没有变，只不过是披了一件外衣，这是保护自己的需要。

“大辩若讷，大赢若绌”的意思与“大巧若拙”相同，说的是生存的技巧和策略，它的主要特点就是掩藏自己高明的面目，不是表现出强硬和锋芒毕露的样子，而是装出一副软弱、低能、愚笨、木讷的样子，并把这个假象展现给人看。这是一种十分睿智的处世策略。老子向来反对张扬，在他看来，如果强壮者、富足者、当权者刻意炫耀自己的权位和财富，那么他的财富和权位将会受到损害，而他也会陷入岌岌可危的境地。

“静胜躁，寒胜热。清静为天下正。”前一个“静”指的是冷静，后一个“静”意为清静无为，即和谐一致、协调统一的状态。我们常说“心静自然凉”，这里的“静”是安静的意思，“凉”则是心安静下来之后感受到的一种清凉之意。当一个人心烦意乱时，常常会产生烦闷和燥热的感觉，这在很大程度上就是心不静的结果。人有了私欲便有了争夺，有了争夺便会有失败的可能，失败了就会感到痛苦。痛苦是没有尽头的，而人生是短暂的，与其在苦海中漂泊一生，何不自然平静地享受生活呢？

◇ 从政之道 ◇

宋襄公愚不可及成笑柄

最完美的东西好像有所欠缺，但是发挥出的作用不会衰败。春秋时期，宋国将与楚国交战，大司马公孙固主张趁楚国尚未做好准备的时候，主动进攻楚军，但宋襄公却认为这不是“君子”所为，结果为楚军所败。

周襄王十四年（公元前638年）初冬，宋、楚两国为争夺中原霸权而进行了一场战役，这场战役就是著名的“泓水之战”。

周襄王九年（公元前643年），春秋时代第一位霸主齐桓公逝世，齐国因君位的继承问题而发生内乱。次年，宋襄公出兵协助齐孝公取得君位。同时，楚成王借齐国中衰、中原无霸的机会将势力渗入中原地区。宋襄公不顾宋国国力尚弱的现实，希望能以宋国的公爵地位压制各诸侯国，与楚国争夺中原霸主的位置。

周襄王十三年（公元前639年）春，宋、齐、楚三国君主会盟于齐地，在宋襄公的强烈要求之下，齐、楚两国的君主同意在这一年的秋天召开诸侯大会。同年秋，宋襄公以盟主身份约楚成王以及陈国、蔡国、郑国、许国、曹国等国的君主在盂（今河南省睢县西北）会盟，齐国和鲁国借故没有赶到。为了取得与会诸侯的支持与信任，宋襄公不顾公子子鱼的反对，轻车简从赴会，结果在会场上遭到楚成王的突袭而被俘。楚成王挟持宋襄公进攻宋国的都城商丘（今河南省商丘市西南），宋军坚守城池，楚军攻了几个月也没能攻下来。不久，在鲁僖公的调停下，楚成王于同年冬释放宋襄公回国。

宋襄公遭受奇耻大辱，心里自然非常不甘心。他一回到宋国，就开始操练军队，试图与楚国一较高低。公元前638年夏，宋襄公不顾公子子鱼和大司马公孙固的反对，联合卫国、许国、滕国三国进攻楚国的附庸郑国。楚成王为援救郑国，遂率军攻宋。宋襄公由郑撤回迎战，双方的军队在泓水相遇。战斗开始的时候，楚军呐喊着要强渡泓水，向宋军冲杀过来。公孙固看到楚军一半渡过河来，一半还在水中，就劝宋襄公下令进攻，打楚军一个措手不及，于是说道："敌众我寡，趁他们没有完全渡河，请下令攻击他们。"宋襄公说："不行。"当楚军已经全部渡河，但尚未摆好阵势的时候，子鱼又请求攻击。宋襄公说："不行。"宋军仍然按兵不动。等楚军摆好了阵势，以排山倒海之势向宋军杀来。宋军被楚军的威风和气势吓坏了，还没等交锋，一个个都掉头逃跑。楚军乘势掩杀，宋军丢盔弃甲，一溃千里，宋襄公在这场战役中也被射中了大腿。

这场战役结束后，宋国人都埋怨宋襄公。宋襄公说："君子不伤害已经受伤的人，不捉拿头发花白的人。古人作战，不在隘口处阻击敌人。我虽然是已经亡国的商朝的后代，但也不会攻击没有摆好阵势的敌人。"子鱼长叹了一声，说道："我们宋国兵微将寡，本来就不是楚国的对手，不应该跟楚国交战。可是大王您却非要与楚国交战，这是您的过错啊！"

听到这里，宋襄公满脸涨得通红，他马上转移话题说："尽管我们打败了，但是我却赢得了'仁义'之名。"

子鱼知道这是宋襄公的狡辩之词，于是毫不留情地说道："主公并不会打仗。强大的敌人，因为地形的狭窄而摆不开阵势，这是上天在帮助我们，这时候对其加以拦截，然后攻击他们，不也是可以的吗？"

看到襄公不言语，子鱼继续说道："即使做了这些，还犹恐不能取胜呢。况且今天这些强悍的楚兵，都是我们的敌人；即使是碰到老人，捉住了就把他抓回来，何况只是头发花白的人！对士兵讲明耻辱，教导作战，是为了杀死敌人。敌人受了伤但还没有死，为什么不能再次攻击使其毙命？如果是因为怜悯那些受伤的人而不想再次加以伤害，那还不如开始就不要击伤他。同情年长的敌人，还不如向他们投降。用兵讲求抓住有利的条件和时机，那么即使是在险阻隘口打击敌人，也是应该的；锣鼓响亮是为了振作士气，那么攻击没有摆开阵势的敌人也是可以的。”

宋襄公的优柔寡断、迂腐与脱离实际可谓是失败的最主要原因。他的“仁义”从战争一开始就是不存在的，为了争夺霸权而兴兵讨伐郑国，能算是“仁义之举”吗？泓水之战开始时，又一味以所谓的仁义为名，不断错失时机，战败也就成为必然了。

子鱼对宋襄公的一番话，直指宋襄公的虚荣心理，也说明了“大成若缺，其用不弊”的道理。楚军阵型尚未布好，宋军如果趁机去攻打它，这看似不够仁义，不够完美，但确是战胜敌人的绝佳机会。等楚军准备就绪后，宋军再去攻打它，这看似仁义，却导致己方的失败。

◎第四十六章◎

知足常足

【原文】

天下有道，却走马以粪①。天下无道，戎马生于郊。罪莫大于可欲；祸莫大于不知足；咎莫大于欲得②。故知足之足，常足矣。

【注释】

①走马：战马。原意为善跑的马。粪：通“播”，耕种。②咎（jiù）：过失，罪过。

【译文】

统治者治理天下如果遵循“道”的规律，就可以做到政治清明，民间太平安定，就能把运载的战马还给农夫去耕种。如果治理天下不合乎道，政治不清明，祸乱四起，就连怀孕的母马也要上战场。最大的罪恶莫过于放纵欲望；最大的灾祸莫过于不知满足；最大的罪过莫过于贪得无厌。所以，知道欲望有度，不贪得无厌，才能保持恒久的满足。

【解析】

在本章中，老子从大道的立场教人知足敛欲，以防物极必反。

“天下有道，却走马以粪。天下无道，戎马生于郊。”“有道”即把握、认识到世界的本质并遵此而行。“粪”即给农田里的庄稼施肥。施肥是整个农业活动的一部分，所以这里代指的是整个农业活动。这句话说的是：天下有大道可循，就可以让战马退还到田间去耕田；天下没有大道可循，那么怀孕的母马也要上战场。这句话的言外之意是说，统治者应遵循大道，引导民众从事农业生产，而不要发动战事。春秋后期，各诸侯国为了争利，不断发动战争，而黎民百姓则在乱世之中妻离子散，家破人亡，处境极为悲惨。老子站在民众的立场上，表达了对统治者发动战争的不满。在本章中，老子分析了诸侯发动战争的原因。他认为，战争是统治者为了满足自己的私欲而发动的。所以，要想避免战争，就得让统治者明白一个道理，即战争不但不能使国家强大，反而会削弱自己的统治。只有清醒地认识到这一点，统治者才能摒弃私心杂念，实行无为之治。无为之治是合乎大道的，只有合乎了道，天下才能太平。不实行无为之治，就不能合乎大道，战争频频，天下大乱，这正是老子所深恶痛绝的。

“罪莫大于可欲”，这里的“罪”是罪恶、罪行或犯罪的意思。什么是“可欲”呢？就是放纵欲望。《河上公章句》中说，可欲即“好淫色也”。其实，欲望的范围大得很，并不局限于女色。春秋后期处在变革的前夜，从诸侯国君到黎民百姓，他们的心中都产生了各种欲望。人们有了各种欲望，便会为了满足欲望而互相争夺，所以老子才把“可欲”视为一种罪恶的行为。

“祸莫大于不知足”，这里的“不知足”是人类心灵的最重要特征之一，它会让人产生出种种苦恼，同时它也引着人们跨越了人和动物之间的巨大间隔。不知足在人类的进化过程中发挥了重要作用，它带动着人类走出了漫长的原始蛮荒时代，它鼓动着人类逐渐脱离无知无识的愚昧状态。然而，不知足也体现了人类的勃勃野心，正是因为它，人们才会为满足欲望而采取各种手段，其中包括杀人越货、发动战争等。所以，老子把不知足说成是人类最大的祸患，这一观点具有一定的道理，并不是危言耸听。

“咎莫大于欲得”，这里的“咎”即祸咎或过错、过失；“欲得”指的是欲望得到满足。这句话的意思即最大的过失是贪得无厌。由前面可知，可欲与不知足都会引起罪恶、祸患，而“欲得”不但可憎，而且后果还非常严重。纵欲是一种不知收敛的放肆行为，不知足是一种不知收敛的进取行为，而贪得无厌则是人心不知满足的无限扩大。所以，贪婪对于统治者而言，往往会把国家引向无穷的灾难；贪婪对于普通人而言，往往会把自己拖入众叛亲离的境地。

因此，贪婪是一切灾祸的根源。统治者为了满足贪婪的欲望而发动战争，结果人民深受其害；我们普通人为了满足贪婪的私欲，同样也付出了沉重的代价。欲望的外向性，决定了我们对外界事物的贪婪欲求只能是一个无底洞，如果我们深陷其中，所付出的代价将是无法估量的。所以，我们一定要吸取教训，从贪婪中解脱出来。说到这里，怎样才能从贪婪中解脱出来呢？这就需要借助大道的德行了。大道的德行就是无欲无求，只要能够遵循大道，合乎大道的德行，做到无欲无争，就会感受到人生的快乐，而快乐正是知足对我们的最好的奖赏。所以，老子在本章的最后得出结论：“知足之足，常足矣。”也就是要人们知足敛欲，只有这样才能保持恒久的满足。

◇ 为人之道 ◇

贪得无厌的吕不韦

贪得无厌是导致祸患的重要因素，历史上很多人物都无法冲破名利的羁绊，不知道适可而止的道理，这才以悲惨的结局收场。吕不韦的例子就是一个很好的明证。

吕不韦生于卫国的濮阳，在韩国的阳翟经商。他往返于各地，低价买入商品，然后高价卖出，所以累积起千金的家产。

吕不韦在赵国邯郸做生意的时候，结识了秦国的宗室、在赵国做人质的公子子楚。子楚是秦国太子安国君的儿子，他的母亲名叫夏姬，不受安国君的宠幸。秦国与赵国交战，双方相互交换人质，子楚便以秦国公子的身份，到赵国做了人质。

吕不韦见到子楚，认为他“奇货可居”，便一心想辅佐子楚登上秦王的宝座。于是，吕不韦带着五百金，亲自来到秦国，游说太子的宠妾华阳夫人，让其劝太子立子楚为继承人。华阳夫人答应下来，并成功说服了太子。太子和夫人重重地赏赐了吕不韦，又请吕不韦做子楚的老师，让他携带礼物去慰问子楚。这样一来，子楚的名声在诸侯之间更加盛大了。

在赵国期间，吕不韦娶了邯郸城中一名擅长跳舞的女子。一次，子楚到吕不韦家中喝酒，见到那名女子，心里十分喜欢，便向吕不韦表示，自己想得到这名女子。吕不韦闻后，非常生气，但仔细一想：“我已经为这人破费了不少家财，想钓到奇货，就得不怕舍本儿。”于是把那名姬妾献给子楚。姬妾改嫁给子楚后，在当年的十二月，生下了一个儿子，取名为嬴政。子楚便立这个女子为夫人。

后来，子楚与吕不韦逃回秦国。子楚当上了秦王，立嬴政为太子，嬴政母亲为王后，并任命吕不韦为丞相。

此时，秦国经过几代人的努力，已经成为战国七雄中最强的国家，由秦来完成统一天下的大业，已是大势所趋。吕不韦出任相国后，继续发动对六国的战争。公元前 249 年，东周君纠集各诸侯国一起讨伐秦国，吕不韦亲自率领秦军击退了诸侯联军，并消灭了东周，也使秦国取得了河南（今河南洛阳）等通往东方的战略要地。

公元前 247 年，子楚去世，太子嬴政继位，尊吕不韦为相国，号称“仲父”。这个时候，嬴政年纪尚小，吕不韦辅孤理政，迅速稳定了秦国政局。

接着，吕不韦一鼓作气，派蒙骜向东讨伐韩国、魏国，向北攻打赵国，这样一来，太行山以西的地区，尽归秦人之手。

公元前244年，吕不韦又派蒙骜攻打韩国，取得十三座城池。次年，又攻下魏国二十城，设置东郡。魏国的都城大梁已处在秦的三面包围之中。公元前241年，韩、魏、赵、卫、楚五国联合攻打秦国，秦国又一次打败了诸侯联军，并趁势把自己的势力扩展到黄河中下游，领土与东方的齐国相接，截断了赵国与韩、魏两国之间的联系，为最后灭掉韩、赵、燕、楚、齐等国打下了坚实的基础。

兼并战争的节节胜利，使吕不韦在秦国的威望越来越高，秦国的军政大权也牢牢地掌握在了吕不韦的手中。

此时此刻，吕不韦可以说是位极人臣了。但是，吕不韦开始骄纵奢侈起来，根本不把朝臣放在眼里，甚至还欺负秦王年幼，偷偷在宫中与太后私通，这就为他日后被迫自杀埋下了隐患。

早在嬴政刚即位的时候，吕不韦便常常跑到宫里，与嬴政的生母（即太后）私通。两人这种关系延续了很长一段时间。随着嬴政越长越大，吕不韦担心事情被发觉，灾祸降临到自己头上，便暗地里找到一个名叫嫪毐的人，让他替代自己与太后私通。吕不韦把嫪毐进献给太后，让嫪毐扮作宦官，去侍奉太后。嫪毐与太后私通后，深得太后宠幸，后来他们还生下两个儿子。与此同时，嫪毐借助太后的力量，渐渐培植了自己的势力。

吕不韦看到嫪毐势力膨胀，心里非常担心，害怕嫪毐取代自己，掌握秦国的大权。就在这时，有人向秦王嬴政告发了嫪毐的事情，嬴政听说后，下令让官吏处理此事。经过调查，嬴政得知嫪毐入宫，与相国吕不韦有很大关系，因此非常生气。不久，嬴政下令灭掉嫪毐三族，杀了太后所生的两个儿子，还把太后迁移到雍地。

没过多长时间，嬴政宣布罢免相国吕不韦的官职，让他回到自己的封地洛阳。这时，尽管吕不韦丢掉了相国的位子，但是仍旧享有荣华富贵，这也可以看出嬴政对他的宽容。但是，吕不韦来到封地后，不懂得柔弱处下，明哲保身，而是广结宾客，家中整日高朋满座，前来拜访、探望的各国使者络绎不绝。

吕不韦在洛阳的活动，很快传到了嬴政的耳中。嬴政刚刚亲政，需要稳定，没想到吕不韦不接受教训，仍旧像治理朝政时那样骄纵，嬴政终于决定对他下手了。公元前235年，嬴政写了一封信，派人送给吕不韦，信中说道："您对秦国有什么功劳呢？秦国封给您河南之地，食邑十万户。您跟秦国有什么亲属关系呢？竟然号称'仲父'。您和您的家属一起迁徙到蜀地吧！"吕不韦看到这封信，无言可辩，他后悔自己的行为，感叹自己的命运不济，但一切都无济于事了。不久，吕不韦喝下毒酒自杀了。

吕不韦辅佐子楚登基有功，且为秦国统一天下立下很大功劳。但是由于他不懂得适可而止的道理，终于触怒了秦王，这才不得善终。因此，做人一定要懂得知足，不可贪得无厌。

◎第四十七章◎

不为而成

【原文】

不出户，知天下；不窥牖①，见天道。其出弥远②，其知弥少。是以圣人不行而知，不见而明，不为而成。

【注释】

①窥（kuī）：从孔隙看。牖（yǒu）：窗户。②弥（mí）：更加，越。

【译文】

了解大道的人不出门户一步，就能够推知天下事理；不向窗外望一望，就能够了解大自然运行的规律。向外奔逐得越远的人，懂得的也就越少。所以，有道的人不出行也能够推知事理，不用窥望就能够明晓，不去妄加施为就能够有所成就。

【解析】

这一章老子从“无为”的思想出发，提出了自己的“认识论”和“实践论”。从认识上讲，世俗的方法是使见闻广博，老子的方法则是“得其一”，“抱一为天下式”，领悟“道”这个总纲和大原则，不出家门，天下事也差不多清楚了。从实践上讲，是顺道而行，不主观妄作，所以好像什么也没干，就成功了，这就是“无为而成”。

“不出户，知天下；不窥牖，见天道。其出弥远，其知弥少。”“户”即门户、家门。“知”意为对世界本来面目的认识。“天下”即整个现实世界。“天道”即自然的法则，也就是世界发生、发展的规律。老子认为，了解大道的人不必出门，就能够推知天下的事理；眼睛不往窗户外面望，就能够了解大自然的法则。由这句话可以知道，老子并不看重外在的经验，而是十分重视内在的直观体验。他认为，心灵本是洁净透明的，就像一面镜子，自身便具备洞察外界自然、透视现实世界的功能。这里的“知天下”和“见天道”，是在遵循“无为”的前提下获得的主观认识。在前面的章节中，老子一再强调，道的德行是无欲无求，圣人合乎道的德行，这是因为他们做到了不争、无为。圣人知道世间的一切事物都来源于天地自然。大道无为，天道也无为，人道、物道皆是如此。

“其出弥远，其知弥少。”“出”即远离家园。这句话的意思是说，越向外奔逐的人，他所知道的也就越少。如何来理解这句话的含义呢？其实，老子是想告诉我们，如果人的心智活动向外奔逐，就会使思绪纷杂、精神散乱，就好像镜子上面蒙上灰尘一样，这便是“其出弥远，其知弥少”。老子认为，外面应该加强对自身的修养，摒弃自己的欲念，清除心灵的蔽障，以开明的智慧、虚静的心境，去观照外物，了解外物运行的规律。

“是以圣人不行而知，不见而明，不为而成。”“行”指的是离开家园而远行。“为”即人们刻意努力的认识活动，也就是妄为、有为。老子最后指出：正是出于对生命本质的维护，所以要坚决排斥人们的盲目行动。他认为，行动的跨度越大，所获得的真知就越少。真正的智者不必做出大的行动，便能获得正确的知识。

◇ 为人之道 ◇

邹忌讽齐王纳谏

在本章中，老子主要谈的是哲学上的认识论方面的问题，即只有通过自身的反省，加强自身的修养，才能知道天下万物的变化发展规律。时常自我反省和自我检讨，不但有助于人们改正自己的错误，也利于人们成就自己的事业。所以，做任何事情，都不要仅凭自己的个人经验，而是应当听听别人的意见，然后去反省自己的行为，最后再做出正确的判断。“邹忌讽齐王纳谏”的故事，就很好地说明了这点。

邹忌是齐国的国相，他身高八尺有余，容貌潇洒，体形漂亮。有一天早上，他穿戴好衣帽，照着镜子，对他的妻子说：“我跟城北的徐公相比谁漂亮？”他的妻子说：“您漂亮极了，徐公怎能和您相比呀！”城北的徐公，是齐国的美男子。邹忌不相信自己比他漂亮，就又问他的妾说：“我和徐公谁更漂亮？”他的妾说：“徐公哪里比得上您呢！”第二天，有位客人从外面来，邹忌跟他坐着交谈，问他道：“我和徐公谁更漂亮？”客人说：“徐公不如您漂亮啊。”

第二天，徐公来到邹忌家，邹忌端详了许久，自认为不如徐公漂亮，再次照着镜子看自己，更觉得自己差得很远。晚上躺在床上反复思考这件事，并且自言自语地说道：“我的妻子之所以赞美我，是因为偏爱我；我的小妾之所以赞美我，是因为害怕我；我的客人之所以赞美我，是因为有求于我。”

于是，邹忌上朝去见齐威王，说道：“我的确知道自己不如徐公漂亮。可是，我的妻子偏爱我，我的妾怕我，我的客人有求于我，都说我比徐公漂亮。如今齐国领土方圆千里，城池有一百二十座，后妃们和左右近臣没有不偏爱大王的，朝廷上的臣子没有不害怕大王的，全国没有谁不有求于大王的，由此看来，您受的蒙蔽一定是非常厉害的！”

齐威王说：“贤卿的话说得很有道理！”于是，齐威王立刻颁布诏令说：

"从今以后，群臣、官吏和百姓，能够当面指责我的过错的，得头等奖赏；上书劝谏我的，得中等奖赏；能够在公共场所或朝堂上指出我的过失并让我听到的，得下等奖赏。"

这道诏令刚一公布，许多大臣就争着进谏，王宫门前就像市场一样；几个月后，还有人向齐王进言劝谏；一年以后，有人虽然想进言劝谏，却没有什么可说的了，因为所有的意见都已经献给朝廷了。燕国、赵国、韩国、魏国听说了这一消息后，都纷纷派使节前来朝拜。这就是人们所说的"在朝廷上征服了别的国家"。

邹忌的妻、妾、客人都说邹忌要比徐公漂亮，但是，邹忌照了照镜子，证实自己确实不如徐公漂亮。于是，邹忌通过反省自己的身份和地位，找出了妻、妾、客人这样做的原因。邹忌把这件事告诉齐威王后，齐威王也通过邹忌的话反省自己，明白了兼听则明、偏听则暗的道理，所以决定虚心地听取各方面的意见。

◎第四十八章◎

为学日益

【原文】

为学日益①，为道日损②。损之又损，以至于无为。无为而无不为。取天下常以无事③，及其有事，不足以取天下。

【注释】

①益：作"增加"讲。②损：作"减少"讲。③取：这里是"管理"的意思。

【译文】

追求学问的人，知识一天比一天增加。追求大"道"的人，欲念一天比一天减少，私妄减少再减少，就达到了无为的境地。如果能够做到无为，即不妄为，就没有什么事情是做不成的了。治理天下的人要以清静无为、不扰让为治国之本，如果经常以烦苛政举骚扰民生，就不配治理国家了。

【解析】

此章承接前一章，仍是从认识和实践两方面讲道的启用方法，即“无为”。为学是“日益”，一天天增长；而为道则是“日损”，一天天去掉自己主观的妄念、幻想，而接近于道的自然法则。把自己主观性的东西损到了“无”，就合于道了，合于道后做任何事——包括取天下，都可以成功了，这就是“无为而无不为”。

“为学日益，为道日损。损之又损，以至于无为。”在这一句中，老子主要阐述了为学和为道的不同。他指出，为学就是坚持不懈地向外界探索新知，知识是无限的，既没有开始，也没有结束，所以我们对知识的探索也就永远没有尽头。庄子也说“吾生也有涯，而知也无涯”，意思是指生命是有限的，知识是无限的；要把有限的生命，投入到对无限知识的追求中去。可见，纵然是用尽一生的时间来学习，也不能把世间所有的知识学完。尽管如此，我们还是要“活到老学到老”，这是因为人的一生都在不断地认识宇宙和人类社会，而知识能使人们的认识更接近于真理，所以要坚持不懈地学习知识。不过，知识是无限的，这就好比我们在无边无际的宇宙中航行，永远也不可能到达真理，只能“望理兴叹”了。老子清醒地认识到了这一点，所以他理智地从对外界的追求转向了对内在的追求。

为道则需要我们时刻剔除心中的杂念，保持一颗平常心，这个“平常心”指的就是道。如果人们在修道的过程中不断摒弃心中的杂念，使私欲渐渐消除，最后就能达到无为的境界。前面说过，无为不是真正的无所事事，而是不妄为。不妄为也就是合乎了道的德行，如果做什么事情都能合乎自然规律，那么不妄为就变成了无所不为了。

“无为而无不为。”这一思想贯穿于老子《道德经》的始终，它是老子提出的极富智慧的命题。尽管中国古代有很多学者也提出了“无为”的主张，然而真正把“无为”的思想发挥到极致的只有老子。老子从哲学的高度来论证“无为”的社会意义。从表面上看，“无为”是消极的，是倒退的；但是从本质上来说，无为实际上是在发展变化中避开矛盾的对立面，使其畅通无阻，从而达到无欲无穷的境界。

“取天下常以无事，及其有事，不足以取天下。”“取”即认识、掌握。在本章的最后，老子指出：治理国家，要经常保持清静无为的态度。如果整治措施过于繁多，就不足以治理天下了。

◇ 为人之道 ◇

六祖慧能的故事

禅宗最早是在北魏时期由达摩祖师从印度传来，而其兴盛则始于唐代的六祖慧能。六祖慧能精通佛法，当时许多高僧都拜在其门下，但不可思议的是，六祖却根本不识字。

慧能本是岭南新州（今广东新兴）一个砍柴少年，其父早亡，与老母孤苦度日，未曾读书。一次在集市上卖柴的时候，他听到一个人在诵经。具有慧根的他一听便顿悟了，于是他问客人诵的是什么经，客人告诉他诵的乃是《金刚经》。又询问经是哪里得到的，客人告诉他在湖北黄梅县的东禅寺，住着一位弘忍法师（禅宗五祖），自己是从他那儿得到的。这个客人看慧能和佛法颇有善缘，便资助他十两银子让他安置母亲，再去礼拜五祖。

慧能到黄梅东禅寺后，便拜见五祖。五祖看他虽然不识字，但是所说的话却充满灵性，便留下他在寺里干些粗活。一段时间后，五祖召集众人说：“你们每个人都作一首偈子，如果谁的偈子能够表明你已经见性了，我便将衣钵传给他。”在众多和尚中，神秀一向是领悟力最高的，别人也知道自己争不过他，便都没有去作偈。神秀作了一首偈，因为没有自信，便在半夜悄悄地将其贴在了佛堂的走廊上，准备看看大家的评价，然后再伺机而动。

到第二天，大家在佛堂看到了这首偈，偈子曰：身是菩提树，心如明镜台，时时勤拂拭，勿使惹尘埃。众僧人看了，都纷纷称赞。五祖知道这是神秀所作，便唤其到自己房间，对他说："你只是到了自性的门口，还没有进来，你回去再做一首，如果能见性，我就将衣钵传给你。"

神秀回去后，却做不出更好的偈，这事便这么拖着了。一天，慧能在后院干活，听到有两个童子念神秀的偈子，他一听便知这首偈未能见性。于是他便问童子此偈的来历，童子告诉他后，他便对童子说："我到这里碓米八个月了，还没有到过堂前，请您带我到偈前礼拜一下吧！"

童子将他带到了挂着神秀偈子的走廊，当时许多人还聚集在那里。慧能对旁边的人说道："我不识字，请上人为我念一下吧。"于是其中一个人便朗声念了一遍。慧能说："我也做了一首偈，烦您帮我写下来如何？"那人有些不相信地说："你也能作偈，稀罕稀罕！"慧能说："要学习无上菩提，不能轻视初学者。下下人有上上智，上上人有下下智。"那人说："好，你说吧，我帮你写下来。如果你得法了，先要度我，别忘了这句话。"慧能于是诵偈道："菩提本无树，明镜亦非台，本来无一物，何处惹尘埃。"

此偈诵完，徒众大惊，都相互议论道："奇呀，看来不能以貌取人，他才来了多久，就成为肉身菩萨了啊！"

五祖弘忍见大家惊讶，担心慧能树大招风，被人陷害，便走过来用鞋子将偈子擦去，然后说了句："也未见性。"大家听五祖这么说，也便觉得的确是如此。

第二天，五祖又悄悄地走到慧能碓米的地方，然后以杖击碓三下，暗示慧能三更去找他。慧能心下明白，于是晚上三更到了五祖的房间。五祖为慧能讲《金刚经》，当讲到经文中的"应无所住而生其心"时，慧能一下子彻悟了，说道："何期自性，本自清净；何期自性，本不生灭；何期自性，本自具足；何期自性，本无动摇；何期自性，能生万法。"五祖明白慧能已经彻悟，于是便将衣钵悄悄传给了他，让他做禅宗第六代祖师。

那天传经之后，五祖担心其他人加害慧能，于是当夜便送他离开了。慧能听从师父的嘱托向南走，因为有人一直想加害他，他躲在猎人群中十五年。

后来，为了弘法，他离开猎人队伍到了广州法性寺，正碰上印宗法师在讲《涅经》。而听经的两个僧人因为经幡在风中飘舞，一人认为是风在动，一人认为是幡在动，争执不下。慧能听到后，便说道："不是风动，也不是幡动，是仁者的心在动。"众人一听，顿时骇然，惊为高人。

印宗禅师听说黄梅禅师的衣钵传承者已经南来，对来人心存疑惑。于是，将慧能延至上席，询问后确认来者正是五祖传人。于是印宗禅师替慧能削了发，然后拜其为师，从此慧能开始讲经说法，影响越来越大，最终使禅宗成为中国佛教最蔚为壮观的派别。

六祖因为不识字，别人请教其问题时，往往需要别人先念一遍经文给他听，他一听便明白了，然后再将经中奥义讲给请教者。六祖慧能的故事可以给我们很大的启发，那就是知识并不等于智慧。六祖完全不识字，却能够洞晓佛法的真理，令无数学识渊博的人拜服，其根本便在于六祖是通过自已的内心去感知这个世界和自我。因此，一味地追求知识不一定能增长你的智慧，我们也应该学会更多地向自己的内心寻求智慧。

◎第四十九章◎

圣无常心

【原文】

圣人常无心，以百姓心为心。善者，吾善之；不善者，吾亦善之；德善[①]。信者，吾信之；不信者，吾亦信之；德信。圣人在天下，歙歙焉[②]，为天下浑其心[③]，百姓皆注其耳目，圣人皆孩之[④]。

【注释】

①德：通"得"。下同。②歙（xī）：这里指收敛私欲。③浑其心：使心淳朴，不用机巧。④孩：使动用法，使老百姓恢复到婴儿般的状态。

【译文】

有道的人是没有私心的，以百姓的心为自己的心。善良的人，我很好地对待他们；不善良的人，我也很好地对待他们，这样就可以使人人向善了。守信的人，我信任他；不守信的人，我也信任他，这样就可以使人人守信了。有道的人治理天下，会收敛个人的私欲偏见，使天下人的心思归于纯朴，百姓们皆专注于他们的视听，而有道的人使他们都回到婴孩儿般淳朴自然的状态。

【解析】

这一章讲了圣人“德善”“德信”的境界。圣人以大道为根本，不因为环境和人情的改变而改变，所以对善和不善、信与不信的人都以一样的善良之心和诚信之心相待。一般人着力分辨善与不善、信与不信这些观念。圣人则打破这些分别，让人回归到淳朴的大道之中，即“为天下浑其心”。

“圣人无常心，以百姓心为心。”这里所说的“常心”是恒心的意思。什么是恒心？就是个人所拥有的一种持久不懈的生命意志力的具体表现。恒心是一种因为知识而引发出来的磅礴欲望，也就是通常所说的进取心或上进心，这种心理随着时代发展而不断渗透到了人生的各个阶段和各个领域之中。

由上可知，“常心”需要毅力来支撑，在毅力支撑下，常心会逐渐变为勃勃雄心。因此，常心便成了为人们追求知识和满足欲望提供无穷动力的源泉。人类在常心的刺激之下，或长久不懈地追求知识，探索天地；或无止境地聚敛财富，奔走四方；或极其放肆地追逐权力，残杀无辜。一旦出现这样的局面，就会把越来越多的人卷入到欲望的滚滚洪流之中。人类在常心的驱使下，心灵和身体逐渐走向对立。在老子看来，古代的圣人们是没有常心的，也就是说他们没有雄心壮志，而是以百姓的心作为自己的常心。

那么，圣人是如何以百姓的心作为自己的常心的呢？

“善者，吾善之；不善者，吾亦善之；德善。信者，吾信之；不信者，吾亦信之；德信。”对于善良的人就善待，对于不善良的人也同样善待，这样圣人就得到了善良。对于守信的人就信任，对于不守信的人也同样信任，这样圣人便得到了信誉。圣人作为国家的领导者，如果能够使自己的常心合乎百姓的感情和心理，那么这就是难能可贵的行为；同时，他们如果能够抵制百姓心中的一些不正常感情和心理，那么这就是高人一等的做法。在现实社会中，普遍流行的准则或时尚并不一定是真实的价值判断，这就要求圣人不能追随大众舆论而随波逐流，他应该对所有的事物都有自己的看法和立场。这就是圣人能够获得真正的“善”和“信”的原因。

“圣人在天下，歙歙焉，为天下浑其心”，“歙”是合、收敛的意思；“歙歙”即统治者收敛自己的意志。“浑其心”即使人的心思归于浑朴。这句话的意思是说：有道的圣人在其位，收敛自己的欲望，使天下人的心思归于浑朴。

“百姓皆注其耳目，圣人皆孩之”，由这句话可以知道，如果百姓的心灵受到了净化而且达到了浑一的境界，那么他们也就没有任何理想和追求了，这样他们就可以利用自己的耳朵和眼睛留心圣人的举动了。然而，圣人自然是没有任何举动的，因为他们已经回归到婴儿般的自然淳朴状态之中了。

◇ 从政之道 ◇

隋文帝开创“开皇之治”

统治者只有善待百姓，才能得到百姓的拥护，天下才会出现大治的局面。历史上出现的诸多治世，都是统治者注重民本的结果，“开皇之治”便是一例。

581 年，北周外戚杨坚夺取政权，建立隋朝，定都长安，年号开皇，杨坚就是隋文帝。隋文帝在位的二十多年间，不但灭掉了南方的陈国，统一了南北，还通过采取一系列措施，实现社会富庶、人民安乐，开创了一个令后世钦仰的治世局面，后世称隋文帝的统治为“开皇之治”。

隋文帝即位以后，先是以身作则，大力倡导节俭，为朝廷节省了不少开支。宫中的妃嫔不作美饰，一般士人穿衣多用布帛，饰带只用铜铁骨角，而不用金玉。由于皇帝的大力提倡，隋朝初年朝中形成了崇尚节俭的风气。这种躬行节俭的行为，使人民的负担减轻了很多，而且也有利于各项措施的推行。

隋文帝采取的措施，主要可以分为政治、经济、法制等几个方面。

政治方面：在中央，实行五省（尚书、门下、内史、秘书、内侍）六部（吏、礼、兵、刑、户、工）制；在地方，则把州、郡、县三级改为州、县两级。这样一来，不但提高了行政效率，还减少了不少机构，节省了财政开支。

经济方面：隋文帝仿照北魏的均田制，实行均田法。均田法规定：成年男子（即丁男）可以分到露田 80 亩，永业田 20 亩；成年女子分露田 40 亩。百姓死后露田归还政府，永业田可以传给子孙。奴婢和平民的占田数相等。此外，官员从一品到九品，可以分到一顷到五顷数量不等的职分田，以此作为俸禄，等以后不做官了再上交国家。各地的行政机关也有一些土地，收入作为办公的费用支出，叫作公廨田。隋大业七年（587 年）前出现的仓库充实、府库山积之繁荣景象，就是推行均田法的成果。均田法的施行，较大幅度地降低了赋税，减轻了农民的负担；均田法本身也使农民得到了土地，而且还有了一定的稳定收入，这些都大大缓和了社会矛盾，巩固了隋朝的统治。

在赋役上，隋文帝废除了一些苛捐杂税，并设置谷仓储藏粮食。灭掉陈国以后，隋文帝为了扭转因长期分裂而导致的民生困苦、国库空虚的局面，自开皇九年（589 年）开始，隋文帝即以富国为首要目标，采取轻徭薄赋的措施，在确保朝廷税收充足的同时，尽量减轻农民的负担，以稳定民生。具体来说，隋朝的赋役分租、调、力役三类。赋役的对象是十八岁到六十岁之间的男丁，每年服劳役的时间从一个月减为二十天，调绢从一匹减为两丈。开皇十年（600 年），隋文帝又规定成年男子的力役，从五十岁以后可以交纳布帛代替，称为“庸”。租、调、力役的推行，减轻了农民的负担，促进了农业发展。租庸调制被唐朝所沿袭。

法制方面，定刑名为死、流、徒、杖、笞五种，形成了五刑制。秦朝统一天下后，制定了残酷而严苛的刑律，这也直接造成了秦朝的暴政。自汉朝建立以来，直到魏晋南北朝，尽管对秦律有所改革，但它们都是一脉相承的。

隋朝建立以后，杨坚亲自参与、制定和颁布了《开皇律》十二篇，总计五百条。《开皇律》删除了魏晋南北朝以来一些残酷的刑罚，其中规定，民众如遇有冤屈，可以逐级上诉。而在对犯人处置的问题上，《开皇律》则持审慎态度，有效地避免了冤案的发生。这是以前各代所没有的。此外，《开皇律》还把原先的枭首、车裂、孥戮、连坐等残酷刑法予以废除。隋文帝对法制的改革，在中国法制史上具有重要的意义，流传至今最完整的《唐律疏议》，其实就是从《开皇律》中继承发展而来的。

正是由于上述措施的推行，隋朝在文帝统治的二十多年间，政治清明，人口增加，府库充实，外患不生，社会呈现出一片繁荣的景象。

◎第五十章◎

出生入死

【原文】

出生入死①。生之徒，十有三；死之徒，十有三；人之生，动之于死地②，亦十有三。夫何故？以其生生之厚③。盖闻善摄生者④，陆行不遇兕虎⑤，入军不被甲兵；兕无所投其角，虎无所用其爪，兵无所容其刃。夫何故？以其无死地。

【注释】

①出生入死：从生下来到死。与今天的成语“出生入死”义不同。②动：经常。③生生：求生的意思。④摄（shè）：保养，养生。⑤兕（sì）：犀牛。

【译文】

人从生下来一直到死，长寿的有十分之三；短命而亡的有十分之三；生下后本来可以活得长久，但自己走向死路的也占十分之三。这是什么缘故呢？是因为求生太过度了，酒肉餍饱，奉养过厚了。曾听说善于养生的人，在陆地行走遇不到犀牛和猛虎，在战争中不会受到杀伤。犀牛虽凶，却对其无法施用它的角；老虎虽猛，却对其无法利用它的爪；兵刃虽锋利，却对其无法施用它的锋芒利刃。这是什么缘故呢？因为他没有进入死亡的领域。

【解析】

这一章讲“摄生”保全生命的道理。生和死是很沉重的话题，很多人不敢直面这一话题，而是采取了回避的态度。生给我们带来欢喜，而死亡给我们带来阴郁。很多人谈“死”色变，但是不管我们如何惧怕死亡，死亡都不会对我们心生怜悯之心，它总有一天会降临到我们头上，这是谁也无法避开的。所以，有出生就会有死亡。既然如此，我们如何才能使生命尽可能长久呢？在老子看来，一个人的嗜欲太重，就会快速地走向死亡。一个人敛欲守静以心合道，他就能够长寿。

“出生入死。”“出”即出现于世上，也就是出生的意思。“入”即入于地下，也就是死亡的意思。

“生之徒，十有三；死之徒，十有三”，“生之徒”即长寿的人，“死之徒”即短命的人。这句话揭示的道理是：在所有人中，长寿的人占十分之三；短命的人占十分之三；人之所以短命，是因为贪欲太多，违背了生命的自然性。这是天命，我们无法延长自己的寿命，只能坦然地面对它。所以他认为，善于养生的人，必定少私寡欲，过着一种清静质朴、纯真自然的生活。任何人为的干预（如炼丹服药），不但于事无补，还会起到相反的效果。

老子接着解释道：“人之生，动之死地，亦十有三。”他认为，在所有人之中，原本可以长寿，但是由于自己的缘故而早亡的占了十分之三。这里所说的“自己的缘故”，指的就是自己因怀有贪欲之心、分别之心和执着之心，而使自己陷入郁郁寡欢、忧心忡忡的状态。人都有思想意识，正是有了思想意识，才使得人摆脱了蒙昧，逐渐变得聪慧起来，从而进入了文明时代。然而，人类变聪明以后，便滋生出了私欲之心和分别之心，这些都是人类痛苦和烦恼的根源。比如对于多数人来说，他们都希望自己过上幸福的生活，希望自己比别人强。但是，现实的情况往往与期盼中的情形是相反的：人家有别墅，自己却没有；人家有姣好的容貌，自己却没有；人家有华丽舒适的衣服，自己却没有……思来想去，总觉得生活对自己不公平。这样一来，郁闷的情绪就挥之不去，时间长了还会损害自己的身体，这对养生是极为不利的。

“盖闻善摄生者，陆行不遇兕虎，入军不被甲兵；兕无所投其角，虎无所用其爪，兵无所容其刃。”行走在道路上，如果遇到伤害人的犀牛和老虎，我们该如何应付呢？在老子看来，犀牛和老虎都是凶猛异常的动物，它们不惧怕人类，更没有分别之心，不会因为我们的怕与不怕而决定自己的行动。对于得道的人来说，即使他们面对的是老虎和犀牛的利爪和尖角，他们也不会受到伤害，因为他们心里没有伤害的概念，就算犀牛和老虎再凶猛，也对他们没有任何意义。即便换成别的野兽或是别的场合，这个道理也是一样的。合乎大道德行的人，即使身在战场，也一定会冲锋陷阵，而不畏惧敌人的刀剑，对死亡没有丝毫的畏惧，一切顺应自然，那么刀剑的锋刃也就失去了它原有的威力。反之，贪生怕死的人身在战场，他一定对死亡充满畏惧，而不敢与敌人近身搏斗，自然会遭到敌人锋利的刀剑的攻击。所以，一个人只要坦然地面对人生道路上的艰难险阻，即使遇到危险也无所畏惧，那么这样才算是没有分别之心，也就真正懂得了养生之道。

“夫何故？以其无死地。”在本章的最后，老子通过一句“以其无死地”，概括说明了善于养生之人不会遭受锋利的刀剑、凶猛的野兽伤害的缘由，即善于养生之人顺应天道，依照客观规律行事，外患便不能靠近他的身体，所以也就不会因外患而死亡了。老子的这一思想是如何产生的呢？这就需要分析一下老子所处的时代特征了。春秋末年，战火不断，人的生命随时都有覆灭的危险。面对这种情况，老子提出了对生死的看法：战争的胜负是无法预料的，所以不应以你杀我夺的战争来保护自己；奢侈对生命是没有任何益处的，所以不应以奢侈的生活方式来保养生命。老子希望人们能够达到少私寡欲、淳朴自然的境界，所以提出了清静无为，恪守道的原则，合乎道的德行的主张。老子认为，一个人的行为不合乎道的德行，就会害人害已，这是造成寿命变短的人为因素，也是人们应该极力避免的。

人们对死亡存有畏惧，其实这是可以理解的。因为一个人的生命来之不易，具有很大的偶然性，所以应该好好珍惜生命。但人们必须清醒地认识到，珍惜生命并不是要用单纯的怕死来表现，而是应该让生命释放能量，实现价值，以此来表达人们对生命的珍重。

◇ 为人之道 ◇

孙叔敖“不入死地”

春秋时期，楚国布衣孙叔敖才能出众，被楚国贤臣虞丘子推荐给楚庄王，担任楚国宰相。孙叔敖担任宰相期间，兢兢业业，身体力行，忠心辅佐楚庄王，在内政外交上采取了一系列措施，使得楚国迅速强大起来。

孙叔敖极为重视民生经济，制定、实施有关政策法令，尽力使农、工、贾各得其所。当时，淮水流域常常闹水灾，以致农业生产没有保障。孙叔敖亲自前去调查，并主持兴修许多水利设施，其中最著名的就是芍陂。芍陂原来是一片低洼地，孙叔敖发动数十万人，修筑堤堰，将东西的山岭连接起来，然后开凿水渠引来河水，形成一个人造湖。该湖在雨季储水防涝，旱时则放水浇田，类似的水利设施保证了楚国农业的稳定。孙叔敖还鼓励农民秋冬上山采矿，促进了青铜业的发展。他还劝导百姓利用秋冬农闲季节上山采伐竹木，再在春夏多水季节通过河道运出去卖掉，以合理利用资源，同时增加国家和百姓的收入。此外，孙叔敖还极力鼓励商业交换，促使楚国经济走向繁荣。在孙叔敖的治理下，楚国在经济上达到了全盛时期。

而在军事上，孙叔敖也进行了一系列的变革，并于楚庄王十七年（公元前 597 年），指挥楚军与晋军大战，最终以卓越的军事才能大败晋军。之后，陈、郑、鲁、宋等国离弃晋国，与楚国结盟。正是在孙叔敖的帮助下，楚庄王才得以成为春秋五霸之一。

孙叔敖虽然功勋卓著，受到楚庄王的器重和百姓的爱戴，但是，他却始终保持着谦逊谨慎，没有一点骄傲，同时廉洁奉公，不为自己谋一点私利。

据说他的妻子身穿粗布衣服，他临死时连棺材都买不起。因此，他虽然功劳巨大，却从来没有受到君主的猜忌，也很少有大臣攻击他，即使有人想陷害他，也实在找不到缘由。故其被司马迁列为《循吏列传》中的第一人，乃是中国著名的贤相。

孙叔敖临死前，曾叮咛儿子孙安道："楚王为表彰我的功劳，曾多次要我选一处地方作为我的封邑，我都谢绝了。我死后，他肯定要给你封官职，你一定要推辞。我了解你，你才能有限，在官场上做不出什么大的成就，反而可能会被人陷害，引来杀身之祸。你不肯做官，楚王便可能会给你封邑，这你也要坚决推辞。但是如果实在推辞不掉，你就请求将'寝丘'封给你。这个地方土地贫瘠，地名又不吉利（寝丘意思是死者停放处），将来也不会有人来和你争抢，如此便可保子孙平安了。"

在孙叔敖的葬礼上，楚王和群臣以及许多百姓莫不落泪。葬礼之后，楚王果然要给孙安封官并封地，孙安依照父亲的遗嘱都一力拒绝了。

几年之后，楚庄王便将孙安给忘了。但是忽然有一天，宫中的优伶做戏唱道："廉吏高且洁，子孙衣单而食缺。君不见，楚之令尹孙叔敖，升迁私产无分毫，子孙丐食栖蓬蒿……"楚庄王立即问道："孙安真的已经贫困到这个地步了吗？"优伶回道："不至此，不见前令尹之贤。"

楚庄王于是派人将孙安召进宫，要封给他万户之邑。孙安于是说："大王如果真的非要因为我父亲的一点小功劳封我的话，我只愿得到寝丘。这是先父遗命，非此地不敢接受。"楚庄王一听是这个王公贵族都不屑一顾的地方，十分纳闷，但也没有办法，只好答应了他。后来，楚国连续几代政治动乱，许多好的封邑都被抢来抢去，主人遭到杀戮，只有寝丘无人理会。正是因为孙叔敖的先见之明，其子孙都安然无恙，守此封邑长达十代之久。

孙叔敖可以说是老子所说的"善摄生者"的典型了。其身为大国宰相，位高权重，又功劳极大，之所以能够既避免了君主的猜忌，又没有受到同僚的攻击，还深受百姓爱戴，正是其善于掌控自己的生命，清心寡欲，不被欲望所支配，在道德和法律上都始终走在安全地带，"不入死地"的缘故。而且，其还在临终时遗言，使得自己的子孙后代也“不入死地”，从而保全了他们。

◎第五十一章◎

尊道贵德

【原文】

道生之，德畜之①，物形之②，势成之③。是以万物莫不尊道而贵德④。道之尊，德之贵，夫莫之命而常自然⑤。故道生之，德畜之；长之育之；亭之毒之⑥；养之覆之⑦。生而不有，为而不恃，长而不宰。是谓玄德⑧。

【注释】

①畜：畜养。②物：指万物本身。形：动词，表现。③势：万物生长的自然环境。④莫：没有。贵：崇尚，重视。⑤莫之命而常自然：不加以干涉，而让万物顺其自然。之，代指万物。命，支配，干涉。⑥亭之毒之：有两种解释：一是使万物安定，二是使万物成熟。这里取第二种解释。⑦覆：维护，保护。⑧玄德：深微玄妙的“德”。

【译文】

道生成了万物，德养育了万物，万物呈现出各种各样的形态，环境使万物成长起来。因此，万物没有不尊敬道而重视德的。道之所以受到尊敬，德之所以受到重视，就在于它不加干涉而顺其自然。所以，道生成了万物，德养育了万物；使万物生长发育，使万物成熟结果，使万物得到抚养和保护。（它）产生了万物却不据为己有，养育了万物却不自恃其功，导引了万物而不做万物的主宰。这才是极大极深远的“德”啊。

【解析】

老子在这一章里将“道”和“德”二者并立起来论述，这在前面的章节中已经有所涉及，这一章我们主要就道德和万物的关系进行解说。

“道生之，德畜之，物形之，势成之。”我们知道，万物之所以能够生长和发展，就是因为它们顺应了客观的自然规律，也就是大道。所以，老子称其为“道生之”。万物由道生出以后，接下来该由谁来抚养呢？这时候出现了德，它刚好能够承担这一职责，老子称其为“德畜之”。道和德共同构成了完整的“道德”体系，万物由道生，由德养，道和德就像是生养我们的父母一样，我们怎么能够不尊敬他们呢？

在前面的章节里，老子已经多次论述了德的性质和作用：所谓“德”，其原始意思就是“得”，后来引申指事物在发展过程中应具备的道德品质，它具体表现为人类的行为准则。如果人们的行为合乎道的大德，那么人类就能繁衍生息，否则就会自我毁灭。

“是以万物莫不尊道而贵德。道之尊，德之贵，夫莫之命而常自然。”万物之所以敬畏道和德，并以道和德为尊贵，这并不是出于主宰者的刻意命令和安排，而是它们对自然界客观规律的遵从和运用，是自然而然的事情。万物顺其自然地诞生，又自然而然地发展，并通过遵循自然规律而生生不息。

“故道生之，德畜之；长之育之；亭之毒之；养之覆之。”这句话是说：道生长万物，德养育万物，使万物生长发展，成熟结果，使其受到抚养、保护。老子认为，在道化生万物的过程中，万物纷纭各异不过是情势使然，它们都源于道而畜于德，而且最终都会积德归道。

“生而不有，为而不恃，长而不宰。是谓玄德。”大道生成了万物，但是不把万物据为己有；抚育了万物，但是不自恃有功；引导了万物，但是不强加干涉，不以万物的主宰自居。大道深厚无私，是人类行事的楷模。人们追求礼尚往来，并以此作为我们行动的指南，这其实是不合乎大道的，也是违背自然规律的。大道遵循自然，无欲无求，即便在付出的时候也从没想过要得到回报。大道没有分别之心，所以也就没有付出和回报的分别了。当大道付出了很多却得不到回报的时候，它也不会感到烦恼和怨恨。人类却不同，一旦我们的付出多于回报，或是欲望得不到满足时，我们就会感到烦恼和怨恨，有的人甚至还会做出极端的事情来，这样不但伤害了自己，也会伤害别人。

在现实生活中，任何人都无法躲避别人有意或无意的伤害。如果我们因为怨恨曾伤害过我们的一个人而怨恨起整个社会来，就会变得愤世嫉俗、心胸狭窄起来。以充满仇恨的眼睛看社会，势必会影响我们的判断力，在这个世界上，任何人都不是完美的，谁能保证从未伤害过旁人呢？既然我们也曾伤害过别人，又怎能奢望不被别人有意或无意地伤害呢？因此，当我们的付出和回报不能画等号时，就一定要冷静地看待得与失，不要因为得不到足够的回报而心生怨恨。老子在这一章中，阐述了只知付出不求回报的思想，这一处世哲学充满了智慧，对于我们每个人来说都是有益的教导。

◇ 为人之道 ◇

恣意妄为的年羹尧

老子认为，得道之人应该化育万物而不据为己有，德被苍生而不居功自傲，否则将会自遗其祸。清雍正时期的年羹尧战功赫赫，地位显贵，后来却落得家破人亡的下场，他的事迹可以很好地说明老子所讲的道理。

年羹尧（1679 ~ 1726 年）是清代康熙、雍正年间人，进士出身，官至四川总督、川陕总督、抚远大将军，还被加封为太保、一等公，煊赫一时。

年羹尧在康熙年间就受到皇帝的重用。康熙四十八年（1709 年），年羹尧出任内阁学士，不久升任四川巡抚，成为封疆大吏。这时的年羹尧刚刚三十岁。后来，雍正皇帝即位，年羹尧功不可没。雍正元年（1723 年）五月，雍正发出上谕："若有调遣军兵、动用粮饷之处，着边防办饷大臣及川陕、云南督抚提镇等，俱照年羹尧办理。"这样，年羹尧就总揽了西部一切事务，实际上成为雍正在西陲前线的代理人，权势地位在抚远大将军延信和其他总督之上。雍正还告诫云、贵、川的地方官员，一切要听命于年羹尧。

在有关重要官员的任免和人事安排上，雍正更是频频询问年羹尧的意见，并给予他很大的权力。在年羹尧管辖的区域内，大小文武官员的任用皆由年羹尧来决断。

雍正跟年羹尧的私交也非常好，并且给予特殊的荣宠。雍正认为有年羹尧这样的封疆大吏是自己的幸运，如果有十来个像年羹尧这样的人的话，就不愁治理不好国家了。平定青海的叛乱后，雍正极为兴奋，把年羹尧视为自己的“恩人”，他也知道这样说有失至尊的体统，但还是情不自禁地说了。

雍正还要求世世代代都要牢记年羹尧的丰功伟绩，否则便不是他的子孙臣民：“不但朕心倚眷嘉奖，朕世世子孙及天下臣民当共倾心感悦。若稍有负心，便非朕之子孙也；稍有异心，便非我朝臣民也。”

此时的年羹尧，志得意满，逐渐变得骄纵起来，进而做出了许多超越本分的事情，最终招致雍正的警觉和记恨。

年羹尧自恃功高，骄横跋扈之风日甚一日。他在官场中趾高气扬，气势凌人：赠送给属下官员物件，“令北向叩头谢恩”；发给总督、将军的文书，本属平级公文，却擅称“令谕”，把同级别的官员视为下属；甚至蒙古扎萨克郡王额附阿宝见他，也要行跪拜礼。

对于朝廷派来的御前侍卫，理应优待，但年羹尧把他们留在身边当作“前后导引，执鞭坠镫”的奴仆使用。按照清代的制度，凡上谕到达地方，地方大员必须迎诏，行三跪九叩大礼，跪请圣安，但雍正的恩诏两次到西宁，年羹尧竟“不行宣读晓谕”。

年羹尧还排斥异己，结党营私，清朝官场中形成了一个以他为首，以陕甘、四川官员为骨干，包括其他地区官员的小集团。许多混迹官场的拍马钻营之辈眼见年羹尧权势熏天，都竞相奔走其门。而年羹尧也致力于培植私人势力，每有肥缺美差，必定安插自己的亲信。

面对年羹尧的居功自恃、贪赃枉法，雍正越来越感到不满，也多次警告其要慎重自持，但年羹尧不以为意，反而变本加厉。雍正忍无可忍，终于决心要除掉年羹尧。

雍正对年羹尧的惩处是分步逐次进行的。第一步给年羹尧警告。雍正一改过去嘉奖称赞的语调，警告年羹尧要慎重自持。

第二步是给相关官员打招呼，让他们看清形势，与年羹尧保持距离。这就为公开惩治年羹尧做好了准备。

第三步是把矛头直接指向年羹尧，将其调离西安老巢，接着更换了四川和陕西的官员。雍正先将年羹尧的亲信甘肃巡抚胡期恒革职，然后将四川提督纳泰调回京城，使其不能在任所作乱。接着，解除年羹尧川陕总督之职，命他交出抚远大将军印，调任杭州将军。

最后一步是勒令年羹尧自裁。年羹尧调职后，内外官员进一步清了形势，纷纷揭发其罪状。雍正以“俯从群臣所请”为名，尽削年羹尧官职，并于当年九月下令缉捕年羹尧，并押送北京会审。十二月，朝廷议政大臣向雍正提交审判结果，给年羹尧列出九十二款大罪，请求立正典刑。

罪状公布后，雍正说，这九十二款罪行中应服极刑及立斩的就有三十多条，但念及年羹尧功勋卓著，如果对其加以刑诛，恐怕天下人心不服，自己也难免要背上心狠手辣、杀戮功臣的恶名，于是表示开恩，赐其狱中自裁。年羹尧父兄族中任官者全部革职，嫡亲子孙发遣边地充军，家产抄没入官。权倾一时的年羹尧就这样悲惨地结束了自己的一生。

◎第五十二章◎

天下有始

【原文】

天下有始，以为天下母。既得其母，以知其子[①]；既知其子，复守其母，没身不殆。塞其兑，闭其门，终身不勤[②]。开其兑，济其事，终身不救。见小曰明，守柔曰强。用其光，复归其明，无遗身殃，是为袭常[③]。

【注释】

①子：指万物，而前句的“始”“母”则指“道”。②勤：一说为“瘽”的借用字，疾病之意，这里作“勤劳”讲，有劳扰的意思。③袭：通“习”。

【译文】

天下万物都有本始，这个始是天地万物的根本。既然知道了万物的根本，也就认识了万物；既然认识了万物，如果再谨守万物的根本，那么终身也不会发生危险了。堵塞嗜欲的孔窍，关闭欲念的心门，就可以终身没有劳烦扰心的事。打开嗜欲的孔窍，就会增添纷杂的事，使你终身不可救治。能从细微处察见事理的叫作“明”，能够守住柔弱的叫作“强”。运用外在的智慧的光，返照内在的“明”，不会给自己带来灾祸，殃及其身，这就是我们所说的延绵不绝的常“道”。

【解析】

这一章讲在立身处世中复归于大道的方法，并阐释了道为天下万物之母的道理。

先来看一下本章的开头：“天下有始，以为天下母。既得其母，以知其子；既知其子，复守其母，没身不殆。”老子认为，天下万物都有一个开始，而这个开始就是所谓的道。所以，我们可以把道比作生养万物的母亲，而把万物比作道的孩子。尽管世间任何一种事物都是道的“孩子”，但是它们各有差异，有好坏之分，这就好比同母的兄弟，既有孝敬双亲的，也有违背孝道的，而违背孝道的人必定会遭到谴责。在这里，老子以母子关系来比附道和天地万物的关系，目的在于希望我们要像孝敬父母一般遵循大道的德行，只有这样才是合乎了大道，也只有这样才能“没身不殆”。

我们再分析一下中间部分：“塞其兑，闭其门，终身不勤。开其兑，济其事，终身不救。”“兑”在《易经》的八卦里作“口”解；我们在这里解释为口、耳、鼻，泛指与外界相通的器官。关于“勤”字的意义，一般人当作“觐”解，“觐”是“见”的意思。所以这句话可以解释为把自己的感觉器官口、耳、鼻全部都关闭起来，把自己的心门也封闭起来，一辈子不见任何人和事物了。

老子为什么要说这样的话呢？下面我们就具体分析一下。

在前面的章节中，老子曾提到过“五色”“五味”和“五音”，并指出它们对人是有危害的，这种危害表现为可以直接导致人们目盲、耳聋、口爽。既然五色、五味、五音会危害人类，那么我们为什么还要极力追求它们呢？在老子看来，这是由人类的本性决定的。人生而具有私欲，有了私欲就要与别人争夺，所以老子才会在《道德经》中多次申明人们应当克制欲望。而老子所说的“塞其兑，闭其门，终身不勤”，并不是让我们像死人那样不睁眼、不呼吸、不听声音，这只是一种夸张的说法，目的在于告诉人们外界所带来的种种危害。因此，人们必须要遵守大道的德行，不要妄想和妄为。老子在这里要人们堵塞五色、五味、五音进入身体的通道，这里的堵塞并非不吃、不看、不听，而是要堵塞诱惑人们灵魂堕落的通道。如果不堵塞满足欲望的通道，人们就会受到惩罚。

“见小曰明，守柔曰强。”这句话的意思是说：从细微处觉察事物之理叫作明，能守持柔弱叫作强。此句话有领起下文的作用。

“用其光，复归其明，无遗身殃，是为袭常。”在本章的最后，老子又指引我们去追寻大道。任何人都知道母亲的怀抱是最温暖的，任何人也都希望投入母亲的怀抱，因此老子顺了我们的心愿，为我们指明了方向。

◇ 为人之道 ◇

顺乎自然的刘秉忠

老子说，谨守万物的根本，便能实现为道。关闭嗜欲的孔窍，就不会给自己带来灾祸。刘秉忠劝忽必烈行汉法，这是顺应了大道。功成之后不居功自傲，宁静淡泊，这正体现了本章所揭示的道理。

刘秉忠是金末元初人，他天资聪颖，自小好学，每天能记诵百言，读书过目不忘，对经史、天文、地理、律历、卜算、遁甲都有研究。

元朝灭金后，广泛搜罗人才，以收揽北方民心。刘秉忠十七岁时，被任命为邢台节度使府令史，主要负责文字记录和抄写工作。日子久了，刘秉忠渐渐厌恶官场的生活。他自小有远大志向，不甘于当一个小官吏，因此慨然叹道："大丈夫不得志于世上，就该隐居山林。"

于是，刘秉忠毅然辞官，退隐武安山，学全真道。不久，刘秉忠以其出众的才华受到天宁寺虚照禅师的赏识，虚照禅师特意将其召入山中，让其在寺庙中出任书记之职。

尽管刘秉忠隐居山林，但是他的名声还是为世人所知。1242 年，蒙古亲王忽必烈因仰慕刘秉忠的佳名，特地征召其来到和林，忽必烈与刘秉忠交谈一番，知道他博学多才，就把他留在王府做书记。这样，刘秉忠就成为忽必烈最早的汉人谋士。此后几十年，刘秉忠一直伴随忽必烈左右，为辅佐忽必烈完成统一大业而竭忠尽智。

刘秉忠为元朝的统一立下汗马功劳。在他的一生中，曾为忽必烈献出不少奇谋妙计，还为忽必烈制定了施政大纲。

蒙哥为汗时，忽必烈奉命总理漠南之地，他率领刘秉忠等一干臣属南下，开府于金莲川。为了帮助忽必烈治理好漠南地区，刘秉忠建议忽必烈应"思周公之故事以行之"，劝其效法周公戡乱的事迹，牢牢抓住建功立业的千载良机。

南下期间，刘秉忠曾对忽必烈说："治理国家，应该遵循古代典籍礼制和伦理法度，使之成为指导思想。内部以宰相为大，宰相统领百官，感化万民；而外部以将帅为大，将帅统领三军，安定境域。因此要广揽人才，选择良相贤将，内外相济，这是当前最为迫切的问题。"与此同时，他还建议废除烦苛酷刑，取消鞭背之刑，并严禁私自设立牢狱，使得蒙元的法令更加完善。另外，刘秉忠还爱民如子，他主张减轻徭役和赋税，免除苛捐杂税，为漠南地区经济的发展奠定了基础，也赢得了百姓的拥护。

刘秉忠上述各项措施，为忽必烈推行"汉法"奠定了理论基础。在忽必烈到达漠南地区的第二年，这些建议大部分就得以实施。尤其是在河南唐、邓诸州，陕西凤翔、京兆这些地区，忽必烈兴利除弊，惩治贪官污吏，招抚流民垦田，作为他推行汉法的一次实践。这次实践的成功使忽必烈认识到只有“行中国之道”，方能得“中土之心”的道理，为他以后统一全国做好了准备。

蒙哥死后，忽必烈夺得了蒙古汗位。刘秉忠向忽必烈建议废除“蒙古”国号，建国号为“大元”，并把都城迁到中都（今北京），改称大都。此外，在官制、军政、司法等方面，忽必烈也依照刘秉忠等人的建议，一一进行了改革，建立了一套完善的中央集权统治。在刘秉忠的精心谋划下，元朝的统治终于走上了与中国历代王朝相衔接的轨道。

至元元年（1264年），忽必烈命刘秉忠还俗，恢复他的姓氏，授光禄大夫、太保、参领中书省事、同知枢密院事。同时，又下诏以翰林学士窦默之女赐予他为妻，并赐其府第，使其成立家室。

此时，刘秉忠已经享尽所有为人臣的荣耀了，可他并不为尘世的名利所牵绊。纵使自己位于一人之下、万人之上，也仍然斋居素食，心如止水。在他简朴的一生中，从未利用手中的权力谋取过私利。

刘秉忠在朝为官三十多年，“参帷幄之密谋，定社稷之大计”，始终以民生为本，以国家利益为先。他见义勇为、积极谋事，却从不居功自傲。有一次，忽必烈赏赐给刘秉忠白金千两，刘秉忠没有收下，并婉言谢绝说：“我只不过是一个山野村夫，承蒙皇上的错爱，才得以入朝为官，吃喝用度皆由朝廷供给，这些黄金对我来说是没什么用处的。”忽必烈听罢，对他佩服万分。刘秉忠身居高位，却“轻富贵如浮云，等功名于梦幻”，的确值得后人敬佩。

◎第五十三章◎

行于大道

【原文】

使我介然有知①，行于大道，唯施是畏②。大道甚夷③，而人好径④。

朝甚除[5]，田甚芜，仓甚虚；服文彩，带利剑，厌饮食[6]，财货有余，是谓盗夸[7]。非道也哉[8]！

【注释】

①介然：微小。②施：即“邪”字。邪行，邪径。③夷：平坦。④径：邪径。⑤除：清洁，整齐。⑥厌：通“餍”字。⑦盗夸：指盗魁。⑧也哉：语气词连用，表示肯定、感叹的语气，可译为“啊”“呀”。

【译文】

假如我稍微地有了认识，行走在大道之上，唯一担心害怕的就是走上歧途。其实大道十分平坦，可是有的人偏要舍弃大道而寻觅小路。朝廷已经非常败坏，农田也已荒芜，仓库都已空虚，还穿着华丽的衣服，佩带锋利的宝剑，精美的食物早已吃厌，搜刮侵吞了大量的财货，这就是盗魁贼首啊！其所作所为实在是不合天道啊！

【解析】

本章中，老子重点从反面论述了“道”，即从与大道相违背的小径角度反衬出大道的重要性。老子指出，那些君王放着平坦的大道不走，反而喜欢走邪径。联系老子的政治主张，可以知道，这里的大道，指的便是采用清静无为的方式治理国家，不颁布过多的政令，不发动无谓的战争，尽量不去骚扰人民。同时，统治者本人也应克制自己的欲望，不给人民增加过多的负担。如此，必然会使国家昌盛，人民安居乐业。而所谓的走上邪径，则是指统治者违背治理国家的大道，穿着漂亮的衣服来显示自己的尊贵，佩带着锋利的宝剑以夸耀自己的强悍，饱餐美味佳肴，占有富余的财货而不去接济他人，像个强盗头子那样。总之，就是不知道体恤人民，一味放纵自己的欲望。走邪路的结果必然是朝政腐败不堪，百姓的田地一片荒芜，国家的仓库空虚。这里，老子的话实际上并未说尽。其隐含的意思便是：既然朝政腐败不堪，百姓的田地荒芜，国家的仓库空虚，那么统治者离灭亡也就不远了。显然，这样的例子不胜枚举，事实摆在那里，也无须老子进一步点破了。这里，老子正是通过统治者走在大道和小径上的对比，来论述道的重要性。而实际上，统治者仅仅是老子举出的一个例子罢了。大道和小径的差别，其实具有更为普遍的意义。可以说，不只是治理国家，无论做任何事情都存在一个走大道还是小径的差别；不只是统治者，任何人都面临着对大道和小径的选择问题。

在《道德经》中，老子反复告诫人们无论做人还是做事都要遵循道，即要走在平坦的大道上。其具体的表现便是清静无为，克制自己的私欲，贵柔守雌，居下不争，做事顺应事物的本性和规律，不强行妄为。更具体点说，遵循国家法令和世俗道德，不过奢侈的生活，诚实守信，孝亲仁爱等。如此，便是走在了大道上。而相反，过分放纵自己的欲望，对财富、名声过分贪婪，恃强凌弱，使用伎俩追逐名利，违背道德，违法犯罪，舍本逐末，等等，则是走在了邪径上。而看一下我们的现实，可以说，有几个人真的是走在大道上呢？可以说，几乎所有的人都或多或少地偏离了大道。之所以如此，是因为虽然大道平坦易行，只要默默地走下去便可以到达目的地，但人们却总觉得平淡无奇、不刺激，没有激情，于是偏喜欢刺激、冒险、另辟蹊径，自以为能比别人更快地到达自己的目的地。其具体的表现便是世界上的人都喜欢耍小聪明，凡事投机取巧走捷径。而其结果重则给自己带来大祸，轻则搬起石头砸自己的脚。

正如老子所说，大道是多么得平坦啊，为何偏偏要去走那些前途未卜、崎岖不平的小径和邪径呢？仔细想想，老子所说的“假如我稍微有些认识，就会在大道上行走，并且小心谨慎，只怕走上邪道”，并非是他故意夸张，对于看透了道的他来说，这应该是肺腑之言了！

◇ 为人之道 ◇

残酷不仁的暴君石虎

统治者穷奢极欲，挥霍无度，就会使土地荒芜，百姓难以生存，这样的统治者就会被称为“独夫民贼”，而独夫民贼通常都没有好下场。

南北朝时期是中国历史上的乱世，也是昏君、暴君层出不穷的时期，后赵太祖石虎就是一个有名的昏暴之君。

石虎（295~349 年），字季龙，上党武乡（今山西榆社北）人，羯族。十六国时期后赵君主。石虎在位期间，生活奢侈，大兴土木，广建宫室；对百姓横征暴敛，徭役繁重，民不堪命。

石虎生性残暴，在少年时代就表现出来了：常以弹弓打人为乐。十八岁时，由于其武艺超凡且勇猛过人，受到后赵建立者石勒的宠信，被封为征虏将军。其后，石虎娶了将军郭荣的妹妹，但石虎喜欢当时的杂技名角儿郑樱桃，于是把郭氏杀死，娶了郑氏。之后，石虎又娶了崔氏，后来崔氏因受到郑氏的嫉恨而死于石虎手中。

在军中，凡是比石虎武艺强的，石虎就会设法将他杀死，死于其手上的人不计其数。石虎嗜杀成性，每攻下一座城池，不论男女都一律杀死。一次，石虎攻下青州后，下令屠城，最后仅余七百人保全了性命。

石虎生活奢侈，且好大喜功。在邺城，石虎修建台观四十多所，又营建长安、洛阳的宫殿，两地服役的征夫计四十多万。为征讨前燕，石虎令司、冀、青、徐、幽、并、雍等州已免除徭役之家五丁取三，四丁取二；为了讨伐南朝，石虎又命黄河以南四州之内的人民准备南下进攻的装备。各州为石虎征战造兵器的就有五十万人，被其征发来的百姓，很多都被石虎残害致死。例如，石虎在邺城北修筑华林园，园长十里，为赶工程，监工督促百姓深夜举烛劳作，时值暴雨，劳作的百姓被淹死万余人；又凿城墙引水入华林园，城墙崩塌，压死一百多人。

除征调劳役、军役之外，石虎又强令百姓五人出车一乘、牛二头、米十五斛、绢十匹，为征战备物，如有违令者，一律格杀勿论。在此高压、残酷的统治之下，使赵国道路上到处都是“死者相望”的凄凉景象。

石虎的倒行逆施，使得生产遭到严重破坏，百姓处于水深火热之中，民不堪命，社会矛盾空前激化，统治集团内部也发生了内讧。最早时，太子石宣采纳右仆射张离建议，削减诸侯兵员收归自己统领。这一举动引起诸王的不满，内讧由此揭开序幕。

不久，石虎派太子石宣与石宣弟石韬轮流审阅尚书奏事，审决生杀之事以及任免官吏等事项，不必启奏。司徒申钟劝谏石虎，认为任免官吏、决定刑罚是国家的重大决策，不该委托他人，太子虽为国家储君，也不应干涉此事，否则必然招致灾祸。申钟又以石邃之事谏石虎，认为宠任不道之人，必定会害国害民。对于这一建议，石虎不予置理，仍用石宣、石韬轮流视政。

石宣以为自己是太子，不愿让石韬干政，再加上石韬自建宣光殿，规模宏大，仅梁长就达九丈，石宣见后异常愤怒，认为这是石韬借建殿向他这个太子示威，遂令人杀死工匠，截去大梁。后石韬又将梁加长至十丈，石宣得知，更加气愤，遂决定派人刺杀石韬，并伺机杀掉石虎以夺权。结果阴谋败露，石虎杀死石宣及其妻室子弟二十九人，部下三百人、宦者五十人全部被车裂肢解而死，东宫卫士谪配梁州。

这些人行至雍城（今陕西凤翔县南）后，东宫高力护卫都督梁犊率众起义，秦、雍间城戍无不摧陷，起义队伍直入长安，人员增到十万。石虎急派李农率军镇压，但被打败，只得起用羌族姚弋仲和氐族符洪部才镇压了起义。

激烈的社会矛盾，残酷的宫廷斗争，使石虎只能在惊恐不安中度日。349年，石虎因忧恐而死，终年五十四岁。

◎第五十四章◎

善抱大道

【原文】

善建者不拔[①]，善抱者不脱[②]，子孙以祭祀不辍[③]。修之于身，其德乃真；修之于家，其德乃余；修之于乡，其德乃长；修之于邦，其德乃丰；修之于天下，其德乃普。故以身观身，以家观家，以乡观乡，以邦观邦，以天下观天下。吾何以知天下之然哉[④]？以此。

【注释】

①建：栽培的意思，即建立、培养。拔：动摇。②抱：此处意为保护、保卫。③绝：停止。④何以：以何，凭什么，用什么。

【译文】

善于建树的人一旦有所建树就不可拔除，善于抱持的人一旦有所抱持就不会脱掉。如果子子孙孙都能遵守“善建”“善抱”的道理，后代的烟火就不会断绝。把这个道理贯彻付诸自身，他的德就是真实纯正的；把这个道理贯彻付诸一家，他的德就是丰盈有余的；把这个道理贯彻付诸一乡，他的德就会受到尊崇；把这个道理贯彻付诸一国，他的德就会丰盛硕大；把这个道理贯彻付诸天下，他的德就会无限普及。所以以自身的修身之道来观察他人，以自家观察他家，以自乡观察他乡，以自己的国家观察其他的国家，以自己的天下观察别人的天下。我凭借什么知道天下的情况呢？就是用的这种方法。

【解析】

在这一章里，老子重点突出了“修”和“观”的意义。修指的是修身，这是一切事业的根本。只有身修好了，才可以把这种德扩展到一家、一乡、一邦，乃至整个天下。观就是观察推测的意思。天下所有事物的道理都是一样的，所以从己身可以推知他身，从己家可以推知他家。

“善建者不拔，善抱者不脱，子孙以祭祀不辍。”“建”意为国家建立法律之意。“善建者”指的是善于立法的人。“不拔”意为动摇，拔不开脚步，也就是受法之禁锢不得自由的意思，老子提倡自然无为，反对任何对人禁锢的社会形式。“抱”意指聚拢；“善抱者”指的是善于聚拢徒众的人，在老子活动的时代，孔子聚徒讲学，弟子三千，是第一个“善抱者”（即聚徒讲学的人），老子不赞成聚众讲学的做法，所以一生没有收徒。“不脱”意为脱离不开自身，也就是不得自由的意思。我们都知道，儒家十分重视宗族的延续，常说“不孝有三，无后为大”，并把子孙对祖先的祭祀看作重大的事情。老子对儒家的做法不赞同，他提倡自然无为，认为子孙对祖先的祭祀是一种搅扰，也是一种破坏安宁的行为。在本章中，老子批判了以法治国和以“礼乐教化”治国的社会观。在老子看来，这些都是有为之治，都与自然无为的理念格格不入。老子通过批判这两种有为思想，进而提出自然无为的理念，主张用无为的道去修身、齐家、睦邻、治国、平天下。

“修之于身，其德乃真；修之于家，其德乃余；修之于乡，其德乃长；修之于邦，其德乃丰；修之于天下，其德乃普。”“修”意为修炼，即使德成为个人修身、齐家、睦邻、治国、平天下的自觉规范。“之”即到的意思。“余”意指富余。“长”即久远的意思。“丰”即五谷丰登，上古社会是农业社会，社会经济状况的好与坏，主要看农业的收成。在这句话中，老子主要讲如何用德来修身、齐家、睦邻、治国、平天下。老子在这里描绘了一幅桃花源式的理想社会的图画，在这幅图画中，人与人之间，人与自然之间，关系都是和谐融洽的。所以，老子总结出来一个结论：以自然无为的理念修身，那么每个人都会变得纯真，这就消除了人心的险诈；以自然无为的理念齐家，那么家庭也会变得富裕起来；以自然无为的理念与乡邻相处，那么乡邻之间也能亲密和睦；以自然无为的理念治理国家，那么国家也能兴旺发达起来；以自然无为的理念治理天下，那么天下百姓都会获得自由。

“故以身观身，以家观家，以乡观乡，以邦观邦，以天下观天下。吾何以知天下之然哉？以此。”在这段话中，老子讲了检验修身、齐家、睦邻、治国、平天下是否合乎自然无为之德的方法。老子认为，以修之身作为检验身的标准，以修之家作为检验家的标准，以修之乡作为检验乡的标准，以修之国作为检验国的标准，以修之天下作为检验天下的标准。这样，统治就会长久，天下就会安定。

◇ 为人之道 ◇

厚德载物的邓攸

老子说：“善建者不拔，善抱者不脱。”一个人道德修养高，就会得到别人的尊敬和爱戴。东晋邓攸的故事就很好地说明了这个道理。

邓攸字伯道，平阳襄陵人。邓攸七岁时父亲去世，不久母亲与祖母也相继去世。他守丧九年，以孝著称。为人清静和气、平易简朴，忠贞正直，淡泊寡欲。他从小就成为孤儿，与弟弟居住在一起。后来邓攸被中正评为二品，任吴王文学，后历任太子冼马、东海王司马越参军。司马越很钦佩他的为人，提拔他为东海王世子文学，后转任吏部郎。司马越的弟弟司马腾出任东中郎将，请邓攸任长史。又出任河东太守。

晋怀帝永嘉末年，邓攸为石勒所俘。石勒一向记恨太守等高级官吏，听说邓攸在营中，便派人骑马去召唤他，打算杀死他。邓攸到达石勒门前时，门吏是邓攸的旧部下。于是邓攸央求他找来纸笔，给石勒写上一封书信。门吏等石勒高兴的时候乘机呈上邓攸的书信。石勒看完信觉得邓攸文采很好，才没有杀死他。石勒的长史张宾先前与邓攸是邻居，很看重邓攸的名望节操，于是向石勒推荐邓攸。石勒把邓攸召到帐下，与他交谈一番，觉得很满意，不久就任命其为参军。石勒每次外出征伐，都带着邓攸，让其留在身边。

石勒曾定下一则规定：夜间禁止点火，违犯者要处死。邓攸的车子与胡人相邻，胡人夜里失火，烧毁车辆。官吏来调查，胡人就诬陷是邓攸干的。邓攸自知无法与其争辩，就自辩说是因弟媳服药必须把酒温热，这才引起失火。石勒知道后，下令赦免邓攸。后来胡人感激邓攸的恩德，便去石勒那里负荆请罪，以辨明邓攸的冤情。

邓攸本是晋人，不甘心长期待在北方胡人之地，于是趁石勒过泗水时，砍坏车辆，以牛马驮妻子、孩子逃跑。不料途中遇到强盗，掠走牛马，邓攸只好担着自己的儿子和侄子邓绥逃跑。粮食很快就吃完了，石勒的追兵也在后面穷追不舍。邓攸估计不能两全，就对自己的妻子说："我的弟弟死得早，只有一个儿子，我们不能让他绝后。现在如果我们带着两个小孩子逃命，大家都会死。如今之计只有舍弃我们的孩子了。"妻子听后泣不成声，邓攸安慰她说："不要哭了，我们还年轻，日后还会有孩子的。"妻子哭着同意了。于是把自己儿子扔掉了。他的儿子早晨被扔掉，傍晚时又追上来了。第二天，邓攸只好把儿子绑在树上而去。

渡江以后，晋元帝任命邓攸为太子中庶子。邓攸自己载着米到吴郡赴任，不接受俸禄，只是饮用吴郡的水而已。当时郡中正闹饥荒，邓攸便上表请求朝廷允许开仓赈灾，朝廷还未答复，他就擅自开仓赈济饥民。尚书台派遣散骑常侍桓彝等慰劳饥民，察看地方官员的政绩，见邓攸擅自做主，便弹劾邓攸擅自开仓放谷，但朝廷下诏赦免了邓攸。邓攸在吴郡时，为官清廉，法纪严明，百姓对他十分拥戴。

后来，邓攸声称有病而离职。吴郡中常置备有送迎官员的钱数百万，邓攸离开吴郡时分毫也不接受。百姓数千人牵住邓攸的船进行挽留，使船无法行驶，邓攸只好暂时停住，到半夜时方开船离去。吴郡人唱歌谣说："紞如打五鼓，鸡鸣天欲曙。邓侯拖不留，谢令推不去。"百姓到尚书台乞求再留邓攸一年，未得到允许。

后来邓攸被任命为侍中。一年后又转任吏部尚书。他平时只吃蔬菜，穿旧衣，但经常周济别人。他性格谦顺和气，与人交往不分贵贱，都一视同仁。

邓攸抛弃自己的儿子以后，妻子未再怀孕。过江以后邓攸曾经娶了一个小妾，非常宠爱她。一年多后闲聊时询问她的来历。小妾说自己是中原人，因战乱而避难江东，并说了她父母的姓名。邓攸这才知道这个小妾竟然是自己的外甥女。邓攸一向以道德操守标榜，平时言行没有任何缺陷。听了她的话后，邓攸终生悔恨不已，于是不再纳妾，最终还是没有儿子。时人感念他的仁义，哀怜他没有后代，都说："天道无知，使邓伯道无儿。"

邓攸死后，他的侄子邓绥为他服丧三年。

邓攸一生清廉，厚德载物，为世人所重。名士顾含评论说："邓攸清廉，江南士大夫中第一。"

◎第五十五章◎

物壮则老

【原文】

含德之厚，比于赤子。毒虫不螫，猛兽不据①，攫鸟不搏②。骨弱筋柔而握固，未知牝牡之合而朘作③，精之至也。终日号而不嗄④，和之至也。知和曰常，知常曰明，益生曰祥⑤，心使气曰强。物壮则老，谓之不道，不道早已。

【注释】

①据：兽爪取物之意。②攫（jué）：用爪抓取。③朘（zuī）：婴孩的生殖器。④嗄（shà）：嗓音嘶哑。⑤祥：本为吉祥，但古代亦可指妖祥。这里指灾祸、不吉的意思。

【译文】

含“德”深厚的人，就好像天真无邪的婴儿。毒虫遇见不刺他，猛兽碰到不伤害他，巨鸟看见不搏击他。他的筋骨还很软弱柔嫩，但握成拳头却很牢固。他虽然不懂男女交合，但他的生殖器却常常勃起，因为他的精气充足。他即使终日号哭，嗓子也并不因此嘶哑，因为他的元气醇厚。认识醇和的道理叫作“常”，认识常叫作“明”。纵欲贪生就会引起灾祸，欲念主使精气就叫作逞强。事物过于壮盛就会走向衰老，这就叫违反了“道”的法则，不遵守常道就会很快消亡。

【解析】

本章重点说的是人的最佳状态。人的最佳状态，即一个人把无为大道修炼到最高程度后，所能达到的最高境界，也就是进入到“无我”的赤子状态。本章中，老子以极其夸张的手法把得道之人比喻成了赤子，这是因为赤子无我、无为、无欲，不会伤害任何事物，因此也不会招致来自外物的伤害。

“含德之厚，比于赤子。”刚刚诞生的婴儿无知无欲，对他所生活的这个世界还不了解。实际上，初生的婴儿连自己是谁都不知道，他除了满足本能的需求之外，根本不知道自己需要什么，所以他没有贪念，也没有欲望。在前面的章节中，老子曾说真正的富有就是无欲无求，这样说来，婴儿的状态可算是最富有的状态了。

要想达到婴儿的状态，也并不是一件容易的事。一般说来，成人是难以达到这个状态的，只有修炼得道的人才能像婴儿那样无欲无求，心无杂念。

“毒虫不螫，猛兽不据，攫鸟不搏。”“毒虫”指蜂、蝎、毒蛇之类的生物。“螫”意为毒虫用尾端刺人。“据”指兽类用足爪抓物。“攫鸟”即用脚爪取物如鹰隼一类的鸟；“攫”字的用法与“毒虫”的“毒”用法一样，都是形容凶恶的物类。“搏”指的是鹰隼用爪和翅击物。老子认为，对于得道之人来说，即便是毒虫、猛兽和恶鸟也不能伤害他。

“骨弱筋柔而握固”，婴儿虽然无欲无求，但他不是软弱的，不会任人欺凌。我们仔细观察婴儿的行为，他的小手虽然很柔软，但是非常有劲，攥东西的时候手握得十分牢固，很难将其分开。

“未知牝牡之合而朘作，精之至也”，“牝牡之合”指的是男女的交合。“精”即精华，这里指生命活力。

“终日号而不嗄，和之至也。”接下来，老子就婴儿的生理特征进行了描述。他说，成人多讲几句话就会口干舌燥、声音沙哑，而婴儿即便是高声长嚎也不会口干舌燥、声音沙哑。这是什么缘故呢？在老子看来，这主要是因为婴儿的生命力十分强大。初生的婴儿之所以生命力强大，就是因为他还处于无为的状态之中。这种状态虽然看起来不够强大，却是生命力顽强的标志，是身体里的中和之气充足的象征，因此，老子称这种状态为理想的生存状态。这种理想的生存状态并不是任何人都能拥有的，只有潜心修炼大道，使自己的行为合乎大道，才能达到最佳的生存状态。

不过，人们不可能永远停留在赤子的状态之中，人总是要不断成长的，这是无法改变的客观规律。我们一天天长大，繁衍生息，走向衰老，最终还要面对死亡；我们踏入社会，与各色人等打交道，所以，无欲无求的赤子状态是难以保持的。

尽管我们渴望纯真，但是为了生存，我们不得不抛弃自然无为的生存方式。每个人都不是完美的，任何人的身上都有缺点，如果我们不能纠正自己的缺点，不克制自己的欲望，就会变得骄纵、暴躁起来，而唯独缺少了与生俱来的和气。

“知和曰常，知常曰明，益生曰祥，心使气曰强。”“和”指阴阳调和。人的身体，阴阳调和才能健康，阴盛则生寒疾，阳盛则生热疾。“常”即人类天性的自然规律。“益生”即纵欲贪生。

“物壮则老，谓之不道，不道早已。”在本章的最后，老子说道：“事物过分强壮便会走向衰老，这叫作违反了道的法则，不遵守常道就会很快消亡。”这句话揭示的其实是一种客观规律，我们知道，任何事物发展到极致都会朝着相反的方向转化，这就是人们常说的“物极必反”。如何理解老子的这句话呢？事物发展到强壮阶段，由于它不能遵守赤子的和气之道，所以会渐渐走向衰亡。在老子看来，人类的例子便是最有力的证据：人在赤子阶段，什么都不知道，所以也就无欲无求，正因为婴儿无欲无求，不会伤害到任何事物，所以也就不会遭到任何事物的伤害，从而处于绝对的安全之中。但是，随着年龄的不断增长，人们逐渐有了自己的思想和意识，于是产生了私欲，开始变得贪婪起来。如果不对此加以节制，就会变得多疑和患得患失，于是各种恶劣的情绪也就随之而来了。这时，痛苦和烦恼使人丧失了生活的勇气，这样必然会导致人们过早地衰亡。

本章中蕴含的“物极必反”的理论，说的是任何事物的发展都有一个限度，一旦超过了这个限度，就会朝着它相反的方向转化，事物强壮到极点就必然会走向衰亡。所以，我们做任何事情，都要掌握一个度，要适可而止，不然就会走向反面。

◇ 为人之道 ◇

“将相和”的故事

和，指的是心无所争，没有欲念。老子强调“和”，把和看作生命的永恒，并提出了“和为贵”的思想。春秋战国时期，赵国的廉颇和蔺相如就向人们展示了一出和为贵的故事——将相和。

廉颇是战国中后期赵国的名将，他有勇有谋，多次打败齐国和秦国的军队，因此名声威震天下，诸侯不敢轻易招惹赵国。

有一次，赵惠文王得到了一块楚和氏璧，秦昭王听说后，想得到这件宝物，便派使者到赵国，说愿意用十五座城池交换和氏璧。赵王担心秦王使诈，迟迟不敢作决定，这时，蔺相如主动请缨，说自己愿带和氏璧去秦国，并能使其完完整整地回到赵国。

果然，相如到了秦国，秦王并没有诚意拿城池交换和氏璧。相如拿着和氏璧，后退几步倚着柱子站立，怒发冲冠，威胁秦王交出城池，不然自己将抱着璧一起撞向宫殿里的柱子。秦王无奈，只好假意答应条件，并在斋戒五日后接受和氏璧。相如住到秦国的宾馆，暗中派人把和氏璧送回赵国。秦王知道后，觉得杀掉相如也无济于事，就让相如回到赵国。

赵王见蔺相如“完璧归赵”，而且还安然脱身，心里非常高兴，便任命相如为上大夫。

数年后，秦王约赵王在渑池会盟。在渑池，秦王与赵王饮酒畅叙一番。喝到一半的时候，秦王见赵王有些醉意，便狡猾地说道：“寡人私下里听说赵王喜好音乐，请为我演奏一下瑟吧。”赵王怕惹秦王不高兴，便为秦王弹瑟。秦王很得意，吩咐旁边的史官把赵王为秦王奏瑟的事情记录下来。

赵王受了屈辱，闷闷不乐，蔺相如见此情形，笑着对秦王说道：“赵王私底下听说秦王擅长演奏秦地乐曲，请秦王敲打瓦缶，以相互娱乐。”秦王一听，勃然大怒，坚决不肯答应。蔺相如走上前去，把瓦缶放到秦王面前，躬下身子请求秦王演奏。秦王昂着头，秦国群臣更是不屑地望着蔺相如，这时，蔺相如站直身子，威风凛凛地说道："如果您不答应，那么，在五步之内，我将把我脖颈里的鲜血溅到您的身上！"秦王的侍卫大惊，抽出刀来准备杀掉相如，相如睁大眼睛，大声呵斥，侍卫们都溃散下来。秦王迫于无奈，终于答应为赵王敲击瓦缶。相如这才退下去，回过头召唤赵国史官过来，然后对他说道："你现在记下来，'某年某月某日，秦王为赵王敲击瓦缶'。"

在这次渑池之会上，尽管秦国君臣想尽各种办法侮辱赵王，但因为蔺相如的缘故，都没有得逞。而此时廉颇又率领大军埋伏在附近，所以秦国并不敢轻举妄动。不久，赵王和蔺相如平平安安地回到了赵国。

经历"完璧归赵"和"渑池之会"这两件事，蔺相如甘冒生命危险保全赵国的尊严，使赵国没有陷入被动的局面，功劳很大。赵王很感激他，便任命他为上卿，地位在廉颇之上。廉颇心有不甘，愤愤地说道："我身为赵国的大将，有攻城野战、保疆卫土的功劳，而蔺相如仅仅以口舌之功，地位居于我的上面；况且相如向来是个卑贱之人，我很羞愧，无法容忍位居他之下。"扬言说："倘若我见到相如，一定当众侮辱他。"对于这些话，蔺相如即便听到了，也当没有听到一样，几次驾车出门，远远地看见廉颇，就早早地躲开了。这样时间一久，连蔺相如的门客都觉得他太窝囊，忍受不了。有一次，相如出门，老远看见廉颇，相如把车子掉转方向躲避。宾客争相对他说："臣之所以离开亲人侍奉您，只是仰慕您罢了。现在您与廉颇地位平等，廉颇口出恶言而您却畏惧他躲避着，害怕极了，普通人尚且感到羞愧，更何况将相呢！臣等不肖，请让我们离开吧。"

蔺相如听了宾客的话，不慌不忙地问道："你们看廉将军比起秦王来哪一个厉害？"宾客说："廉将军不如秦王。"相如说："秦王那么有威严，我相如都能在朝堂上呵斥他，侮辱他的群臣，相如虽然愚笨无能，难道会畏惧廉将军吗？不过我想着，强大的秦国之所以不敢出兵攻打赵国，只是因为赵国有我们二人啊。现在两虎相争，势必不会共存。我之所以这么做，是以国家之事为先，不计较个人的私仇啊。"

这些话很快就传到了廉颇的耳朵里，他听后恍然大悟，既感动又惭愧。廉颇是个正直坦诚的人，一旦悔悟，就要真诚地改过。为了表示自己的诚意，他就按照古人最隆重的仪式——光着脊梁、背着荆杖，表示任由责打，到蔺相如门上“负荆请罪”。他跪在蔺相如的门前，说道：“我是个见识短浅而又气量狭小的人，没想到您能宽恕我，请您责打我吧！”蔺相如也很感动，亲自把他扶起来。于是两人和好，成为同生死共患难的朋友。

◎第五十六章◎

知者不言

【原文】

知者不言，言者不知。塞其兑，闭其门；挫其锐，解其纷，和其光，同其尘，是谓玄同。故不可得而亲，不可得而疏；不可得而利，不可得而害；不可得而贵，不可得而贱。故为天下贵。

【译文】

真正有智慧的人是不向人民施加政令的，施加政令的人不是真正有智慧的人。堵塞嗜欲的孔窍，关闭欲念的心门；永远也不显露锋芒，解除俗事的纷扰，收敛他们的光耀，混同他们的尘世，这就是玄妙齐同的境界。达到“玄同”境界的人就不分亲，不分疏；不分利，不分害；不分贵，不分贱。所以为天下人所尊重。

【解析】

本章讲的是修德的方法，重点突出了“玄同”这两个字，即把握住道的中心思想，不参与世俗的争辩、分别及竞争。

“知者不言，言者不知。”在这一章中，老子向我们展示了一个真正的智者形象。怎样才算是真正的智者呢？在老子看来，真正的智者决不会夸夸其谈以显示自己的高明和睿智，他们会时刻保持缄默，永远站在低处仰视他人、俯瞰自己，表现出谦逊而随和的特征。老子说，真正高明和睿智的人，是不随意夸夸其谈、口无遮拦的，只有那些毫无知识和头脑简单的人才会试图通过侃侃而谈来显示自己的聪明才智。然而，他们不会想到，这种夸夸其谈恰恰表明了自己的无知和愚笨，所以老子对这种人进行了严厉的批判。老子站在现实的环境之中，不但批判当时的统治者，还警示普通的世人，告诫他们应谦逊随和，不要夸夸其谈。

“塞其兑，闭其门；挫其锐，解其纷，和其光，同其尘，是谓玄同。”在前面的章节中，我们曾经说过，老子不仅是世人最好的警醒者，也是大家最好的引路人。这是因为，老子在提出一个问题之后，决不会躲到远处不理不睬，而是想方设法为我们提供最可行的方案。在这一章里，对于我们经常所犯的夸夸其谈的错误，老子又给出了最可行的建议，也就是要塞住嗜欲的孔窍，关闭嗜欲的门户，挫掉锋芒，消解纠纷，含敛光耀，浊同尘世。在前面的章节中，老子曾反复强调做人要委曲、柔弱、和气、恍惚、无为的道理，换句话说，也就是做人不要锋芒毕露，锋芒毕露只会带来危害，所以老子才主张“挫其锐”，这样就避免了伤人和自伤，不但保全了自己，还保全了别人。

在现实之中，我们一定会有这样的疑惑：当我们因为一件事情而感到纠结的时候，心里就像有了一团乱麻，无论怎样也解不开。内心烦乱使得我们坐立不安，让我们感到惶惑甚至痛不欲生。既然如此，为何不彻底解除心里的烦乱，让自己快乐地度过短暂的一生呢？因此，老子告诉了我们“解其纷”的方法，这样我们就了无牵绊了，整个人都变得轻松自在起来了。做人要平和，不可过分炫耀，这是我们每个人都知道的做人准则。然而，究竟有多少人可以依照这一准则行事呢？在现实生活中，我们为了显示自己的存在，张扬自己的聪明才智，往往会逢人便自夸一番。其实，真正高明和睿智的人，又怎么会口无遮拦地高谈阔论呢？真正的智者，就像深沉的大海一样深不可测；他们看似普通，随大溜而决不追求个性。在当今社会里，有些人为了彰显个性或是推销自己，故意把自己包装得怪模怪样，让人看了忍俊不禁，不知是丑还是美。为什么会出现这样的现象呢？原因就在于人的欲望正在不断地膨胀，而我们又难以克制自己的欲望，这也是人的本性使然，老子在这里勉励我们要堵塞自己嗜欲的孔窍，关闭嗜欲的门径，也就是“塞其兑，闭其门”。

“故不可得而亲，不可得而疏；不可得而利，不可得而害；不可得而贵，不可得而贱。故为天下贵。”“贵”是动词，贵重的意思。在本章的最后，老子指出，达到“玄同”境界的人，已经超脱亲疏、利害、贵贱的世俗范围，所以为天下人所尊重。

尽管我们与老子生活在不同的时代，但是有一点是相同的，即人都是有欲望的，而且人们都难以克制自己的私欲。在本章中，老子站在时代的起点上高瞻远瞩，客观地分析了人的本性，这对我们来说依然具有很重要的意义。例如，有人认为，在这个物欲横流的时代里，如果只是一味地聚敛光芒，而不能及时地把自己的才华展现出来，就会为时代所掩埋。所以，他们逢人便大肆宣扬自己，夸赞自己的能力和才华。其实，这是没有必要的，有句话说“是金子总会发光”，只要你有才华，在哪里都会显现出来，大可不必费尽心思地夸夸其谈。前面我们也曾说过言语具有局限性，言语不能穷尽我们真实的想法，所以老子得出了一个结论：真正有知识和智慧的人不会高谈阔论，只有那些没有知识和智慧的人才会夸夸其谈。

◇ 为人之道 ◇

苏东坡学佛知其过

我们知道，苏东坡是中国北宋时期的大文豪，其不仅文章一流，人品也一向为后人所称道。因此，历史上流传下来的有关他的大多数掌故中，描述的基本上都是一位德才兼备的高尚文人形象。但是，在有关他的另一类故事中，苏东坡的形象就不那么“正面”了，那便是在有关苏东坡学佛的故事上。在这些传说中，他往往是一个无知又喜欢卖弄，最后又遭到笑话的角色。下面这个故事便是典型的一例。

苏东坡初学佛时，自恃才华横溢，学问高超，因此认为佛学不难。对佛学才刚一接触，他便以为自己已经神通佛法，有比较高的造诣了。一天，苏东坡闲来无事，在家中参禅打坐。刚开始他觉得自己有些浮躁，无法静下心来，过了大约一个时辰后，突然觉得心胸空寂明净，了无杂念。于是，苏东坡不觉喜从中来，觉得自己已经开悟了，遂按捺不住心中的激动，铺纸挥笔，写了一首诗来表达自己的感受，诗曰：稽首天外天，毫光照大千。八风吹不动，端坐紫金莲。在诗中，苏东坡说自己悟道成佛，不仅佛光普照大地，而且佛性坚定如磐石，连八风（得、失、谤、扬、赞、嘲、忧、喜）也吹不动了。诗写好后，他又反复吟诵几遍，觉得非常不错，不禁沾沾自喜起来，心想自己不愧是才子，才刚刚接触佛学，便到了如此境界。高兴之余，他派仆人将自己的诗作送到长江对岸的金山寺，交给与自己一向交好的佛印禅师，表面上是请其指点，实质上则有卖弄之意。

过了一个时辰，仆人带着原来的诗作回来了。苏东坡赶紧问佛印看诗后有何见教，仆人说："禅师什么也没说，只是在诗作上写了字，然后就让我回来了。"苏东坡一听，赶紧打开诗作，满心希望从上面看到赞赏之词，说不定还有回诗一首，与自己唱和一番。没想到的是，他打开诗作后却发现，佛印禅师在诗作旁边的空白上只写了两个字——"放屁"！这下，苏东坡一下子气不打一处来，吹胡子瞪眼，一把将诗作给撕掉了。接下来，苏东坡原本的好心情一下子全没了，他不停地在屋内踱步，想不明白这和尚怎么这么无礼。最后，他实在气不过，干脆乘船渡江，亲自前往金山寺来找佛印，要当面问个明白。

船到江心，忽然刮起一阵大风，木船被吹得打起旋来。无论船夫怎么用力，也划不动船。这下，苏东坡更急了，他连声催促船夫用力划，最后折腾了很久，船才算是行驶到了对岸。一下船，苏东坡惊讶地发现佛印禅师已经等在江边了。原来，佛印禅师和苏东坡一向交好，十分了解苏东坡的脾气。他早料到苏东坡见到批语后一定很生气，并会前来找自己理论，干脆自己来到江边恭候他，看他如何发作。

苏东坡看到佛印禅师候在江边，心情稍稍好了点。但是，一想到那个不雅的批语，还是咽不下那口气。简单地招呼之后，他怒气冲冲地走到佛印禅师面前，也不像往常那样施礼，而是劈头责问道：“我写的诗，好心好意拿给你，请你指教，你不说好也就罢了，为何竟然批示个‘放屁’这样无礼的话来？这未免也太过分，太让人脸面上下不来了吧！”

佛印禅师静静地听着苏东坡的抱怨，等他把满含怒气的话说完，就双手合十，念声“阿弥陀佛”，又哈哈大笑一番，然后才微笑着对苏东坡说：“你不是已经‘八风吹不动，端坐紫金莲’了吗，怎么‘放屁’两个字就把你给吹过江来了呢？”苏东坡一时有些反应不过来，佛印禅师便进一步说道：“既然‘放屁’之风就能把你吹过江来，说明你的‘八风吹不动’不就完全是空话了吗？这话不就像是‘放屁’一样吗？”苏东坡一听，顿时恍然大悟，的确，自己仅仅因为别人说了“放屁”两字，便怒气冲冲，半天静不下心来，最后还费这么大周折过江来质问。自己所吹嘘的“八风吹不动”的确如同放屁呀！看来自己的佛学修为还没入门呢！想到此，苏东坡也朝着佛印禅师大笑起来。同时，他也深深地认识到，自己刚才的卖弄心理实在是太浅薄了，以后可要避免这种贻笑大方的举动了。

当然，这则故事的真假不得而知，不过它所告诉我们的道理是明确的。那就是，做人要谦虚，不可刻意卖弄自己，要做到“知者不言”，不可“言者不知”。

◎第五十七章◎

以正治国

【原文】

以正治国，以奇用兵，以无事取天下。吾何以知其然哉[①]？以此：天下多忌讳，而民弥贫；人多利器，国家滋昏[②]；人多伎巧[③]，奇物滋起[④]；法令滋彰[⑤]，盗贼多有。故圣人云："我无为，而民自化；我好静，而民自正；我无事，而民自富；我无欲，而民自朴。"

【注释】

①然：这样，如此。②滋：更加。下同。昏：乱的意思。③伎巧：技巧，即智巧。④奇物：邪事，奇事。⑤彰：明白，清楚。

【译文】

以清静无为的正道来治理国家，以奇巧诡秘的方法来用兵，以不扰害人民来治理天下。我怎么知道是这样的呢？根据在这里：天下的法禁多了，百姓就越加贫困；民众的锐利武器多了，国家就越混乱；人们的心智和机巧多了，邪风怪事就越容易发生；法律越是森严，触犯法律的人便越多。所以，有道的人说："我若'无为'，百姓就会自我化育；我好静，百姓自然就会走上正道；我若无事，百姓自然富足；我无欲望，百姓自然就变得淳朴。"

【解析】

在前面的章节里，老子曾经多次提到过无为而治的思想。本章的主旨仍是"无为而治"。老子认为，统治者如果能够无为、好静、无事、无欲，那么人民就会因为受到盛德的感化，自然而然地走上正道，既生活富裕又淳朴善良。

本章以"以正治国"开头，"正"指的是清正无为，这也是老子的治国方略。

老子曾做过周朝的“守藏室之官”，这个官职虽然不大，但是有机会接近最高统治者。所以，老子通过对统治者认真观察，对他们的德行作了深刻剖析，提出了以正道来治理国家的建议，这一建议在今天看来仍然具有借鉴意义。“正”在中国传统文化中有着独特的意义。中国人崇尚浩然正气，并认为正气具有无穷无尽的力量，所以才有“邪不胜正”的说法。而中国古代帝王中也有很多人以“正大光明”作为自己的道德准则，很多官员也把“正大光明”作为自己的为官之道，这里的“正”也就是正气和清正无为的意思。然而，老子所处的时代，其社会状况距离正大光明还很遥远，百姓正遭受着统治者的压迫，正在饱受战乱之苦。老子针对这一现实，呼吁统治者以正治国，这也喊出了当时人民的心声。

再来看“以奇用兵”的思想。老子的《道德经》虽然不是一部兵书，但是其中却包含着一些作战用兵的思想，这在前面的章节中已经有所涉及。老子向来反对战争，但是战争是不可避免的，它不会因为一个人的好恶而不发生。针对这种现实，老子设计出了“以奇用兵”的计谋，为弱者和正义的统治者提供借鉴。如何理解老子“以奇用兵”的思想呢？老子认为，用兵就应该采用非常规的战术，要用奇法、奇谋、奇计去迷惑对方，从而达到出奇制胜的效果。老子先论述“以正治国”的道理，紧接着又阐释“以奇用兵”的内涵，这看起来有些突兀，其实并不是随意而发，而是老子针对治国的“正”提出来的，用兵要“奇”，从政要“正”，他告诫统治者应以“奇”和“正”来治理天下。

由上可知，“以正治国”和“以奇用兵”的思想，是老子站在民众的立场上对当时的统治者提出来的。春秋时期，兼并战争此起彼伏，社会秩序异常混乱，而人民也处在极度危险的环境之中，于是他们拿起武器来保护自己。然而，一旦每个人都拥有了武器，他们就不再感到安全了。人民不安全就会陷入恐慌，这种心理正是导致天下大乱的重要原因。所以，天下不安定，其实是与统治者密切相关的。但是，当时的统治者为了安定天下，震慑人民，大都主张施行严刑峻法，老子对此很不赞同，甚至还公开反对这种滥用国家机器的行为。在他看来，严酷的刑罚不但无法安定人心、稳定社会，还会起到反作用。所以，他主张“无为而治”的治国方略，强调感化的力量。

“以此：天下多忌讳，而民弥贫；人多利器，国家滋昏；人多伎巧，奇物滋起；法令滋彰，盗贼多有。”在这段话中，老子罗列出一系列社会现象，这是他对国计民生的具体思考，其中也包含着老子对社会现状的忧虑之情。老子认为，人民的本性是善良的，除非万不得已，他们绝不会惹是生非。人民之所以发动暴乱，主要是因为统治者做出了暴虐的行为。而统治者越贪婪，天下的禁忌就会越多；天下的禁忌越多，民众的生活就会越贫困；民众生活贫困，就容易惹是生非，天下就会发生逆乱；民众逆乱，国家就会陷入混乱的状态；国家混乱，民众的技巧心智就会越来越多，邪风怪事也就更加盛行了；邪风怪事盛行，法令条文就会越来越森严，盗贼也就更加猖獗。

“故圣人云：‘我无为，而民自化；我好静，而民自正；我无事，而民自富；我无欲，而民自朴。’”在这几句话中，老子引用得道明君的话来重申自己的观点。在他看来，得道明君之所以能够治理好天下，就是因为他们“无为”“好静”“无事”“无欲”（“无为”即不妄为；“好静”即怀柔、宁静；“无事”即无所事事，亦作无为解；“无欲”即没有私心杂念）。所以，只要统治者以无欲、无为来治理天下，就能实现国泰民安。

◇ 从政之道 ◇

刘邦的“奇”“正”结合之道

我们知道，在秦末农民起义中，最有实力的两支武装力量便是刘邦集团和项羽集团。其中，刘邦的出身要比项羽卑贱许多，刘邦的个人能力远远比不上西楚霸王，而且刘邦集团的武装力量也一直落后于项羽集团。但是最终，刘邦却打败了项羽，夺得天下，并建立了中国历史上一个辉煌的朝代，这其中的原因，用老子的智慧进行解释，便在于刘邦的“奇”“正”结合之道。

首先，刘邦以一介布衣，能够迅速成为一个军事集团的首领，获得自己集团内的将领和谋士的拥戴，说明刘邦把握了统治之道。不仅如此，他还在争霸的前期便获得了民心，为以后争霸天下打下重要基础。之所以能够如此，正是因为刘邦采取了“治国以正”的策略。

关于这点，刘邦在打败项羽之后的庆功宴上询问群臣他之所以胜利的原因时，高起、王陵曾说，他们认为刘邦的一个最大的优点，那便是有功就赏。派人攻城略地时，谁攻下来了就封给谁，从不吝惜，愿意和天下人共同享受利益，所以大家都乐意为他效力。这里便体现出了刘邦的高明之处。所谓无利不起早，那些跟随刘邦打仗的人，卖命的最大动力无非是为了能够得到荣华富贵。刘邦能够抓住这一点，用一种最简单的策略笼络人心，使得整个军事集团得以高效运转。之后，刘邦自己也说出了一个原因，那就是让人尽其才，他特别提到对萧何、韩信、张良的信任和重用。放手让自己身边的人才各自发挥自己的才能，是管理中的有效策略，能使集团内人尽其才，产生了巨大的战斗力。

而除了上面的原因，刘邦取得胜利还有一个至关重要的原因，那便是他得到了民心。而之所以能够得到民心，可以说采取的措施同样是异常简单。公元前206年，刘邦率领大军攻入关中，秦王子婴投降。为了赢得民心，刘邦接受张良的建议，下令军队还军灞上，并将关中各县父老、豪杰召集起来，郑重地向他们宣布道：“秦朝的严刑苛法，把众位害苦了，应该全部废除。现在我和众位约定，不论是谁，都要遵守三条法律。这三条是：杀人者要处死，伤人者要抵罪，盗窃者也要判罪！”父老、豪杰们都表示拥护约法三章。接着，刘邦又派出大批人员，到各县各乡去宣传约法三章。百姓们听了，都热烈拥护，纷纷取了牛羊酒食来慰劳刘邦的军队，但刘邦却拒绝了。由于坚决执行约法三章，刘邦得到了百姓的信任和支持。我们可以看到，刘邦之所以能够赢得民心，其采用的办法十分简单，只是克制自己的军队不去骚扰百姓，并颁布执行三条法令而已。

从刘邦管理集团内部和治理关中百姓的手段来看，他采用的是“治国以正”的策略，即采用简单、无为的策略，从而赢得了军心和民心，为自己夺得天下奠定了基础。不过，在采取“治国以正”策略的同时，在军事斗争中，刘邦采取的恰恰是“用兵以奇”的策略，而这则是他之所以能够取得胜利的另一个重要原因。当然，这些军事思想大多不是刘邦本人的主意，而是其部下为其出的主意。

接下来，在与项羽集团进行军事斗争的过程中，刘邦本不占据优势，可以说是屡战屡败。但后来在张良的建议下，刘邦采取了利用项羽集团内部矛盾，联兵破楚的策略。此即是著名的“下邑之谋”。以此战略，刘邦派舌辩名臣隋何前往九江，策反九江王英布；接着又遣使联络彭越；同时，再委派韩信率兵北击燕、赵等地，发展壮大汉军力量，迂回包抄楚军。在“下邑之谋”的战略下，一个内外联合共击项羽的军事联盟终于形成，扭转了楚汉战争的局势，使刘邦由战略防御转为战略进攻。

接下来，正是因为刘邦按照“下邑之谋”的策略，对项羽形成了一种战略包围，使得项羽东西两面来回奔波作战，疲于应对。公元前204年11月，刘邦用计再次收复成皋，斩杀了项羽大将曹咎。项羽在击败彭越后，寻汉军主力决战不成，屯兵广武（今荥阳北）与刘邦形成对峙。不久，韩信歼灭齐楚联军，完成了对楚侧翼的战略迂回，又派灌婴率军一部直奔彭城。项羽腹背受敌，兵疲粮尽，遂与汉订盟，以鸿沟为界，中分天下，东归楚，西归汉。楚、汉订盟后，项羽引兵东归。这时，刘邦在张良、陈平等人的提醒下，突然违背盟约，回过头来全力追击楚军。刘邦、韩信、刘贾、彭越、英布等各路汉军约计七十万人与十万久战疲劳的楚军于垓下（今安徽灵璧县南）展开决战。最终，楚军寡不敌众，仅剩不到两万伤兵随项羽退回阵中，坚守壁垒。楚军兵疲粮尽，又被汉军重重包围。这时，汉军士卒齐声唱起楚歌，歌云：“人心都向楚，天下已属刘；韩信屯垓下，要斩霸王头！”使楚军士卒思乡厌战，军心瓦解，项羽只好率八百人突围，最终自刎于乌江边上。取得胜利的刘邦并没有因此高枕无忧，而是立刻还至定陶，驰入韩信军中，收夺了他的兵权，以防他有二心。

可以看出，刘邦在军事上之所以能够战胜项羽，凭借的正是一些高超的战略和令人防不胜防的奇谋。这正体现出了老子所说的“用兵以奇”的军事思想。

并且，在定鼎天下，建立汉朝之后，面对并不稳定的政局和残破的天下，刘邦则又采取了“治国以正”的策略。他实行“与民休息”的政策，豁免繁重的徭役，减轻人民的负担，减轻田租，释放奴婢，同时，废除秦朝过于严酷的法律。正是通过这种清静无为的政策，汉朝江山最终得以稳固下来，成就了中国历史上第一个辉煌的时代。

◎第五十八章◎

福祸相倚

【原文】

其政闷闷①，其民淳淳②；其政察察③，其民缺缺④。祸兮，福之所倚；福兮，祸之所伏。孰知其极？其无正也⑤。正复为奇，善复为妖。人之迷，其日固久。是以圣人方而不割⑥，廉而不刿⑦，直而不肆，光而不耀⑧。

【注释】

①闷闷：昏昏昧昧，含有宽厚的意思。②淳淳：忠厚，淳朴。③察察：严酷。④缺缺：狡黠。⑤正：正面，与“奇”对应。⑥割：生硬，不自然。⑦廉：棱角。刿（guì）：划伤。⑧耀（yào）：过分明亮。

【译文】

治理天下以宽大为怀，百姓就会忠厚淳朴；治理天下过于严酷，百姓就会狡诈。灾祸啊，幸福就倚傍在它里面；幸福啊，灾祸就暗藏在其中。这种得失祸福循环，谁能知道它们的究竟？它们并没有一个确定的标准。正忽然转变为邪，善忽然转变为恶。世人看不透这个道理，迷惑的时间已经太久了。因此，有道的人处事方正而不显得生硬，虽有棱角也不会伤人，直率而不放肆，明亮而不耀眼。

【解析】

这一章先是说明“无为而治”的好处：国家政治宽大浑朴，民风自然就会淳厚。然后又讲祸福、正奇、善恶的概念。在老子看来，祸福、正奇及善恶并不是绝对不变的，一旦时空条件发生改变，那么它们往往也会朝着相反的方向转化。因此，做任何事情都要适可而止。

这一章顺承上一章，讲述有道明君治理国家的方式——无为而治。老子说：“其政闷闷，其民淳淳。”其中，“闷闷”的意思是宽厚、仁大；“淳淳”的意思是自然淳朴。这句话告诉我们，如果统治者能够施行“无为而治”的治国方略，那么人民就会摒弃私念而不妄为，回归到自然淳朴的状态之中。内心自然淳朴，人们就不会惹是生非，这样国家也就太平安定了。与此相反，如果统治者施行苛刻的政令，人民不但不会摒弃私念，还会为了满足私欲而相互争夺，当他们的承受能力达到极限的时候，必然会发生逆乱。反抗的过程其实是心智的较量，如果人民的心智不足以应付统治者，那么他们就会陷入绝境。

在本章中，老子还提出了一个很重要的哲学命题：“祸兮，福之所倚；福兮，祸之所伏。”这句话旨在告诉我们一个道理，即灾难和幸福是相依相随的，谁也不能脱离对方而独立存在。通过这句话我们知道，任何幸福的背后都潜伏着灾祸，但是灾祸并不是永远存在的，灾祸的反面就是幸福。我们都知道“塞翁失马，焉知非福”的典故，它讲的是一个老者失马复得，人们纷纷前来道贺，但是他并不认为这是好事。后来他的儿子从马背上摔下来，人们纷纷前来安慰，但是他也不认为这是坏事，所以并不感到悲伤。几天之后，官府前来征兵，他的儿子因摔伤而没有被征走。这则故事很好地诠释了老子的观点。由此可见，福和祸没有绝对的界限，为祸福而快乐或悲伤都是不明智的。所以，对于灾难和幸福，我们要学会坦然地面对，要做到“不以物喜，不以己悲”，这才是人生的大境界。

老子所处的时代，战乱频繁发生，人民在战乱之中苟且活命，时刻都在担心灾祸的降临。老子把人民的不幸归结为社会的变迁。古时，百姓生活安定，天下大治。后来，人们产生了私有观念，社会出现等级差别，便开始遭受压迫。正是这种压迫开发了人们的心智，他们开始利用自己的聪明才智制造出各式各样的新奇器物。在上一章里，老子就否定了这些新奇器物。老子认为，这些古怪的事物滋长了人们的邪风，人们的思想也变得古怪起来。行为方式是由思想决定的，所以，在古怪思想的支配下，就会做出偏离大道、与大自然脱节的事情来，如对森林的乱砍滥伐，对动物的肆意捕杀，以及污染环境等。做出这种狂妄的行为，其结果就是生活的环境变得越来越差，最终危害了人们自己。再联系老子所处的时代，人们的私欲极度膨胀，不但热衷于名利的争夺，还直接占有他人的财物。人们占有的财物也时时面临着被人夺走的危险，所以这就决定了人们不会获得真正的幸福，而对福和祸的测定也变得麻木和没有指向了。

◇ 为人之道 ◇

蓝玉骄纵而惹祸上身

祸与福是一对矛盾，二者可以相互转化，因此老子说：“祸兮，福之所倚；福兮，祸之所伏。”明初大将蓝玉的事迹，就很好地说明了这一点。

蓝玉，定远（今属安徽）人，姐夫为明初的开国功臣常遇春。元至正年间，各地掀起了反抗元朝统治的农民起义。这时，朱元璋率领的红巾军转战至淮西各地，蓝玉知道常遇春在朱元璋的军中，就前来投奔，先在常遇春帐下担任管军镇抚之职。由于他作战勇猛，屡立战功，逐渐升为千户和指挥使，不久又擢任为都督佥事。

明朝建立后，蓝玉继续率领军队南征北战，先后在四川、蒙古、西蕃等地立下大功。洪武十二年（1379 年），蓝玉还朝，封永昌侯，赐世券，食禄两千五百石。

真正令蓝玉名扬天下的，是他远征云南的功勋。明朝初年，元朝的残余势力仍旧占据着边远地区，尤其是云南的梁王把匝剌瓦尔密，实力雄厚，割据一方。洪武十四年（1381年）秋，朱元璋任命傅友德为征南将军，蓝玉为左副将军，沐英为右副将军，率领步兵和骑兵共三十万人，一路南下，远征云南。梁王听说明军来犯，急忙下令司徒平章达里麻率领十万大军，驻守曲靖，抵御明军。明军到了曲靖，正好遇上大雾，看不到对面的人。明军冒雾疾进，一直抵达白石江畔。白石江临近曲靖，两者相距不过数里。这时，达里麻刚刚得知明军来袭，急忙率领一万精兵，濒江截阻。蓝玉等人冒死冲破元军的防线，达里麻大败。明军很快攻入曲靖城。

此后，蓝玉乘势率军攻打临安诸路，元朝的右丞实卜引军迎战。这时，傅友德率领大军赶到，实卜仓皇逃走。蓝玉又率领十万明军左驰右突，平定东川、乌蒙、芒部等蛮部。至此，云南地区皆被明军攻占了。平定云南后，朱元璋论功行赏，蓝玉的功劳最大，朱元璋为他增加俸禄五百石，其女亦被封为蜀王妃。更重要的是，蓝玉从此受到明太祖朱元璋的赏识。

很快，蓝玉又获得了表现的机会。洪武二十年（1387年），朱元璋拜蓝玉为征虏左副将军，追随大将冯胜征讨元朝的太尉纳哈出。纳哈出不敌明军，遂假装投降，想趁机偷袭明军。冯胜险些中计，多亏蓝玉识破纳哈出的阴谋，这才消灭了纳哈出。事后，冯胜被撤职查办，蓝玉则“总管军事”，拜为大将军。一年之后，蓝玉又奉命征讨元朝的皇室脱古思。脱古思远居漠北，他以为明军劳师北上，军疲粮缺，其时又遇上大风，所以没把明军放在眼里，也没有做好戒备。蓝玉伺机率领十五万大军，抄近道日夜兼程奔袭敌营，元军大败，脱古思及大臣数十人仓皇北逃。蓝玉穷追不舍，俘获元朝宗室、妃嫔、王公、平章以下官员三千多人，并缴获大量宝玺、符救、金牌、金银、印章及牲畜。

蓝玉胜利的消息传到京师。明太祖大悦，遣使劳军，谕中把蓝玉比为卫青、李靖，蓝玉班师后，朱元璋晋升他为凉国公。后来，蓝玉又平息施南、建忠、都匀、散毛等地的叛乱，督修四川城邑，整顿边防，备受朱元璋的宠信。

蓝玉战功卓越，才能出众，多次受到明太祖的嘉奖和赏赐，但是这也助长了其专横跋扈的作风。恰在这时，朱元璋对蓝玉的态度也出现了大的变化。

当太子朱标还活着的时候，蓝玉与朱标关系要好。有一次，蓝玉从北方远征归来，他见到朱标后，对朱标说道："我观察燕王（朱棣）很久了，他的举动行止，与皇帝没什么两样。我又听别人说，燕王有天子之气，希望殿下对他多多提防！"朱标却回答说："燕王对我十分恭敬，绝对没有你说的这回事。"蓝玉见太子不相信，便继续向他解释说："我承蒙殿下的优待，所以才向您密陈利害，但愿我所说的话不要应验了。"朱标听后，没再说什么。不过，这番话后来却让燕王朱棣得知了。洪武二十五年（1392年）四月，太子朱标病死。燕王入朝上奏朱元璋说："现在朝中的许多公侯，纵情恣肆，不遵纪守法，将来恐怕会成为朝廷的心腹大患，希望皇上能够妥善处置他们。"其实，燕王在这里主要指向蓝玉等将领，并暗示朱元璋趁早抑制将领的权力，否则以后就很难抑制他们了。此时，朱元璋已经对蓝玉桀骜不驯的作风有所不满。但是，在这年九月册立朱允炆为皇太孙时，朱元璋仍然命蓝玉兼太子太傅，以示隆宠。不过，蓝玉没有料到荣华富贵背后的凶险。他仍旧倚仗自己的军功和皇帝的宠爱而肆意妄为。

洪武二十六年（1393年）二月，锦衣卫的一名指挥使告发蓝玉谋反。经审讯，这名指挥使说蓝玉曾串通景川侯曹震、鹤庆侯张翼、舳舻侯朱寿、东伯何荣、吏部尚书詹徽、户部侍郎傅友文等人，准备在朱元璋出宫耕种田地的时候起兵造反。朱元璋知道后，勃然大怒，立即下令逮捕蓝玉等人，凡连坐的都称为"蓝党"，朱元璋于是诛杀蓝玉等人，并株连蔓引，竟牵连到宰相胡惟庸。蓝玉一案，自公侯伯以至文武官员，被诛杀的人不下两万人。

事后，朱元璋还亲自写下诏书，诏告天下，把蓝玉谋反的事迹编入《逆臣录》。在诏书中，朱元璋说道："蓝贼为乱，谋泄，族诛者万五千人。自今胡党、蓝党概赦不问。"诛杀两万名"蓝党"后，朱元璋似乎还觉得自己已经足够宽容了。经过这次的"蓝玉案"，明初的开国功臣差不多都被杀光了。

其实，蓝玉之死正体现了老子"祸福相倚"的道理。蓝玉立有大功，但骄横自恃，一点也不懂得保护自己，这才使自己落得个不得善终的结局。

◎第五十九章◎

长生久视

【原文】

治人事天，莫若啬[①]。夫唯啬，是谓早服[②]；早服谓之重积德；重积德则无不克[③]；无不克则莫知其极；莫知其极，可以有国。有国之母[④]，可以长久。是谓深根固柢[⑤]，长生久视之道[⑥]。

【注释】

①啬（sè）：这里是收藏其神形而不用，以归无为之意。②早服：早准备。③克：胜任。④母：这里指“道”，譬喻保国的根本之道。⑤柢（dǐ）：树木的根。⑥视：生活。

【译文】

治理百姓、养护身心，没有比爱惜精力更为重要的了。爱惜精力，万事才能早做准备；早做准备，就是厚积其德；厚积其德就没有不能胜任的事；没有不能胜任的事就无法估计他的力量；无法估计力量，他就可以担当好治理国家的重任。有了治理国家的原则和道理，国家就可以长治久安。这就是根深蒂固、长生久视的道理。

【解析】

本章重点讲的是“治人事天”的原则，并提出了实现这一原则的具体方法，即“啬”，也就是收敛、退藏，保持虚境。老子认为，只要能够做到啬，就能抓住治人事天的根本。

我们先来看看“治人事天，莫若啬”一句。“治人”指的是治理人民，“事天”指的是保养精气、养护身心。老子思想的核心是“无为”“不争”和“无欲无求”，为了帮助人们克制私欲，老子提出了啬的观念。什么是啬呢？啬原本是爱的意思，既可引申为爱惜、保养，也可引申为节俭。因此，这句话所揭示的道理就是：治理民众、养护身心，没有比注重节俭、爱惜精神更为重要的了。

然后，我们再来看看“夫唯啬，是谓早服”一句。这里的“早服”，意为及早服从、及早从事。整句话告诉我们一个道理：统治者只有懂得节俭，才能真正做到施惠于人，才能服从自然之道。如果不懂得节俭，就算是提早作过打算，也会很快地消耗殆尽。因此，节俭是顺应自然之道的行为。在这里，老子告诫统治者要节省民财、爱惜民力，只有这样才算做到了无为而治。

紧接着，老子又提出“早服谓之重积德”。其中，“德”指的是君主的德行。君主的德行主要体现在领导治理国家的实践中，治理国家的关键在于保证人民衣食无忧，这是国家长治久安的重要基础。俗话说“民以食为天”，百姓只有丰衣足食了，才会安下心来，不会惹是生非，发生逆乱。储藏好粮食，除了关系到民心的安定，还牵涉到战争的成败。有句话这样说：“兵马未到，粮草先行。”由此可见，粮食在战争中占有十分重要的地位。对于统治者来说，要懂得积蓄粮食的重要性，因为民生问题是稳定国家的基础。作为君主，应该具有高瞻远瞩的视野和预见各种事情的能力，并能由此制定出相应的对策，而粮食是否充足就是检验一个君主德行的重要指标。

“重积德则无不克；无不克则莫知其极”，这两句话指出了积累德行所能达到的境界。其中，“无不克”指的是无所不胜，能战胜一切。只有做到物资充足、人民安定、社会和谐、领导者高瞻远瞩，这个国家才能战无不胜。实际上，“无不克”是广义上的，它并非专指战争，还指各种困难和挫折。一个人能够做到无不克，他必然是高深莫测的，人们也就无法揣测他的思想深度了。

什么是“有国之母”？“母”喻指生育万物的大道，也可喻指事物的根本，“有国之母”可以理解为“有了国家作为立身的根本”，这是就统治者而言的。紧接着，老子很自然地推出了“可以长久”的结论。

对于统治者来说，节俭具有重大的意义。而对于个人来说，节俭同样意义重大。节俭是中华民族的传统美德，一个人如果做到以节俭为美，那么他必定能和大道大德同步，必然会成为一个恬淡寡欲之人。

◇ 从政之道 ◇

厉行节俭的朱元璋

“啬”即积蓄力量，也可以引申为节俭。历史上很多有作为的统治者，都把节俭视为修身、治国的良方，明朝开国皇帝朱元璋就是这样的一位君主。

明太祖朱元璋，是一位崇尚节俭的帝王。朱元璋贫民出身，自小就深深体会到了农民生活的艰辛，所以他当了皇帝后，仍然过着非常节俭的生活。

朱元璋还在做吴王的时候，有一次，方国珍派人送给他一个饰满金玉的马鞍，朱元璋见了后，对来使说：“现在天下还没平定，所需要的是大批的人才，所急用的是粮食布帛，金银宝贝是没有用处的。”坚决不肯收下。元朝的降将张相昶暗中派人上书朱元璋，劝他及时行乐，朱元璋看后把书信一把火烧掉了，并且愤怒地说道：“这个人是想当赵高呀！”陈友谅有一张镂金床，做工极为考究，江西行省得到之后，特意把这张床送给朱元璋，朱元璋却说：“这同孟昶的七宝溺壶有什么不同呢？”于是下令将其毁掉。

明朝建立后，朱元璋定都南京，并决定在南京营建宫室。负责工程的官员把设计好的图样呈递给朱元璋，朱元璋看了之后，当即把雕琢考究的部分全部去掉了。营建宫室的工程开工后，他令人在墙壁上画了许多富于教育意义的历史故事作为装饰，让自己时刻保持戒惧之心。有个官员想用好看的石头铺设宫殿地面，结果被朱元璋痛批了一顿。

朱元璋日常所用的车舆器具等物，按照规定应当用金饰的，他却下令以铜代替。内廷的官员听说了，就对朱元璋说道：“陛下不必如此节俭，这用不了多少金子。”朱元璋回答说：“朕富有四海，怎么会吝惜这点黄金呢？

但是，既然我提倡俭约了，如果不身体力行，怎么能令天下人信服呢？况且奢侈，往往都是从小事开始的。”朱元璋睡觉的御床，与一般富户人家的睡床没什么两样，每天早膳，也仅仅吃蔬菜而已。

朱元璋不喜欢饮酒，他效法周公，多次发布限制酿酒的命令。他不慕奢华的生活，命令太监在皇宫墙边种植蔬菜，不要建造亭台楼阁。为了让子孙们不忘创业的艰辛，朱元璋命人把自己的创业事迹画下来，挂在宫殿之上，并告诫子孙们说：“富贵的生活过得久了，就容易滋生骄傲自满的情绪，就很容易忘记创业的艰难，后世子孙长在深宫，只看到富贵，习惯了奢侈，不知道我创业的艰难，现在你们要朝夕看一看我的经历，不要忘记我的艰难啊。”他还命令太监织造麻鞋、竹签自用，规定皇子们如要外出，近的一律步行，远的也只能骑马走十分之七的路程，剩下的十分之三路程必须自己步行。他说道：“皇族们朴素节俭，大明江山才能长久，后世子孙，必须谨遵此法。”有一次，朱元璋率领众皇子外出，特意派他们到农民家中一家家地察看，看他们家里的日常饮食和用品情况。回到宫中后，他语重心长地对皇子们说：“你们都看到了吧？农民们身不离田地，手不离犁锄，一年到头不停地耕作，从来没有休息过。但是，他们住的不过是茅草屋，穿的不过是粗布衣，吃的不过是粗茶淡饭。而国家的财政税收全部由他们负担！我之所以对你们说这些，是想让你们时刻想到农民生活的艰辛，要尽可能地使百姓免于灾祸。如果不顾一切，只知道横征暴敛，那么老百姓就没有活路了！”

朱元璋不但身体力行，还经常要求大臣们也要注意节俭。告诫他们不要骄奢淫逸。对那些廉洁奉公、节俭朴素的官吏，朱元璋就大加奖赏，以资鼓励。大将徐达曾立下很大的功劳，但是从不恃功自傲，一直住在一座破旧的宅子里。朱元璋了解到这一情况，就给他盖了座新宅院，并在院门前立下牌坊以示表彰。而对那些生活奢侈的官吏，朱元璋就对他们严加惩罚。有一次，一个散骑舍人穿了一件十分华丽的衣服在宫中行走，朱元璋看到了，就对他说道：“这件衣服得花费多少钱呢？”散骑舍人回答说：“五百贯。”朱元璋说：“五百贯钱，这些钱够一个数口之家的农户一年的生活开销了，而你却拿来做了一件衣服，这简直太奢侈了。”说完，立即下令让他把衣服脱下来，不许再穿。又有一次，朱元璋看见两个宦官穿着新靴故意在雨中行走，顿时大怒，斥责他们说：“一双靴子虽然值不了几个钱，但也都是百姓辛辛苦苦做成的，从种棉到成靴要花费不少心血，而你们却这样不爱惜它！”说完下令对那两名宦官处以杖刑。朱元璋节俭治国，而且身体力行，为全国臣民做了榜样，明初形成了一种节俭尚廉的好风尚。

◎第六十章◎

治国烹鲜

【原文】

治大国，若烹小鲜[①]。以道莅天下[②]，其鬼不神[③]；非其鬼不神，其神不伤人；非其神不伤人，圣人亦不伤人。夫两不相伤，故德交归焉。

【注释】

①小鲜：小鱼。②莅（lì）：临。这里是治理的意思。③神：灵验，起作用。

【译文】

治理一个很大的国家，要像烹煎很小的鱼那样，不能时常翻动导致破碎。运用“道”的原则去治理天下，那些鬼怪就起不了作用了。不仅鬼怪起不了作用，神祇也不伤害人。不仅神祇不伤害人，圣人也不侵越人。这样，鬼神和有道的人都不伤害人，所以人们就能彼此相安无事了。

【解析】

这一章主要讲“道治”的境界。天地间有阴阳二气，掌管阳气的称为“神”，掌管阴气的则称为“鬼”，圣人依照道的法则来治理天下，使阴阳交融成一团和气，所以鬼神就不能发挥作用了。不但鬼神不能发挥作用，就连治世的圣人也好像无所作为似的，一切事情的成功都是自然而然的，这便是道治的境界。

在上一章中，老子论述了节俭的意义。尽管老子没有直接表达治国必须秉承自然无为的观点，但是自然无为是节俭的前提，实际上还是强调自然无为的思想。这一章老子依旧强调自然无为，如“以道莅天下”一句，表达的就是以自然无为来治理天下。自然无为的思想贯穿《道德经》的始终，一个人不管是修身、齐家，还是治国、平天下，都要遵循无为的法则，只有这样才能得道。

“治大国，若烹小鲜。”这里的“小鲜”即小鱼。小鱼骨弱肉薄，所以，当人们烹煎小鱼的时候，最忌讳的就是不断翻折，这样势必会将小鱼煎碎。可见，烹煎小鱼也决非一件易事。其实，治理国家和烹煎小鱼一样，如果统治者恣意妄为，那样必然会导致国家混乱。在这里，老子以烹煎小鱼来喻指治理国家，旨在强调无为而治的重要性。统治者只有做到安静无为，才能使国家大治。否则，就会带来灾祸。统治者如果想使国家安定，就必须小心谨慎，在处理政事的时候不要强加自己的主观意志，而是要坚定不移地贯彻无为而治的原则，这样才会起到富国强兵的效果。如果凭着自己的主观意志去治理国家，老百姓就会无所适从，国家也会动乱不止。这句话以极其形象的语言概括了老子的治国谋略。

“以道莅天下，其鬼不神；非其鬼不神，其神不伤人；非其神不伤人，圣人亦不伤人。夫两不相伤，故德交归焉。”鬼神信仰由来已久，究竟鬼神是否真的存在呢？在古人看来，它们的确是存在的。而按照现代社会的科学理论，鬼神自然是子虚乌有的，它们不过是人们心中畏惧、胆怯、妄虚的产物。我们暂且先不讨论鬼神是否存在的问题，就老子的观点来看，如果一个时代呈现出阳气鼓荡的特征，或是一个人的身上充满了活力和朝气，那么我们便难以发现鬼神的踪影；如果一个时代呈现出阴气凄迷的特征，或是一个人的身上充满了颓废之气，那么鬼神就会莅临。

老子的鬼神观颇富有现代精神。老子认为，道是正气伸张的表现，它不但能压倒一切邪气，还能使充满邪气的鬼神没有立足之地，甚至使其丧失奇异怪诞的功能。所以，在大道面前，鬼神也就不敢胡作非为了。

说到这里，鬼怪到底是什么？其实，鬼怪只存在于我们的思想意识之中，它并非客观的存在。按照老子的道的思想来推衍，鬼怪就是自然界不和谐的产物，自然界因内部不和谐而产生了“鬼怪”，这是自然而然的事情。

鬼怪虽然是人们虚构出来的，但有一点我们不得不承认，人类为满足自己的欲望而奋斗的时候，在很大程度上也创造出了自己的杀手。这里所说的“杀手”，意义跟鬼怪差不多，但并不单纯指我们头脑中出现的青面獠牙的怪物，而是扩展到了科技领域，比如人类因为战争问题而发明的原子弹、氢弹，都算得上是欲望生出的鬼怪。这些鬼怪的杀伤力是巨大的，人类利用聪明才智创造出的鬼怪，正在威胁着正常的生活。对此，老子在两千多年前就公开反对智慧，极力提倡无知、无欲。

老子从人类的本性出发来考察欲望，这在今天依然具有重要的意义。遵循自然大道，竭力克制自己的欲望，这就合乎了道德的标准。遵循了道德，鬼怪也就失去了威力，无法伤害人类了。人类无忧无虑，在自然界中自由自在，与天地和谐相处，一切都是自自然然、和和美美的了。

◇ 为人之道 ◇

子产振兴邦国

春秋时期，子产担任郑国宰相。在掌管郑国权柄之后，看到郑国内忧外患的政治局面，子产采取了一系列改革措施，并顶住反对派的力量，最终将郑国治理得井井有条。

郑国乃是一个小国，当时处于晋国、楚国、齐国等大国的威胁之下，子产认为当务之急应该是增强国力，提高军队战斗力。为实现富国强兵的想法，子产采取了一系列社会改革。他一执政，便下令划清土地疆界，挖好沟渠，承认土地私有，并在私田上按田亩收税，这就限制了旧贵族，使他们不能再任意掠夺兼并土地，也鼓励了农民的劳动积极性。同时，子产还规定，农民有战功的，可以做甲士，担任小官吏，这样就打破了甲士身份的限制。子产优待农民的政策明显触动了旧贵族势力的利益，遭到他们的强烈反对。事实上，子产的前任子驷就是因为整顿田地疆界，占用了一些贵族的土地，而被这些贵族作乱杀死。子产知道这种情况，但他并没有被吓倒，仍旧坚定不移地推行他的政策。

为了提高军队战斗力，必须增加军费，因此，子产加大了税收额度。结果，一时之间，民怨四起，郑国百姓对他恨得咬牙切齿，甚至还有人要密谋加害他。如此一来，他遭到了来自上层贵族和下层百姓的双重仇视，原来和他站在一起的士大夫也站出来反对他。甚至连子产的家人也都劝子产改变主张。

但是，面对来自四面八方的压力和处处存在的危险，子产不为所动，他对自己的朋友解释说："我不会因为别人的反对而改变我坚信的正确主张，只要我是对的，我并不在乎为此牺牲自己的名声乃至性命。现在郑国百姓之所以反对我，是因为我的政策没有收到立竿见影的效果，过一段时间之后，他们看到了效果，自然不再恨我了。如果我现在因为阻力半途而废，我以后的所有政策都会因为阻力而无法实施。"

过了几年，鼓励农业的政策收到了效果，人民的生活水平得到显著提高，国库充盈，军队也逐渐强大起来，足以抵御外国的军事侵略。看到这种情况，郑国的官员和百姓都转而支持子产。

在春秋时期，统治者崇尚"法不可知，则威不可测"的法治观念，国家虽然制定了法律，但是并不让老百姓知道，以在内心里威慑百姓不敢犯罪。并且，因为对于法律的解释只有官员和贵族说了算，所以他们经常凭自己的意愿任意处置百姓。面对这种状况，子产下令铸了个金属宝鼎，把原来刻在竹简上的郑国刑法一条一条地铸在鼎上。他让人把鼎安置在王宫门口，让老百姓学习了解法律，进而做到心里有数。这就是春秋时期著名的"刑鼎"。刑鼎铸成后，遭到郑国贵族的强烈反对，他们认为刑法一公布，百姓心中就有了底，就用不着再怕贵族和官吏了。这样不分尊卑，还怎么治理百姓呢？子产却不为所动，坚持认为这样才有利于人民遵守法度。子产的这个措施得到了郑国百姓的普遍欢迎，因为对法律心里有数，知道了自己行为应该止步的边界，郑国的犯罪之人大大减少。

除此之外，子产还有一个为后人称道的举措，便是在全国各地办理称作“乡校”的学校，教授郑国百姓一些文化知识。不过，人们一旦有了固定的聚集地点，又学了点知识，便开始评论国家各项制度和政策，同时还对君王和官员的行为评头论足。这样一段时间后，许多贵族和官员觉得如此下去，必然会对统治者造成威胁，因此强烈要求关掉乡校。

最终，在子产的极力坚持下，乡校保存了下来，郑国人的文化水平得到了提高，人们更知书达理了。同时，子产经常派人收集人们的言论，对他们抱怨的政令加以取缔或修改，对于他们欢迎的政令则继续推广，人们的抱怨也逐渐减少了，郑国上下达到了空前的安定和团结。

子产治理郑国的二十几年间，郑国的内政修明，国家安定，人民幸福，外交上也不再吃大国的亏。因此，孔子也对子产大加赞赏，称他是一个了不起的君子。可以看出，子产之所以能够将郑国治理得安定强盛，是因为他正是用了“治大国，若烹小鲜”的方式来治理郑国的。我们知道，他所推行的政令，无不遭遇了极大的压力，如果他因为碍于压力，便放弃自己的改革措施，今天承认土地私有，明天又收回政令；今天允许有功的农民担任官吏，明天又取消了这个规定，恐怕郑国便会像一条被不断翻动的小鱼那样支离破碎了。而他正是明白这一点，于是顶住重重压力，使得自己的措施得以始终如一地实施，直到显示出了效果而被大家接受，他才能够取得成功。

◎第六十一章◎

各得其所

【原文】

大邦者下流①，天下之牝②，天下之交也③。牝常以静胜牡④，以静为下。故大邦以下小邦，则取小邦；小邦以下大邦，则取大邦。故或下以取，或下而取。大邦不过欲兼畜人⑤，小邦不过欲入事人⑥。夫两者各得其所欲，大者宜为下。

【注释】

①下流：众水汇集处，意卑下。②牝（pìn）：雌性。③交：总汇。④牡（mǔ）：雄性。⑤兼畜人：把人聚在一起加以养护。⑥入事人：求于人之意。

【译文】

治理一个很大的国家，要像江海那样安于处在卑下的地方，居于天下雌柔的位置，使天下百川河流交汇于这里。雌柔能以安静宁定战胜雄强，就在于它既能以静制动又安于居下。所以，大国如能对小国谦虚卑下，则必然能取得小国的信任依附；小国若能对大国谦虚卑下，则也能取得大国的信任支持。所以，不管是大国用谦虚卑下取得小国的信任，还是小国用谦虚卑下取得大国的信任，大国无非是想兼并小国，小国无非是有求于大国。这样大国小国都可以达到各自的愿望。特别是大国，更应该谦虚卑下。

【解析】

这一章中，老子提出了作为一个大国在对待别的小国时应持有的态度，即处静、处下，内在的道理即前面所说的“弱者道之用”。

春秋末期，诸侯国的兼并战争日益激烈，大国试图称霸天下，小国力图保全自己，人民的处境则苦不堪言。面对战争带来的灾难，老子痛心疾首，忍无可忍，终于发出了“大邦者下流”的感慨。这里所说的“下流”，指的不是卑贱、无耻，而是江河的流向。我们知道，水都是向低处流的，海之所以能够包纳百川，就是因为它甘居下位，无所不包，所以才成就了自己的“大”。它的作为是合乎道德的，所以它能长久而广博。在老子看来，大国如果能像大海那样谦和，甘居卑下的位置，那么国家就能太平，人民就能安定了。

“牝常以静胜牡”，这里老子以雌性可以战胜雄性的道理来论证“大邦者下流”的观点。大国之所以大，一方面是客观原因，即地理位置的优越。春秋时期，大国一般都处在中原文明的边缘地带，这里地势低洼、水草丰美，有利于人民居住和发展农耕。另一方面是因为统治者治国有方，他们清楚大国和小国的关系，而老子对此也作了论述，他说：“故大邦以下小邦，则取小邦；小邦以下大邦，则取大邦。”意思是说：大国对小国谦下，就可使小国归附自己；小国对大国谦下，就可取得大国的支持。因此，大国和小国的关系用海纳百川来形容那是再适合不过了。海是谦和的，是宽容的，是深沉的，是卑下的……正是因为它具有这些特性，所以百川才会归附它，投奔它；正是因为这些特征，才成就了它的博大、宽厚和永不干涸。

“故或下以取，或下而取。大邦不过欲兼畜人，小邦不过欲入事人。”在老子所处的年代，大国和小国并存的割据时代行将落幕。西周时期的几百个诸侯国，到了这个时候只剩下几十个，许多小国在大国的威逼下已经沦为附庸。这些小国尽管生存了下来，但是处境更加艰难，它们不但要向大国纳贡，还要分担大国重大工程项目的劳役。而大国不但在态度上轻视小国，还奴役小国的人民，使他们的处境痛苦不堪。针对这种社会现状，老子渴望能够唤醒大国的宽厚和仁慈，试图通过自己的力量改变社会现状。

柔弱可以战胜刚强，但是现实的情形与老子的观点却背道而驰，我们能不能就此否定和排斥老子的观点呢？其实，现实中柔弱没能战胜强硬的现象只是一时的弱势表现，从总体上来说，柔弱是可以战胜刚强的。看似强大的事物却不能长久地存在，而看似渺小的事物却有着顽强的生命力。以自然界里的现象为例：庞大的恐龙曾统治着整个自然界，而到最后竟被弱小的猴子种属取而代之；老鹰是一种凶悍的肉食鸟类，而野兔是一种草食动物，当老鹰如箭一般扑向野兔的时候，野兔弹出后腿，重重地踢中老鹰的肚子，一连几下，踢得老鹰扑棱着翅膀，一头栽倒在地上……

“夫两者各得其所欲，大者宜为下。”国家谦和、卑下才能够长久，人类也是如此。人类如果不能做到谦和、卑下，就会引火烧身，导致毁灭。所以，我们作为人类的个体，就应该从自我做起，对待周围的人要谦恭、柔和、甘居下位；对待周围的物应该友善、包容，使自己的行为合乎自然的大道，这样才能“两者各得其所欲”，也只有这样我们才不愧为万物之灵，才算真正拥有聪明才智。

◇ 为人之道 ◇

“尊王攘夷”的晋文公

这一章里，老子提出了协调大国与小国关系的基本原则：大国要谦让无争，小国要尊重大国。无非是使大国吞并小国，小国获得大国保护。春秋时期晋文公“尊王攘夷”取得霸主之位，就是一个很好的例子。

晋文公，名重耳，他在晋国做公子时，因为遭到献公夫人骊姬的谗害，被迫流亡国外。最初，重耳来到卫、曹、郑等小国，这几个国家的君主对重耳无礼，不肯收留他。后来重耳到了楚国，楚成王十分优待他，重耳对他非常感激。不久，重耳回晋国为君，临走之前，他向楚国承诺：假如有一天晋、楚开战，晋国一定退避三舍，以此来报答楚国的恩情。其实楚国之所以帮助重耳，主要是出于利益考虑，希望重耳当上晋国国君后，能唯楚国马首是瞻。重耳心里自然明白，而他之所以许下诺言，也不过是为谋求楚国军事和政治上的支持罢了。

重耳回到晋国做了国君，即晋文公。晋文公刚即位的时候，晋国的实力尚不强大，但是晋文公却有着称霸的雄心。此时周王室发生内乱，正好给晋文公提供了机会。于是，晋文公打出“尊王攘夷”的旗号，会合诸侯，一起出兵帮助周襄王平定内乱，并护送其回到洛邑。周襄王为表感谢，特意把南阳的温、原等地赏赐给晋国，从此，晋国在诸侯中的威望大大提高。

这时，楚、宋泓水之战刚刚结束，宋国被楚国打得大败。楚国趁此将势力深入到北方地区：陈、蔡等国先后与楚国结成同盟；郑、许、曹、卫、鲁等国也渐渐倒向楚国一方。但是，楚国并不以此为满足，还想威慑秦、晋、齐等强国，为此，楚成王纠集了大批军队，准备与中原诸侯一决雌雄。

晋文公自然不能容忍楚国的压迫。周襄王二十年（公元前632年），晋文公率领晋国军队，大举进攻楚国的盟友卫国和曹国。卫国、曹国不敌，被迫依附于晋国。楚将子玉得到消息，非常生气，立即率军讨伐晋国。晋、楚这两个大国正面交锋，正要展开一场大的激战时，晋文公却忽然下令，命令全军向后倒退九十里地，到达卫国的城濮后，这就信守了当初与楚国定下的约定。

说到这里，我们不禁要想，晋文公“退避三舍”仅仅是为了信守诺言吗？其实，这是他采取的很高明的策略：楚军披坚执锐上阵，斗志昂扬，晋军不适合主动迎击，应当主动后退，这样既可以回避敌军的锋芒，使其斗志松懈，又可以选择有利地形，以逸待劳。

撤到城濮后，晋文公开始整饬军队，修筑阵地。同时，他又任命狐偃为上军主将，负责右翼攻击；任命栾枝为下军主将，负责左翼攻击；任命先轸为中军主将，负责指挥晋军主力，并协调左右两翼。这就是兵分三路攻击楚军的策略。

楚成王得知晋军在城濮驻扎了下来，担心子玉劳师奔袭，所以就率领楚军主力与子玉会合，一起赶赴城濮，并在城濮布下阵势：以子上为右军主将，负责指挥陈国和蔡国的军队；以子西为左军主将，负责指挥申国和息国的军队；以子玉为中军主将，负责指挥楚军的主力。

晋、楚两国的大军在城濮对垒，展开了一场激烈的厮杀，这场大战便是有名的“城濮之战”。

城濮之战中，晋军看到了楚国的弱点，集中兵力攻打楚军的左右两翼，致使楚军的两路大军全面崩溃。

与此同时，狐偃指挥的晋军右翼假装退却，负责指挥楚军左翼的子西果然中计，下达了主动追击的命令，使自己的侧翼暴露给了晋军主力。这时，先轸指挥的中军乘势杀向楚军左翼，就在双方杀得难分难解的时候，狐偃回师夹击楚军的左翼。尽管狐偃已经年老，但还是勇不可敌，在千军万马之中纵横驰骋，楚军兵将被杀得抱头鼠窜。

楚军的左右两翼均遭挫败，中军主将子玉仍旧负隅顽抗。楚成王为了避免主力被歼，遂下令子玉率军撤退。子玉无奈，只好率领中军撤退。晋军则乘胜追击数十里地，又消灭了很多敌人。

城濮之战后，楚军北进受阻，中原诸侯渐渐不听楚国号令，改而亲附晋国了。不久，晋文公将战俘和战利品献给周室，以求封赏。周天子无奈，只得派大夫王子虎封晋文公为侯伯（诸侯首领）。晋文公再三辞谢，最后“勉强”接受这一封号。周室为此还特意写了一篇《晋文侯命》，以表彰晋文公的功绩。

在成就霸业的同时，晋文公开始报复流亡期间对其无礼的诸侯。晋文公五年（公元前 632 年），晋伐卫，取胜后，将其地分给宋国。同年，伐曹，俘获了曹共公。两年后，晋国与秦国联合，大举讨伐郑国，强迫郑国答应向晋国进贡，这才撤兵而还。

晋文公在位仅仅九年，但是在短短几年时间内却能成就霸业，兼并小国，抑制强楚，要挟周室，其成就胜过了齐桓公。

在这则故事中，晋、楚两国最开始相互尊重，这是为了夺得霸权的需要，因此后来不可避免地发生了战争。而曹卫等国曾对晋文公无礼，这违背了老子“小邦以下大邦”的原则，因此必然得不到大国的保护，从而招致了亡国之祸。

◎第六十二章◎

万物之奥

【原文】

道者万物之奥[①]。善人之宝，不善人之所保。美言可以市尊[②]，美行可以加人[③]。人之不善，何弃之有[④]？故立天子，置三公[⑤]。虽有拱璧以先驷马[⑥]，不如坐进此道。古之所以贵此道者何？不曰：求以得，有罪以免邪？故为天下贵。

【注释】

①奥：藏，含有庇荫的意思。②市尊：换取尊位。③加人：高过他人，亦有凌驾别人之上的意思。④何弃之有：即“有何弃之”，有什么可抛弃的。老子认为恶人可以转变，世上不应有被抛弃之人。⑤三公：古代最高的官职。⑥拱璧：极为珍贵的大玉。

【译文】

道是荫庇万物之所，善良的人把它当成宝贝珍惜它，不善的人也处处保住它。美好动听的言辞可以换来别人对你的尊重，良好高尚的品行可以见重于人。那些不善的人，怎能把道抛弃呢？所以在天子即位、设置三公的时候，虽然有拱璧在先、驷马在后的献礼仪式，还不如把这个清静无为的道进献给他们。自古以来如此重视道是什么原因呢？不正是由于有求于它的就可以得到满足，犯了罪过的也可以得到它的宽恕吗？就因为这个，天下人才如此珍视道。

【解析】

这一章讲“道”的宝贵和修道所应坚守的原则。人不论善与不善，居高位还是居下位，在道上进步一分，就有一分的益处。对于天子和三公来说，道比宝马、璧玉更有意义。

讲道的宝贵，老子再次提及道的属性和功用："道者万物之奥，善人之宝，不善人之所保。"意思是说：道是万物的主宰，善人的法宝，不善的人也用之保全自己。老子认为，道是天地万物的本原，是贮藏万物的庇护之所，它时时刻刻都在保佑着天地万物；道是世界物质中未被感知的存在，它对万物一视同仁，它评价万物，却不把万物过去的行为作为评价标准，而是把它现在和将来的行为作为评价标准。所以，不管一个人是好是坏，只要他能够体悟道的内涵并能掌握道的理念精髓，道都会极力保护他的安全。

为什么说"道"是宝贵的呢？这是因为道不仅是善者的宝物，同时它也在保佑着不善之人。不善者之所以还能称之为"人"，就是因为道还在保佑着他。这里必须强调一点，我们这里所说的善和不善，并不是善良和不善良的意思，而是得道和未得道的意思。既然美好的言论可以博取别人的尊敬，美好的行为可以博取别人的重视，那么怎么可以抛弃不善之人呢？

"美言可以市尊，美行可以加人。人之不善，何弃之有？故立天子，置三公。"这是讲道的平等待人，当然，这里的"平等对待"也不是毫无原则的。当一个人的行为合乎大道的德行时，大道就会奖赏他。当一个人的行为不合乎大道的德行时，大道就会惩罚他。道对人的奖惩体现在道为人们设立了天子和三公，也就是说，天子和三公代表道去管理天下的百姓，去惩恶扬善。"加人"也就是增加人口的意思，即子孙繁盛。"三公"指的是古时地位仅次于帝王的三位官员，周代多指太师、太傅、太保。对这段话的理解，历来多有不同的看法，有人认为"立天子，置三公"是说人有美言尊行可成为天子、三公；有人认为"人之不善，何弃之有"指的是对于不善之人，也没有理由去抛弃他们。

"虽有拱璧以先驷马，不如坐进此道。""拱璧"指的是两手捧着璧玉。"驷马"指的是四匹马拉的车。前面有人拱璧导引，自己则在后面乘四匹马拉的车，这是春秋之际帝王出行的仪仗。"坐进"意为静坐以领悟。这段话再次重申了道的宝贵，并明确指出：修道要有正确的目的。在老子看来，即便得到了帝王之位，也不如静坐悟道。所以，他以帝王之尊的仪仗来与得道相比，目的在于让人了解道的宝贵。

接下来，老子又通过阐明古人对道的宝贵看法，来说明修道的正确目的是什么。“古之所以贵此道者何？不曰：求以得，有罪以免邪？故为天下贵。”“有罪以免”意为悟道后按道行事可以免除以往的罪过。古人为什么认为道是贵重的？不就是因为按道行事即使有罪也可以免除吗？所以，道为天下所贵是不难理解的。

老子的这一思想在今天还有很大的借鉴意义。人类生活在地球上，拥有聪慧的头脑和灵活的四肢，这是我们成为高贵的人的前提条件。高贵的人具备谦和的道德品质，对周围的人不分好坏一视同仁，但是我们很难做到这一点。与此相反，我们常常会因某人曾有过劣迹而鄙弃他。大道不同，它对任何人都是仁慈的，对不善之人也同样加以保护。我们应该学习大道，并做到和大道同步，对世间之物一视同仁。

◇ 为人之道 ◇

周处留名青史

老子说，道荫蔽万物，对善人来说它是珍宝，而对恶人它也加以庇护，从不放弃。要善待有错的人，人的一生不可能不犯错；而对于犯了错误的人来说，也应当知错就改。晋代的周处原来就是乡中的一大公害，后来改过自新，成了当世有名的忠臣良将。

周处，字子隐，出生于义兴阳羡。父亲叫周舫，曾经在吴国担任鄱阳太守。但父亲在他幼小的时候，就不幸去世了。周处从小就失去了父教，十分顽劣。周处长得身强力壮，不到二十岁，就臂力过人，喜爱骑马射箭，常常背着弓四处打猎，在田野间骑马疾行，践踏坏了不少庄稼。他生性剽悍，不拘小节，横行于乡间，成为地方一大祸患，乡里人都十分厌恶他，看到他便躲得远远的。周处自已也知道乡里人不喜欢他，立志要改过自新。

一天，周处走在大路上，发现路上的人都愁眉苦脸，于是他问道："今年风调雨顺，粮食大丰收，你们为什么一个个都闷闷不乐呢？"

乡亲们叹息道："乡中三害没有除掉，我们怎么会感到快乐呢？"

周处不明白，问他们："乡里三害是什么呢？"

乡亲们回答道："第一害是南山上的白额猛兽，它长得凶猛无比，喜欢随意伤人，害得我们都不敢上山砍柴打猎；第二害是长桥下的蛟龙，不管是人是畜，只要经过长桥，就会被它卷进水里吃掉；第三害嘛……"

说到第三害，乡亲们都沉默了，犹豫着要不要说出来。周处急了，忙问道："你们倒是说呀，第三害又是什么？"

"第三害就是你了。"乡亲们鼓起勇气说了出来，周处听后一怔，他虽知道乡亲们不喜欢他，但没想到竟反感到这个程度。

周处说："如果这些是祸患，我去为你们将它们除掉。"

乡亲们说："你要是将它们都除掉，就是我们整个乡的大幸。"

第二天，周处带好武器，骑上马入山射杀猛兽，经过一番激烈的搏斗，终于杀死了白额猛兽。回到家经过一天休整，他又拿着磨得十分锋利的剑潜入水中擒杀蛟龙。蛟龙在水中不易对付，它时而沉入水底，时而浮出水面，不断往前游走，周处挥舞着利剑，尾随它而去。那打斗场面十分激烈，蛟龙已被周处砍得遍体鳞伤，而周处胳膊上、背上也被它的利爪抓出了几道深深的口子，河水都已经被血染红。一直打斗了三天三夜，仍旧没有分出胜负。

乡亲们见周处没有回来便以为周处和蛟龙都死了。想到地方上三害都已经除掉，乡亲们无不拍手称快。他们大摆筵席，欢庆三害俱除。周处斩杀了蛟龙，拖着伤痕累累的身子浮出了水面，看到乡亲们的欢庆场景，心中十分难过，他终于知道乡亲们有多恨他了，这使他更加坚定了痛改前非、悔过自新的决心。

周处听说吴中大将陆逊的孙子陆机、陆云很有才学，于是决定去吴县拜他们二位为师。周处来到吴县，碰上陆机不在，只见到陆云，于是他将自己早年顽劣不堪及后来浪子回头擒杀猛兽、蛟龙的事情都告诉了陆云，并向他表明自己悔过自新的决心和决意拜他为师的愿望。但周处又担心自己年龄大了，陆云不肯收自己为徒。

然而陆云居然答应了，他劝周处说："古人认为，'浪子回头'是十分可贵的，你还是很有前途的，你应当担心的是自己没有志向，有了志向，又怎么会害怕名声不远扬呢？"周处听了觉得很有道理，于是便发奋学习，不时用古人的话来砥砺自己。同时，他还十分注重加强自身的修养，一改之前的顽劣习气，修得一身才学。

仅用了一年，周处就名声大噪，州府官员都争相举荐他出来做官。后来，他出仕吴国，担任东观左丞。到了孙皓统治末期，又任都督。

280年，吴国灭亡，吴国臣子纷纷到晋朝为官，周处也在其中，出任雍州新平（今陕西省彬县）太守。任职期间，因为治理有方，原来那些棘手的边疆问题都得到了解决，外族纷纷归附，这使得周处美名远播。之后，周处又被调去任梁州广汉（今四川省射洪）太守，他勤于公务，清廉正直，处理了不少多年未解的诉讼案件。后来他因母亲年迈而辞官归乡，不久又因其有贤名而再度被征为楚内史，还没有到任，又被征召入京担任散骑常侍。周处接到任命后，先到楚国赴任，取得安抚教化等政绩，才入朝做散骑常侍，他的这种行为，深为时人所推崇。

周处为人十分耿直，刚正不阿，任御史中丞时，也不畏惧权贵的势力。梁王司马肜也遭到过他的举报，两人从此结下梁子。每次提到周处，司马肜便恨得咬牙切齿。

296年，西北少数民族氐羌发动叛乱，首领齐万年称帝。十一月，晋朝任命司马肜为征西大将军，总领关中诸军事；周处为建威将军，隶属安西将军夏侯骏。周处之所以被推上了最前线，是因为他正直的品性得罪了不少朝臣。伏波将军孙秀知道这些人的险恶用心，便好意劝周处道："你家中有老母在堂，可以以此为借口，推掉这个差事。"周处听了，正色道："自古忠孝就难以两全。"

周处知道自己身处险境，必定被司马肜陷害，于是抱着必死地决心西征。

297年正月，齐万年率军七万驻扎在梁山（位于今陕西省乾县），司马肜、夏侯骏逼周处仅以五千兵力发动攻击。周处抗议道：“我军没有后援，贸然进攻必然招致失败，而且也给国家带来耻辱。”司马肜不听，逼迫周处前进，与齐万年军战于六陌（位于今陕西省乾县），士兵连饭都没吃就被推上了战场，也没有后援。周处知道必败无疑，遂奋勇杀敌，终于弦绝矢尽。而友军振威将军卢播、雍州刺史解系都不带兵救援，旁人劝周处撤退，他却按着剑说：“这是我效忠死节、以身殉国之日！”最终英勇战死。

周处勇于改过，且为人忠孝，由一个地方恶霸变成了一代忠臣，给后人树立了好榜样。

◎第六十三章◎

为大于细

【原文】

为无为，事无事，味无味。大小多少，抱怨以德。图难于其易[①]，为大于其细；天下难事，必作于易；天下大事，必作于细。是以圣人终不为大，故能成其大。夫轻诺必寡信，多易必多难。是以圣人犹难之，故终无难矣。

【注释】

①图：计划。

【译文】

以“无为”的态度去有所作为，以不搅扰的方法去处理事物，以恬淡无味当作有味。大生于小，多起于少。处理问题要从容易的地方入手，实现远大要从细微的地方入手。凡是天下的难事，一定从容易的地方做起；凡是天下的大事，必定从细微的部分做起。因此，有道的人始终不自以为伟大，所以才能做成大事。那些轻易许诺的人，很少有能够兑现的，必然会失去信用。

把事情看得太容易的人，势必会遭受很多困难。因此，有道的人遇到事情总是把它看得很难，所以反而没有困难了。

【解析】

这一章进一步阐释“无为而无不为”的思想。世间的所有事情都是从小到大，从易到难，从细到巨发展起来的。圣人明白这一道理，因此在事情刚刚出现或者还处在萌芽状态的时候就把它化解掉了。所以，我们看圣人表面上做的都是小事、细事、易事，甚至什么也没有做，最后的结果却是成就了大事、难事。

“为无为，事无事，味无味。”这句话有人解释为“以无为为为，以无事为事，以无味为味”。这种解释没有把自然无为理解为是一种自我修养的思想境界，而是作为一种单纯的行动指导思想来看的。如果这样理解的话，老子就是提倡什么事都不必去做了，这就扭曲了老子无为的真正内涵，因为在老子看来，人活在世界上就一定要做事，否则，就无法生存。在老子《道德经》里，无为的思想贯穿始终。由于每一章节的侧重点不同，所以无为常常涌现出新意来。这里所说的“无为”的含义，意思是说在做任何事情的时候，都不要强加自己的主观意志，更不要试图用主观意志去改变事物的客观属性。当然，老子并不是让我们什么都不做，而是要顺其自然。由此可知，老子所谓的无为实际是一种自我修养的思想境界，也就是一种抛弃主观而顺从客观的思想境界。这种思想要求我们在实践中做到大事化小，小事化了，多事变少，少事变无。做到这些，就能实现人与自然以及人与人之间的和谐。

“为无为，事无事，味无味”是修道的真实境界，要想理解这句话，就要先理解手段与目的的关系：手段是完成目的的中间环节，目的一旦实现，手段也就不再有用了。对于人类来说，手段不是绝对的，只有目的才是绝对的。所以，老子在这里所表达的是手段的有限性和相对性，只有人类所要达到的目的才是极端的。

“大小多少，抱怨，以德。图难于其易，为大于其细。”老子的哲学是一种调和的哲学，它反对任何形式的对抗与斗争。但是，这并不意味着老子就否认了矛盾的存在。在他看来，这个世界充满了矛盾与斗争，而我们应该把这种矛盾和斗争从激烈的对抗状态拉回到相对平和的状态。为此，老子提出了建议，即“图难于其易，为大于其细”。这里的“难”指的是力所不及的目标或是难于办成功的事情；“大”指的是伟大的工作或事业。老子在这句话中所要表达的意思是：我们应当在矛盾和斗争仍处于萌芽状态的时候就予以消除，并通过谨慎行事避免新的矛盾与斗争的产生。

“天下难事，必作于易；天下大事，必作于细。是以圣人终不为大，故能成其大。夫轻诺必寡信，多易必多难。”这里的“诺”意为夸夸其谈，吹牛皮，说大话。“寡信”是说真实可信的成分很少，很难兑现。在老子看来，大生于小，多起于少，困难的事情要从易处着手。因此，求道的时候要从细微入手。天下的难事，必从容易做起；天下的大事，必从细微入手，所以有道的人从来不自以为大，因此能成就大事。轻易地允诺是不足信的。把事情看得太容易了，一定会遭受到更多的困难。所以，有道的人遇见事情总是把它看得很艰难，最后反而没困难了。

◇ 从政之道 ◇

晋惠公轻诺寡信

春秋时期，晋国颇为强大。晋献公在位时期，晋国到处征伐，威震四方。但是，晋献公这个人很好色。他即位不久就去讨伐骊戎，很快就打败了骊戎。骊戎国君没办法，只好将女儿骊姬和少姬献给了晋献公。这两个外族女子的风情是晋献公从来没有见过的，尤其是姐姐骊姬，更是把他迷得神魂颠倒。

几年后，骊姬生了个儿子，取名奚齐。当时晋献公有好几个儿子，最大的儿子名叫重耳，二儿子叫夷吾，但他们都不是正妻生的。晋献公的正妻已经死了，留下个儿子名叫申生，他是太子。申生和重耳都很贤德，在国内颇有名望。但是，晋献公喜欢骊姬，因而把全部的父爱都倾注在奚齐身上。骊姬为了让奚齐成为太子，千方百计地陷害申生、重耳他们。最终，申生被害，重耳和夷吾流亡国外，骊姬的目的达到了。晋献公死后，奚齐当了国君。但很多人不服，不久就发生政变，奚齐被杀，骊姬也投水自尽。

里克等人发动政变杀掉奚齐后想立重耳为国君。但重耳觉得国内局势还不容乐观，有危险，就拒绝了。大臣们商量了一下，觉得夷吾也不错，就派人去找夷吾。当时夷吾在梁国避难，听说让他回去做国君，高兴坏了。他的心腹吕省和郤芮说："国内又不是没有公子，他们跑到这里来找你，不太可靠。我们觉得最好去找秦国帮忙，借助他们的兵威回国，这样就不会有危险了。"夷吾就派郤芮拿着重礼去秦国，并约定："只要回晋国得到国君之位，就把河西一带的土地割让给秦国。"夷吾还给里克写信说："如果我能当上国君的话，就把汾阳封给你。"秦穆公听信了他的话，便发兵送夷吾回国。最后，夷吾成为晋国国君，是为晋惠公。

晋惠公当了国君后又舍不得河西的土地了，于是派邳郑出使秦国，说："开始的时候国君许诺用河西一带的土地来酬谢秦国，现在侥幸为君，大臣们都说：'土地是祖先留下来的，国君在外面流亡，怎么能随便许诺给别人呢？'国君和他们争执了好久，但没能成功，所以现在来向秦国表示歉意。"事先答应给里克的土地不但不给了，反而还削除了他的权力。不久晋惠公干脆赐里克死，对他说："不是你的话我也当不了国君。但是你也杀了两个国君和一个大夫，当你的国君也太难了吧。"里克悲愤万分，自刎而死。

邳郑在秦国听说里克遇害，就对秦穆公说："吕省和郤芮等人实际上并不忠心于晋惠公。如果重重地贿赂他们，就能把晋惠公赶走，把重耳接回来。"秦穆公对晋惠公的"轻诺寡信"也很气愤，就同意了。邳郑回国后对吕省等人行贿，他们说："这么多贿赂和好听的话，一定是邳郑在秦国把我们出卖了。"于是怂恿晋惠公杀掉了邳郑和很多大臣。邳郑的儿子邳豹逃到了秦国，请求发兵伐晋，但秦穆公没有同意。

晋惠公的行为不仅在诸侯国间失掉了信用，而且激起了国人的不满，不久周朝的召公出使晋国，晋惠公很没礼貌，受到了召公的嘲笑。

几年后，晋国爆发了饥荒，晋惠公急得没有办法，只好厚着脸皮向秦国借粮食。秦穆公问百里奚该怎么办，百里奚说："天灾哪个国家都会有，抚恤邻居这是为国之道。所以还是借给他们的好。"邳豹念念不忘杀父之仇，他对秦穆公说："晋国不讲信义，应该趁这个好机会讨伐他们！"秦穆公说："他们的国家是可恶，可百姓们又有什么罪呢？"于是借了很多粮食给晋国。

无巧不成书，第二年秦国爆发了饥荒，而晋国却获得丰收。秦国就找晋国借粮，晋惠公和大臣们商量。大夫庆郑说："国君是靠秦国才得立的，以前已经违背约定了。去年我们闹灾他们帮助了我们，现在秦国闹灾向我们求助，给他们就是了，还商量什么！"虢射却说："去年上天把晋国交到秦国手上，是秦国不要。现在上天把秦国交到我们手上，我们能违背天意吗？再说他们闹饥荒，讨伐他们可以事半功倍。"狼心狗肺的晋惠公居然听从了虢射的话，不但不给秦国粮食，还发兵准备讨伐秦国。秦穆公听说后气得两眼冒火，大臣们也义愤填膺，决定饿着肚子也要发兵抵抗。

秦国先下手为强，率领大军进攻晋国。由于晋国背信弃义，秦军将士全都上下一心，士气高涨。晋惠公害怕了，问庆郑："秦国已经打进来了，怎么办？"庆郑说："秦国帮助你当了国君，你背叛他们。晋国饥荒秦国给我们粮食，秦国饥荒晋国却要打他们。现在秦国打进来不是很正常的吗？"晋国占卜哪个大夫当晋惠公的御右比较好，占卜的结果是让庆郑当最吉利。但晋惠公说："庆郑这个人出言不逊。"于是让步阳驾车，家仆徒御右。不久和秦国大军在韩原交战。晋惠公急功近利，驾车的马摔了个跟头，被秦军包围了。晋惠公很着急，让庆郑来救他。庆郑说："你不遵守占卜的结果，失败是正常的事。"所以就没有救他。最后晋惠公被俘虏了。由于晋惠公被俘，晋国大败，这个忘恩负义的人终于付出了惨重的代价。

在这个故事里，晋惠公固然应该受到惩罚。但是，从另一个角度讲，秦穆公和里克相信夷吾的承诺，也是不明智的。我们知道，当初夷吾做出承诺时，是因为他不仅孤立无援，而且身处不可知的冒险之中，这种情形下作出任何承诺，都不是出自本意，也缺乏深入思考，乃是一种"轻诺"。老子说"轻诺必寡信"，可惜，秦穆公和里克都没有考虑到这一点，相信了夷吾，最终，两个人收获的只是失望和祸殃。尤其是里克，不仅没有得到自己应得的，反而连性命也搭上了，令人叹息！

◎第六十四章◎

慎终如始

【原文】

其安易持①，其未兆易谋②。其脆易泮③，其微易散。为之于未有，治之于未乱。合抱之木，生于毫末；九层之台，起于累土；千里之行，始于足下。为者败之，执者失之。是以圣人无为故无败，无执故无失。民之从事，常于几成而败之。慎终如始，则无败事。是以圣人欲不欲，不贵难得之货；学不学，复众人之所过，以辅万物之自然而敢为。

【注释】

①持：保持。②兆：苗头，征兆。③泮：分散，破碎。

【译文】

当局面安定时容易把持，当事情还未露先兆时容易谋划。当事物脆弱时容易分开，当事物细微时容易消散。做事情要在它尚未发生之前就处理妥当，处理事情要在祸乱没有产生以前就早做准备。合抱的大树，生长于细小的根芽；九层的高台，筑起于每一堆泥土；千里的远行，是从脚下举步开始走出来的。主观妄为的将会招致失败，强行把持的一定会失去。因此有道的人无所作为所以也不会招致失败，无所执着所以也不会遭受损失。人们做事情，总是在快要成功时遭受失败，所以当事情快要完成的时候，也要像开始时那样慎重，就没有办不成的事。因此，有道的人追求别人所不追求的，不稀罕难以得到的财货，学习别人所不学习的，补救众人经常犯的过错。以辅助万物按其自身规律自然发展而不会妄加干预。

【解析】

本章重点提出了物理与人理相结合的理论，这一理论不但蕴含着丰富的哲理，还包含着富有实际意义的行动技巧和生活智慧，这些后来都成为中国人修身行事的标准。

“其安易持，其未兆易谋。其脆易泮，其微易散。”在本章中，老子先是阐发了透过事物现象抓住事物本质的道理。这个道理在今天看来，并没有什么特别高深之处，但是在两千五百年前，它却是振聋发聩之语。

接着，老子运用三个排比句：“合抱之木，生于毫末；九层之台，起于累土；千里之行，始于足下。”由此我们联想到了荀子《劝学篇》中的这几句话：“积土成山，风雨兴焉；积水成渊，蛟龙生焉。”“不积跬步，无以至千里；不积小流，无以成江海。”可见，老子和荀子在思想观点上有某些相通之处，或者说，荀子承继了老子的某些观点。不过，荀子接下来说：“锲而不舍，金石可镂。”他提出了积极进取的主张；而老子则主张无为、无执，这实际上是让人们依照自然规律办事，树立必胜的信心和凭借坚强的毅力，耐心地一点一滴去完成，稍有松懈，就会造成前功尽弃、功亏一篑的结局。

事实上，宇宙间所有看上去属于偶然的和突发性的事变，都必然经过了一个复杂、隐晦、潜移默化的演化阶段，只不过人们往往注意不到罢了。人类注意不到事物的潜移默化，而许多动物却比人类具有更加敏锐的洞察力，暴风雨来临之前的晴天白日下，老鼠、蚂蚁、青蛙、飞鸟们都会预感到暴风雨即将到来而纷纷未雨绸缪。按照生物界的常理，人类自然也应该具有未雨绸缪的能力，但事实上，在近代科学工具产生之前，人类确实已经丧失了这种能力。至于为什么会丧失，或许是人类脱离大自然的时间过久、隔离过大，或许是人类过于注重了对人类世界的关爱而故意疏远了大自然，或许是人类有意地回避了那些无可逃避的灾难。

老子的提示对于人类具有深刻的启发意义，他告诉人们：所有强大的、不可战胜的事物都有它的萌发时期，萌发时期的事物正处于柔弱阶段，如果人们善于把握事物的这种规律，就能够防患于未然。他指出：“为之于未有，治之于未乱。”正是对能瞻前而不能顾后的人的提醒。

老子洞察了万物对生命的坚守，从来都不是通过变换表面形式来故弄玄虚，而是真诚地顺从自然，感到人类的许多行为确实是脱离自然界太远了。

而且，人类这样犹如急行军一般的前进，对生命质量的提高会有真实帮助吗？老子不认为人生应该如此度过。老子在此强调了一切灾难和祸患都因有所作为和心理偏执而起，他说："是以圣人无为故无败，无执故无失。民之从事，常于几成而败之。慎终如始，则无败事。"

不试图有所作为，自然很少有失败；个人行为不偏执，自然很少有失误。老子认为，一般老百姓做事情，因为不懂无为的道理，亦不能把一件事情从始至终以一种极其慎重的态度来进行，他们虽然永远在忙碌着，却总在事情眼看着即将成功的时候失败了。

◇ 为人之道 ◇

诸葛亮与"隆中对"

"为之于未有，治之于未乱"，做事要从小事情做起，不要只顾眼前，忽略长远，唯有未雨绸缪方能成就大业。三国时期，杰出的政治家诸葛亮就是这样一个擅长谋略的人，他总是先谋而后动，作战布局有长远规划，其著名的"隆中对"就为刘备定下三分天下的大计。

东汉末年，社会矛盾激化，巨鹿人张角领导了黄巾军起义。此后，各地豪强以镇压黄巾军为名，各自募兵，扩充自己的势力。为了争夺地盘，这些豪强相互争斗，上演了一场大规模的军阀混战。在这场混战之中，汉室宗亲刘备渐渐崭露头角。他先是招揽能征善战的关羽、张飞，继而又依附于势力强大的袁绍、曹操。离开曹操以后，刘备又"三顾茅庐"，得到名士诸葛亮的辅佐，终于成就了一番大业。

刘备担任豫州牧期间，为扩充自己的势力，开始广泛搜罗人才。他听贤士徐庶说，隐居南阳的诸葛亮是个旷世奇才，于是打算带着关羽、张飞一起前去拜访。

但是，刘备三人去了两次，都没有见到诸葛亮。刘备不甘心，又带了关羽、张飞二人，第三次去拜访他。

这一次，正好诸葛亮在家，刘备见到他后，向他拱手作揖，态度谦和。而诸葛亮也为刘备的真诚所感动，终于答应为刘备献计献策。

刘备向诸葛亮请教成就大业的策略，诸葛亮沉思片刻，建议刘备夺取荆州和益州，但刘备以驻守二地的刘表、刘璋是汉室宗亲，自己不忍心吞并他们为由，婉拒了诸葛亮的计策。

这时，诸葛亮取出一张地图，然后铺到桌子上，他指着地图说："荆州北边据有汉水、沔水，享有南海的全部资源，往东可以联结吴、会二郡，往西可以通达巴、蜀二郡，是个可以用兵的地方，但是刘表却不能好好据守住它。这大概是老天用来帮助将军您的，将军您是否有意愿把它夺取下来呢？益州地势险阻，拥有千里肥沃的田野，是个富庶的好地方，汉高祖就是凭借这里而完成帝王的事业。当地刺史刘璋个性懦弱，不明事理，黄巾军的首领张鲁横行北方。这地方百姓众多，国家富有，刘璋却不知道好好地抚恤安慰百姓。当地有智慧才能的人，很想遇到贤明的君王。将军您既是汉朝王室的后代，守信重义，名扬天下，又能够广泛地接纳各地方的英雄好汉，希望得到贤人好像口渴者急得想喝水一般。如果您能够同时拥有荆州、益州，保住这块险隘之地，往西联络各个戎族，往南安抚夷、越等族，对外和孙权交结和好，对内修好政治；天下局势一旦有了变化，就命令一位大将军，率领荆州的军队开向南阳、洛阳（中原），将军您自己带领军队从秦川出发，天下百姓谁不是拿着碗饭，提着壶浆，热烈地欢迎将军您的王者之师呢？果真如此，那么您的霸业就可以完成，而汉朝也可以复兴了。"

刘备听后，说："先生说得真是太好了！我以前只知打仗，却没有一个全盘策略，以致半世漂泊，事业无成，希望先生这次能出山襄助，共创大业。"

诸葛亮先是推辞，但刘备态度坚决，终于答应了下来，说道："既然将军如此真诚，孔明愿意效犬马之劳。”

刘备自得到诸葛亮的辅佐，就确定了联吴抗曹的策略。后来，刘备与孙权结成同盟，共拒曹操，取得了赤壁之战的胜利，从此天下形成了三足鼎立的局面。

这则故事中，诸葛亮那一番精辟的论说即后人称颂不绝的“隆中对”，其时诸葛亮尚在山中，就已经预测到三分天下的局面，全是因为他掌握了全局，从客观形势出发，因此才能预测未来。

◎第六十五章◎

善为道者

【原文】

古之善为道者，非以明民，将以愚之。民之难治，以其多智。故以智治国，国之贼①；不以智治国，国之福。知此两者亦稽式②。常知稽式，是谓玄德。玄德深矣，远矣，与物反矣，然后乃至大顺。

【注释】

①贼：祸害。②稽式：模式、法则的意思。

【译文】

古代善于遵行“道”的人，不是教导人民知晓智巧伪诈，而是教导人民淳厚朴实。人民之所以难于治理，乃是因为他们使用太多的智巧心机。所以用智巧心机去治理国家，就必然会危害国家，成为国家的灾祸；不用智巧心机治理国家，才是国家的幸福。了解这两种治国方式的差别就是一个法则，经常了解这个法则，就叫作“玄德”。玄德深不可测，远不可及，和万物一起复归到道的真朴，然后才能极大地顺乎自然。

【解析】

本章中，老子提出了以道治国而不以智治国的主张。人的智能就像是一把“双刃剑”，如果没有道德的基础而用智，那么就会成为天下的大祸患。

“古之善为道者，非以明民，将以愚之。”在老子看来，民众之所以难治，就是因为统治者治理不善造成的，那么统治者应该怎样安抚民众呢？老子指出，应该“将以愚之”，这里的“愚”是淳朴厚道的意思。一旦民心淳朴了，民众就不会惹是生非，胡作非为了，这样天下自然也就太平了。在一般人看来，能够在自己所生存的自然和社会环境中谋取利益并实现个人价值，那么这个人就是聪明之人。否则，就是愚蠢的人。老子的看法则完全相反。他认为，如果一个人仅仅从自己的利益出发，把人生意义仅仅定位为谋取私人利益和实现个人价值上，那么这就相当于把自己与整个世界对立起来了，势必会引起自己与整个世界的对抗与冲突，这种不自量力的做法是愚不可及的。那么，怎样才算是聪明的人呢？聪明之人能够意识到任何人都是世界所生、世界所长，而世界又是人类生存的源泉，所以他们就会把自己同整个人类和整个世界融为一体，积极投身到人类社会和自然世界的各项事业中去，服从整个人类社会和自然世界的意志。在老子看来，整个世界就是道德的产物，所以只有胸怀世界的人，才是合乎世界本质和道的本质的人。也只有这样的人才是真正充实、富有、自由和幸福的人。

“民之难治，以其多智。”这里的“治”，意为和谐、统一。老子认为，民众之间是很难实现和谐统一的，他们相互对立、相互冲突。“智”指的是以追逐个人利益为出发点的“智慧”。这种智慧与一般意义上的“智慧”不同，它导致人们相互冲突、相互斗争，人们运用这种智慧获得的实际利益与团结协作所获得的实际利益相比，实在是微不足道的。

“故以智治国，国之贼；不以智治国，国之福。”这里的“贼”指的是致使天下大乱的祸患或灾难，这种祸患和灾难不是别的，就是人们把人类社会变成了一个猎场，而人们对于社会的态度和行径也就跟强盗的态度和行径无异了。

“知此两者亦稽式。常知稽式，是谓玄德。玄德深矣，远矣，与物反矣，然后乃至大顺。”“玄德”是什么呢？不就是前文“含德之厚，比于赤子”之“德”吗？不就是“修之于身，其德乃真”之“德”吗？不就是“道生之，德畜之”之“德”吗？这个“德”是深且远的“道”之“德”，因为道是世界的根本，而整个世界的存在，实际上就是道德的存在。“玄德深矣，远矣”中的“深”意为不断深入，“远”意为不断扩展。“与物反矣”中的“反”就是回归到存在的本源之中，这个本源即世界或宇宙。这句话可以理解为：玄德与具象的物不同，德是无形无象的，需要透过物的运动才能显现出来，必须透过物象去审视品味，一旦落于具象，就不再是德了。

通过对老子这一章的解读，我们可以透悟人生的一个规律：做事情的时候，只有遵循大道，做到敦厚朴实，才能实现自己的人生价值。老子在本章中说，如果拥有了心智，人心就会变得狡诈起来，而国家也就难以治理了。我们可以把这个道理推延到个人：如果我们的心智过多，不但会感到劳累、困顿，还会导致自己和周围人的关系逐渐恶化。试想一下：如果每个人都狡诈、善变和满怀心机，都想着如何满足自己的欲望，那么整个社会就会变得虚伪、狡诈和面目可憎，这样的话，我们生活在这个社会里，还有什么乐趣呢？

任何人都不愿意生活在一个狡诈的环境里，也没有人愿意和虚伪的人打交道。如果我们想摆脱虚伪的环境，避免与虚伪之人交往，那就必须从自身做起，无论环境变得怎么样，我们都要保持心灵的自然纯真状态，在待人接物的时候都要秉承自然淳朴的特性。只有这样，我们才能真正地返璞归真、悠然自得，享受人生的欢乐。

◇ 从政之道 ◇

苏轼整治密州

这一章里，老子提出“愚”的思想，想使百姓回到“淳朴”状态。北宋大文豪苏东坡治理密州的事迹，就集中体现了老子的这一思想。

北宋神宗熙宁七年（1074年），苏轼出任密州太守。密州处在山东东部，地方荒僻，而且又多灾害，百姓为求生存，不得不落草为寇，四处偷盗。在苏轼之前，密州的几任太守都曾试图改变这一局面，但是均成效不大。

苏轼刚来密州的时候，就遇上了很大的难题。其间，当地发生了严重的蝗灾和旱灾，不但粮食歉收、财用匮乏，而且盗贼四起，百姓苦不堪言。再加上王安石施政不当，赋税沉重，密州呈现一派衰败景象。在这种“岁凶民贫”的景况下，苏轼决定亲躬救灾，励精图治，救密州百姓于水火之中。

苏轼上任不久，即驱车去乡间视察灾情，他看到沿途的百姓捕捉田地里的蝗虫，便下车向他们了解情况。这时，走过来几名小吏，他们看到新任太守来到这里，连忙向苏轼说道：“这小小的蝗灾，何必劳烦大人亲临呢？”有人甚至还无耻地编造谎言道：“蝗虫可以‘为民除草’，没有什么可怕的！”听到这糊涂透顶的话，苏轼当然非常愤怒，于是他斥责在场的官吏道：“蝗灾不是灾祸，那还有什么是灾祸呢？”他更进一步说道：“面对蝗灾，你们坐视不理，于心何忍啊？”说完，他亲自下田灭蝗，在场的百姓深受鼓舞。

回到府衙，苏轼立即写了一份奏议上报朝廷，请求神宗免除密州百姓的秋税。同时，他还鼓励百姓下田灭蝗除卵，取得了明显的效果。经过一年多的努力，密州的灾情基本得到控制，百姓的负担有所减轻，社会秩序也明显好转起来。

密州盗患严重，百姓不堪其苦。为了从根本上解除盗患，苏轼向朝廷上奏了一篇《论河北京东盗贼状》，指出治盗必须与治事、治吏相结合，除掉盗贼产生的根源，才能真正消除密州的盗患。神宗看到苏轼的奏折后，对此非常赞同，并勒令地方军吏，协助苏轼治理密州的盗患。

苏轼根据盗贼的出没规律，很快制定出一套捕捉盗贼的方案。他先是命衙吏乔装成百姓，调查盗贼的聚集场所，然后派兵将他们一网打尽。捉住一部分盗贼后，苏轼亲自详加审问，凡是能够主动认错，且没有犯下大罪的，就劝其改邪归正，并帮助他重建家业。这样，那些因贫困而落草的盗贼纷纷投降官府，并主动向官府提供线索，抓住了不少“凶残之党”。对于罪大恶极的盗贼，苏轼则杀一儆百，以树立威严。

苏轼治盗的时候，表现出了机敏、智慧的一面。据《宋史》记载，苏轼知密州时，密州出现了一帮盗贼，四处劫掠，百姓深受其害。为此，安抚司派了数千“悍卒”前来剿匪，苏轼诗中有说“磨刀入谷追穷寇”的，指的就是这件事。但是，没想到这些朝廷派来的“悍卒”，竟然比密州的盗贼更加残暴，他们甚至用禁物设赃，诬陷无辜百姓，借机到百姓家中劫掠。百姓平日受够了盗贼的欺负，这时又遭官兵的压榨，愤怒不已，纷纷起来反抗，结果杀了不少官兵。官兵见状，惊慌失措，纷纷畏罪潜逃，沿途又大肆烧杀一番，与盗贼无异。百姓都云集到州衙门口，向苏轼申诉这件事。苏轼却说道：“这件事情一定不是真的。”那些作乱的官兵听到苏轼的这句话，顿时失去警惕之心，并不急着逃跑。苏轼趁机派人把这些散兵召集起来，迫使他们服法认罪，苏轼便依法把他们处斩了。苏轼的这一举措，深得民心，得到了百姓的拥护。

在捕捉盗贼的同时，苏轼渐渐认识到，王安石主持的“新法”弊害颇大，这也是促成“盗患”严重的重要原因。王安石的新法规定，官府应根据田地中青苗的数量征税，但是密州旱情严重，多数青苗都没长成熟，根本没有收获庄稼。但是当地官吏仍旧依照新法行事，很多农民被逼无奈，只好做了盗贼。苏轼了解到这一情况，主张应该根据实际情况，降低赋税，甚至减免赋税。再如，王安石主张在产盐地区设置盐官，向盐户低价收盐，再将盐税加入卖价，出售给商人。密州是北宋重要的产盐地，官府压低盐价，密州的盐商破产者甚多，他们就与盗贼勾结，劫掠过往客商财物，苏轼于是上书元老重臣文彦博，揭发了新法的种种弊端。没过多久，朝廷知道新法害民，便下令纠正弊政。

经过一段时间的治理，密州的盗贼逐渐减少了，贼患也渐渐消除了。

苏轼在密州任内，还经常对贫苦百姓伸出援手，纠正当地不合风化的行为，如救活弃婴的故事，早已成为千古美谈。有一次，苏轼与通判刘庭式一起沿着城墙根挖野菜，这时，两人在一丛枸杞旁边发现了一个弃婴。苏轼见了后，小心地把弃婴抱起来，然后抱回府衙抚养。苏轼深知百姓生活贫困，养不起刚出生的婴儿，因此才在野外发现弃婴。于是，他立即下令州府的官员，到野外去寻找看看还有没有弃婴。没过几天，州府中就收养了近四十名弃婴。苏轼把弃婴分配到各家抚养，官府按月分发抚养费。这样，在两年的时间里，苏轼竟救活了数十名弃婴。

经过两年的治理，密州不但盗患消除，而且百姓富足，社会安定，民风淳朴。苏轼在密州任内表现出的美德，不但令当地百姓感激，也让后人敬佩不已。

苏轼治理密州，努力治理灾荒和匪患，教导民众淳厚朴实，这正是“善为道者”的典范。

◎第六十六章◎

不争之争

【原文】

江海之所以能为百谷王者，以其善下之，故能为百谷王。是以欲上民①，必以言下之；欲先民②，必以身后之。是以圣人处上而民不重③，处前而民不害④。是以天下乐推而不厌⑤。以其不争，故天下莫能与之争。

【注释】

①上民：把自己摆在百姓之上，也就是统治人民的意思。②先民：把自己摆在人民的前面，也就是统治人民的意思。③重：不堪重负的意思。④害；妨害。⑤厌：不喜欢。

【译文】

江海之所以能够成为百川河流所汇往的地方，是因为它居于百川之下，所以才能成为千百河谷的统帅。因此要领导人民，必须心口一致地对人民表示谦下；要成为人民的表率，必须把自己的利益放在他们的后面。所以，有道的人虽然地位居于人民之上，而人民并不感到负担沉重；居于人民之前，而人民并不感到受害。天下的人民都乐意推戴而不厌弃。因为他不与人相争，所以天下就没有人能和他相争。

【解析】

这一章讲“善下”和“不争”的好处。圣人之所以“善下”和“不争”，并不是为了得到它的好处，而是顺着道的法则自然无为。如果刻意为之，就会沦落为虚伪和权谋。

“江海之所以能为百谷王者，以其善下之，故能为百谷王。”在中国的哲学里，“王”是一个概念，它指的是天、地、人的统一及相互贯通和彼此契合，也指人与人、人与世界所达到的最和谐的状态。此外，王还反映了古人对治国者的最高要求，所以作为最高统治者的王，也就是能够以整个天、地、人为出发点并能使之达到和谐统一的人。这样的人也被称为拥有天德、地德和人德的人。就本章而言，这里的王只是比喻性的，它可以解释为“集大成者”。这句话是本章的开篇，在这里，老子以“江海成为百川之王”的物理现象来引出“善下”的观点。江海之所以能纳百川，是因为江海位于百川之下，所以百川自然而然地就归属于它了，从而成就了江海的浩瀚，成了百川之王。

“是以欲上民，必以言下之；欲先民，必以身后之。”“言”指的是愿望或意志的表达。“身”指的是行为，它所代表的是目的的实现和利益的获取。在这里，老子以统治者与江海进行类比，说圣贤之所以能够安抚万民，主要是因为圣贤没有私欲，从不计较个人的得失，对待民众的时候，就像江海对待百川一样谦和卑下，所以他才得到民众的尊敬和拥护。联系老子所处的时代背景：春秋晚期，国家制度已经日趋完善，统治者的地位亦已完全巩固。而人民无法享有政治权利，甚至连最基本的人身安全都得不到保障。统治者与人民之间地位悬殊，不要说身为最高领导者的王了，即便是普通官员也不会以卑下的言辞和谦虚的姿态对待人民。老子关注民众的苦难，也经常针对社会现状提出一些设想。他希望远古时代的帝王们能够重新出现，或者是当世的统治者能够主动效法古代的圣贤。

“是以圣人处上而民不重，处前而民不害。是以天下乐推而不厌。以其不争，故天下莫能与之争。”这里的“推”意为推举、选举。推和举在中国古代的典籍中经常出现，它体现了后人对于三皇五帝治世的向往，而老子在这里提出“天下乐推”，比之尧、舜、禹时代的禅让制，更能突出人民的价值。在这里，老子为我们设计了一幅蓝图：统治者虽然高高在上，但百姓却感觉不到压迫；统治者虽然领导民众，但民众却并不感到伤害。老子提倡统治者应保持谦卑，他的这一态度是真诚的。他认为，如果统治者没有让人民感到压迫，那么他不但可以赢得国民的拥戴，还会获得天下人的推举。能够实现这些，天下就没有什么力量可以与他抗衡了。

◇ 从政之道 ◇

爱民如子的唐太宗

统治者要谦下退让，不能压迫百姓，骑在人民头上作威作福。作为统治者，只有亲近民众，了解民情，体察民间的疾苦，为百姓排忧解难，才能受到百姓的爱戴，得到百姓的拥护。老子的民本思想，为历朝历代所推崇，是国家繁荣稳定的法宝。唐太宗李世民，正是因为爱民如子，体恤民情，才深受后人的尊崇。

隋朝末年，隋炀帝奢侈腐化，残暴无道，天下百姓纷纷起来反抗，终于导致隋朝的灭亡。唐朝建立之后，鉴于隋亡的历史教训，统治者一直比较注重爱护百姓。唐太宗李世民即位后，经常说一句话：“君者舟也，庶人者水也，水则载舟，水则覆舟。”意思是说百姓既能拥护朝廷，也能颠覆朝廷，所以要十分重视百姓的力量。

贞观初年（627 年），益州大都督窦轨上奏朝廷，说居住在山林里的獠人造反，请求朝廷派兵讨伐。唐太宗听了以后，不以为然地说道：“獠人居住在山林之中，并以山林为险阻，他们就像老鼠一样，时不时地跑出来盗窃，这已经成为他们的习俗了。身为地方官员，如果能够以恩惠和信任来安抚他们，他们自然就会归顺朝廷，哪里还用得着派兵讨伐呢！如果朝廷的官员把老百姓当作渔猎的对象，那么朝廷就会被认为是禽兽，还怎么谈得上‘为民父母’呢？”太宗终究没有答应窦轨的用兵请求。

唐太宗经常与大臣讨论百姓与治国的关系。唐太宗曾对侍从大臣说过：“为君之道，必须先存百姓，如果损害百姓以奉养其身，就像割下大腿上的肉来填饱肚子一样，虽然肚子饱了。但是自己却因失血过多而死了。因此，如果想安定天下，必须先修养身心。”在这里，唐太宗强调，先存百姓是为君的第一要务，若不顾百姓死活而先使自己安逸，国家可能很富裕，君王有金山，官员有银库，但是供养官僚的百姓却已经不堪忍受了。

正是因为唐太宗心里有着“存百姓”的理念，所以他在位期间极力安抚百姓。唐太宗认为，天下历经战乱之后，应该让百姓休养生息。唐太宗说：“治国与养病一样。病人感觉到病情好转时，就要好好地保养，如果不能保养好，就会殒命。治国也是同样的道理。现在天下刚刚安定，君臣应当兢兢业业，谨慎行事，如果骄奢淫逸，国家就一定会败亡。”为此，唐太宗一再向群臣表示要实行轻徭薄赋、劝课农桑等措施，以实现清静抚民的方针。

贞观初年(627年),山东发生大旱,唐太宗下令免去该地全年租赋。不久,关内也发生大旱，蝗虫四起。唐太宗进入园子看粮食的损失情况，看到有蝗虫在禾苗上面，就捉了几只蝗虫，然后念念有词道：“百姓把粮食当作身家性命，而你却吃了它，这是害了百姓。百姓有罪，那些罪过全部在我身上，你如果真有灵的话，你就吃我的心吧，不要再降罪给百姓了。”太宗将要把蝗虫吞下去，周围的人忙劝道：“皇上不要吃啊，恐怕吃了要生病的！”太宗说道：“我正希望它把带给百姓的灾难转移给我一个人，为什么要逃避疾病呢？”说完马上就把蝗虫吞到肚里去了。

面对灾害，老百姓经常卖儿女买粮吃，唐太宗命令国库拿钱，将这些孩子赎回，把他们还给各自的父母。

唐太宗不但在灾年减免赋税，即使在平常年份，他也十分注意轻徭薄赋。有些官吏喜欢聚敛邀功，唐太宗说：“税纳逾数，皆系枉法。”对于超额完成税收的官吏，唐太宗不但不奖励他们，而且要施予惩罚。他还下令停建池台楼阁，释放宫人。对于必须建设的工程，唐太宗也不允许滥用民力，所以唐初所有工程的工期，一般都比较宽松。此外，唐太宗还裁并州县，精简吏员，完善府兵制，节约了财政开支，从而减轻了农民的负担。

正是由于唐太宗体察民情，轻徭薄赋，使百姓得到了实惠，所以百姓的生产积极性大大提高，生产状况也迅速得到好转。到贞观后期，社会经济已得到了恢复和发展，唐朝的统治也得到了巩固。

◎第六十七章◎

持保三宝

【原文】

天下皆谓我：道大，似不肖①。夫唯大，故似不肖。若肖，久矣其细也夫！我有三宝，持而保之：一曰慈，二曰俭，三曰不敢为天下先。慈故能勇；俭故能广；不敢为天下先，故能成器长。今舍慈且勇，舍俭且广，舍后且先，死矣！夫慈，以战则胜，以守则固，天将救之，以慈卫之。

【注释】

①肖：相似的意思。

【译文】

天下人都对我说：“道”太广大了，大到不像任何具体的东西。也正因为它的大，所以才不像任何具体的东西。如果它像一种具体的事物的话，那么它就趋于细小而不是道了。我有三种宝贝，是应当永远持有珍重的：第一是慈爱，第二是俭啬，第三就是不敢居于天下人的前面。有了慈爱，所以能勇武；有了俭啬，所以能宽广；不敢居于天下人之先，所以能成为万物的首长。现在丢弃了慈爱而追求勇武；丢弃了俭啬而追求宽广；舍弃退让而追求争先，结果是走向死亡。慈爱，用来征战就能够胜利，用来守卫就会坚固。天将救助谁，就会用慈爱来保护它。

【解析】

这一章包含两层内容：第一层讲道的伟大；第二层讲道的原则妙用。后者是本章阐述的重点，它指的便是“三宝”——“慈”“俭”“不敢为天下先”。这三个原则是从大道中推衍出来的，顺之则昌，逆之则亡。

“天下皆谓：我道大，似不肖。夫唯大，故似不肖。若肖，久矣其细也夫！”这里的“大”意为崇高、伟大、普遍、绝对。这句话是老子就大道的伟大而做出的描述。大道是无形的，这正是大道的伟大之处。但是它有原则，那么道的原则是什么呢？下面一句给了详细的答案。

“我有三宝，持而保之：一曰慈，二曰俭，三曰不敢为天下先。”这句中有个“先”字，“先”一般只作序列概念，但这里作价值概念，它与“上”“重”“多”“大”一样，具有把某个对象的价值和重要性看得高于一切的意思。“不敢为天下先”可以理解为绝不把个人的价值置于整个人类的价值之上。换句话说，也就是绝不把自己的利益看得高于一切。这句话讲的就是道的三大原则，即老子所说的三宝：一是仁慈，也就是仁爱之心和同情之心；二是俭朴，也就是节俭、不奢侈；三是不敢为天下先，也就是不露锋芒、谦和卑下。“三宝”与老子无为的思想是一脉相承的，它是无为思想的具体表现。

“慈故能勇；俭故能广；不敢为天下先，故能成器长。”本句中的“勇”指的是明智而又刚强果断。善良仁慈之人能够感受到自己与人类社会和自然世界是融为一体的，这时他们的心中会激荡起一种神圣的使命感，而心中的一切烦恼、忧愁、焦虑、畏惧都会随之烟消云散，只留有一种神圣而又明彻一切的感觉，在这种感觉影响之下，人们无所畏惧，而且感觉到道德就在自己的心灵之中，而自己就是永恒的道德的主体，这就是老子所说的“勇”。

相反，如果一个人不善良、不仁慈，就会感觉到有很多人在监视、识破和谴责他们——其实，最先开始监视、识破并谴责他们的不是别人，正是他们自己。在这种状态的支配之下，他们不得不在善与恶、高尚与卑贱之间摇摆不定，并表现出畏畏缩缩的样子。当他们在这样的境况中寻求安然脱身的途径时，他们就会孤注一掷，从而走向邪恶，无法自拔。可见，一个人只有保持仁慈之心和善良之心，才会有无所畏惧的勇气，这就是通常所说的“仁者无敌”。“俭”指节俭，节俭也有个限度，那就是要满足个人的生理需要。高于这个限度，或是低于这个限度，都属于不健康、不自然和不道德的生活方式。人们通常所说的“无私”“无欲”也要合乎这个限度。“长”与“间”是相对的，如“间苗长苗”指的就是把不好的、不必要的和多余的幼苗拔除，而把好的、有用的幼苗留下。本章中的“长”字指为人们所接纳和喜欢。这句话该怎么理解呢？老子认为，正是因为仁慈，所以才能做到英勇无畏；正是因为节俭，所以国家才能长治久安，人民才能安宁、富足；正是因为谦和退让，所以人类才能成为万物之长。我们可以从老子的思想推理得出一个结论：如果人类舍本逐末，就会走上绝路，这也就是下句话所要阐述的问题。

“今舍慈且勇，舍俭且广，舍后且先，死矣！”本句中的“慈”是作为勇敢无畏的根本和基础的仁慈。“俭”是作为心胸博大的根本和基础的节俭。“后”指的是把自己的利益置于他人的利益之后。

最后，老子得出“夫慈，以战则胜，以守则固，天将救之，以慈卫之”的结论。这里我们不免要疑惑了：对敌作战的时候，怀有仁慈之心怎么能够取胜呢？如果我们从老子的无为思想出发，就不难理解此句中所包含的真意了。其实，老子所说的“慈”也可以理解为无为，无为而无不为，用在战争中自然能取胜。“守”和“卫”都指的是自立的意思。由此可知，只有做到“慈”，我们才能于社会中安身立命。

◇ 从政之道 ◇

唐敬宗引火自焚

节俭、仁慈、不敢为天下先，这是圣人持有的“三宝”。作为统治者，一定要保持节俭的作风，如果生活奢侈，必然会滋生骄奢淫逸的作风，那就很容易引火烧身。

唐敬宗，名叫李湛，唐穆宗的长子，初封为鄂王，后徙封为景王。长庆二年（822年），被立为太子，两年后以太子身份监国。824年，穆宗病逝，李湛继位为帝。

敬宗登基为帝后，最初还例行上早朝。到了第二个月，就开始纵情享乐，毫无节制，甚至在大殿上击球、大摆宴席。即位后三个月，大臣们为了上早朝，天不亮就要起床，然后匆匆忙忙地赶到朝堂。可是皇帝却迟迟不来，时间久了，上了年纪的大臣站得腰酸背疼，有的甚至还昏倒在地上。对于这一有违祖制的行为，谏议大夫李渤实在看不下去了，就去找敬宗来上朝。在众臣的催促之下，皇帝这才走上了大殿。退朝以后，左拾遗刘栖楚又力谏皇帝要勤于政事，不要贪玩。为了使敬宗痛改前非，刘栖楚以头叩龙墀，鲜血不停地往下流。敬宗看到这一情形，十分感动，赶忙起身劝慰刘栖楚。不过，敬宗并没有因为大臣的死谏而悔过，后来甚至还变本加厉，发展到一个月仅上两三次早朝了。这时，就连在地方任职的李德裕也向皇帝进献了《丹扆箴》六首，希望以此说服皇帝处理政事，敬宗看到李德裕的劝谏诗，命令翰林学士韦处厚起草了一道诏书，对李德裕的忠君爱国精神提出了表扬，但是他仍旧纵情逸乐，荒废政事。

敬宗也经常到鱼藻宫参加龙舟竞渡。有一天，他突然向盐铁使下诏，命令其修造二十艘竞渡船艇，还要求把木材运到京师，让其在京城修造。敬宗下了诏书以后，大臣们估算了一下，造船的费用占当年国家转运经费的一半，于是，谏议大夫张仲方等人极力劝阻敬宗减少花销，敬宗这才答应船艇的数量减去一半。

敬宗还喜欢打猎，他白天不能尽兴，就在半夜里玩追捕狐狸的游戏，宫里人称之为“打夜狐”。他专门豢养了一批力士，让他们昼夜不离自己左右。为了求得力士，敬宗不但要求各地官员主动进献，而且亲自出资招募，每招募一个人就动辄几万贯。敬宗在跟力士们玩耍的时候，如果他们有人恃恩不逊，敬宗就会把他配流、籍没；不少宦官犯了小错，敬宗就轻则辱骂，重则鞭笞，致使他们心怀怨愤。

宝历元年（825年）十一月，敬宗突然向大臣们提议去骊山游行，大臣们听说之后，都极力劝阻，但是敬宗仍坚持要去。这时，大臣张权舆进谏敬宗说：“从周幽王以来游行骊山的帝王，从来没有一个有好下场的，秦始皇葬在那里，国家很快就灭亡了；本朝的玄宗皇帝在骊山修行宫，不久就发生了安禄山的叛乱；先帝（穆宗）去了一趟骊山，回来就驾崩了。”敬宗听了张权舆的这番话，不但没有打消游行骊山的念头，反而对此有了更大的兴致，他问道：“骊山果真有这么凶恶吗？越是这样，我越是应当去体验一下，以验证你的话是真是假。”结果，敬宗不顾大臣的反对，毅然决定前往，他还对身边的人说：“那些向朕叩头的人所说的话，也不一定都可信啊！”由此可见，敬宗根本不把大臣的意见当回事。这件事情发生后不久，大诗人杜牧就写下了一篇《阿房宫赋》，他借秦亡的教训告诫敬宗，不要像秦人那样“不暇自哀”，否则就会“亦使后人复哀后人”了。

敬宗对打马球十分着迷。打马球的时候，敬宗喜欢让禁军将士、三宫内人都要参与其中。宝历二年（826年）六月，敬宗在宫中举行了一次体育盛会。比赛的项目很多，主要有马球、摔跤、杂戏等。由于参加比赛的人很多，敬宗就命令左右神策军士卒，还有宫人、教坊、内园分成若干组比赛。由于敬宗的兴致很高，这次比赛一直到夜里二更时分才停止。

敬宗这种肆无忌惮的游乐，很快使自己走上了穷途末路。宝历二年（826年）十二月初八的晚上，敬宗又一次出宫“打夜狐”，等到回宫之后，他又与宦官刘克明、田务澄、许文端以及击球军将苏佐明、王嘉宪、石从宽等二十八人饮酒。敬宗喝到酒酣之时，大殿上的灯烛忽然熄灭了，刘克明与苏佐明等人趁机将其杀死，敬宗时年仅十八岁。

◎第六十八章◎

不争之德

【原文】

善为士者[①]，不武；善战者，不怒；善胜敌者，不与[②]；善用人者，为之下。是谓不争之德，是谓用人之力，是谓配天，古之极[③]。

【注释】

①士：武士，古代的武士也叫“士”。这里指将帅。②不与：不与之争。③极：标准、道理。

【译文】

善于带兵打仗的将帅，不崇尚勇武；善于打仗作战的人，不会轻易被激怒；善于胜敌的人，不与敌人正面冲突；善于用人的人，对人总是表示谦下。这叫作不与人争的“德”，这叫作运用别人的能力，这叫作符合自然的道理，是古代德的准则。

【解析】

这一章讲“不争之德”和“用人之力”。遵循道的法则，是最有效益，也是最完美的行事方式，所以称之为“善”。

“善为士者，不武；善战者，不怒；善胜敌者，不与；善用人者，为之下。”这里的“不武”即不奉行黩武的政策，但是为了协调“不武”正反两个方面的含义，我们可以这样理解：对于永久的世界和平，不抱有幻想，甚至连别国针对自己国家的战争阴谋也不做任何准备。“武”这个字所涉及的主题是国际关系。“不怒”指不像一个刚刚被人征服且沦为奴隶的人所表现的那样束手无策，以至于暴跳如雷，怒气冲天。这句话可以这样理解：善于做士的人是不轻易诉诸武力的，善于打仗的人是不轻易被激怒的，善于克敌制胜的人是不会争一时之高低的，善于用人的人一定是谦和的。在这里，老子并不是不允许国家动武，而是反对人们在外敌面前只知道暴跳如雷、怒气冲天。我们知道，老子反对心智、谋略，但他更加反对武力、暴力以及一切强大有力的表现，这在很多地方都有体现（例如，他曾说“不以兵强天下”，“夫兵者，不祥之器”等）。但老子的柔弱并不是软弱，老子的不争并不是屈从，他本人充满了智慧和谋略，在军事方面有着独到的见解和高深的韬略。在他看来，当世进行的兼并战争，根本不讲什么策略，只经过极为短暂的相互冲撞，便已经分出胜负了。

“是谓不争之德，是谓用人之力，是谓配天，古之极。”“不争之德”指的是捍卫和平、反对战争的道德和勇气；“用人之力”指的是把人民团结起来的力量。老子认为，在战争之中，只有保持头脑清醒、态度冷静，才能制订出周密合理的计划；有了周密合理的计划，才能避免不必要的损失，最终才能取得好结果。善于打仗的人，并不需要寸土必争，也不会争一时一地之得失，而是要争取最后的胜利。所以，只有在指挥战事的时候持着不争的态度，才能够掌控全局、操纵战机、进退自如，并能赢得战争的胜利。善于用人的人应该持有谦和卑下的态度，这样才能延揽人才。善于用人的人，一般都拥有较高的地位，掌握着较大的权力，既然他们拥有用人的权力，为什么还要表现得谦和卑下呢？在老子看来，谦下是取得人民支持的最佳方式。如果一名领导者不能独立完成所有工作，他们就得依靠众人的力量，如何把众人的力量凝聚在一起呢？这就需要选择一种适当的方式。如果他们采取极端严厉的态度来确立自己的威信和权威，那样不仅不能凝聚人心，反而会危害自身。如果采取谦下的态度，那样才会令众人信服。

◇ 为人之道 ◇

田单大破燕军

“善战者，不怒；善胜敌者，不与；善用人者，为之下。”在这一章里，老子说善于打仗的人不轻易被激怒，善于克敌制胜的人不争一时之高低，这就是战场上的“不争”。老子的不争，其实是一种高深的谋略，这一谋略不逞一时之强，但是能赢得最后的胜利。中国历史上有很多战例，都能说明这一道理。田单复国的故事，就是一个典型的例子。

战国后期，燕国派大将乐毅率领诸侯联军讨伐齐国，一举攻下齐国七十多座城池，只剩下莒城和即墨两座城池还在抵抗，齐国濒临灭亡。就在这危急存亡的时刻，齐国出现了一名智勇双全的将领，他救齐国于危难之间，不仅挫败了燕国，还使齐国再次成为七雄之一，这位将军就是田单。

田单是齐国田氏血缘关系较远的宗族。齐滑王的时候，田单担任临淄管理市政的小吏，但是不受重用。后来，燕国派乐毅讨伐齐国，齐滑王逃走，不久退守到莒城。燕国军队长驱直入攻伐齐国，城池被攻破，齐国百姓互相争路逃亡，因为车子的车轴撞坏了，所以被燕军俘虏。只有田单的同族因为用铁箍包住了车轴，所以能够逃脱，向东退守到即墨。这个时候，燕国已经攻占了齐国所有的城池，只有莒城和即墨还没有被攻下。燕军听说齐滑王身在莒城，就调集军队攻打。大臣淖齿便在莒城杀死了齐滑王，依托城池坚守，抵御燕军，燕军攻打了几年也没能攻下。燕国调集军队围攻即墨。即墨大夫出城与燕军交战，战败而死。即墨城中的军民争相推举田单，说:“安平之战，田单一族依靠铁箍包住车轴才得以脱险，足见他善于用兵。”因此，大家都拥立田单为将军，希望他在即墨抵御燕国军队。

尽管被委以重任，但是田单深知要击败乐毅绝不是一件容易的事情，因为燕军除了自己的国土之外，还包括齐国的七十多座城池，而齐国现在就只剩下莒城和即墨这两个地方了，双方的实力对比过于悬殊，如果贸然硬拼，齐军不但不能打败燕国，反而会使仅剩的两座城池也落入燕国之手。因此，在时机尚未成熟的情况下，田单决定按兵不动，静观其变。

不久，机会终于来临了，向来宠信乐毅的燕昭王去世了，而新立的燕惠王与乐毅素有间隙。这对齐国来说，实在是一个天大的好消息。田单认为这是除掉乐毅的大好机会，便派人潜入燕国，到处散播谣言说："齐王已经死了，仅仅有两座城池没有攻克。乐毅害怕被诛杀而不敢回来，乐毅以伐齐为名，实际是想联合南面的齐国，在齐国称王。齐人还没有归顺，所以暂且延缓攻打即墨，等待时机成熟就称王。齐国所害怕的，唯恐其他将领来率领燕军，那么即墨城就必定被攻破了。"燕惠王早就对乐毅有所怀疑，这时又听了谣言，更是信以为真，于是派骑劫接替乐毅。乐毅此时正在齐国，他知道如果自己回到燕国，一定没有什么好下场，所以逃亡到赵国。

乐毅去了赵国，燕军的士卒向来拥戴乐毅，因此均感到愤懑不已。这时，燕惠王派去的将军骑劫来到军中，准备整饬军队，进攻即墨城里的齐军。

田单见燕军准备攻城，于是下令城中军民供出食物，以祭祀祖先。天上的飞鸟望见城里供奉着食物，都飞过来争着吃。燕军看到了，觉得非常奇怪，不知道齐军为什么这么做。

没过多久，田单又在城里扬言说："齐军的弟兄们，天上的神仙下来帮助我们对付敌军啦！再过一会儿，一定有神人降到咱们城中了，到时我便拜他为师！"有个兵卒听着好奇，便随口说道："我可以做您的老师吗？"说完就返回阵列当中。田单连忙起身，把那名士卒从阵列里请出，让他面向东而坐，还拜那名士卒为师。那个士卒非常惊愕，慌张地说道："我不过是随口说说，我其实什么都不会做呀。"田单微微一笑，偷偷地对他说道："你不要多说话，我自有安排。"说完就跪下拜他为师了。

其实，田单这样做，主要是为了提高齐军的士气，他故意假托神仙之名，以树立自己的威信，并使齐军将士心中充满必胜的信念。因此，田单每次指挥军队，发号施令的时候，都说是神仙的主意。

田单在即墨城里装神弄鬼，搞得燕军的将士都摸不到头脑，一时竟不敢轻举妄动，暂缓攻城的行动。田单见自己的计谋有了效果，又接着派间谍去城外散播谣言说：“即墨城里的齐军，最害怕的就是燕军把俘虏来的齐国士卒割去鼻子，置到军队的前列，到时燕军攻打即墨，就一定会攻克了。”这些话传到燕将骑劫的耳中，他下令燕军将士照此施行，把俘虏来的齐军士兵的鼻子割掉了，并把它们扔在阵列的前方。城内的齐国军民见到齐国的降兵被割掉了鼻子，都很愤怒，因此更加坚定了守城的信念，都担心被燕军抓去。

田单接下来再施反间计，故意透露给燕军说：“齐国人最担心的就是燕国人把城外的祖坟挖了，侮辱齐国的先人。”燕军听说之后，把齐人的坟墓全部挖掘了，还把尸体焚烧掉。即墨城里的军民从城上把这一切看得清清楚楚，人人悲愤不已，都请求出城与燕军决一死战。

田单看到齐军士气高涨，觉得时机快要成熟了，于是亲自拿着夹板铲锹与兵士们一起修缮防御工事，把自己的妻妾都编在行伍之中，并将库存的酒食全部拿出来犒劳军士。同时，田单还命装备精良的兵士埋伏起来，让老弱妇孺都到城上去防御。

田单假装派使者与燕军谈判，燕军将士以为齐军胆怯了，都高呼万岁。田单又集中民间的黄金，一共筹得千镒，让即墨城里的富豪把黄金献给燕军，然后向燕军请求说：“即墨就要投降燕国了，但愿你们入城之后，不要抢掠我们的妻妾，能让我们平平安安地生活。”燕国的将士非常得意，满口答应，从此放松了警惕。

田单表面上打算投降燕军，暗中却想好办法，准备与燕军一战。他把城中一千多头牛集中起来，给它们披上大红色丝帛制成的被服，在上面画上五彩缤纷的蛟龙图样，在犄角之上绑着锋利的刀子，把渍满油脂的芦苇捆绑到牛尾上，然后点燃它的末端。又在城墙上凿开几个洞，在夜里把牛赶出来，又派壮士五千人在后面跟随。牛的尾巴被点燃了，愤怒地冲向燕军的军营。燕军在夜里惊慌失措，还没来得及反应，就因为碰到牛身上的刀刃而死伤无数。这时，跟在火牛后面的五千壮士悄悄地杀来，即墨城中的军民擂鼓助阵，老幼妇孺敲打铜器，声响震动天地。燕军听到鼓声，以为齐军人数众多，吓得抱头鼠窜。齐军趁乱杀死了燕军主将骑劫。燕军主将一死，军心大乱，士卒四处溃逃，齐军追击溃败的燕军，所到的城邑都背叛燕军而归顺齐国。田单的军队一路追击，一直追到黄河岸边，原先的齐国七十多座城池都收复回来了。

田单以“火牛阵”大破燕军后，亲自到莒城迎接齐襄王，护送襄王回到临淄。齐襄王对田单大加赏赐，封他为安平君。

田单在复国的过程中，先是实施反间计，离间燕国君臣的关系。继而坚守城池，不为燕军的挑衅行为所激怒，不与敌人交锋厮杀。最后找准时机，一举大败燕军，这正体现了老子所说的“不争之德”。

◎第六十九章◎

哀者胜矣

【原文】

用兵有言：“吾不敢为主①，而为客②；不敢进寸，而退尺。”是谓行无行③，攘无臂④；扔无敌⑤；执无兵。祸莫大于轻敌，轻敌几丧吾宝⑥。故抗兵相若，哀者胜矣。

【注释】

①主：打仗时的主动攻势。②客：打仗时的被动防守。③行无行：前一个“行”，读xíng，行动；后一个“行”读háng，行列。④攘（rǎng）：捋起。⑤扔：对抗的意思。⑥宝：命脉之意。

【译文】

用兵的人曾经这样说：“我不敢主动进犯，而采取守势；不敢前进一步，而宁可后退一尺。”这就是说，虽然有阵势，却像没有阵势可摆一样；虽然要奋臂，却像没有臂膀可举一样；虽然面临敌人，却像没有敌人可打一样；

虽然有兵器，却像没有兵器可持握一样。祸患再没有比轻敌更大的了，轻敌几乎丧失了我的“三宝”。所以，当两军实力相当的时候，怀有慈悲怜悯之心的一方能获得胜利。

【解析】

这一章紧接上文对用兵之道作了深入细致的剖析，讲用柔、用弱的原则在军事上的运用。“反者道之动”，用柔用弱不是真柔真弱，而是处在柔、弱的位置，顺着道的自然趋势以柔克刚，以弱胜强。

“用兵有言：‘吾不敢为主，而为客；不敢进寸，而退尺。’”这里的“不敢”意为不至于怀有鲁莽或罪恶的图谋。一般意义上的“不敢”，多指没有胆量，没有勇气，其中略含贬义。这里需要注意一点，本章由“不敢”所构成的是一种虚拟语气，它所表达的是一种鲁莽或罪恶的图谋，而这种虚拟语气在本章中是贯彻始终的。“寸”是极短的长度单位，“尺”比寸稍长，老子用尺和寸来说明不要轻易挑起战争的道理。老子是反对战争的，他主张在战争中，不要轻举冒进，而应该以退为进。这是老子的无为思想在军事中的具体运用。

老子认为，主动出击去侵略别人，其本身在道德上就输给了别人。这是因为主动进攻对方，对方就会为正义而战。这时，对方的民众就会因为敌方的侵略行径而感到愤慨，其保家卫国的积极性就会提高，这对进攻一方是极为不利的。相反，如果守而不攻，留给对方主动出击的机会，己方的民众就会愤然还击，并能一鼓作气战胜敌人。主动进犯别人微不足道的一寸土地，就会有遭到对方还击的可能，这是因为人们都以遭受侵犯为耻辱，所以我们应该避免侵犯别人的行为；主动后退一尺，就会表现出谦和与宽容的美德，纵然仅有微不足道的一尺土地遭到了侵犯，也能凭此感化对方，使对方主动退避。我们一再强调，老子是反对战争的，老子知道，战争会给民众带来无穷无尽的灾难和痛苦，但是仅仅凭借自己一个人的力量是难以避免战争的。既然不能改变当时的形势，他就阐发自己的战争观，即“以退为进”，以此来争取正义战争的胜利。

“是谓行无行，攘无臂；扔无敌；执无兵。”“行”指的是采取行动，“行无行”指的是虽然行动了却好像没有采取行动一样。“攘无臂”指的是虽然要奋臂，却像没有臂膀可举一样。“扔无敌”意为虽然面对敌人却好像没有敌人存在一样。“执无兵”意为虽然手里拿着兵器却好像没有兵器一样。怎样才能做到“扔无敌”呢？就是要诱使敌人不知不觉地走入我们为之设计好的圈套之中。说到这里，或许我们会产生这样的疑惑：明明有的东西怎么说好像没有呢？其实，这也正体现了老子无为思想所能达到的最高境界——一切有却似无，看似无为却有为。

“祸莫大于轻敌，轻敌几丧吾宝。”这里的“轻敌”意为目中无人，小看敌人的能力。“宝”意为各种克敌制胜的重要条件。老子认为，无为不是不作为，不是骄傲轻敌而不做应战的准备。如果骄傲轻敌，一定会招致失败，这是千古不变的真理。任何骄傲自大和轻视他人的行为，都是不合乎道德标准的，必然会受到惩罚。

“故抗兵相若，哀者胜矣。”这里的“哀”不是悲哀，而是心怀仁慈的意思。“哀者”即对各种不幸和悲哀的后果都做过周密思考，并为此做好充分准备的军队。这个“各种不幸和悲哀的后果”，即“行无行，攘无臂；扔无敌；执无兵。”老子最后以“哀者胜矣”作结，点明了自己的主旨，即以柔克刚、以弱胜强。老子曾经说过，仁慈是道的三宝之首，仁慈也就是无为，如果在战争中运用无为的思想，那么进攻的时候就会取得胜利，防守的时候也可以稳固城池。这一观点与“哀者胜矣”一致。在老子看来，人们在进行战争的时候，一定要怀着一颗仁慈之心，只有这样才能在战争中不滥杀无辜，这种态度既是对生命的尊重，也是对自己的尊重。

◇ 从政之道 ◇

孙膑大破魏国

作战时，不要一味逞强，必要时要以退为进，变被动为主动。要实现消灭敌人的目的，关键在于给敌人制造假象，起到蒙蔽敌人的效果。战国时期的齐魏马陵之战，就是对这一思想的集中体现。

田忌与齐国的王族赛马，孙膑向田忌建议说："以您的下等马对他们的上等马，以您的上等马对他们的中等马，以您的中等马对他们的下等马。"结果田忌三局胜了两局。田忌很佩服孙膑，就将其推荐给齐威王。齐威王向孙膑询问兵法，并尊其为军师。

后来，魏国攻打赵国，赵国形势危急，向齐国求救。齐威王采纳孙膑的建议，不直接去援救赵国，而是去攻击大梁。魏军得到消息后，急忙回师，撤到桂陵的时候，遇到齐国的伏兵，魏军被打得大败，这就是"围魏救赵"的故事。

尽管魏国在桂陵之战中遭到失败，但是并没有因此而一蹶不振，魏国仍旧是战国中期的一流强国。十三年后（即公元前 341 年），魏国任命庞涓为主将，发兵进攻韩国。韩国势弱，急忙遣使奉书向齐国求救。齐威王得到消息后，立即召集大臣商议援救韩国的事情。大臣邹忌认为魏国势力强大，上次能战胜它纯属侥幸，因此极力反对出兵。而大将田忌则主张发兵救韩。齐威王左右为难，只好去征求孙膑的意见，孙膑分析了一下当前的形势，然后对齐威王说道："大王要想成就大业，使诸侯臣服于齐国，就不能不救助韩国。但是魏国势力强大，齐国不可直接对抗它，应当找准时机，一举打败魏国，并使它以后不能振作。"齐威王听了孙膑的建议，定下计谋：先是向韩国表示必定出兵相救，促使韩国竭力抗魏。不过，齐国并不急着出兵，而是等到韩国面临亡国危险的时候，齐国再发兵救援，从而使"尊名""重利"皆可实现。

韩国得到齐国答应救援的允诺，人心振奋，竭尽全力抵抗魏军的进攻。但是，由于与魏国相比实力太悬殊，结果是五战皆败，只好再次向齐国告急。齐威王抓住魏、韩皆疲的时机，任命田忌为主将，田婴为副将，孙膑为军师，率领齐军直趋大梁。

魏国见齐国援救韩国，自然非常恼怒。于是，魏国决定放过韩国，而是把主要兵力指向齐军。魏惠王等攻韩的魏军撤回后，即任命太子申为上将军，庞涓为副将军，率领十万大军，气势汹汹地扑向齐军，企图同齐军一决雌雄。

这时，齐军已经进入到魏国境内，魏军尾随而来，这场大战已是不可避免了。这场仗该怎么打，孙膑早就胸有成竹了。他针对魏兵强悍善战，素来蔑视齐军的实际情况，正确判断魏军一定会骄傲轻敌，急于求战，轻兵冒进。根据这一分析，孙膑认为应当巧妙利用魏军的轻敌心理，用假象误导敌人，诱其深入，然后再出其不意地攻击魏军。于是，他向田忌建议道："那魏国的士兵向来强悍勇猛，瞧不起齐国人，齐国士兵被认作是胆小怕事的。善于用兵的人就要利用这样的形势，使它朝自己有利的方向发展。兵书上说：用急行军追赶一百里去争利的，前锋主将就有遭受挫折的危险；用急行军追赶五十里去争利的，部队只有一半能够赶到。"

孙膑的想法，得到了主将田忌的完全赞同。于是，田忌在认真研究战场的地形条件之后，定下了减灶诱敌、设伏聚歼的作战方针。

计划制订完毕后，田忌命令齐军进入魏境后筑十万人煮饭用的灶，第二天筑五万人煮饭用的灶，第三天筑三万人煮饭用的灶，制造了在魏军追击下，齐军士卒大批逃亡的假象。

庞涓行军三天，看到齐军的锅灶逐渐减少，心里非常高兴，他对属下将士说道："我本来知道齐国军队胆小，进入我国才三天，逃跑的士兵已经超过半数了。"于是丢下他的步兵，只和他的轻装精锐部队，把两天的路程并作一天走，拼命追赶齐军。

孙膑估计庞涓的行程，知道魏军晚上当到达马陵。马陵道路狭窄，两旁多是险要地带，可以在那里埋伏军队，就削去一棵大树的外皮，使它露出白木，在上面写着："庞涓死在这棵树下！"又派齐军中的射箭能手一万人，埋伏在山路两旁，约定说："夜里看见火光亮起，就一齐放箭。"

庞涓果然夜里来到马陵，他看到那棵削了皮的大树上面写着字，就叫人取火来照这树上的字。还没读完白木上所写的字，齐国伏兵就万箭齐发。魏军大乱，彼此失去联系。庞涓知道自己一点办法也没有了，失败已成定局，就割颈自杀。齐军因此乘胜进军，彻底打垮魏军，俘虏魏国太子申回国。孙膑因为这次胜利，名扬天下。

马陵之战是中国历史上一场典型的示假隐真、诱敌深入、设伏聚歼的成功战例。齐军之所以取得战役的胜利，除了把握救韩时机得当，将帅之间密切合作，正确预测战场和作战时间以外，善于“示形”、巧设埋伏乃是关键性的因素。孙膑通过“减灶”，给魏军制造假象，使他们以为齐军不堪一击，产生轻敌和骄傲的心理。老子说：“祸莫大于轻敌，轻敌几丧吾宝。”魏军之所以战败，就是因为犯下了“轻敌”的错误。

◎第七十章◎

被褐怀玉

【原文】

吾言甚易知，甚易行。天下莫能知，莫能行。言有宗，事有君。夫唯无知，是以不我知①。知我者希②，则我者贵③。是以圣人被褐而怀玉④。

【注释】

①不我知：宾语前置，就是“不知我”。②希：同“稀”，少。③则：法则，此处活用为动词，效法。④被褐而怀玉：穿着粗衣而内怀美玉。褐，粗布衣服；被，通“披”。

【译文】

我的话很容易懂，很容易实行。可是天下却没有人懂得我的话，没有人照着去实行。说话是有宗旨的，做事是有根据的。可正是由于人们不理解这个道理，所以不了解我。懂得我的人很少，能效法于我的人就更难得了。所以有道的人总是外表披着粗布衣服，而怀里却揣着美玉。

【解析】

在这一章中，老子对世人的“颠倒”发出了一番感慨。大道本来是容易理解和遵行的，但是世人却偏偏不去理解，不去遵行，为此老子抒发了自己的抑郁和苦闷。老子于此处阐述的道理和提出的方法，都是“正言若反”，这与世俗的认识和做法是截然相反的。

“吾言甚易知，甚易行。天下莫能知，莫能行。”在老子所处的时代，他的道或许是“甚易知”和“甚易行”的，但是由于人们利欲熏心，被欲望遮住了眼睛，所以世人除了努力满足自己的欲望之外，别无他求。而老子的无为思想，强调的是排斥欲望和妄为，这和当时的世风格格不入。在人们看来，老子的无为没有实在意义，其架构于虚无缥缈之上，过于抽象和玄远，根本无法理解；而在老子看来，自己的思想是易于理解的。自己的思想不被理解，老子的内心自然是苦闷的。

“言有宗，事有君。夫唯无知，是以不我知。”“君”意为根本、本质。“夫唯无知”一句是针对“言有宗，事有君”而言的。“不我知”就是否定吾知，不把我的理论当作知识。“不我知”不等于“不知我”，它的意思是说：如果一个人只关注具体事物，而不去探寻、发现这些事物之所以这样存在的原因，那么他也就不会把“我”在这个方面所做的研究当作知识了。

“知我者希，则我贵者。是以圣人被褐而怀玉。”这句是本章的结尾，老子在这里谈到了圣人（得道者）的真实情态，他用了极其简洁的语言来概括圣人的外貌，也就是“被褐而怀玉”。圣人有什么样的外部特征呢？他们穿着粗布衣服，与常人无异，但是在平凡的外表之下，却掩盖了圣人的一颗冰清玉洁之心，老子称之为“怀玉”。玉是珍贵的器物，也常常用来喻指美好的品质，而这里就是用玉来比喻圣人纯洁的内心和不与世俗合污的高洁品质。

从老子的思想中可以得到启示：真正的美丽是心灵的美丽，而绝非仅指外表的华美。我们所处的时代和老子所处的时代相去甚远，但人们满足自己的欲望要求是相同的，老子主张克服自身的欲望，以达到内心的完美，这一思想在我们身处的时代同样适用，而且有着十分重要的意义。

◇ 为人之道 ◇

世人皆醉我独醒

作为才能之士，最痛苦的莫过于不被统治者赏识，或是自己的美好理想不为世人所接受。战国时期，楚国著名诗人屈原是典型的“披褐怀玉”之士，尽管他的理想无法实现，但是仍以高洁的品质和高尚的人格留名于后世。

屈原，名平，出身于楚国贵族，生于秭归三闾乡。屈原生活的时代，正是中国即将实现大一统的前夕，“横则秦帝，纵则楚王”。屈原因出身贵族，胸怀大志，且擅长应酬交际和谈判、奏对的辞令，所以深受楚怀王的信任，曾任左徒、三闾大夫等职，朝廷内的一切政策、文告，皆出于屈原之手。

为实现振兴楚国的大业，屈原对内积极辅佐怀王励精图治，对外坚决主张联齐抗秦，使楚国一度呈现出国富兵强、威震诸侯的局面。但是，由于自身性格耿直，再加上朝中奸佞的诋毁，屈原在楚怀王心中的地位逐渐降低。有一次，楚怀王让屈原制定法令，屈原写好了草稿，还没有最后定稿呈上。上官大夫想将其据为己有，屈原自然不肯给他。上官大夫就向楚怀王进谗言说：“大王让屈原制定法令，无人不知，每颁布一项法令，屈原就夸耀自己的功劳，说是除了他谁也写不出来呢。”怀王听后，非常生气，就和屈原疏远了。

后来，屈原被免去左徒之职，改任三闾大夫，掌管王族昭、屈、景三姓事务，负责宗庙祭祀和贵族子弟的教育。

屈原遭贬黜后，秦惠王派张仪到楚国游说楚怀王，以商於六百里的土地相诱，劝其与齐国断交。楚怀王中计，果然答应与齐国断交，然而秦国却违背诺言，不肯交出商於之地。怀王大怒，决定讨伐秦国，却被对方打得大败。

败给秦军后，楚怀王稍有醒悟，后悔当初不用屈原的计策，于是再次起用屈原，让他出使齐国，重修楚齐之盟。秦国两次大败楚军之后，也担心齐、楚两国复交，因此主动提出把汉中一半的土地还给楚国。

楚怀王痛恨张仪，表示只想得到张仪，以解心头之恨。张仪遂主动请缨，请求秦王派自己到楚国。张仪一到楚国，就用丰厚的礼物送给楚国权臣靳尚，继而施逞诡辩欺骗怀王的爱妾郑袖。怀王听了郑袖等人的花言巧语，又把张仪给放了，还答应和秦国结为姻亲。这个时候，屈原还在齐国商议复交之事，等他返回楚国后，他向怀王进谏说："大王为什么不杀掉张仪呀？"怀王后悔，派人追赶张仪，但是已经来不及了。

楚怀王二十四年（公元前305年），楚怀王又一次背叛齐国，派使者去秦国迎亲。第二年，怀王还与秦王会于黄棘（今河南省新野县东北），接受了秦国退还的上庸之地（今湖北省竹山县）。当时，屈原对此竭力反对，但是楚怀王根本就不听他的忠言，还把屈原赶出郢都，把他流放到了汉北地区（今安康一带及汉水上游地区）。

公元前299年，秦国再次攻打楚国，接连攻下了楚国的八座城池。楚怀王担心秦军继续进攻，便派使者出使秦国，请求议和。秦昭王趁此机会，便"邀请"怀王在武关（今陕西省商县东）相会。此时，屈原已从汉北的流放地回到郢都，他担心怀王中秦国的圈套，就力劝怀王不要赴会，说道："秦国是虎狼一样凶暴的国家，是不能信任的，大王还是不要去了。"怀王的小儿子子兰收了秦国的贿赂，竭力怂恿怀王前去，他说道："大王一定要去啊，为什么要断绝秦王的欢心呢！"楚怀王终于去了秦国。

怀王刚进入武关，秦国的伏兵就把回去的路截断了，并把怀王劫往咸阳，要挟他割让巫郡和黔中郡。楚怀王大怒，不肯答应，被拘留在秦国，一直到去世。

楚怀王去秦国而不返，楚国的大臣便从齐国迎回太子横，拥立他为楚王，即顷襄王。顷襄王即位后，不肯向秦割让土地，秦国又发兵攻打楚国，楚军大败，丧失了十多座城池。

公元前293年，秦国派大将白起攻打韩国，取得了重大胜利，斩杀韩军将士二十四万人。秦王取得大胜，非常得意，于是写信给楚王说："楚国背叛秦国，秦国准备率领诸侯讨伐楚国，以决胜负。希望您整顿士卒，双方能够痛痛快快地打一仗。”顷襄王非常担忧，就谋划再与秦国讲和。屈原听说后，生怕顷襄王再中了秦国的诡计，重蹈怀王的覆辙，于是写下一首诗，暗示顷襄王不要与秦国议和。同时，他又指出，怀王最后死在秦国，就是因为不辨忠奸，这是提醒顷襄王不要听信谗言。令尹子兰看到这首诗后，知道屈原这是在暗指他，便指使奸臣靳尚到顷襄王面前日夜不停地进谗言，中伤屈原。顷襄王和怀王一样糊涂透顶，他听信了靳尚的谗言，下令流放屈原到南方的荒僻地区。这次流放，屈原先从郢都（今湖北省江陵县）出发，一路向东南顺江而下，经过夏首（今湖北省长沙市东南），遥望龙门（郢都的东门），经由洞庭湖进入长江，然后又离开了夏浦（今湖北省武汉市汉口），最后到达陵阳（今安徽省青阳县南）。

屈原到了陵阳之后，日日寝食难安。他心里明白，楚国现在为子兰、靳尚、郑袖等奸佞之徒所把持，日后必定会有灾难，于是心里想道：“我怎能为了逃避灾难，离开出生的地方，而来到这荒僻的地方呢？”屈原考虑了好几天，觉得楚国朝野一片黑暗，所以决定出国去走一遭儿。在外漂泊了几日，来到楚国的边境上，他又踌躇起来，觉得自己应该留在楚国，与祖国生死与共。

屈原回到陵阳，在那里住了九年。楚顷襄王二十一年（公元前 278 年），秦国大将白起率领大军进攻楚国，占领楚国的都城郢都。这一消息很快传到了陵阳。屈原听到后，感到自己的政治理想破灭了，对前途也感到绝望，虽有心报国，却无力回天。

这一日，屈原来到汨罗江畔，披头散发缓步吟诗于泽边。他面容憔悴，形状枯槁。一位渔翁看见了，向他问道：“您不就是三闾大夫吗？怎么落得这般地步？”

屈原看了他一眼，回答道：“世人都是混浊的，唯独我是干净的；众人都是昏醉的，唯独我是清醒的，所以遭到放逐。”

渔翁接着说道：“圣明的人不固执地对待事物而能与世推移。既然世人都是混浊的，何不也随其流而推其波呢？既然大家都已经昏醉了，何不也跟着吃糟喝酒呢？为什么怀抱着手握着美玉般的德操，而自己讨个被放逐呢？”

屈原坚定地回答说：“我听说过，刚洗了头的人一定要弹弹帽子，才洗了澡的人一定要抖抖衣服，人们又有谁肯让自己清白之身，去受外物的污垢呢！宁可投身常流的江水，而葬身于江鱼腹中，又怎么能让洁白的身躯去接受世俗的昏暗呢？”说完以后，屈原抱起一块石头，纵身投入江里自尽了。

屈原死后，人们为他建庙筑坟，长久地敬仰他、怀念他。他死在农历五月初五日，人们把这一天当作一个节日，即端午节。

屈原一生有“美政”的理想，而且他时常以“香草美人”喻指自己，表达自己不同流合污的高贵品质。然而，正是这样一位“披褐怀玉”的才能之士，不见于君主，不容于国家，最终不得不脱离俗世。

◎第七十一章◎

知不知矣

【原文】

知不知①，尚矣；不知知②，病也。圣人不病，以其病病③，夫唯病病，是以不病。

【注释】

①知不知：有两种解释：一是知道却不自以为知道，一是知道自己还有所不知道。②不知知：不知而自以为知。③病病：把这种毛病当作毛病。

【译文】

知道自己还有所不知道，这是最好的；不知道却自以为知道，这就是很糟糕的。有道的人没有缺点，因为他把缺点当作缺点。正因为他把缺点当作缺点对待，所以他就没有缺点了。

【解析】

老子在这一章谈到了人性的弱点之一——不懂装懂，认为这是一种病态。其表现是刚愎自用。在前边的章节里，老子曾提出过“自知者明”的观点，这一观点告诉我们，能够认识自己才算高明。所以，我们只有真正做到自知了，才不会固执己见、自以为是。

老子说：“知不知，尚矣；不知知，病也。”这句话中，“知不知”意为知道自己不知道，知道自己无知。“不知知”意为自己不知道却以为自己知道，把无知当有知。这句话意思是说：知道自己的无知是高明的，而本来不知却以为是知就是弊病了。老子在这里表达的思想，很容易让我们想起希腊哲学家苏格拉底的一句话：最聪明、最有知识的人是承认自己无知的人。而孔子也曾说过：“知之为知之，不知为不知，是知也。”这句话是说知道自己有某方面的知识和知道自己没有某方面的知识，两者都是知识。不论是苏格拉底，还是孔子，他们都强调人要有自知之明。

老子在对“不自知”的人作了一番剖析之后，又将圣人的“不病”摆在了世人的面前，并以此进行对照，结果不说自明了。圣人怎样呢？下面一句话给了我们答案。

“圣人不病，以其病病。夫唯病病，是以不病。”“病病”，前一个“病”字为动词，是痛恨、嫉恨的意思；后一个“病”字为名词，本指疾病，这里指的是那种自己无知还自以为有知的愚不可及、无可救药之人。老子为什么说圣人没有毛病呢？在老子看来，圣人本身不是没有缺点和不足，而是圣人能承认自己的缺点和不足，并努力加以改正，时间久了，他也就没有什么毛病了。这也就是老子所说的“不病”了。这里的不病应该理解为心理上、思想上不为外物所蒙蔽。换句话说，也就是能够洞察一切。所以，圣人贵在有自知之明，能及时纠正自己的缺点，而不是自以为是、刚愎自用，所以圣人的品德日臻完善，逐渐成为众人学习的楷模。

世界上任何人都不可能孤立生存，都一定会与他人、社会及自然界发生联系。我们每个人都是整个世界中的一分子。作为整体中的个体，我们怎样才能与他人和睦相处呢？我们首先要做的，就是必须克服自以为是的弱点。

如果一个人不把自己定位好，制定出不适合自己的目标，而他仍要为实现这个目标而努力奋斗，并且自以为自己意志坚定，那么这样导致的后果恐怕比没有目标更加可怕。刚愎自用、没有自知之明带给人的不是成功的幸福，而是失败的痛苦，这种盲目心理能让人付出惨重的代价。例如，我们为了追求事业或者爱情的成功，常常无所顾忌地奋勇向前，这本来是好事，但是一旦走错了路，又听不进别人的良言，那么带来的后果将是可怕的。

刚愎之人常常是狂妄之徒，狂妄的人常常在无意中伤害他人的自尊心，而自己也常常因为这种无意而受伤。有一些人，并不一定没有才华，他不能施展才华的原因就是太狂妄。没有多少人乐意信赖一个言过其实的人，更没有多少人乐意帮助一个出言不逊的人。

刚愎之人，多是无礼之人；无礼之人，多是孤立之人；孤立之人，多是最终失败之人。大凡具有大将风度之人，多具有谦逊的品德；而刚愎之人，骨子里总是透着一股小家子气。最糟糕的当是既刚愎又无能的人，刚愎使他什么都敢干，无能使他把所有的事情都搞得一团糟。有时刚愎者尽管心中已感觉到自己错了，但仍坚持自己的看法和做法，而这一点最让周围的人受不了。固执是刚愎者的一个手段，用来获得想要的东西，别人越反对，他就越是非要不可。这种固执让别人讨厌。长此以往，他就会发现别人都躲着自己。

一个骄傲自满的人必定是一个刚愎自用的人。面对一个狂妄而骄横的人，我们无须与之理论，时间自会证明他的实际价值，事实自会惩罚他的无知可笑。

无论做人还是做事，我们都要坚持“虚心使人进步，骄傲使人落后”的原则。

要明白世上万事万物都处在不断地发展变化之中，只有根据事物的发展变化，及时调整自己的计划策略，才能处处掌握主动权，使自己立于不败之地。

而刚愎者则恰恰相反，他们最大的缺点就是自以为是，认为自己的判断是完美无缺的，因而常常表现得骄横跋扈、一意孤行。他们往往高估自己而低估对手，这样就容易被表面的假象所蒙蔽，导致判断失误，遭遇失败。

◇ 从政之道 ◇

知错能改的唐太宗

一个人有自知之明，这很难得，如果能认识到自己的缺点，并能把缺点当成缺点来看待，那么这尤其显得可贵。唐太宗李世民，就是这样一位善于认识缺点，并能及时改正缺点的人。

唐太宗李世民是唐朝第二位皇帝，他早年追随父亲李渊起兵反隋，后来又在群雄争霸中统一天下，为唐朝的建立立下了汗马功劳。登基为帝后，他虚心纳谏，以仁政治理天下，施行休养生息的政策，社会呈现出国泰民安的局面，历史上称李世民的统治为“贞观之治”。

李世民之所以能够开创“贞观之治”的局面，除了他有卓越的政治才能以外，还有一个重要原因，那就是他能够正确地认识自己，能够看到自己的缺点，并能及时改正错误。

贞观五年（631年），有一个名叫李好德的人，因为胡乱说了些针砭时弊的言辞而被抓了起来。唐太宗得知以后，下令彻查此案。当时，负责审理这个案件的是大理寺，大理寺的主管官员名叫张蕴古。经过审理这个案件，张蕴古最后得出了一个结论：李好德神经不正常。这件案子证据确凿，没有什么疑问了。于是，张蕴古依据当时法律，宣判李好德无罪释放。就在这时，有一官员站了出来，他指出这个案子的疑点：张蕴古的老家在相州，而疑犯李好德的兄长恰好是相州的父母官。所以，这名官员认为张蕴古是在包庇李好德，替李好德开脱罪名。

李世民听到这名官员的禀告，非常愤怒，因为他最痛恨的就是臣下结党营私，于是问都不问，直接下令将张蕴古处斩。尽管事后李世民对自己的草率行为感到后悔，但这件事还是造成了恶劣的后果，那就是它直接影响了一段时期内法官判案的态度。

过了一段时间，唐太宗发现了这一问题，于是把大理寺卿刘德威召来，向他询问道："为什么近来执行法律时比较严厉呢？"刘德威回答说："责任在皇上啊。君主喜欢刑法宽松，那么刑法就会宽松；君主喜欢刑法严峻，那么刑法就会严峻。依照法律的规定，犯人有罪而主审官吏没有给予相应的处罚，那么主审官吏也要处以该刑名减三等的处罚；犯人有罪而主审官吏减轻对他的处罚，那么法官也要被处以该刑名减五等的处罚。司法官吏只要不给犯人定罪，那么他就不会受到惩罚，而减免刑罚的搞不好自己也要获罪了。所以，现在的司法官吏为求自保，遇到较轻的案件就很难给犯人减免处罚，因此法官们都争着审判严重的案件。这就是执法官怕自己受牵连啊。"

李世民听罢，意识到自己所犯的过错，因此下令尚德缓刑，贞观朝的刑狱案件也越来越少了。

还有一则故事：贞观二十年（646 年），有人控告刑部尚书张亮谋反，说张亮豢养义子五百人，还和几个江湖术士交往，打算伺机谋反。张亮是"凌烟阁二十四功臣"之一，历任御史大夫、金紫光禄大夫，贞观十一年（637 年）改封勋国公。李世民听说这件事情以后，自然十分重视，于是立即展开调查，经过有关官吏的调查，张亮谋反的证据不足。但是李世民却不这样认为，他觉得张亮豢养义子，并与江湖术士交往，一定包藏祸心。因此，他在朝廷上与文武百官讨论这件事，大家都一致认为张亮谋反属实，应该处斩。只有李道裕一人坚持认为张亮谋反的证据不充分，不能轻率地处斩有功之臣。李世民最终还是处斩了张亮，并让长孙无忌和房玄龄到狱中和张亮诀别。一年之后，朝中出现了刑部侍郎的空缺，李世民让宰相提名，宰相拟了几个人选，但李世民都不满意。这时，他突然想起了李道裕，李道裕当年说张亮的案子证据不确凿，分析得准确得体，当时自己没有听从他的建议，这时感觉非常后悔，因此主动向诸位大臣承认自己的过错，并表示以后再也不敢轻率地处斩大臣了。

贞观二十三年（649 年），唐太宗李世民去世。临终之前，李世民曾撰写《帝范》十二篇，以此来警醒太子李治。“帝范”指的不是他成功的典范，而是他的过失和错误。他曾对太子说：“你应当再寻求古代贤明的帝王作为自己的老师，不要效法我。取法乎上，仅得其中；取法乎中，不免为下。我即位以来，不足的地方有很多，不但享用锦绣珠玉，还不停地修筑亭台宫室，犬马鹰隼无论多远都网罗过来，行游于四方，使各地供给烦劳，老百姓不堪其苦，这些都是我的大过错。你千万不要认为这是对的而去效法它啊！”

李世民并不是不犯错误的圣人，他不能避免犯错误，对于正直之士，他也无法做到“未尝黜责一人”，但他毕竟不同于一般的帝王，他的过人之处，在于能够反省自己的错误，承认自己的过失，并对自己犯过的错误予以纠正。李世民不掩盖或抹杀自己的过失，并能公开表示悔意，这也是他能够名留青史的一个重要原因。

◎第七十二章◎

自知自爱

【原文】

民不畏威，则大威至。无狎其所居[①]，无厌其所生[②]。夫唯不厌[③]，是以不厌[④]。是以圣人自知不自见[⑤]，自爱不自贵。故去彼取此。

【注释】

①狎（xiá）：同“狭”。②厌（yà）：“压”的意思。③厌：同上。④厌（yàn）：作“厌恶”解。⑤见（xiàn）：同“现”，表现。

【译文】

当人民不畏惧统治者的威压时，那么可怕的祸乱就要到来了。不要逼迫人民使人民不得安居，不要压榨人民使人民无以生计。只有不压迫人民，人民才不厌恶统治者。因此，有道的人不但有自知之明，而且也不自我表现，有自爱之心也不自显高贵。所以要舍弃后者而保持前者。

【解析】

这一章的要点是“自知不自见，自爱不自贵”两句。人要了解、珍视自己的生命，但不要夸耀自己或自以为自己高贵。

老子说“民不畏威，则大威至。”第一个“威”意为统治者的权威、高压政策；第二个“威”指的是统治者面临的威胁。老子认为，如果民众不再畏惧统治者的权威，那么统治者也就大难临头了。为什么这么说呢？这是因为统治者是民众的榜样，倘若统治者骄奢淫逸，行为不检点，一定会诱使民众滋生各种欲望，而民众也必然会用尽各种手段去追逐私利，以满足自己的欲望。这样一来，民众不惧怕统治者的权威也就成了很自然的事了，其结果必然会导致统治者的地位受到威胁，这是统治者最不愿看到的事情。

“无狎其所居，无厌其所生。”“狎”意为任意地、肆无忌惮地侵犯、扰乱以至于使人感到不安、窘迫和恐惧。“生”指的是生长的国度。在这句中，针对统治者地位受到威胁的情况，老子向统治者提出了最严厉的警告，警告统治者要好自为之，不可再作威作福。老子认为，民以“生”为本，如果他们连最起码的生计都难以维持，那么还惧怕什么苛政和威严呢？所以，一旦人民饥不择食、居无定所，他们就会惹是生非，发生逆乱，这样一来，社会动荡也就成为必然了。

“夫唯不厌，是以不厌。”这两句话与前面的两句话相联系，显然省略了一个过渡性的逻辑环节，它的完整形式应该是：“故厌其所生，以其被厌；夫唯不厌，是以不厌。”

“是以圣人自知不自见，自爱不自贵。故去彼取此。”“自知”与自欺的意义相对立，它是一种绝对的知的状态。一个人如果作了恶，他可以欺骗别人，但是无法蒙骗自己。所以，这里的“知”，含有“良知”的意蕴。当人们想方设法为自己的恶行寻找合理依据的时候，这实际上就是企图使自己的良知认同所做的恶行，然而这是绝对办不到的，因为人们所能办到的只不过是泯灭自己的良知罢了。所以，自知就是对自己良心和良知的认同。“自见”指的是只以个人的利益为出发点的见解和观念，这事实上就是心中只有自己而没有他人、没有世界。“自爱”是自知的结果，是对自己天生的良心、良知的认同和热爱。如果一个人只爱自己而不爱他人，那么他就不是真正的自爱者。只有做到爱己及人，这才是真正的自爱。“自贵”说的是只认为自己有价值，而否定他人和世界的价值。在老子看来，圣人都有自知之明，他们不仅爱自己，也爱百姓。如果统治者因位居高位而炫耀自己、抬高自己，那么他就会骄奢淫逸、恣意妄为，堕落成为压迫民众的暴君。

◇ 从政之道 ◇

仁、宣二帝的太平治世

圣人一定不会逼迫百姓，也一定不会阻塞百姓的谋生之路，这样，他便是自爱的人，且更不会因为高贵的尊位来炫耀自己。明朝时的两位皇帝，仁宗和宣宗，他们不以尊贵的地位凌驾于臣民之上，对下采取谦和、怜悯的态度，在中国历史上留下了美名。

明朝建立之后，历经洪武、建文、永乐三朝，社会经济得到恢复和发展。明成祖朱棣死后，其子朱高炽即位，即明仁宗。仁宗在位期间，实行宽松治国和息兵养民的政策，他一面平反洪武、永乐两朝的冤案，一面大修基础设施，与民同利。仁宗之后，继任者宣宗又实行重农政策，赈荒惩贪，多有建树。仁宗、宣宗二帝在位期间，成为明朝历史上少有的吏治清明、经济繁荣、社会稳定的时期，后世把这段时期称为“仁宣之治”。

明仁宗朱高炽是成祖朱棣的长子，洪武二十八年（1395 年）就被册立为燕世子，成为朱棣的合法继承人。明太祖在位时，对朱高炽就十分欣赏。有一次，朱元璋让朱高炽与秦王、晋王、周王的三位世子分别检阅卫士，朱高炽最后一个向朱元璋复命。朱元璋问他为什么回来得这么晚。朱高炽回答道：“早晨天气寒冷，我让军士们吃完早饭，身子暖和过来再检阅，所以回来晚了。”朱元璋听后，十分欣赏这位皇孙的仁爱之心。朱元璋又问道：

“尧的时候发生过大水灾，汤的时候发生过大旱灾，老百姓依靠什么存活下来呢？”朱高炽回答道：“老百姓所依靠的是贤明的君主，因此做君主的要施行恤民的政策。”经过几次考察，朱元璋对这个孙子越来越喜欢了，认为他有平治天下的才能。

朱高炽即位后，曾经对臣下说：“以前一些做皇帝的都妄自尊大，不喜欢听忠直的话，而下面那些做臣子的，投其所好，阿谀奉承，结果把国家治理坏了，自己也丢掉了江山。朕和你们都应当谨慎行事啊！”朱高炽一直没有忘记自己所说的这番话。有一次，大理寺少卿弋谦上奏言事的时候，言辞激烈，甚至还批评皇帝的政策。这时，一些阿谀奉承的官员纷纷指责弋谦，只有华盖殿大学士杨士奇向朱高炽进言：“有圣明的皇上，才有正直的大臣。希望皇上能够宽容地对待像弋谦这样的人。”朱高炽听了后，虽然没有责罚弋谦，脸色却不大好看，说话的语气也很严厉。杨士奇进一步向他指出：“弋谦触怒了皇上，朝中的大臣看到皇上对他的态度，心里都会认为您不喜欢讲直话的人。”朱高炽猛然醒悟过来，说道：“这确实是我的过错啊，那些奉承我的人，迎合我的心意，实际上是让我错上加错啊！”这件事过后，朱高炽一个多月都没听到朝臣的直言，于是他对杨士奇说道：“麻烦你去对大臣们说一下，替我转达一下纳谏求言的心情。”杨士奇回答道：“如果仅凭我的一句话，还不足以取信于诸臣，还是请皇上亲自降一道诏书说明这个意思吧！”于是，朱高炽下了一道诏书，进行自我批评，从此，朝廷中逐渐形成了直言不讳的好风气。

明仁宗朱高炽做了一年皇帝就去世了。其后，他的儿子朱瞻基继承了皇位，即明宣宗。宣宗即位之初，首先平定了叔父朱高煦的叛乱，使自己的统治稳定下来。天下安定之后，明宣宗重用贤臣，施行与民休息的政策。有一次，明宣宗外出返京，沿途看到几个农民正在耕田，他便亲自来到田间与农民交谈，然后接过他们手中的犁把，只推了三下，浑身便大汗淋漓了。他感慨地对随从大臣说道：“朕只推了三下犁，就觉得很累。老百姓一年下来都不停地劳作，他们的辛苦可想而知了！”回朝之后，宣宗便下诏宣布减免百姓赋税，减轻农民的负担。

宣宗继位之后，就开始着手修建明仁宗的陵墓献陵，宣宗谨遵仁宗朱高炽的遗嘱，力主俭朴，注意节约，只花了三个月的工夫就完成了陵墓的工程。朱瞻基带了这个头，以后几代明朝皇帝的陵墓都修建得较为俭朴，直到明朝第十一任皇帝朱厚熜的时候，才坏了这个规矩，为自己修建了奢华的陵墓。

明宣宗朱瞻基曾说过几句名言。一句是“省事不如省官”。有一次，浙江巡抚上书宣宗，请求他在杭嘉湖地区增设一名专管粮政的布政使司官员。朱瞻基觉得地方官吏已经冗员，没有必要再增设官员；况且，增设官员势必会增加赋税，加重老百姓的负担，所以驳回了这名巡抚的请求。

还有一句是“安民为福”，这句话是在批评一名工部尚书时说的。有一次，工部尚书为了讨好皇帝，就上书建议修建山西圆果寺的佛塔，好为国家求福。朱瞻基当面批评了他，对他说道：“老百姓安定就是国家的福祉，何必借修佛塔来‘求福’呢？”

明宣宗不但体恤民情，还奖励那些勤政爱民的地方官吏。河南有一名知县，正好赶上当地发生灾荒，百姓食不果腹。这名知县为了救济百姓，在未经请示的情况下，就将驿站里的上千石公粮发放给灾民，百姓对他感恩戴德。有些官员知道后，就上书弹劾这名知县，但是明宣宗却对他大肆表扬，说道：“倘若拘守手续，层层申报，那么老百姓早就饿死了。”

明宣宗还继承了仁宗乐于接受朝臣直言的作风。他要求大学士杨溥尽力辅佐自己，并让他时常指出自己的过错。杨溥非常感激，不住地叩首说道：“臣绝不敢忘记报答皇上的恩情。”宣宗回答说：“杨公能直接指出我的过错，让我及时改正，这就是对我最好的报答呀！”

明仁宗和明宣宗虽然是最高统治者，但是他们不仅自爱，还懂得体恤下臣和百姓，正是由于他们的开明作风，才有了被史家称赞的“仁宣之治”。

◎第七十三章◎

天网恢恢

【原文】

勇于敢则杀,勇于不敢则活。此两者,或利或害①。天之所恶②,孰知其故?是以圣人犹难之。天之道,不争而善胜,不言而善应,不召而自来,绰然而善谋③。天网恢恢④,疏而不失。

【注释】

①或:这句中的两个“或”都是“有的”的意思。②恶:不喜欢。③绰(chàn):缓慢的意思。④恢恢:广大的样子。

【译文】

勇于坚强就会遭到杀害,勇于柔弱就能保全性命。这两种行为一个得利,一个受害。天道所厌恶的,谁知道是什么缘故呢?有道的人也难以解说明白。自然的规律是,不斗争而善于取胜,不说话而善于应承,不召唤而自动到来,宽缓从容而善于安排筹划。自然的范围宽广无边,虽然稀疏但并不会有一点漏失。

【解析】

本章中,老子以一个“勇”字开篇,前半部分讲天道的生杀、利害、好恶十分微妙,甚至连圣人都不能完全理解其奥妙。后半部分讲道发生作用时完全是自然的,不用人为的造作,自然能够得到完美的结果。

“勇于敢则杀,勇于不敢则活。”在这里,“敢”的意义可以延伸为自身招致灾祸的鲁莽不智的行为。鲁莽是一种性格缺陷,这种行为往往会侵害他人,并从而导致他人对自己的报复,极有可能会被杀甚至株连九族,其后果是不堪设想的。所以老子所说的“勇于敢则杀”并非夸张之词。整句话的大意是勇敢到什么都敢做的时候，就会招致杀身之祸；勇敢到有所顾忌的时候，就能保全自己的性命。怎么理解这句话所蕴含的道理呢？在老子看来，真正的勇敢应当是敢为而又有所不敢为，而不是恣意妄为，什么事情都敢做。

老子又说：“此两者，或利或害。天之所恶，孰知其故？”“勇于敢”和“勇于不敢”这两种行为同样是勇，但是因为它们的程度不同，所以导致的结果也就有很大差异了。老子一向主张自然无为，这是他思想体系的核心，前面的章节中老子一再为我们阐释了无为的内涵，这一章老子再一次提起，并提升到了生死存亡的高度。同时，老子也反对恃强凌弱和肆意妄为。我们知道，自然之道是不可违逆的，如果违背了自然规律，就一定会受到惩罚。“勇于敢”是恣意妄为，它违逆了自然之道，所以做出这种行为的人会遭受惩罚。与此相反，“勇于不敢”是顺应自然之道的行为，所以做出这种行为的人可以保全性命。老子把生死和勇放到同一高度来论述，可见把握好“勇”的度对人们来说是十分重要的。

“天之道，不争而善胜，不言而善应，不召而自来，繟然而善谋。”自然的法则，是不交战而善于胜利，不发言而善于回应，不召唤而自动到来，宽缓从容却善于谋划。也就是说，自然无欲无求却赢得了万物的归顺和爱戴。我们人类之所以要“争”，是因为有私欲，一旦有了私欲，人们就会为满足自己的私欲而与他人、与自然争夺。人在满足欲望的过程中，显示出了自己所谓的“勇敢”。这种勇敢其实是违逆天道的，其结果必然是失败的。这段话的言外之意是说，由于善有善报、恶有恶报是人类生活的不变定律，这样就可以促使我们弃恶从善，人们就会自然而然地回归到大道中去，大道的德行就是这样实现的。

最后老子以“天网恢恢，疏而不失”作结，不但警示人们不可“勇于敢”，还省略了一个不言而喻的结论：顺道者昌，逆道者亡。

◇ 为人之道 ◇

大行无道的董卓

老子向来反对妄为，认为勇于妄为的人，一定不得善终。东汉末年的董卓，在窃取朝廷大权后，肆意妄为，无恶不作，最终死在自己养子的手中，这一故事就很好地证明了老子的这一观点。

董卓，字仲颖，陇西临洮（今甘肃省岷县）人。生性勇猛而有谋断，从驻守边塞的地方官吏升迁为羽林郎，累迁西域戊己校尉、并州刺史、河东太守。

中平六年（189 年），汉灵帝死，十四岁的皇子刘辩继位，史称少帝。这时，少帝的生母何氏临朝听政。大将军、外戚何进，太傅袁隗（袁绍的叔父）担任录尚书事，这是百官中最高的职位，两人一起处理朝政。

灵帝原先有一个亲信宦官，名叫蹇硕，他早就和代表外戚势力的何进结下深怨。蹇硕一直想杀掉何进，改立刘协为帝。何进听说后，就抢先下手捕杀了蹇硕。事后，为彻底清除宦官的势力，何进又与虎贲中郎将袁绍密议，私召凉州刺史董卓入京，合谋诛杀宦官。但是，这件事却被宦官张让得知，于是在宫中诱杀何进。其后，袁绍、曹操带兵入宫，杀尽宦官，控制朝廷。

这时，董卓率军来到洛阳。进入洛阳后，董卓肆意乱来，成了当时的一大祸害。董卓看到洛阳城中贵族府第连绵，家家殷实，金帛财产无数，便放纵属下实行所谓的“收牢”运动。这些士兵到处杀人放火，奸淫妇女，劫掠物资，把整个洛阳城弄得鸡犬不宁，百姓怨声载道。

初入洛阳时，董卓只有三千兵马，在接收了何进等人的所属部众之后，实力开始壮大，董卓拥兵自重，就更加显得不可一世了。

董卓入了皇宫，少帝吓得惊慌失措，董卓则威风凛凛，大摇大摆地去参见少帝，少帝因受惊吓，一句话都不敢说。倒是站立一旁的陈留王刘协处变不惊，董卓大为欢喜，认为刘协要比少帝强得多，就想罢黜刘辩，拥立刘协为帝。

董卓操纵了少帝，挟天子以令诸侯，开始干预朝廷政事。董卓深知军事力量对于自己的重要性，于是下令心腹吕布杀掉执金吾，接收洛阳城的防卫部队。从此，董卓具备了左右朝政的军事基础，为他野心的进一步膨胀增加了筹码。

有了强大的军事后盾，董卓就更加有恃无恐、为所欲为了。首先，他逼迫朝廷解除司空刘弘的权力，然后自己取而代之。接着，为了进一步控制朝廷，董卓召集文武百官，商议废除少帝改立刘协为帝。文武官员慑于董卓的淫威，不敢对此有所异议。只有尚书卢植当面反对，董卓大怒，立即下令士兵将他推出斩首，幸亏侍中蔡邕力劝，卢植才免于一死。之后，董卓废掉少帝，另立陈留王刘协，即汉献帝。不久，少帝及何太后被毒杀。

汉献帝即位后，升董卓为太尉，不久董卓又自封郡侯，跃居三公之首，掌宰相权。为了更加有效地控制皇帝，董卓不顾众臣反对，胁迫献帝把都城由洛阳迁到长安。迁都长安时，董卓担心官员和百姓逃回故都洛阳，遂将整个洛阳城以及附近二百里内的宫殿、宗庙、府库等大批建筑物全部焚毁。昔日兴盛繁华的洛阳城，瞬间变成一片废墟，凄凉惨景令人顿首痛惜。为了掠夺财富，董卓还派吕布洗劫皇家陵墓和公卿坟冢，尽收珍宝。洛阳城在董卓肆意破坏之下，已是千疮百孔，满目疮痍。曹操对此悲愤不已，写下一首《薤露行》，予以讥讽："贼臣持国柄，杀主死宇京。荡覆帝基业，宗庙以燔丧。播越西迁移，号泣而且行。瞻彼洛城郭，微子为哀伤。"

董卓还无视礼制和皇威，在自己的封地修筑了与长安城墙规模相当的坞堡，高厚达七丈，并命名为"万岁坞"，规定任何官员经过他的封地时，必须下马，还要恭恭敬敬地向他行大礼。

董卓在玩弄权术的同时，还暗中培养爪牙，排挤一切敌对势力和集团。董卓通过安置耳目，基本上控制了从中央到地方的权力，只要是有官员反对他，他便毫不留情地予以铲除。

卫尉张温曾担任太尉，他对董卓飞扬跋扈、野蛮残忍的行为十分不满。

董卓也一直把张温看作眼中钉。为了清除张温这个心腹大患，董卓在朝中散布谣言，诬陷张温与袁术勾结，对抗朝廷。不久，董卓以“莫须有”的罪名将张温鞭笞而死。

在董卓的淫威之下，朝中的许多忠义之臣，不是被逼迫出逃，就是被铲除消灭。同时，他还经常下令手下士兵四处劫掠，残害百姓。汉献帝初平元年（190 年）二月，董卓手下的羌兵在阳城抢劫正在乡社集会的百姓，董卓的士兵杀死了乡社中的全部男子，并把他们的头颅割下来，血淋淋地并排在车辕上。此外，董卓的士兵还趁机掳走大批妇女和财物。回到洛阳后，董卓下令将头颅全部焚烧掉，然后把妇女和财物赏赐给士兵，却对外宣称是战胜敌人所得。

还有一次，董卓邀请朝中的大小官员参加宴会。宴会上，董卓招呼众人尽兴饮酒。酒过三巡，董卓突然站起身来，对在场的官员说道：“为了给大家助酒兴，我特意安排了一个节目，现在就请大家欣赏！”说完，他击了一下手掌，董卓的兵卒把诱降俘虏来的几百名敌对者押到会场正中央，先命令士卒把这些人的舌头剪掉，然后又斩断他们的手脚，挖掉他们的双眼。面对这一残忍的场景，许多宾客都吓得把碗筷抖落在地。董卓却装作什么事都没发生的样子，仍然狂饮自如，脸上还露出得意的神色。

董卓的倒行逆施激起了有志之士的反对，人人都欲杀之而后快。初平元年（190 年），后将军袁术联合各地诸侯，组成讨伐董卓的联盟。尽管这次讨伐董卓的活动最终失败了，但是忠直之士一直与董卓进行不屈的斗争。初平三年（192 年），司徒王允以“美人计”离间董卓与养子吕布的关系，最终，吕布诛杀了董卓。

◎第七十四章◎

民不畏死

【原文】

民不畏死，奈何以死惧之？若使民常畏死，而为奇者①，吾得执而杀之，孰敢？常有司杀者杀②。夫代司杀者杀，是谓代大匠斫③。夫代大匠斫者，希有不伤其手矣。

【注释】

①为奇：是指做出邪恶的行为。②司杀者：指天道而言。③斫（zhuó）：用斧子砍木头。

【译文】

人民不怕死，为什么还要用死去恐吓他们呢？倘若人民真的惧怕死亡，对于那些为非作歹的人，我们就可以把他捉来杀掉，那么还有谁敢为非作歹呢？经常有专管杀人的人去执行杀人的任务，代替行戮者去杀人，就如同代替高明的木匠去砍木头，那代替高明的木匠砍木头的人，很少有不砍伤自己手指头的。

【解析】

老子反对用重刑，尤其反对以滥杀的方式来维持统治。生杀的大权是属于天地的，只有能够体察天地之道的“大匠”才可以使用，一般人滥用“杀”的大权，就会使自己受到惩罚。

“民不畏死，奈何以死惧之？”人民惧于反抗而听任不义与暴政的存在，这种状态是非自然的，这是因为人生来就具有反抗暴政的道德勇气。不管统治者采取怎样的手段来镇压人民，他们的道德勇气总会自然而然地表现出来，而且是斩不尽、杀不绝的。所以，一旦人民不再畏惧死亡，那么国家的严刑峻法也就无法发挥作用了，或者说它不再有威慑力了。如此一来，那些作奸犯科之徒就更加肆无忌惮了，而国家势必更加混乱，统治者也将面临被颠覆的危险。

对于我们每个人来说，生命都是有意义的，但是在老子所处的那个年代，社会动荡不安，统治者昏庸无道，他们不但对人民施行苛政，而且视人民的生命如草芥，为了满足自己的欲望，不惜伤害人民的性命。人民处在水深火热之中，生命朝不保夕。在人民看来，生是痛苦的，死倒是一种最好的解脱，所以他们也就不惧怕死亡了。对于不惧怕死的人来说，以死相威胁还有什么意义呢？所以，老子才提出了“民不畏死，奈何以死惧之”的质问。“以死惧之”的目的在于使人民惧于反抗。老子在这里说民众不畏惧死亡，实际是在告诫统治者不要用死亡来威吓人民，这其中夹杂了老子的愤懑情绪，这也充分体现了他对人民的仁爱和怜悯。

“若使民常畏死，而为奇者，吾得执而杀之，孰敢？”其中，“民”与“奇”相联系，指的是安分守己的人。“为奇者”指不畏死的邪恶之徒。在本句中，老子紧接上文的“民不畏死”，提出了相反的假设：如果人民畏惧死亡，那么统治者就可以依法惩处作奸犯科之人，以后谁还敢肆意妄为呢？老子一向提倡仁慈，反对战争，更不提倡杀人，但是他在这里主张杀一儆百，这看起来有些自相矛盾，实际上老子主张要杀的是胡作非为、作奸犯科的不法之徒，而不是普通的民众。只有惩罚邪恶之徒，才能使国家安定，人民生活幸福。

因此，统治者只有以人民的利益为重，使人民丰衣足食、居有定所，那样人民也就自然会珍惜自己的生命，不会再去冒险和为非作歹了。人民安分守己，天下就会太平，统治者的地位也会稳固下来。圣贤懂得去珍惜生命，从不滥施刑罚，向人民宣传道德法律制度的教化，使其在畏惧死亡的同时明白法律的威严，只有这样才能使天下大治。

“常有司杀者杀。夫代司杀者杀，是谓代大匠斫。夫代大匠斫者，希有不伤其手矣。”就整句话而言，这是老子针对国家秩序混乱的情况而向统治者提出的忠告。在老子看来，为官者应各司其职，不要做任何越俎代庖的行为，否则就会危害国家，还会伤及自己。

◇ 为人之道 ◇

红巾军推翻元朝

这一章里，老子告诫统治者不要施行苛政、滥施酷刑，以及杀戮百姓。惩罚和杀戮是违背自然之道的，一旦百姓受困于暴政，就不会畏惧死亡，而走上反抗统治者的道路。元末红巾军起义，就是因为百姓不能忍受统治者的残酷压迫而发生的。

元朝统治者不但残酷压榨百姓，而且挥霍无度，奢侈腐化。元顺帝即位后，即下令到民间搜罗美女和财宝。朝廷财政入不敷出，元顺帝就责令滥发货币，导致通货膨胀现象非常严重。再加上当时黄河连年失修，多次决口，河水四处泛滥，出现了“饿死已满路，生者与鬼邻”的悲惨局面。百姓处于水深火热之中，心中开始燃起反抗的烈火，民间四处流传着“一日三遍打，不反待如何”的歌谣。

元顺帝至正四年(1344年)五月，黄河大范围决堤，沿河各州郡先遇水灾，又遭旱灾、瘟疫的袭扰，四处都是饿死和得疫病而死的百姓的尸体。黄河决堤后，又冲毁了山东盐场，严重影响朝廷的国库收入。至正十一年(1351年)四月，元顺帝任命贾鲁为工部尚书、总治河防使，负责治理黄河。贾鲁上任后，立即强征沿岸百姓十五万人，开凿二百八十里新河道，引黄河水向东汇合淮河水入海。在整治河道时，监督挖河的官吏乘机克扣河工的“食钱”。河工平时忍冻挨饿，此时又受官吏的勒索，心中都十分气愤。

朝廷大力整治河道，北方白莲教首领韩山童及其教友刘福通等决定抓住这一时机，举行大规模的农民起义。他们一面宣传“弥勒下生”“明王出世”，一面又散布民谣“石人一只眼，挑动黄河天下反”，并偷偷地凿了一个独眼石人，然后将其埋到即将挖掘的黄陵岗附近河道之中。独眼石人被挖出以后，河工们都十分惊讶，这一消息很快就传开了，大河南北反抗的烈火也顿时燃起。

五月初，韩山童、刘福通在颍州（今安徽省阜阳市）颍上聚众三千人，杀黑牛白马，誓告天地，准备发动起义。在誓师大会上，刘福通宣称韩山童为宋徽宗八世孙，当为中国主，并称自己是南宋名将刘光世的后代，所以来辅佐韩山童推翻元朝的暴政。接着，韩山童发布文告，打出了“虎贲三千，直抵幽燕之地；龙飞九五，重开大宋之天”的战旗，表示要推翻元朝，光复宋朝江山。

然而，韩、刘聚众起义之事不慎泄露，官府迅速组织军队前来围剿，韩山童在与官军作战时牺牲。其妻杨氏、子韩林儿逃到武安(今江苏省徐州市)。刘福通率众突围后，又组织当地群众，一举攻克颍州。因起义军头裹红巾，所以称为“红巾军”。红巾军占领颍州后，元朝派了枢密院同知赫厮、秃赤前去镇压，结果被红巾军打败。接着，红巾军又乘胜攻占亳州（今安徽省亳州市）、项城（今河南省项城市南）、朱皋（今河南省固始县北）等地。这时，起义军已经有十多万人了。

起义军所到之处，开仓散米，赈济贫民，深得百姓的拥护。群众纷纷加入红巾军，队伍迅速扩大到几十万人。在红巾军的影响下，全国各州县的农民纷起响应，又出现了几支农民起义军，其中影响较大的有蕲水（今湖北省浠水县）徐寿辉部、萧县（今安徽省萧县西北）芝麻李部、南阳布王三部、荆樊孟海马部、濠州（今安徽省凤阳县东）郭子兴部等。

为了推翻元朝的统治，起义军提出以“明”斗“暗”（“明”指起义军；“暗”指元朝）的口号，鼓励群众主动反抗元朝的统治。

至正十五年(1355年)二月，刘福通将韩林儿迎至亳州，立韩林儿为“小明王”，国号“大宋”，年号“龙凤”，建立了政权。刘福通任枢密院平章，不久，升任丞相。

至正十七年(1357年)，红巾军兵分三路进行北伐。东路军以毛贵为主将，经山东、河北进攻大都；中路军以关先生（即关铎）、破头潘（即潘诚）为主将，进攻山西、河北一带，经大同直捣元上都（今内蒙古多伦西北），放火烧毁“富夸塞北”的蒙古皇宫，继续转战辽东各地；西路军以大刀敖、白不信为主将，负责率军直趋关中，攻下兴元（今陕西省南郑县）、凤翔（今陕西省凤翔县），转战四川、甘肃、宁夏各地。红巾军一路高歌猛进，出现了“官府四散躲，红（巾）军府上坐”的大好局面。

在三路大军北伐的同时，刘福通于至正十八年（1358年）五月率部攻克了汴梁，并把汴梁定为宋政权的都城。这时，红巾军的势力已经“东逾齐鲁，西出函秦，南过闽广，北抵幽燕”，抗元形势一片大好。

各地农民起义风起云涌，元朝统治者如热锅里的蚂蚁，惊慌失措，不断派遣官军前去镇压，但是均大败而还。为了维持自己的统治，元朝统治者紧急调集回军、汉军，协助蒙古军向红巾军发起反扑。

尽管红巾军取得了很大胜利，但是由于兵力分散，再加上三路大军流动作战，没有建立巩固的根据地，这就导致了很多刚占领的地区得而复失。这时，元将察罕和孛罗率领的两支元军，又对三路北伐的大军进行合围，红巾军在接下来的几场战役中连遭挫败，北伐的有利形势被迅速逆转。察罕和孛罗乘势逼近宋政权的都城汴梁。至正十九年（1159年）八月，汴梁城破，刘福通保护韩林儿突出重围，逃到安丰。四年后，刘福通被杀，中原地区的红巾军失败了。

刘福通的红巾军失败以后，南方朱元璋起义军的势力却获得了迅速发展。

朱元璋贫民出身，少时因家贫做了和尚。元末农民起义爆发后，朱元璋投奔了郭子兴领导的红巾军，很快凭战功升为郭部的左副元帅，后来又被小明王的宋政权任命为江南行省左丞相。郭子兴死后，朱元璋掌握了红巾军的领导权。至正二十八年（1368年）正月，朱元璋在南京称帝，建元洪武，国号大明。不久，朱元璋下令大将徐达、常遇春出师北伐，直捣元王朝的统治中心，元顺帝仓皇北逃。这样，盛极一时的元王朝，在农民起义的冲击下灭亡了。

◎第七十五章◎

民之轻死

【原文】

民之饥，以其上食税之多①，是以饥。民之难治，以其上之有为，是以难治。民之轻死，以其上求生之厚②，是以轻死。夫唯无以生为者，是贤于贵生。

【注释】

①上：指统治者。②求生：这里指生活享受。

【译文】

人民之所以会遭受饥饿，是因为统治者榨取吞食赋税过多，因此才遭受饥饿。人民之所以难以统治，是因为统治者政令烦苛、强作妄为，所以人民才难于统治。人民之所以会轻生冒死去触犯法律，是因为统治者为了奉养自己，把民脂民膏都搜刮净了，所以人民才轻生冒死。只有那些不去追求生活享受的人，才比奉养奢厚的人更胜一筹。

【解析】

这一章老子用具体的例子说明“无为而治”的好处和重要性。“无为”是一个大原则、大方法，具体运用上，则包括了不搞苛捐杂税、不搞烦琐的法令、收敛自己的欲望等一系列内容。我们知道，统治者和民众是一对矛盾体。如果统治者以人民的利益为重，那么人民就会生活富足，国家就会太平安定，统治者的地位也就会稳固。与此相反，如果统治者不以人民利益为重，只追求自身的安逸，不顾人民的死活，那么人民就会不惜一切地反抗统治者的压迫。统治者为了稳固自己的统治，便会采用武力手段镇压人民，国家就会慢慢走向衰亡了。

“民之饥，以其上食税之多，是以饥。”在这句话中，老子直截了当地揭示了人民忍饥挨饿的原因：统治者征收赋税过多，人民被压榨得透不过气来，故而出现饥荒。人民忍饥挨饿，日子过得苦不堪言，因此他们起来反抗也就成了很自然的事了。

“民之难治，以其上之有为，是以难治。”其中，这里的“治”是一个政治概念，它指的是人人各得其所、各遂其愿、相互合作、和睦相处、没有矛盾的和谐状态。如何理解“难治”呢？对于统治者而言，它指的是社会难于和谐、有序；对于人民而言，它指的是生活难以维持。人民的生活难以维持，就会流离失所，铤而走险，走上反抗的道路。面对人民的反抗，统治者会想尽各种方法来应对，这也就是老子所说的“以其上之有为”，这里的“有为”指的就是统治者肆意妄为，社会就很难达到和谐的状态了。人民生活不安定，这主要是因为统治者的妄为和蛮横所致。一旦人民难以治理，国家就会秩序混乱，统治者的地位也就受到威胁了。老子在这里以简明易懂的语言对“民之难治”的情况作了细致入微的剖析，并为统治者敲响了警钟。

“民之轻死，以其上求生之厚，是以轻死。”“轻死”指的是不畏死亡，也就是根本不把死亡当回事。从消极的意义上说，轻视生死就是一种铤而走险的行为，这种行为对于整个社会和整个世界，都是悲剧性的，破坏性的。从积极的意义上说，轻视死亡就是一种与邪恶势力斗争的行为。“求生”指的是维持生命的活动。“求生之厚”有两层意思：一是把满足生活的需要或维持自己生命的存在这件事看得很重；一是为满足个人生活的需要或维持自己生命的存在付出了太多的财力。生命对于每个人而言，都是极其宝贵的。如果一个人对死亡不再重视了，那么他就不再惧怕死亡了，这个道理在上一章节已经论述过了。在这里，老子对“民之轻死”的原因做了进一步的分析，他说统治者过于注重自身的安逸和享受，必然会占有和利用大量的物质财富，那样人民就会缺衣少食，连基本的温饱都无法满足了。面对这种不公正的现象，人民实在不堪忍受，所以才不惜冒着生命危险去铤而走险。

“夫唯无以生为者，是贤于贵生。”其中，“无以生为”是对“求生之厚”和“有为”的否定，老子正是通过这种否定来说明一个贤明的统治者所应具备的品质和应有的作为。这句是本章的结尾句，老子在这里点出了统治者应坚持的人生态度：只有不厚养自己的生命而又有所作为的人，才比珍惜自己生命的人更胜一筹。

◇ 为人之道 ◇

李自成推翻明朝

生逢乱世，统治者逼得百姓无路可走，百姓不畏惧死亡，便起来进行反抗，明末农民起义，就是在这样的情况下发生的。

明朝末年，政治腐败，统治者不断加重对人民的剥削，加上连年的灾荒，人民处在水深火热之中。为了支持对后金的战争，崇祯帝又大幅增加赋税，取名为“三饷”，即辽饷、剿饷和练饷。三饷的征收，使百姓的境遇更加悲惨，一时间“黄埃赤地，乡乡几断人烟，白骨青燐，夜夜常闻鬼哭”。在这种形势下，陕北饥民王二率先举事，他率领数百饥民杀死知县张斗耀，由此揭开了明末农民战争的序幕。

明末农民起义为何率先在陕西发生呢？这主要与自然灾害有关。明朝末年，陕西连年发生了严重的旱灾和蝗灾。当地老百姓为了填饱肚子，先是争着采食山中的蓬草，蓬草吃光了，就剥树皮吃，树皮吃光了，就挖掘山中的石块来填肚子，石块不能消化，最后也就腹胀而死了。当时，只要有人单独出城，便会离奇失踪。过上片刻，有人看到城外的饥民用人的骨头当木柴烧，烹煮人肉，这才知道失踪的人都被饥民杀死吃掉了。在这种人吃人的环境里，很多人为了不致饿死或是被吃掉，纷纷集结起来做了强盗，后来人数越来越多，他们杀官吏，分粮食，渐渐形成了有组织的反抗朝廷的武装。

崇祯三年（1630年）以后，农民起义的声势壮大起来，渐成燎原之势，也形成了几支势力强大的义军，其中以李自成率领的义军最为出名。

李自成，原名鸿基，世居陕西米脂，童年时给地主牧羊，曾为银川驿卒。

崇祯二年（1629年）参加起义，后成为闯王高迎祥部下的闯将，勇猛有识略。高迎祥死后，李自成继任为首领，称“闯王”。在之后十多年的时间里，李自成转战南北，一路势如破竹。最初，李自成攻城略地，每遇顽抗，都要大肆屠戮，对方坚守一两天，城破以后就要杀掉城中三成以上的百姓；对方坚守五六天，城破以后就要毁平城墙，甚至还屠杀城里的所有百姓。此外，李自成在攻破一座城池后，往往弃之不顾，然后继续向前进攻。在围攻开封城的时候，李自成曾三次攻城而不能破，最后他挖开黄河大堤，淹死军民数十万人。后来，李自成的队伍进入河南杞县，举人李岩、牛金星，算命先生宋献策等人做了他的谋士，他们都建议义军不要滥杀无辜，李自成接纳了他们的意见，这才逐渐得到民众的拥护。同时，李岩还提出了“均田免赋”的口号，并散布“迎闯王，不纳粮”的歌谣，使李自成的势力迅速壮大，军队发展到百万之众，成为义军中的主力军。

面对势如破竹的义军，崇祯帝用了两种传统的方法来应对：一是讨伐，一是招降。然而，朝廷派到前线讨伐义军的官兵，多数不愿白白送死，便在沿途大肆奸淫烧杀。例如，山西总兵张应昌平叛时所杀的，一半以上是逃难的乡民，他用这些乡民的人头冒功领赏。民间有一首歌谣：“盗贼（饥民）好像梳子，军官好像篦子，士兵好像剃刀。”

面对起义军的攻势，崇祯束手无策。崇祯十六年（1643年），李自成在襄阳称新顺王。同年，在河南汝州（今临汝）大败陕西总督孙传庭，接着乘胜攻占西安。次年正月，建立大顺政权，年号永昌。不久攻入北京，明朝灭亡。

刚刚攻入北京时，李自成的大顺军尚能严守纪律，店铺营业如常。但是几天之后，大顺军开始拷掠明官，四处抄家，城中人心惶惶。李自成的部将刘宗敏甚至还掳走了明朝降将吴三桂的侍妾陈圆圆，这直接导致了吴三桂的反叛。后来，满清入关，联合吴三桂在山海关夹击大顺军，李自成仓皇退出北京，率军退守河南、陕西。最终，李自成在湖北通城县九宫山战死。

李自成死后，他的部下继续转战南北，十多年后才被清廷彻底消灭。尽管明末农民起义以失败告终，但是它给新统治者以强烈震撼。清朝统一全国后，开始实行休养生息的政策，百姓的生活逐渐安定了下来。

◎第七十六章◎

柔弱处上

【原文】

人之生也柔弱，其死也坚强。草木之生也柔脆，其死也枯槁。故坚强者死之徒①，柔弱者生之徒。是以兵强则灭，木强则折。强大处下②，柔弱处上③。

【注释】

①徒：一类的人。②下：劣势。③上：优势。

【译文】

当人活着的时候，他的身体十分柔软灵活，可是他死后的身体就会变得枯槁僵硬。万物草木生长的时候形质是柔软脆弱的，死了之后就变得干枯残败了。所以坚强的东西属于死亡的一类，柔弱的东西属于生长的一类。因此用兵逞强就会招致失败，树木强大就会招致砍伐摧折。因此凡是坚强的往往处于劣势，相反，柔弱的往往能处于优势。

【解析】

这一章老子以人和植物的生死状态来说明柔弱胜刚强的道理。任何事物强大了都会走向灭亡，这是自然法则。所以有道处柔弱而无道处刚强。

“人之生也柔弱，其死也坚强。草木之生也柔脆，其死也枯槁。”人活着的时候，面色红润，身体柔弱灵活，行动自如。人死了以后，身体就变得坚固僵硬了。死亡是任何人也无法摆脱的命运，有生就有死，这是自然规律，谁也不能免于死亡。接下来，老子从人的生死又谈到了植物的生死状态，万物草木有生命的时候形质是柔软脆弱的，死了就变得干枯残败了。不管是人还是花草树木，活着的时候是柔弱的，而死后就变得僵硬起来。

“故坚强者死之徒，柔弱者生之徒。”这句话所要表达的意思是：坚强的东西属于死亡的一类，柔弱的东西属于有生命的一类。

“是以兵强则灭，木强则折。强大处下，柔弱处上。”一支强暴不义的军队必然灭亡，一棵僵硬枯槁的树木必被折断，因此，强大位于下位，柔弱居于上位。

这一章老子以人和植物的生死状态来说明“柔弱胜刚强”的道理。任何事物强大了都会走向灭亡，这是自然法则。所以有道处柔弱而无道处刚强。

◇ 为人之道 ◇

佯狂避世的阮籍

人生之计，当强则强，当柔则柔，刚柔相济才是至理。三国末年的阮籍，便是一位“柔弱处上”的名士。

阮籍，字嗣宗，陈留尉氏（今河南省尉氏城里）人。生于建安十五年（210年），为建安七子之一的阮瑀的儿子。据史书记载，阮籍容貌瑰杰，志气宏放，而且嗜酒成性，善于弹琴。阮籍年轻时颇为得意，是一个踌躇满志的英俊人物，而他又特别喜欢研读老庄的著作，所以形成了“傲然独得，任性不羁”的性格。表现在行动上，他经常闭门读书，数月足不出户；有时外出游览山水，又经日忘归。他这种奇特的行为不易为常人所理解，所以“时人多谓之痴”。

阮籍二十多岁的时候，把家迁到了洛阳，与嵇康、山涛、向秀、阮咸、王戎、刘伶相与友善，他们经常到嵇康寓居的山阳竹林之中聚会畅饮，倾心交谈，所以外人称他们为“竹林七贤”。居住在洛阳期间，阮籍有时还前往苏门山拜访隐者孙登，两人一起论道，相对长啸，阮籍在这里度过了一段逍遥适意的时光。

然而，好景不长。司马氏掌控了曹魏的政权之后，极力延揽天下的才士，以为自己所用。阮籍名重当世，自然也成了司马氏争取的对象。他想继续无拘无束地游山玩水，已是不可能了。司马懿做太傅时，任命阮籍为从事中郎。

后来，司马师、司马昭兄弟相继任命阮籍为关内侯和散骑常侍。

阮籍迫于淫威而做官，又不愿趋炎附势讨好司马氏，就只有对他们采取敷衍的态度了。一次，司马氏听到禀报，说有个人把自己的母亲杀了。这时，阮籍正坐在一旁，听到这个消息之后，不由得惊叹一声，接着说道："杀父亲也就罢了，怎么能杀母亲呢？"在座的人听到阮籍的言论，十分惊恐，都以为阮籍公开发表与"孝道"相抵牾的言论，心想阮籍这下可惹下大祸了。司马昭也乘机追问阮籍，问他所说的是什么意思。阮籍自知失言，惊出一身冷汗，这时他脑子一转，从容地对司马昭说道："禽兽知母而不知父。杀父，禽兽之类也；杀母，禽兽之不若。"这番随机应变的回答，不仅使他脱离了危险，而且还使众人佩服得五体投地。然而，这个事件也给阮籍敲响了警钟，以后他"言语至慎"，再也不敢任意说话了。司马昭再与他交谈，他总是"发言玄远，口不臧否人物"，这样司马昭想杀他也无隙可乘了。

《晋书》本传中说："籍本有济世志，属魏晋之际，天下多故，名士少有全者。籍由是不与世事，遂酣饮为常。"这句话的意思是说，阮籍身处魏晋之际，为保全自己的性命，不得不酣饮佯狂。因此，酣饮、醉酒不仅是一种嗜好，更是阮籍麻醉自己、保全自己的方法。有一次，司马昭打算为儿子司马炎求娶阮籍之女，阮籍当然不愿意，但是他又不敢直接拒绝，于是沉醉六十日不醒，司马昭也无计可施，只好作罢。司马昭的亲信钟会，多次找阮籍谈论当朝的时事，想借机设下圈套陷害阮籍，阮籍对此也用醉酒的办法应付，钟会终究也没有办法陷害阮籍了。

司马氏集团倡导"名教"，标榜"孝道"，在阮籍看来，这完全是用以自利的手段，实在是亵渎了礼教。尽管如此，他也没有办法改变一切，于是"激而变成不谈礼教、不信礼教，甚至于反对礼教"（鲁迅语）。其实，阮籍并不是反对礼教，而是反对司马氏借助礼教的名义欺世盗名。从本心上来说，阮籍对礼教的态度要比司马氏真诚得多。据载，阮籍的母亲去世时，他正和人下棋，听到母亲去世的消息，他就像什么事情都没有发生一样，继续坐着弈棋，对弈完毕，阮籍悲恸难抑，吐血数升。居丧期间，阮籍仍旧饮酒食肉，等到临葬之时，他又高声悲号，吐血数升，“毁瘠骨立，殆至灭性”。这时，中书令裴楷前来吊唁，阮籍披头散发，两腿张开坐在地下，睁着醉醺醺的眼睛直视裴楷，也不回礼答谢。裴楷吊唁完毕后，转身就离开了。有人问裴楷道：“凡是去吊丧的，主人放声痛哭，客人才开始行礼。阮籍自己都不哭，你哭什么呢？”裴楷说：“阮籍是方外高人，所以不在乎俗礼。我是俗世中人，所以要礼节周全才可以啊。”当时的人对此大发感叹，都说裴、阮二人堪为知己。阮籍又善为青白眼。“青眼”表示赞许、喜悦；“白眼”则表示厌恶和蔑视。阮籍一旦见到拘泥礼节的俗人，就翻出白眼相对。嵇喜来吊唁，阮籍便翻出白眼，嵇喜十分难堪，只好跑回家去。嵇喜的弟弟嵇康听说了这件事，便买了美酒，带上琴去拜访阮籍，阮籍见到琴、酒，喜出望外，立刻收起白眼，表示欢迎。至今常用的“青睐”“垂青”等词，便是从此处得来的。

阮籍“居丧无礼”，之后又在司马昭举行的宴会上纵酒放诞，这就引起了礼俗之士的强烈不满。在酒筵上，这些礼俗之士纷纷向阮籍兴师问罪，并要求司马昭以“不孝”“败俗”之罪判处阮籍流放，以正礼俗教化。阮籍对此毫不在意，仍旧不停地饮酒，神色自若。最终，司马昭也没有治阮籍的罪。阮籍借酒装痴装傻，然而他对险恶的现实却有着敏锐的观察力，常常把自己的所想所感寄寓到诗文之中。阮籍还通过《大人先生传》《达庄论》《通易论》诸文和《洪生资制度》《咏怀》（六十七）等诗篇，由衷地赞赏老庄哲学的无为与逍遥。

阮籍和竹林名士们蔑视礼教、谈玄论道，在当时的社会背景下，无疑具有追求个性自由的现实意义，这与司马氏的礼教治国正好相对，为司马氏所不容。为了剪除异己，司马氏借“不孝”罪名，把“刚肠疾恶”“非汤武而薄周孔”的嵇康杀了。面对司马氏的淫威，“竹林七贤”中的其他人，有的变节，有的妥协。尽管阮籍始终不愿与司马氏合作，但他毕竟无力对抗强权，只好敷衍了事。后来，司马昭集团上演了一场晋王加“九锡”的劝进丑剧，在这场丑剧之中，阮籍躲又躲不开，只好违心地代为醉草《劝进牋》。其后几年，阮籍一直郁郁寡欢，最终在景元四年（263年）病死于家中，终年五十四岁。

◎第七十七章◎

功成不处

【原文】

天之道，其犹张弓与？高者抑之，下者举之；有余者损之，不足者补之。天之道，损有余而补不足。人之道，则不然，损不足以奉有余。孰能有余以奉天下？唯有道者。是以圣人为而不恃，功成而不处①，其不欲见贤②。

【注释】

①处：有“占有”的意思。②见（xiàn）：通“现”，表现。

【译文】

自然的规律，不是很像张弓射箭吗？弦位高了就把它压低一些，低了就把它举高一些，弓弦拉得过满了就把它放松一些，拉得不足了就把它拉满一些。所以自然的规律是减少有余的补给不足的。可是社会的法则却不是这样，要剥夺不足的用来奉养有余的人。那么，谁能够把有余的拿来补给天下的不足呢？只有有道的人才可以做到。因此，有道的人有所作为而不自恃功高，有所成就而不居功自傲，他不愿表现出自己的贤能。

【解析】

这一章讲天道的法则是损有余而补不足，这和人类社会的情形恰好相反。圣人成功后不居其功，正是效法天道的法则，用自己的有余补天下的不足。

“天之道，其犹张弓与？高者抑之，下者举之；有余者损之，不足者补之。”在这句中，“损”与“抑”指的是节制的意思。“不足”与“下”可以理解为“因弱小而一无所有”。事实上，这里的抑、举、损、补，它们作为动词，都指的是为整体的和谐而作的一种协调工作。另外，这里的高、下、有余、不足都是一种不和谐的状态。在这几句中，老子以天之道与人之道作比较，突出天之道的博大和人之道的渺小，从而得出人之道要效仿天之道的结论。在阐述天之道的时候，老子把天之道比喻成张开的弓箭，人们张开弓箭目的是射捕猎物，所以箭头的方向要随着猎物位置的移动而改变，高了压低它，低了抬高它；有余的就减少，不足的加以补足。因此，天之道就是减少有余而补充不足的。

“天之道，损有余而补不足。人之道，则不然，损不足以奉有余。”阐述完天之道以后，老子又很自然地引出了人之道。什么是人之道呢？就是人类统治者所奉行的社会法则。人之道与天之道截然相反，人之道是“损不足以奉有余”。在老子看来，人之道是造成天下贫富不均和权利不平等的根源。而天之道则是为了追求平等，所以它能长久，能够使人心安宁，防止动乱的发生。

“孰能有余以奉天下？唯有道者。”“有道者”即得道者，指的是认识世界道德本质，自觉充当道德主体并能遵循道德行事的人。在这一句中，老子自问自答，进一步说明了有道之人的行为特征：有道之人会把自己多余的衣物、粮食和财物拿出来奉献给贫穷的人，以达到社会均等的目标，从而实现社会的安定。

“是以圣人为而不恃，功成而不处，其不欲见贤。”“为”指的是圣人统治人类社会的活动，这种活动与道统治世界的活动相一致，目的也是协调人与人的活动并使之保持和谐统一，所以它是超越个人意志的活动。“不欲见贤”意为不追求、不贪图他人更为优越的生活条件或生活待遇。换句话说，也就是与人民同甘共苦。在本章的末尾，老子以圣人的所作所为得出了一个结论：圣人有所作为而不自恃功高，会把自己多余的部分分给不足的人，绝不炫耀，绝不居功自傲，而是始终保持谦和、恭敬、卑下的德行。

◇ 从政之道 ◇

周公辅政不贪功

圣人不自恃有功，不显示自己的贤德，因此圣人都能“损有余而补不足”。周公辅政的事迹，就是“功成不处”的典型事例。

周公旦，姓姬，名旦，亦称叔旦。西周时期的政治家、军事家、思想家、教育家，被尊为“元圣”。周文王的第四子，周武王的同母弟。因采邑在周，所以称为周公。

文王在世时，周公旦非常孝顺，且忠厚仁爱。武王即位后，周公旦尽心辅佐兄长，致力于灭商的大业。武王十一年（约公元前1046年），武王率军讨伐商纣，到达牧野，周公辅佐武王，在牧野誓师。攻入商都后，周公拿着大斧，召公拿着小斧，在左右两旁夹辅武王，并以牲畜的鲜血祭祀土神，把纣王的罪行报告给上天。

灭商归来，周公与武王谈起在洛水与伊水之间的平原地带建都的事情，以便控制东部地区。由于日夜操劳，武王身染重病，周公虔诚地向太王、王季、文王祈祷。他说：“你们的长孙姬发，积劳成疾。如果你们三位对上天有保护子孙的责任，那就请以我姬旦的生命代替姬发吧。旦灵巧而且有能力，还多才多艺，能侍奉鬼神。而姬发却没有我那么多才多艺，不能侍奉鬼神。但是他受命于上帝，坐拥天下，能让你们的子孙平平安安地生活于世上，天下的百姓没有不敬畏他的，不要坠毁上天赐予他的宝贵生命，我们的先王也将永远地依托于他。”

这段祷告词，今天看来觉得有些好笑，可是对三千多年前相信天命鬼神的周人来说，那是十分真诚无私的。周公代武王问卜祷告，这是一种鞠躬尽瘁、死而后已的表现，也表现了周公舍身为人的精神，更重要的是，他是为周王室的长久不衰而考虑的，充分表现出贤相本色。周公祈祷完毕后，武王的病情虽然有所好转，但是过了一段时间还是去世了。武王在临终之前，曾想把王位传给德才兼备的周公，并且说这事不需要占卜，可以当面决定。周公泣不成声，无论如何都不肯接受。

武王死后，太子诵继位，是为成王。当时，成王不过是个十多岁的孩子。而当时的情况是，国家初立，尚未稳固，朝廷内外形势复杂，年幼的成王根本难以处理政事。形势迫切需要一位既有才干又有威望的人才来应对这种局面，这个责任便落到了周公的肩上。于是，周公执政称王，发挥了王的作用。

周公代成王摄政，主持国事。管叔和其他的兄弟在国中散布谣言说："周公将会对成王不利。"这些谣言闹得镐京沸沸扬扬，召公奭听了后，也对周公怀疑起来。成王年小不懂事，更不知道是真是假。周公为了安定民心，使周王室团结，便对姜尚和召公奭说："我之所以不加避讳而行摄政之职，那是因为害怕天下背叛周朝，无法告慰我们的先王太王、王季和文王。三王为天下已经忧劳很久了，现在才取得成功。武王早死，成王年少，为了成就周朝未来的大业，我才这样做的。"姜尚、召公奭听后，明白了他的苦衷，于是支持他辅佐成王。

与此同时，周公又派自己的儿子伯禽代他受封于鲁国。周公告诫伯禽说："我是文王的儿子，武王的弟弟，成王的叔叔，我的身份已经不算卑贱了。然而我洗一次头就要抓三次头发，吃一顿饭就要三次吐出食物，匆忙地起身招待士人，就怕失去天下的贤能之士。你到鲁国，千万不要以国君的身份骄纵轻视他人。"

不久，殷纣王的儿子武庚勾结管叔、蔡叔举行叛乱。周公在安定了内部之后，毅然调动大军，亲自率领大军东征。

周公费了三年的工夫，终于平定了武庚的叛乱，并把带头叛乱的武庚杀了。管叔一看武庚失败，觉得没有面目见周公和成王，便上吊自杀了。周公平定了叛乱，把霍叔革了职，对蔡叔办了一个充军的罪。至此，周朝彻底降伏了殷商的遗民，又封康叔于卫国，封微子于宋国，以延续殷商的祭祀。周公又安抚东边的淮夷地区，两年之后，诸侯都臣服于周朝了。

周公东征的过程中，一大批商朝的贵族成了俘虏。因为他们反抗周朝，所以周人称他们为“顽民”。周公觉得让殷商遗民留在原来的地方不大安全；同时，他又觉得镐京在西边，要控制东部的广大中原地区很不方便，所以决定在东面新建一座都城，叫作洛邑（今河南省洛阳市），把殷朝的顽民都迁到那里，并派兵监视他们。

从此，周朝就有了两座都城。西部是镐京，又叫宗周；东部是洛邑，又叫成周。

周公辅助成王执政了七年，总算使周王朝稳定下来，他还制定了周朝一套典章制度。到周成王满二十岁的时候，周公把政权交给了成王。

周公还政后，成王担心周公继续擅权，这时，又有人进言污蔑周公，周公无奈，只好离开京城，去了楚国。有一次，成王来到内府，发现里面有一篇策书，感到好奇，便打开看里面的内容。原来，当初成王年少的时候，生了一场大病，周公为求成王平安，便剪断自己的指甲，使之沉入河中，向鬼神祈祷说：“帝王年少不懂事，违犯神命的是我周公旦。”祷告完毕后把策书收藏到内府之中。结果成王的病很快就好了。成王此时看到周公为他祈祷的策书，感动得哭泣，又感到惭愧，于是亲自迎接周公回朝。

周公回朝后，在丰京养老，三年后得了重病，临终之前，他对成王说道：“我死之后一定葬在成周，向上天示意我永远臣服于成王。”周公死后，成王没有按照周公的遗嘱安葬，最终把他葬在周文王的墓地旁。成王说道：“这表示我不敢以周公为臣呀！”

纵观周公一生，他辅佐武王灭商，代替武王问卜祷告，平定三监之乱，营建丰京等，可谓功勋卓著。但是周公尽职尽责，毫无怨言，且不居功自傲，的确是后世学习的楷模。

◎第七十八章◎

柔之胜刚

【原文】

天下莫柔弱于水，而攻坚强者莫之能胜，以其无以易之。弱之胜强，柔之胜刚，天下莫不知，莫能行。是以圣人云：受国之垢①，是谓社稷主；受国不祥②，是为天下王。正言若反。

【注释】

① 垢（gòu）：外辱。② 祥：吉利的。

【译文】

天下最柔软的莫过于水了，但攻坚克强却没有什么东西能胜过水的，因而水是没有事物可以代替得了的。弱小的能战胜强大的，柔软的可以战胜刚强的，天下没有人不知道这个道理，但就是没有人能这样做。所以有道的人说：能够承担国家的屈辱，才称得上是国家的君主；能为国家承受祸患的人，才配做天下的君王。正面的话好像是在反说一样。

【解析】

这一章的内容分为两部分：前半部分讲柔弱胜刚强的道理。后半部分说如果一个人能够承担国家的污垢和不祥，那么他就会成为国家的主宰。

“天下莫柔弱于水，而攻坚强者莫之能胜，以其无以易之。”在前面的章节里，老子曾经介绍过水的特性，如柔弱、顺畅、坚韧，还有顺势而为、甘居下位等。在老子看来，天下的事物没有比水更柔弱的了，然而它却是最坚强的，所以没有事物可以代替它。为什么说“莫之能胜”呢？这是因为老子所处的时代，有很多自然现象，人们都无法对其做出科学的解释，所以常常用神化的力量进行曲解。例如，当洪水气势汹汹地袭扰人类的时候，我们就称洪水为“猛兽”，并认为这是上天在惩罚我们。

“弱之胜强，柔之胜刚，天下莫不知，莫能行。”在这里，老子说天下人都懂得柔能胜刚的道理，却很难像水那样以弱胜强。究其原因，主要是因为人们从小就被灌输一种争先、争强的思想。在这种思想的支配下，人们变得争强好胜起来。然而，真正的强者是不争的，如果一味地争强好胜，就不会像水那样甘居下位、温顺坚韧，那么也就不算是真正的强者了。

“是以圣人云：‘受国之垢，是谓社稷主；受国不祥，是为天下王。’”“受”意为主动接受，自觉承担。“垢”这里指的是外国的侵略。在这里，老子引用圣人的话来说明君主应具备的品德，即能够承受国家的耻辱和灾难。所以，只有做到不以自己的荣辱为荣辱，为了国家不惜忍辱负重，这样才配称为一国之君。例如，春秋末年勾践灭吴的故事，就很好地说明了这一点。

在本章的末尾，老子以“正言若反”作结，这句话如何理解呢？老子在此说“正言若反”，与原文并不是割裂的，而是承接了上文所说的水的柔弱和刚强。在老子看来，人们所说的、所认定的东西，其结果恰好与事实相反，人们不能认识大智大慧，把大智大慧视作愚蠢，结果自己处在愚昧之中还自作聪明，以至于聪明反被聪明误。所以，这句话是老子对整部《道德经》中那些相反相成的言论的高度概括。

◇ 从政之道 ◇

刘秀以柔道得天下

水是柔弱的，但是它能攻克坚硬无比的石块，也能侵蚀强硬之物。同时，水又是卑下的，因此，在这一章里，老子希望统治者能像水一样，甘愿处于卑下柔弱的位置，对国家和百姓实行柔道，也就是无为而治。

在中国历史上，有许多以柔道处世，以柔道治国的成功事例，这些事例早就证明了柔道比刚道更富有优势。东汉光武帝刘秀，从始至终贯彻柔道的原则，他不仅在为人处世上以柔为主，在政治、军事诸方面也都体现出这种精神，他把老子的柔道发挥到了一个很高的境界。

刘秀二十八岁时，与兄长一起聚众起义，反抗王莽的统治，并加入到绿林军当中。王莽得知后，特命大司空王邑、大司徒王寻前去围剿。面对强大的敌人，刘秀决定避敌主力，放弃阳关，率领部属退到了昆阳，取得昆阳大捷。

昆阳之战后，刘秀、刘縯兄弟的威名日盛，这就引起了绿林军中一群义军将领的嫉妒，他们向汉朝宗室、更始帝刘玄进谗言，说倘若刘縯不除，终究会成为大患。刘玄听后，果然杀死了刘縯。

当时，刘秀正在父城，他听到兄长被杀的消息，十分伤心，痛哭了一场，然后立即动身前往宛城。他见了刘玄，并没有责问刘玄，只讲自己犯下的“过失”。刘玄想试探刘秀是否出于真心，于是谈起了昆阳之战的胜利，并说刘秀立下了大功。刘秀心里明白刘玄的意图，一点也不自夸自傲，而是把功劳归于诸将，刘玄心里非常满意。回到住处，刘秀逢人便主动示好，绝口不提哥哥被杀之事。他不穿孝服，如往常一样吃饭，与平时并无两样，毫无异常。刘玄见到这种情况，反觉得自己有些对不住刘秀，从此更加信任他，并任命他为破虏大将军，还封他为武信侯。其实，刘秀一直忍着兄长被杀之痛，数年以后，他想起这件事，还经常流泪叹息。但是，他心里很明白，自己当时还没有能力与平林、新市两股起义军抗衡，所以只好隐忍不发。这样，刘秀既保全了自己，使自己免受灾祸，同时又在起义军中赢得了同情和信赖，为他日后创建大业创造了一定的条件。

刘玄进入洛阳之后，打算派遣一位亲近且有能力的僚属去安抚河北一带，刘秀知道这是一个发展自己势力的机会，就托人在刘玄面前推荐自己。刘玄同意了刘秀的请求，便任命他为大司马，并命他立即动身前往河北。刘秀来到河北后，每到一个地方，一定要接见当地官吏，废除王莽时期的苛政，恢复汉朝的制度，并释放狱中在押的囚犯，慰问饥民。刘秀的所作所为，均顺应了民心，所以官民都很喜悦。

刘秀刚到河北的时候，兵少将寡，地方上的官吏很轻视他，没有人听从他的命令。但刘秀能够广募人才，收揽了如邓禹、冯异、寇恂、姚期、耿纯等一批贤能之士，他利用这些贤能之士招兵买马，很快壮大了自己的力量。刘秀又联合信都、上谷、渔阳等地的官僚集团，取得他们的支持，这样在河北站稳了脚跟。刘秀在经营河北期间，以德服人，民心都归向了他，统治也较为稳定。

刘秀之所以施行“怀柔”政策，是因为他懂得“柔能制刚，弱能制强”的道理。即使在治军的时候，他也以宽柔的“德政”去收揽军心，很少像其他人那样，以刑杀立威。这一点在收编铜马义军时表现得最为突出。当时，刘秀招降了铜马义军，并封这支义军的主帅为列侯，但是刘秀的部将担心义军不听指挥，认为他们不是真心实意地归顺刘秀。而铜马义军的将士心里也十分不安，他们害怕得不到汉军的信任而被杀害。在这种情况下，刘秀为安抚军心，就下令汉军各自归营，自己一个人骑马来到铜马军营，帮助他们一起操练军队。铜马义军的将士看到这种情况，纷纷议论说：“肖王（刘秀）如此推心置腹地相信我们，我们怎能不为他效命呢？”待到操练完毕，刘秀才把义军的将士分配到各军营之中。铜马义军对刘秀的做法十分感激，都亲切地称他为“铜马帝”。

25年，刘秀势力已经十分强大，又有同窗好友自关中捧赤伏符前来求见，建议刘秀称帝，以兴复汉室，并说刘秀称帝是“上天之命”。刘秀先是推辞一番，汉军诸将认为这是众望所归，所以一再请求刘秀称帝。终于，刘秀答应了众人的请求，正式称帝，定年号为建武。称帝之后，刘秀开始进行统一全国的战争，而他的主要敌人是推翻王莽的义军。此时，刘秀仍旧贯彻以柔道平天下的思想，这对他迅速消灭敌对势力，最终一统天下起到了非常关键的作用。

◎第七十九章◎

报怨以德

【原文】

和大怨，必有余怨，安可以为善？是以圣人执左契[①]，而不责于人。有德司契[②]，无德司彻[③]。天道无亲，常与善人[④]。

【注释】

① 左契：债权人所持的契约。古代以竹木简为契约，分左右两片，债权人执左片，故称左契。② 司契：古代贵族所用的管账人。③ 彻：是周代田税法，指十一税。④ 与：给，赠。

【译文】

很大的仇怨虽经调解，总还是留有余怨，怎么说得上是最好的解决办法呢？因此，有道的人保存借据的存根，但并不以此强迫别人偿还债务。有德的人就像持有借据的人那样宽容不索取，没有德的人就像掌管税收的人那样苛刻刁诈。自然规律对任何人都没有偏爱，不分亲疏，而常常伴随有德行的善人。

【解析】

这一章老子依然就统治者与百姓之间的矛盾而展开论述。老子说，道德是万事万物的根本，人们能够做到重道敬德，事情自然就会做好。如果人们不重道敬德，那么即使费尽心力，也不能把事情做完美。天道无所偏爱，但却自然归向有道的人。

“和大怨，必有余怨，安可以为善？”“大怨”意为深刻重大的冤仇，即人与人之间结下的深仇大恨。“余怨”指的是难以消除的以至于长年累月沉积于心底的怨恨。“大怨”是如何出现的呢？在前面章节中，我们已经分析过老子所处的那个时代的特征，当时，统治者好大喜功，他们为了满足私欲，不惜穷兵黩武，发动大规模的兼并战争，致使人民流离失所。他们甚至还向人民收取大量的赋税，使人民深受其苦，不堪重负。这样，统治者与人民之间的矛盾不断激化，人民怨声四起。为了稳定民心，统治者就想通过和解的方式消除“大怨”，这就是所说的“和大怨”。“和大怨”的结果会怎样呢？老子认为，“和大怨，必有余怨”，为什么会“有余怨”呢？这是因为统治者与人民之间的矛盾已经到了不可调和的地步，要想使“余怨”彻底消除，统治者就得摒除自己的私念，克制自己的欲望，从对个人利益的追求中解脱出来。如果统治者继续为了满足自己的欲望而损害人民的利益，那么不管他们怎样努力，都不可能消除人民心中的“余怨”。

“是以圣人执左契，而不责于人。有德司契，无德司彻。”“左契”指的是债券的左半部分，为债权人所有，它是债权人向债务人索债的凭证。“有德”即有德的人，他们是道德的主体，是自觉遵循道德并能从善如流的人。“彻”指的是古代的一种租税，在这里引申为连本带利一次性地清偿债务。如果债务人无力清偿债务，那么就剥夺其人身自由，并没收其所有财产。在这句话中，老子再次以圣人的行为作为参照，指出了“有德”和“无德”的区别，老子说“有德”的统治者按照契约的合同收取租税，而“无德”的统治者则根据田亩的数量任意地收取地租。

“天道无亲，常与善人。”其中，“善人”指的是道德的主体，他与道同在，与道创造的整个世界同在，所以整个世界都是他的支撑和依靠，只有这种人才是真正强大的人。在这句话中，老子指出，天道对于任何事物来说，都是无亲无疏的，但是它喜欢和善良的人站在一起。换句话说，天道鄙视无德的人，而那些苛刻的统治者必然会受到天道的责罚，这就为无德的统治者敲响了警钟。

◇ 从政之道 ◇

宋就以德报怨

俗话说："冤家宜解不宜结。"许多人从亲身经历中体会到一个道理，那就是多一个朋友多一条出路，少一个仇人少一堵墙。以德报怨，化解心中的怨恨，使之化为友爱，这是通往成功的必由之路。老子向来提倡报怨以德，以宽大的胸怀，包容错误，消除心里的怨愤之情，这便是最高的为善之德。

别人对己施加危害，自己却用善德予以回应，这样，不但消除了怨恨，还间接感化了仇家。先秦时的宋就便因为宽容待人，赢得了对方尊敬。

春秋战国时，魏国有一位大夫，名叫宋就。宋就曾经做过一个边境县的县令，这个县和楚国相邻。在魏国和楚国的边界处，居住着两国的边民，他们都在附近种瓜。

这一年春天，两国的边民又都种下了瓜种。但是由于天气干旱，瓜苗长得很慢。魏国的百姓担心这样下去会影响收成，所以每天晚上挑水到地里浇瓜。连续浇灌了几天，魏国边民瓜地里的瓜苗长势明显好起来了，比楚国边民种的瓜苗要高不少。

楚国县令因为魏国的瓜苗长得比自己的好，便责骂楚国百姓。楚国边民妒忌魏国边民瓜种长得好，于是夜晚偷偷潜到魏国村民的瓜地里去踩瓜秧。这样一来，魏国瓜田里的瓜苗都死了。

魏国的边民知道后，就去找县令宋就，请求他带着魏国百姓去踩楚国瓜田里的瓜秧作为报复。宋就听后，说道："唉！这怎么可以呢？结下了仇怨，是惹祸的根苗呀。人家使坏你也跟着使坏，我们的心胸怎能如此狭小啊！我看，你们最好不要去踩他们的瓜地了。"

村民们早就气愤到了极点，因此根本听不进去，纷纷嚷道："难道我们还惧怕楚人不成吗？为什么让他们欺负我们呀？"宋就摇摇头，耐心地说道："如果你们一定要去报复，顶多可以排解心中的怨恨，可是，以后怎么办呢？

楚人见瓜田被破坏，自然也不会善罢甘休，如此下去，双方互相破坏，谁都不会得到好处。”村民们皱紧眉头，问道：“那我们该怎么办呢？”宋就回答说：“我教给你们一个办法，一定要每晚都派人过去，在夜里偷偷地浇灌楚国的瓜田，不要让他们知道。结果怎样，你们自己会看到的。”

村民们听罢，只好依照宋就的意思去做，每天夜间偷偷地去浇灌楚地的瓜田。楚国边民早晨去瓜田巡视，发现瓜田里都已经浇过水了，而且瓜也一天比一天长得好了。楚人觉得奇怪，不知道是谁做的。于是在夜里偷偷观察，才知道是魏国百姓所为。楚国的村民都惭愧得无地自容。

楚国县令听说了这件事，心里很高兴，就详细地把此事报告给楚王。楚王听后，对魏人的做法感到敬佩，也对楚人的行为感到惭愧，于是把主管官吏找来，说道：“调查一下那些到人家瓜田里捣乱的人，他们是不是还有其他罪过？这是魏国人在暗中责备我们呀。”说完，楚王派人拿着丰厚的礼物，向宋就表示歉意，并请求与魏王结交。这样，魏、楚两国的关系比以前好了许多，这自然主要得益于宋就以德报怨的善举。

◎第八十章◎

小国寡民

【原文】

小国寡民。使有什伯之器而不用①；使民重死而不远徙②。虽有舟舆③，无所乘之；虽有甲兵，无所陈之。使民复结绳而用之④。甘其食，美其服，安其居，乐其俗。邻国相望，鸡犬之声相闻，民至老死，不相往来。

【注释】

①什：十。伯：百。②徙（xǐ）：迁移。③舆（yú）：车子。④结绳：远古时原始人没有文字，在绳上打结来帮助记忆。

【译文】

使国家变小，使人民稀少。即使有各种各样的器具也并不使用，使人民重视死亡而不向远方迁徙。虽然有船只车辆，却没有必要去乘坐；虽然有武器装备，却没有机会去布阵打仗；使人民再回复到远古结绳记事的自然状态中去。使人民有香甜美味的饮食，漂亮华丽的衣服，安适稳定的住所，欢乐的风俗。国与国之间互相望得见，鸡犬的叫声都可以听得见，但人民从生到死，彼此也不互相往来。

【解析】

这一章老子提出了自己的“理想国”模式——小国寡民。在老子的“理想国”中，没有战争，人民安居乐业，不用智能，自得其乐。老子认为，理想的国家不宜过大，人口也不宜过多。

“小国寡民。使有什伯之器而不用；使民重死而不远徙。虽有舟舆，无所乘之；虽有甲兵，无所陈之。使民复结绳而用之。”其中，“小国寡民”指的是满足于地域有限和人口不多的现状，而不试图通过武力来建立一个地域广大、人口众多的国家。“什佰”为古代士卒部曲的名称。什，十人，是由十个人组成的军事单位，相当于现代军队编制中的“班”；佰，百人，是由一百个人组成的军事单位，相当于现代军队编制里两个“排”的规模。“重死”即不轻死，也就是不拿着生命作赌注去冒险。人们只有做到珍惜自己的生命，才不会任意伤害他人的性命。

从前面的诸多章节中，我们可以了解到老子所处的那个时代的特征：战乱、压迫、贫瘠、饥饿、荒淫、贪婪……面对这样一个时代，老子为我们设计出了一个“理想国”的模式：国家规模很小，就像一个安静的村落；国中的百姓很少，但是人人富足，生活安定，各种器具应有尽有，但是人们都不去使用这些器具；统治者清心寡欲，从不把自己的意志强加到人民的身上，也不干涉人民的生活，使人民重视自己的生命。此外，国中的人不向远方迁徙，他们虽然有船和车等交通工具，但是从不乘坐，而是徒步行走在路上；天下相安无事，即使拥有实力雄厚的甲兵，也没有用武之地；使人民恢复到使用结绳记事的远古自然状态中去。结绳记事的时代是什么样的呢？那个时代没有战争，人们自由自在，和睦相处，都过着自然、纯朴的生活。这种单纯质朴的社会让每个人都心驰神往。即便在两千多年后的今天，我们依然能感觉到老子的“小国寡民”的美好。那么，小国寡民能不能实现呢？其实，这种社会曾在人类历史上存在过相当长的一段时期，只不过那时的社会发展水平还比较低，远远没有老子所说的那么富足罢了。

“甘其食，美其服，安其居，乐其俗。”“俗”指的是全部现实的生活方式，它是人们的社会政治、道德、法律、经济、社会、文化、生活的总和。在这里，老子以一连串的排比来描绘他心目中理想社会的场景：在这个社会里，有甘甜美味的食物可供食用，有华美舒适的衣服可供穿戴，有安适的住所可供居住，有令人愉悦的风俗可供享受。在一般人看来，这些都是些极其简单的生活需要，而老子曾说过，真正的富足就是知道满足，所以这种简单的生活需求可以使人类生命的价值得以提高和升华。

“邻国相望，鸡犬之声相闻，民至老死，不相往来。”这是本章的末尾，在这里，老子通过描绘“小国”里人们的生活和交际情况，道出了老子的处世观和生活态度。老子认为，相邻国家的百姓之间要“老死不相往来”。不过，这种态度也不是没有目的的，我们都知道，老子向来反对“多智”，他认为人民心智技巧过多就会导致祸乱，所以他不主张人们往来。

◇ 从政之道 ◇

陶渊明笔下的“桃花源”

“小国寡民”是老子的政治理想，它要求上到统治者，下到黎民百姓，都要做到清静无为，这实在是难以实现的。不过，在历代文人的笔下，倒出现过一些小国寡民式的理想场景。东晋诗人陶渊明，就通过一篇《桃花源记》，描绘了一幅美丽和谐的生活图景。

《桃花源记》的故事，讲了东晋太元年间，武陵郡有个以打鱼为生的人。

有一天，他沿着溪水划船，忘记了路的远近。走到一片陌生的水域，忽然遇到一片桃花林，生长在溪流的两岸。桃林有数百步宽，其中没有其他树，花朵鲜艳，青草美丽，坠落的花瓣繁错交杂。渔人感到很惊奇，继续往前走，想看林子尽头是什么。结果他发现林子尽头是溪流的源头，源头旁边是一座小山，山上有一个小洞，隐约能够从洞中看到一些光亮。渔人于是离开船，从洞口进去。洞内开始比较狭窄，一个人只能勉强通过，而越往前走则越开阔。走着走着，突然前面一片光亮，呈现出了一大片开阔地，这里土地平坦宽阔，房屋整整齐齐，有肥沃的田地、幽美的池塘、茂密的桑竹。田间小路也交错相通，村落间可以互相听到鸡鸣狗叫之声。接着，他也看到了一些人，这些人来来往往地在田间耕种劳作，男女的穿着打扮，和桃花源外的世人差不多，而老人和小孩，都逍遥快乐。

桃花源里的人见到渔人，就大吃一惊，问渔人从哪里来。渔人回答了他的问题后，便有人邀请渔人到自己家里去，摆酒杀鸡做饭来款待他。村中的人听说有这样一个人，全都来凑热闹，并和渔人交谈。渐渐地，渔人便了解了这里的情况。原来这些人的祖先在秦朝时，为了躲避战乱，带领着自己的妻子儿女及乡邻们来到这与世隔绝的地方，再也没有出去，就此和外面的人断绝了来往。桃花源里的人还好奇地问渔人现在外面是什么朝代，他们竟然不知道汉朝的存在，更不必说魏和晋了。渔人把自己所知道的事一一详细地告诉了他们，村中的人都很惊叹惋惜。其余的人又各自把渔人请到自己的家中，都拿出酒食来款待他。渔人待了几天以后，告辞离去了。渔人离开时，一路上作了标记，但回头试图根据路标重新找到桃花源时，却再也找不到了。

◎第八十一章◎

为而不争

【原文】

信言不美，美言不信。善者不辩[①]，辩者不善。知者不博，博者不知。圣人不积[②]，既以为人己愈有，既以与人己愈多。天之道，利而不害；人之道，为而不争。

【注释】

①辩：有口才，会申辩。②积：积蓄，贮存着。

【译文】

真实的话不漂亮，漂亮的话不真实。行为善良的人不善于用言语自辩，爱用言语自辩的人不一定善良。有真知灼见的人知识不一定广博，知识广博的人不一定有真知灼见。有道的人什么也不保留，他愈帮助别人，自己反而更加富有；他越是把自己的一切给予他人，自己就越加丰富。自然的规律是让万事万物都得到好处而不伤害它们，有道的人的法则是施惠于众人而不与人争夺。

【解析】

这一章的内容可以分为两部分：前半部分讲“言”和“知”。老子认为，真诚的言论听起来并不美，也不够雄辩。真正有智慧的人不一定知识广博，但是他们一定能抓住大道的根本。后半部分讲天的法则是“利而不害”。圣人效法天道，只做对他人有利的事情，而不做与人争利的事情。

“信言不美，美言不信。善者不辩，辩者不善。”这里的“美”并不是一般意义上的好和善，而是指华而不实。所以，“美言”指的就是花哨漂亮、夸大其词、以取悦于人并骗取他人的信任为目的的言语。真正善良的人，绝不会与人争论是非，他们虽然在行为上表现得木讷，但是脑子却十分清醒。他们看起来十分愚钝，既不善于评论别人，也不善于为自己争辩，但是他们的心灵却清澈如水。老子认为，不善于用花言巧语来争辩的人才是完美的，其本质也是善良的。尽管我们常说“言多必失”，但是言语有着不可替代的作用，这一点谁也不能否认。然而，在老子看来，言语的负面作用比正面作用要大得多。老子之所以这样说，绝不是要我们不说话，而只是想突出“善辩”的弊端。

对于获得知识的博与专，老子有他自己的见解，他说“知者不博，博者不知”。老子在这里强调的是对道的把握（真知）和多闻（广博）的辩证关系，他认为，多闻并不能真正地明白道，而明白道的人也不一定依靠博闻来获得真知灼见。

“圣人不积，既以为人己愈有，既以与人己愈多。”“无积”指的是没有必要为自己打算。“为人”与“为己”相对，以他人为目的，为了整个人类的普遍幸福与自由，而这正是道德的至高境界。“与人”和“与己”相对，指的是参与整个人类社会的活动，从事以实现整个人类的利益为目的的活动。这句话意思是说，尽量帮助别人，自己反而更富有；他尽量给予别人，自己反而更丰富。给予了别人却换来了自己内心的充实，自己难道不是变得更富有和充足了吗？

“天之道，利而不害；人之道，为而不争。”这是全章的总结，也是整部《道德经》的总结。在老子看来，人类就像是浩瀚大海里的游鱼一样，成群结队，但是每一个个体又有差异。在这个浩瀚的世界里，我们每个人都要成长、衰老和消亡，也都无一例外地喜欢生而厌恶死，这是因为生是幸福的，人生在世，既可以抬头观望天上的星星，又可以低头俯看草叶上的露珠。世界上的美丽事物是天地赠予我们的礼物，这些事物可以让我们尽情地享受着它们的美好而不要求回报，更不用说去伤害我们了。圣人也是如此，他们只默默地奉献而不要求我们的回报，没有欲望，也不妄为。圣人表面上看起来与常人无异，其实他们的境界是高深而幽远的，常人又怎么能与他们相比呢？

◇ 为人之道 ◇

介之推功成却不慕荣华

介之推是春秋时代晋国名臣，又名介子推。介之推一生不慕虚名，不计报酬，他作为晋文公的忠厚臣僚，留下了很多为民间广泛传颂的故事，有名的如“割股奉君”“功不言禄”“功成身退”等故事。

春秋时期，晋国的骊姬很受晋献公的宠爱，她想立自己生的儿子奚齐为太子，因此贿赂晋献公身边的近臣梁五和关东嬖五。梁五和关东嬖五收到了骊姬的财物，便在晋献公面前说：“曲沃是君王的宗邑，应当派能力强的人去那里治理，我看太子申生非常贤明，他是最佳的人选。”晋献公听从了他们的建议，便派申生到曲沃去了。有一次，申生到曲沃去祭祀，带来祭品献给晋献公，晋献公刚好外出打猎去了，骊姬便趁机在祭祀的酒肉中下了毒。晋献公打猎归来，洒酒祭祀，地上的土都聚到了一起；他又把祭祀的肉喂给狗吃，狗咬了几口，也死掉了。晋献公大惊，慌忙向身旁的人询问这是怎么回事。骊姬哭着说：“这都是太子申生的阴谋呀！”晋献公一听，恨得咬牙切齿，便下令把申生抓起来。申生得到消息，逃回曲沃，他知道骊姬不会就此罢休，不久就上吊自尽了。骊姬见太子死了，又陷害公子重耳和夷吾，说他们也参与了谋害晋献公的行动，二人听到风声，连忙逃回自己的封地。晋献公听了骊姬的谎言，便派人去捉拿重耳，重耳只好逃走。

晋公子重耳一向胸怀大志，他身旁有许多贤能之士，介之推此时便跟随着重耳。为了躲避骊姬的祸乱，重耳与赵衰、介之推、先轸等一批亲信离开晋国，逃往狄国。在去往狄国的路上，重耳连续好几天都没有吃一粒米，饿得实在走不动了，这时，他们正好来到一户农家，便向这家主人讨饭吃。主人一看重耳等人衣着华丽，知道是落魄的王孙贵族，便拿出一只碗，在地上盛了一碗土，然后递给重耳。重耳见状，勃然大怒，举起鞭子想抽打这个人。赵衰立即制止重耳，婉转地劝道：“公子快点把这只碗收下来吧，得到土地就意味着将来能得到整个国家呀！”重耳听后，觉得很有道理，转怒为喜，又打起精神出发了。重耳等人勉强又前行了几十里，实在是饿得走不动了，倒在一棵大树下。这时，介之推一瘸一拐地走到重耳的身边，捧了碗肉汤献给重耳。重耳闻到肉香味儿，立刻有了精气神儿，一下子坐了起来，他接过介之推的碗，一口气把肉汤喝净了。喝完之后，重耳这才想起来问道：“我们身处困境，连野菜都吃没了，你怎么还能端来肉汤给我吃呀？”介之推回答说：“我刚才捉了几只麻雀，您吃的是麻雀肉。”事后，重耳看到介之推走路很慢，裤子上还有血迹，心里觉得奇怪，就问介之推是怎么回事。介子推这才告诉了重耳真相。原来，介之推见重耳一路上饥饿难耐、气息奄奄，便毅然挥刀从自己大腿上割下一块肉，熬成汤给重耳充饥。重耳听后非常感动，并许诺说回国后一定重赏介之推。

重耳在外漂泊了十九年，在秦国的帮助下，终于结束了流亡生活。公元前636年，重耳回到晋国，做了晋国的君主，他就是历史上有名的晋文公。

此后，介之推一声不吭，他参加过晋文公即位的朝贺仪式后，便回家耕地去了，并侍奉自己的老母亲。介之推一家生活清贫，也不与旧友来往。

后来，有人将介之推的事告诉晋文公，晋文公这才恍然大悟，深感自己有愧于介之推，就忙派使者去征召介之推，要给他封官加爵。

不久，使者回报说，介之推已经同老母隐居于绵山，晋文公懊悔自己当初的疏漏，就亲自率人前往绵山寻访。

可是莽莽群山、林深树茂，哪里有介之推的踪影？晋文公一连寻访多日而不得，大臣中就有人建议说：“听说介之推是个孝子，如果举火焚山，他为保住母亲的性命，一定会背负母亲出山的。”晋文公一听，觉得这是个好主意，于是从两面举火烧林，希望能将介之推逼出山来。谁知一连过了三天，始终不见介之推出山，等火熄灭后入山寻找，只见介之推母子相抱，已死在一株烧枯的大柳树下。

这下，晋文公就更懊悔了，他大哭一场，将介之推母子葬在绵山，立祠祭祀，并将绵山改名为介山，以纪念这位淡泊名利的名士。